NomosBibliothek

Die Reihe *NomosBibliothek* bietet Studierenden der Sozial- und Geisteswissenschaften ausgezeichnete Einführungen in die jeweilige Fachdisziplin. Klar strukturiert und in verständlicher Sprache vermitteln die Bände grundlegende Fachinhalte und fundiertes Expertenwissen. Sie sind ideal geeignet zum Einstieg in das Studium und zur sicheren Prüfungsvorbereitung – ein unentbehrliches Handwerkszeug für alle angehenden Sozial- und Geisteswissenschaftler:innen.

Der Name ist Programm, denn ähnlich einer Bibliothek hat die Reihe den Anspruch, Studierenden prägnante und verlässliche Einführungen in das jeweilige Fachgebiet an die Hand zu reichen. In der Zusammenschau aller Einführungswerke entsteht dabei ein enzyklopädischer Wissenspool. Die markant gestalteten Bände dienen zudem der fachlichen Information auch über Studieninhalte hinaus.

Stephan Kirste

Rechtsphilosophie

Einführung

3., aktualisierte und erweiterte Auflage

Onlineversion
Nomos eLibrary

Die Deutsche Nationalbibliothek verzeichnet diese Publikation in der Deutschen Nationalbibliografie; detaillierte bibliografische Daten sind im Internet über http://dnb.d-nb.de abrufbar.

ISBN 978-3-7560-1406-4 (Print)
ISBN 978-3-7489-1946-9 (ePDF)

3., aktualisierte und erweiterte Auflage 2024
© Nomos Verlagsgesellschaft, Baden-Baden 2024. Gesamtverantwortung für Druck und Herstellung bei der Nomos Verlagsgesellschaft mbH & Co. KG. Alle Rechte, auch die des Nachdrucks von Auszügen, der fotomechanischen Wiedergabe und der Übersetzung, vorbehalten. Gedruckt auf alterungsbeständigem Papier.

Inhaltsverzeichnis

Vorwort zur 3. Auflage	7
Vorwort	9
Abkürzungsverzeichnis	11
Einleitung	13
1. Kapitel: Der Begriff der Rechtsphilosophie	**17**
I. Was ist Rechtsphilosophie?	17
II. Rechtsphilosophie als Philosophie	21
III. Bereiche der Rechtsphilosophie	24
IV. Vom Nutzen der Rechtsphilosophie	29
2. Kapitel: Die Theorie der Rechtswissenschaft	**33**
I. Einleitung	33
II. Ist die Rechtswissenschaft eine Wissenschaft?	34
III. Die rechtswissenschaftlichen Teildisziplinen	50
IV. Zusammenfassung	61
V. Die juristischen Methoden	62
3. Kapitel: Die Rechtstheorie	**89**
I. Einleitung	89
II. Was ist Recht? – Der Begriff des Rechts	90
III. Das Recht als Norm	130
IV. Die Abgrenzung von Rechtsnormen und anderen Normen	147
V. Zusammenfassung zur Rechtstheorie	161
4. Kapitel: Die Rechtsethik	**163**
I. Einleitung	163
II. Was ist Rechtsethik?	164
III. Gerechtigkeit	166
IV. Menschenwürde	192
V. Rechtliche Freiheit	203
VI. Rechtliche Gleichheit	208
VII. Das Gemeinwohl des Rechts	215
Schluss	223
Rechtsphilosophische Steckbriefe	225
Literaturverzeichnis	247

Vorwort zur 3. Auflage

Wozu eigentlich Rechtsphilosophie im Studium? Weil wir in der kritischen Auseinandersetzung mit anderen Gedanken über das Recht bewusster unsere eigenen Grundüberzeugungen über das, was Recht ist und inwiefern es gerecht ist, ausbilden und weiterentwickeln können und auf dieser Grundlage bereit sind, rechtliche Verantwortung zu übernehmen (Kirste in ARSP 109 (2023), S. 5 ff. – Editorial). In diesem Sinn möchte ich mit dieser Einführung zum rechtsphilosophischen Denken anregen. Sie soll nicht so sehr Wissen über die Rechtsphilosophie vermitteln, sondern in den Prozess der Reflexion über das juristische Denken in Rechtswissenschaft und Praxis mitnehmen. Dass dabei auch einige Informationen über rechtsphilosophische Theorien und Begriffe gegeben werden, ist kein Selbstzweck, sondern soll zur kritischen Auseinandersetzung mit ihnen auffordern. Ich erhebe sicher nicht den Anspruch, dass dies der einzige Weg zur Rechtsphilosophie und die gefundenen Ergebnisse die einzig richtigen sind. Die Einführung möchte vielmehr einen durch die gewählte Fragestellung und die verwendeten Begriffe klar definierten Beitrag zur rechtsphilosophischen Diskussion leisten. Diese weltweiten Debatten wiederzugeben, ist nicht ihre Aufgabe. Dies habe ich in historischer Hinsicht in dem 2023 gemeinsam mit Gianfrancesco Zanetti und Mortimer Sellers herausgegebenen *Handbook of the Philosophy of Law and Social Philosophy* und in systematischer Hinsicht in der mit Mortimer Sellers veröffentlichten *Encyclopedia for the Philosophy of Law and Social Philosophy* unternommen. Wer die in der Einführung angesprochenen Themen vertiefen möchte, findet hier reichhaltiges Material. Vielleicht kann meine Einführung einen Anstoß zu dieser Vertiefung geben, damit die Leserinnen und Leser dann ganz eigene rechtsphilosophische Wege gehen.

Für die aktuelle Auflage habe ich abermals versucht, einiges klarer zu formulieren und Fehler zu beseitigen. Für die Anregungen dazu danke ich meinen Studienassistentinnen Anneliese Moser und Pia Möslinger-Gehmayr.

Stephan Kirste
Salzburg, September 2023

Vorwort

Diese Einführung in die Rechtsphilosophie soll die Leserinnen und Leser zum philosophischen Denken über Recht führen und nicht nur darüber berichten, was andere Philosophen gedacht haben. Sie richtet sich an Studierende der Rechtswissenschaften wie auch der Philosophie, die sich mit dem Recht beschäftigen. Um auch den erstgenannten Leserkreis besser erreichen zu können, freue ich mich, dass die Einführung nun bei NOMOS und Academia erscheinen kann.

Das Buch ist als Begleitung einer Vorlesung zur Rechtsphilosophie gedacht. Viele Themen, die hier zum Nachdenken angesprochen werden, können im sokratischen Dialog der Vorlesung anschaulich entwickelt werden. Beides soll sich ergänzen. Für den Verfasser dieser Einleitung ergänzt es sich auch insofern, als viele Erfahrungen aus der Vorlesung in diese zweite Auflage eingeflossen sind. Dabei waren besonders kritische Rückfragen von Studierenden hilfreich, die immer wieder zu Klarstellungen und Ergänzungen führen konnten. Auch jene Studierende, die nicht an meinen Veranstaltungen teilnehmen, sind herzlich eingeladen, mir ihr Feedback zu senden (stephan.kirste@plus.ac.at).

Es war vor sechs Jahren eine große Freude, dass diese Einführung ins Brasilianische übersetzt wurde. Auch dort ist bereits eine zweite Auflage erschienen. Während sie aber bis auf eine neue Einleitung und Geleitworte den Text der ersten erneut enthält, habe ich die deutsche Auflage gründlich überarbeitet. Diese beiden Auflagen sind also nicht wortgleich, auch wenn sie in allen wesentlichen Aussagen übereinstimmen.

Für die zweite deutsche Auflage habe ich zahlreiche Änderungen und Ergänzungen vorgenommen und sie hoffentlich an vielen Stellen vereinfacht und anschaulicher gestaltet. Insbesondere habe ich bei Beispielen neben der deutschen auch die österreichische Rechtslage einfließen lassen. Ich vermute, dass Studierenden häufig die Zeit fehlen wird, einschlägige englischsprachige Literatur zu lesen; vor allem in dieser Sprache wird heute jedoch in der Rechtsphilosophie diskutiert. Ein Kompromiss war es insofern, wenigstens an einigen Stellen, auf Artikel der online erscheinenden „Encyclopedia for the Philosophy of Law and Social Philosophy" (https://link.springer.com/referencework/10.1007/978-94-007-6730-0) zu verweisen, die ich seit einigen Jahren gemeinsam mit Mortimer Sellers herausgebe. In diesen Artikeln findet sich genügend Literatur zur Vertiefung.

Besonders dankbar bin ich meinem Salzburger wissenschaftlichen Team, Dr. Kristin Albrecht, Ass.-Prof. MMag. Dr. Hanna Maria Kreuzbauer, Sen. Scientist Dr. Norbert Paulo und Ass.-Prof. Dr. MMag. Dr. Silvia Traunwieser für zahlreiche Hinweise: Weil sie alle ganz unterschiedliche Vorstellungen von einer guten Einführung in die Rechtsphilosophie haben, waren ihre

Anregungen außerordentlich hilfreich. Letzte Korrekturen hat dankenswerter Weise meine Studienassistentin Leonie Edelbauer vorgenommen. Alle verbliebenen Fehler gehen natürlich dennoch auf mich.

Salzburg, den 6.2.2020

Abkürzungsverzeichnis

ABGB	Österreichisches Allgemeines Bürgerliches Gesetzbuch
AEMR	Allgemeine Erklärung der Menschenrechte
AEUV	Vertrag über die Arbeitsweise der Europäischen Union
ALR	Allgemeines Landrecht für die Preußischen Staaten
AVG	österreichisches Allgemeines Verwaltungsverfahrensgesetz
AcP	Archiv für die civilistische Praxis
ARSP	Archiv für Rechts- und Sozialphilosophie
AVG	österreichisches Allgemeines Verwaltungsverfahrensgesetz
B-VG	Österreichische Bundesverfassung
dBauGB	deutsches Baugesetzbuch
BGB	Bürgerliches Gesetzbuch
BGHSt	Amtliche Entscheidungssammlung des deutschen Bundesgerichtshofs in Strafsachen, zit. nach Band und Seite
BVerfG	(Deutsches) Bundesverfassungsgericht
BVerfGE	Amtliche Entscheidungssammlung des Bundesverfassungsgerichts, zitiert nach Band und Seite
BVerwGE	Amtliche Entscheidungssammlung des Bundesverwaltungsgerichts, zitiert nach Band und Seite
EGRCh	Charta der Grundrechte der Europäischen Union
EGV	Vertrag zur Gründung der Europäischen Gemeinschaft
EUV	Vertrag über die Europäische Union
GeschO-BT	Geschäftsordnung des Bundestages
GG	Grundgesetz
GVG	Gerichtsverfassungsgesetz
HGB	Handelsgesetzbuch
IPbpR	Internationaler Pakt über die bürgerlichen und politischen Rechte
IPwskR	Internationaler Pakt über die wirtschaftlichen, sozialen und kulturellen Rechte
JZ	Juristenzeitung
LBO	Landesbauordnung
NDB	Neue Deutsche Biographie
NE	Nikomachische Ethik
NJW	Neue Juristische Wochenschrift
SG	Soldatengesetz (mit Zusatz „d" für deutsch oder „ö" für österreichisch)
SGB I	deutsches Sozialgesetzbuch I, Allgemeiner Teil
SGB	deutsches Sozialgesetzbuch

Abkürzungsverzeichnis

StGB	Strafgesetzbuch (mit Zusatz „d" für deutsch oder „ö" für österreichisch)
StGG	österreichisches Staatsgrundgesetz
VfSlg	Sammlung der Erkenntnisse und wichtigsten Beschlüsse des österreichischen Verfassungsgerichtshofes
VVE	Vertrag über eine Verfassung für Europa
VwGO	deutsche Verwaltungsgerichtsordnung
VwVfG	deutsches Verwaltungsverfahrensgesetz des Bundes
ZEuP	Zeitschrift für Europäisches Privatrecht
ZPO	Zivilprozessordnung (mit Zusatz „d" für deutsch oder „ö" für österreichisch)
ZRG	Zeitschrift für Rechtsgeschichte (GA=Germanistische Abteilung; RA= Romanistische Abteilung)
ZStW	Zeitschrift für die gesamte Strafrechtswissenschaft

Einleitung

Diese „Einführung in die Rechtsphilosophie" soll Anfänger zu den Problemen der Rechtsphilosophie hinführen, durch einige ihrer Grundfragen hindurchführen und Fortgeschrittenen Anregungen zum Überdenken ihrer Ansätze geben. Dazu setze ich auf die Bereitschaft der Lesenden, sich führen zu lassen. Das bedeutet in der Philosophie, die angebotenen Gedanken kritisch zu prüfen.[1] Deshalb möchte ich Sie nicht nur mit Informationen versorgen – das soll beiläufig auch geschehen –, sondern Sie anregen, die angesprochenen Themen weiterzudenken.

Die „Einführung in die Rechtsphilosophie" ist daher kein Lehrbuch, das über „Fachdiskussionen" berichtet, die anderswo geführt werden. Sie berichtet nicht *über* die Rechtsphilosophie, sondern versucht in ihre Fragen einzutauchen. Ich möchte Sie in die Forschung mitnehmen – auch wenn dies im Lehrbuch nicht so diskursiv geschieht wie in der Vorlesung.[2]

Zu diesem Zweck ist die Darstellung systematisch und nicht historisch angelegt. Sie können die Argumentation dabei mitvollziehen oder kritisieren, insbesondere dann, wenn die Argumente nicht konsequent erscheinen. Dies hat noch einen weiteren Vorteil: Mehr als in den rechtsdogmatischen Fächern sind die rechtsphilosophischen Erkenntnisse im Fluss und müssen laufend fortentwickelt werden. Die Bedeutung eines Phänomens besteht hier nicht darin, dass man es äußerlich beschreibt, sondern dass man es innerlich, anhand von Begriffen, durchdenkt. Es gibt nur wenige „objektive Tatsachen", die man nach dem Motto „Wir wissen heute...", „die Rechtsphilosophie sagt uns...", „Recht ist..." einfach hinstellen könnte. Viel wichtiger ist es, die verschiedenen wissenschaftlichen Zugänge zum Recht zu untersuchen, sie begrifflich zu rekonstruieren und dann zu reflektieren, welche Möglichkeiten sich beim gedanklichen Durchschreiten dieser Zugänge ergeben.

Das Thema einer wissenschaftlichen Untersuchung kreist sich nicht selbst ein, sondern wird durch die Perspektive bestimmt, unter der es betrachtet wird. In dieser „Einführung" werden zwei Begriffe eine wichtige Rolle spielen, die sehr allgemein sind und in der Geschichte sehr unterschiedlich verstanden wurden: Form und Materie.[3] Wenn Sie sich schon mit Philosophie beschäftigt haben, wird das zumindest einen Seufzer entlocken: Ein philosophiegeschichtlich so altes, inhaltlich changierendes Begriffspaar als Perspektive einer Einführung in einen Bereich der Philosophie zu wählen,

---

1 Georg Wilhelm Friedrich Hegel hatte bei seiner Antrittsvorlesung in Berlin zu seinen Studenten gesagt: „zunächst aber darf ich nichts in Anspruch nehmen als dies, dass Sie Vertrauen zu der Wissenschaft, Glauben an die Vernunft, Vertrauen und Glauben zu sich selbst mitbringen", Hegel Enzyklopädie III, S. 706. So möchte ich auch diese Einführung verstanden wissen.
2 Vgl. aber die geschichtliche Einführung von Gröschner/Wiehardt/Dierksmeier/Henkel 2013.
3 Zur Begriffsgeschichte Bormann/Franzen/Krapiec/Oeing-Hanhoff 1972, Sp. 977 ff.

scheint notwendig Unklarheiten hervorbringen zu müssen. Es wird also gut sein, ein paar Worte dazu zu sagen, was mit diesem Begriffspaar gemeint ist und warum es hier gewählt wird.

Recht hat es immer wieder mit der Frage der Form zu tun: Man muss einen förmlichen Antrag stellen, um eine Leistung von der Behörde zu erhalten – ein freundliches Lächeln und ein Blumenstrauß sind Formen, die dafür weniger geeignet sind. Wer im Gerichtsverfahren ein Argument vortragen möchte, darf dies nicht zu spät tun, weil er sonst mit diesem Argument nicht mehr gehört wird: die zeitliche Form ist zu wahren. Muss eine gesellschaftlich umstrittene Frage allgemeinverbindlich geregelt werden, die in die Rechte des Bürgers aus Gründen des Gemeinwohls eingreift, kann sich der unmittelbar demokratisch gewählte Gesetzgeber nicht mit einigen Allgemeinplätzen in Gesetzesform begnügen und den Rest an die Verwaltung delegieren; er muss vielmehr auch die Form wahren und alle wesentlichen Fragen selbst durch ein Gesetz regeln. Diese Beispiele ließen sich beliebig ausweiten. Wenn aber im Recht die Frage, in welcher Form eine bestimmte Materie geregelt, entschieden, durchgesetzt wird, schon auf den ersten Blick eine große Bedeutung hat, dann liegt es nahe, das Recht in der Perspektive von Form und Materie zu untersuchen.

Unter *Form* soll hier derjenige Aspekt eines Gegenstandes verstanden werden, der seine Einheit und Ordnung herstellt. Form im philosophischen Sinn ist also mehr als die umgangssprachliche (rein äußerliche) Form einer Vase oder sonstiger Gegenstände. Die Form wird gedanklich von einem untersuchten Gegenstand abstrahiert. Gekennzeichnet ist diese Form durch ihre Funktion, der analysierten Sache eine Einheit zu geben, durch die sie von anderen unterschieden werden kann, und die ggf. bestehende Vielfalt seiner Elemente auch in einen Zusammenhang, eine Ordnung zu bringen. *Materie* ist demgegenüber ein negativer Begriff: Er bezeichnet jeweils dasjenige, was übrigbleibt, wenn wir gedanklich die Form von einem Erkenntnisgegenstand abgesondert haben. Ein Beispiel: Die Form meines Schreibtisches beinhaltet nicht nur eine Platte, die nach unten mit vier Beinen versehen ist – sondern z. B. auch die Funktion, Gegenstände (wie ein Abendessen) darauf abstellen zu können. Die Materie des Tisches ist das verwendete Holz. Form und Materie werden nur durch unser abstrahierendes Denken unterschieden. Sie sind so nicht „wirklich" getrennt. Das Holz des Tisches kann nicht ohne eine Form sein. Kein Gegenstand ist nur Form, keiner nur Materie. Sie können durch diese Abstraktion für sich untersucht und anschließend gedanklich wieder zusammengefügt werden. So entsteht unser Gegenstand – das Recht – durch die analytische und synthetische Rekonstruktion als unser Gedankenprodukt erneut.

Außerhalb unseres Denkens sind Form und Materie also nicht getrennt. Hinzu kommt noch, dass Form und Materie keine statischen Kategorien sind: Wir sagen nicht, dies oder das „ist" die Form und ist immer und nur Form oder dieses oder jenes „ist" die Materie und ist immer und nur Materie. Wir nehmen das Begriffspaar vielmehr genau so, wie man sich beim Optiker Brillen mit verschiedenen Dioptrien geben lässt, um diejenige zu finden, mit der man am besten sieht. Für den oben angeführten Schreibtisch bedeutet das, dass wir bei ihm manchmal die Form hervorheben – aber wenn es etwa um den Brandschutz geht, eher auf die Materie schauen. In dieser Art lade ich Sie ein, die Welt des Rechts einmal in der Perspektive von Form und Materie zu betrachten und zu notieren, was sie sehen und was sie nicht sehen, und so vielleicht sogar schärfer zu sehen und gerade darin bestärkt zu werden, dass und warum Ihre eigene, abweichende Perspektive die bessere ist. Gerade indem wir keinen Untersuchungsgegenstand mit Form oder Materie identifizieren, können wir ihn mal unter dem Aspekt der Form, mal unter dem des Stoffes untersuchen. Das ist gerade in einer Rechtsordnung hilfreich: Ein parlamentarisch verabschiedetes Gesetz stellt eine Form für Verwaltungsentscheidungen dar. So kann ein Bebauungsplan nur in den im Baugesetzbuch vorgesehenen Formen aufgestellt werden. Wenn wir uns aber fragen, ob dieses Gesetz verfassungsgemäß ist, dann ist die Verfassung die Form, und das Gesetz wird in der Perspektive der Übereinstimmung mit dieser Form betrachtet.

Die „Einführung in die Rechtsphilosophie" kann keine *Gliederung* voraussetzen. Die Gliederung ergibt sich vielmehr durch das Thema selbst. Sicherlich möchten Sie aber zunächst wissen, was Rechtsphilosophie überhaupt ist. Und diese Frage muss sich auch die Rechtsphilosophie selbst stellen, damit sie wissenschaftlich bewusst vorgeht. Das ist das Thema des ersten Kapitels. Am Ende wird ein Begriff der Rechtsphilosophie vorgeschlagen. Kurz gesagt: Ich verstehe sie als wissenschaftliches Nachdenken über das juristische Denken. Dieses Nachdenken gliedere ich so: Juristisches Denken geschieht methodisch wissenschaftlich (Theorie der Rechtswissenschaft) und rechtspraktisch, richtet sich auf das Recht (Rechtstheorie) und die Richtigkeit dieses Rechts (Rechtsethik). Wir werden also im zweiten Kapitel untersuchen, ob und inwiefern die Rechtswissenschaft eine Wissenschaft (Theorie der Rechtswissenschaft) ist. Dabei wird sich zeigen, dass ihr methodisches Vorgehen eine besondere Bedeutung bekommt, da sich die systematische Ordnung, die das Ziel der Wissenschaft ist, häufig nicht aus dem positiven Recht ergibt, das oft anlassbezogen und wenig systematisch erlassen worden ist. Auch verlässt es diese Ordnung manchmal aufgrund vielfältiger praktischer Anforderungen. Die Methode prägt damit in der Rechtswissenschaft ihren Gegenstand, das Recht.

Erst wenn die methodischen Besonderheiten des Rechts klar geworden sind, können wir uns also diesem Gegenstand mit der Frage widmen: Was ist eigentlich Recht? Das ist das Thema der *Rechtstheorie*, die das dritte Kapitel ausmacht. Das Ergebnis dieses Hauptkapitels der Einführung wird ein

Begriff des Rechts sein. Ohne die Einzelheiten der Begründung hier vorwegzunehmen, legt schon der skizzierte Formalismus im Recht nahe, dass auch der Begriff des Rechts formal ist: Kennzeichnend ist nämlich erstens, dass das Recht aus Normen besteht – also z. B. Verpflichtungen oder Befugnissen –, dass zweitens diese Normen in geordneten Verfahren erlassen werden, und dass schließlich drittens die diese Normen, wenn sich ein Verpflichteter nicht an sie halten will, ebenfalls in geordneten Verfahren durchgesetzt werden.

Ja, und die Gerechtigkeit? Bei aller Notwendigkeit, bestimmte Formen einzuhalten, soll doch das Recht richtig und gerecht sein. So berechtigt diese Forderung ist, muss doch geklärt werden, ob es sich um eine moralische Frage oder um eine rechtliche handelt. Mit anderen Worten: Ist ungerechtes Recht kein Recht? Oder nur schlechtes Recht, das ggf. auch befolgt und bei Nichtbefolgung durchgesetzt werden kann? Auch diese Frage kann von der *Rechtsethik* nur auf der Grundlage des Rechtsbegriffs beantwortet werden. Eines kann ich hier aber schon vorwegnehmen: Das moderne Recht erfüllt tatsächlich viele Forderungen der Gerechtigkeit. Die Grundprinzipien dieser Gerechtigkeit, wie sie im positiven Recht enthalten ist, herauszuarbeiten, ist die Aufgabe der Rechtsethik, die im letzten Kapitel behandelt wird. Erst wenn wir auch den Inhalt des Rechts – wie der idealistische Philosoph *Georg Wilhelm Friedrich Hegel* (1770–1831) es nennt – „auf den Begriff gebracht" haben,[4] haben wir die Aufgabe der Rechtsphilosophie, das juristische Denken zu verstehen, erfüllt.

---

4 Hegel Grundlinien, § 279 A.

1. Kapitel: Der Begriff der Rechtsphilosophie

I. Was ist Rechtsphilosophie?

In guten Zeitungen, in den Medien, bei wissenschaftlichen oder auch praktischen juristischen und anderen Tagungen hört und liest man immer wieder kluge Gedanken über die Grundlagen des Rechts. Sind diese Äußerungen Rechtsphilosophie? Oder muss hier noch etwas dazu kommen oder eine andere Perspektive eingenommen werden, damit wir von der Rechtsphilosophie als Wissenschaft sprechen können? Zunächst müssen wir uns fragen, was denn die Rechtsphilosophie überhaupt ist. Vielleicht ist die Rechtsphilosophie sogar noch mehr als andere Wissenschaften aufgefordert, zunächst über ihr eigenes Denken nachzudenken, bevor sie sich mit anderen Wissenschaften beschäftigt. In diesem Sinn hat etwa auch *Immanuel Kant* (1724–1804) zunächst eine Kritik der theoretischen und praktischen Vernunft verfasst, bevor er dann diese Vernunft auf die verschiedenen Erkenntnisgegenstände angewendet hat.

Fragen wir uns also: „Was ist Rechtsphilosophie?". Damit wir diese Frage beantworten können, müssen wir uns darüber klar werden, was mit ihr gemeint ist. Einerseits kann die Frage nämlich bedeuten: Womit beschäftigt sich die Rechtsphilosophie? Was Rechtsphilosophie ist, würde dann durch ihren Gegenstand – die Materie, wie wir es in der Einleitung genannt haben - bestimmt. Zum anderen aber kann die Frage bedeuten: Wozu gehört die Rechtsphilosophie? Ist sie Philosophie oder ist sie Rechtswissenschaft? Was Rechtsphilosophie ist, würde dann über ihre wissenschaftliche Form bestimmt. Beide Wege werden in der Wissenschaft beschritten, um zu einer Antwort auf die Frage zu gelangen. Kann die Frage nach dem Begriff der Rechtsphilosophie durch ihren Gegenstand beantwortet werden?

1. Die Beantwortung der Frage „Was ist Rechtsphilosophie?" anhand ihres Gegenstandes

Oft wird versucht, Rechtsphilosophie oder Rechtstheorie anhand ihrer Gegenstände oder Objektbereiche zu bestimmen.[1] Einige Autoren stellen z. B. Themenkataloge zu den Problemen auf, die zur Rechtsphilosophie gehören. So werden etwa folgende Themen innerhalb der Rechtsphilosophie als zentral angesehen:

- Ist die Rechtswissenschaft eine Wissenschaft?
- Was ist Recht?
- Was ist der Unterschied zwischen Recht und Moral oder Ethik?
- Warum ist Recht verbindlich?

---

1 Adomeit 1979, S. 21 f.

1. Kapitel: Der Begriff der Rechtsphilosophie

- Was ist Gerechtigkeit, wie hängt sie mit Freiheit, Gleichheit und Menschenwürde zusammen?
- Gibt es unveräußerliche Menschenrechte?

Jede dieser Fragen ist sicherlich eine rechtsphilosophische Frage, aber welche gehören außerdem dazu? Was macht sie zu rechtsphilosophischen Fragen? Da sich auch andere Wissenschaften mit diesen Problemen befassen, muss geklärt werden, warum sie eine Besonderheit der Rechtsphilosophie sein sollen.

Wenn die Beschäftigung mit Fragen der Gerechtigkeit das entscheidende Kriterium für Rechtsphilosophie ist, dann wäre auch der Verwaltungsbeamte oder die Richterin, die Art. 2 EUV anwenden, Rechtsphilosophen, weil dort das Prinzip der Gerechtigkeit erwähnt wird.[2] Beide Berufsgruppen haben sicherlich eine ganz wichtige Aufgabe für die Konkretisierung und Verwirklichung dieses Prinzips; die Ausarbeitung des Begriffs der Gerechtigkeit, die Abgrenzung des Rechtsbegriffs der Gerechtigkeit zu ihren anderen Verständnissen kann ein Gericht, das mit Entscheidungen relativ konkreter Rechtsfälle beschäftigt ist, aber schwerlich leisten. Als Rechtsphilosophie würden wir ihre Erkenntnisse nicht ansehen.

Etwas besser kann man Rechtsphilosophie von anderen Beschäftigungen mit Recht unterscheiden, wenn man auf die Abstraktheit des Gegenstandes abstellt. So war etwa der Neukantianer *Rudolf Stammler* (1856–1938) der Auffassung, die Rechtsphilosophie habe es mit denjenigen Dingen zu tun, die im Bereich des Rechts als allgemeingültig festgestellt werden könnten.[3] Es ginge der Rechtsphilosophie danach um Gerechtigkeit schlechthin und nicht nur insoweit, als sie in Art. 2 EUV in Rechtsform gebracht wurde.[4] Warum soll sich jedoch die Rechtsphilosophie nicht mit ganz konkreten Fragen des Verbraucherschutzes befassen und diese auf ihre Gerechtigkeit hin überprüfen. Die Tätigkeit des juristischen Praktikers, der das positive Recht interpretiert und anwendet, ist jedoch auf die Entscheidung des konkreten Falls gerichtet. Dabei kann er sich durchaus auch für Gerechtigkeit, Freiheit, Gleichheit, Menschenwürde interessieren. Das professionelle Interesse reicht jedoch nur so weit, wie es zur Entscheidung des Falles oder zur Erkenntnis eines Regelungszusammenhangs erforderlich ist. Rechtsphilosophen fragen hingegen, welchen Beitrag diese Gerichtsentscheidungen etwa zur sozialen

---

2 Art. 2 des Vertrages über die Gründung der Europäischen Union (6655/1/08 REV 1): „Die Werte, auf die sich die Union gründet, sind die Achtung der Menschenwürde ... Diese Werte sind allen Mitgliedstaaten in einer Gesellschaft gemeinsam, die sich durch ... Gerechtigkeit ... auszeichnet".
3 Stammler 1928, S. 4 f.
4 Sieckmann 2006, Sp. 1904.

oder zur europäischen Gerechtigkeit leisten und ob sie auf der Grundlage einer Theorie der Gerechtigkeit zu rechtfertigen sind.[5]

Die Rechtsphilosophie unterscheidet sich also nicht durch die Allgemeinheit ihrer Begriffe von der Rechtswissenschaft und -praxis, sondern durch ihre Perspektive auf das Recht. Der rechtsphilosophische Blickwinkel ist nicht durch ein bestimmtes Gesetz oder eine Rechtsordnung beschränkt. Weil sie insofern nicht beschränkt ist, mag man sie für abstrakt halten. In dieser Perspektive kann sie sich aber durchaus ganz konkreten Rechtsbegriffen widmen wie etwa dem Begriff der Gerechtigkeit im Europarecht oder auch im Sozialrecht.

Wäre die Rechtsphilosophie eine Wissenschaft, die ausschließlich die positivrechtlichen Grundlagen des Rechts untersucht, würde sie sich erstens auf das positive Recht beschränken. Die Rechtsdogmatik (zum Begriff der Rechtsdogmatik vgl. u. 2. Kap., III, 1. a., S. 50 ff.) oder die Rechtspraxis dürften zweitens bei ungerechten Gesetzen ohne weiteres nach ihren Gerechtigkeitsüberzeugungen entscheiden. Bei der ersten Annahme würde sich die Rechtsphilosophie von der Rechtsdogmatik allenfalls durch den Grad der Allgemeinheit ihrer Aussagen, nicht aber durch die Kriterien, die sie für ihre Antworten heranzieht, unterscheiden: *Immanuel Kant* vergleicht sie mit einem hölzernen „Kopf in Phaedrus' Fabel: ein Kopf, der schön sein mag, nur schade! dass er kein Gehirn hat".[6] Sie könnte in dem zuvor genannten Sinne die Fragen nach Grund und Grenzen des Rechts nicht beantworten. Würde die zweite – umgekehrte – Annahme zutreffen, bestünde ebenfalls kein Unterschied zwischen Rechtsdogmatik und Rechtsphilosophie: Nun würden sich Richterinnen, Staatsanwälte, Rechtsanwältinnen usw. auch auf Gründe stützen, die außerhalb des positiven Rechts lägen. Sie würden es nach ihrem Gutdünken verlassen und die Arbeit der Setzung von Recht überflüssig machen. *Ronald Dworkin* (1931–2013) hat zu diesem Missverständnis Anlass gegeben, wenn er schreibt: „any judge's opinion is itself a piece of legal philosophy, even when the philosophy is hidden and the visible argument is dominated by citation and lists of facts".[7] Es kann gut sein, dass jeder Richter eigene philosophische Überzeugungen besitzt; aber sind diese Überzeugungen schon Philosophie? So will auch Dworkin sie nur als Ausgangspunkt nehmen und durch Auslegung ihre berechtigten philosophischen Prinzipien entwickeln.

Während sich also bei der ersten Annahme Rechtsphilosophie und Rechtsdogmatik nicht unterscheiden würden, weil der Gegenstandsbereich der Rechtsphilosophie so *eng* ist, dass er mit dem der Rechtsdogmatik zusammenfällt, wäre bei der zweiten Annahme der Gegenstandsbereich der Rechts-

---

[5] Kirste 2015, S. 1011 ff.
[6] Kant: MS, S. 336.
[7] Dworkin 1986, S. 90.

dogmatik so *weit*, dass für die Rechtsphilosophie nichts mehr übrigbleibt. Die Rechtsdogmatik kann aber die Frage nicht beantworten, ob der Maßstab der richtigen rechtlichen Entscheidung nur das positive, gesetzte Recht ist oder auch darüberhinausgehende moralische Kriterien. Denn die Antwort auf diese Frage setzt eine Abgrenzung von Recht und anderen Normen voraus. Diese Frage kann eine Disziplin nicht beantworten, die nur auf das Recht – wie weit man auch immer seinen Gegenstandsbereich bestimmen mag – schaut.

Halten wir also fest: Was Rechtsphilosophie ist, kann nicht anhand ihres Gegenstandes, dem Recht, bestimmt werden. So gewinnen wir keine Grenze der Fragen der Rechtsphilosophie. Mit der Gerechtigkeit beschäftigen sich auch Rechtspraktiker und Rechtswissenschaftler, die es nur mit dem positiven Recht zu tun haben. Schließlich wird eine Abgrenzung von Rechtsphilosophie und sonstiger Rechtswissenschaft und -praxis unmöglich, wenn man von einem zu engen oder zu weiten Inhalt der Rechtsphilosophie oder der Rechtswissenschaft ausgeht.

2. Bestimmung des Begriffs der Rechtsphilosophie anhand ihrer Form

Wenn der Gegenstand der Rechtsphilosophie keine genaue Aufklärung darüber geben kann, was sie ist, dann doch vielleicht ihre Form. Ihre Eigenart ergebe sich dann nicht durch das Recht, sondern aus der Wissenschaftsdisziplin, deren Teil sie ist. Wissenschaftsdisziplinen sind z. B. die Theologie, die Medizin oder die Philosophie. Aber auch hier gibt es mehrere Antworten: Rechtsphilosophie könnte Rechtswissenschaft oder Philosophie sein. Die Frage ist kein folgenloses Glasperlenspiel. *Ulfrid Neumann* (*1947) schreibt zutreffend: „Versteht Rechtsphilosophie sich selbst als rechtswissenschaftliche Disziplin, kann sie Recht als verbindlich Vorgegebenes nicht in Frage stellen".[8]

Für die Annahme, dass die Rechtsphilosophie ein Teil der Rechtswissenschaft ist, könnte gleichwohl sprechen, dass sich auch die Rechtsphilosophie wissenschaftlich mit dem Recht auseinandersetzt. Das reicht jedoch als Argument noch nicht aus. Als Rechtswissenschaft würde die Rechtsphilosophie juristische Methoden der Interpretation anwenden; diese sind jedoch auf die Erkenntnis des positiven Rechts gerichtet und hierfür spezialisiert. Der besondere Zugang der Rechtsphilosophie ist aber das Philosophieren. Dass sie häufig an juristischen Fakultäten betrieben wird, steht dem nicht entgegen, denn auch die Rechtsgeschichte geht nicht nach juristischen, sondern nach historischen Methoden vor und wird doch auch an juristischen Fakultäten durchgeführt.

---

8 Neumann 1981, S. 189.

Rechtsphilosophie zu betreiben, ist daher ein Teil der Philosophie.[9] Der neuhegelianische Rechtsphilosoph *Julius Binder* (1870–1939) hat diese Zusammenhänge treffend bezeichnet: „Der Jurist, der über das Recht philosophieren will, muss sich ... bewußt sein, dass er insofern Philosoph und nicht Jurist sein muss ..., und wenn er bei dieser Tätigkeit gegenüber dem Philosophen gewiß dadurch im Vorteil ist, dass er eine genaue Kenntnis dieses Materials auch in den subtilen Einzelheiten besitzt, die sich der Philosoph nicht so leicht wird erwerben können, so wird er ... niemals vergessen dürfen, dass der Gegenstand einer Wissenschaft durch ihre Methode bedingt ist und dass er daher der Methode des Philosophen bedarf, damit sein Unternehmen nicht von vornherein vergebens sei."[10] Rechtsphilosophen tragen gerade durch ihre nicht-juristische Methode neue Aspekte zur Rechtserkenntnis bei.

Wodurch unterscheidet sich die Rechtsphilosophie von den anderen philosophischen Disziplinen? Der Bindestrich des Kompositums „Rechts-Philosophie" zeigt es: Hier kommt der Gegenstand der Rechtsphilosophie ins Spiel: Das Recht. *Georg Wilhelm Friedrich Hegel* (1770–1831) fasst diesen Aspekt prägnant zusammen, indem er von „philosophischer Rechtswissenschaft" spricht. Ihr stellt er das, was in der gegenwärtigen Rechtswissenschaft als „Rechtsdogmatik" bezeichnet wird, unter dem Ausdruck „positive Rechtswissenschaft" gegenüber.[11] Man wendet in der Rechtsphilosophie also philosophische Methoden auf das Recht an. Hier schließt sich die Frage an, ob die Rechtsphilosophie dann Teil der Rechtwissenschaft oder vielmehr der Philosophie ist.

II. Rechtsphilosophie als Philosophie

Die Rechtsphilosophie muss den Begriff der Philosophie voraussetzen.[12] Denn ihr Gegenstand ist das Recht, nicht die Philosophie, auch wenn sie das Recht in philosophischer Art untersucht. Damit steht sie jedoch vor dem Problem, dass Philosophen sehr unterschiedliche Vorstellung von Philosophie haben. Der Rechtsphilosophie bleibt also nichts übrig, als einen sinnvollen, brauchbaren Begriff der Philosophie vorauszusetzen.

Hier können wir etwa an *Georg Wilhelm Friedrich Hegel* anknüpfen. In seiner Vorlesung zur Rechtsphilosophie aus dem Jahr 1821 sieht er es als Kennzeichen „des Geistes der neueren Zeit" an, „dass der Geist der Menschen ... nichts anerkennen will, als was vor der eigenen Einsicht durchaus gerechtfertigt ist ... Wenn die Menschen sich auch den Verordnungen fügen, so

---

9 Kaufmann 2004, S. 1. Von der Pfordten 2013, S. 11 f.
10 Binder 1925, S. 1 f.
11 Hegel: Grundlinien, § 2 S. 31 f.
12 Eingehend hierzu und zu einigen philosophischen Methoden Cappelen/Gendler/Hawthorne 2016.

behalten sie sich doch das Recht vor, ihre eigenen Gedanken darüber zu haben."[13] Der Rechtsphilosoph hält sich selbstverständlich in seinem Verhalten an das Recht – man denke nur an *Sokrates*. Die Kriterien aber, nach denen er als Philosoph beurteilt, ob es sich überhaupt um Recht und insbesondere um gerechtes Recht handelt, sind nicht auf die durch das geltende Recht festgelegten Gesichtspunkte beschränkt.

Dahinter steht auch bei Hegel der Gedanke der Aufklärung, nach der sich der Mensch mutig seines Verstandes und seiner Vernunft bedient, um sich und seine Welt zu verstehen. Dem kritischen Projekt *Immanuel Kants* folgend, klärt sich die Vernunft zunächst über sich selbst auf, um dann ihr Licht über die Welt und die Handlungen des Menschen in derselben scheinen zu lassen. Sie kann verstehen, dass es Bereiche geben kann, in denen es sinnvoll ist, Beschränkungen zu akzeptieren, weil z. B. der Polizist, der in einer Gefahr für die öffentliche Sicherheit rasch entscheiden soll, keine Grundsatzreflexionen über die Legitimation von Gewaltanwendung anstellen kann.[14]

Entscheidend ist auch hier die Form: In der Philosophie klärt sich das Denken über sich auf. Nur was in Gedanken bewiesen werden kann, darf Anspruch auf philosophische Geltung erheben. Die Erfahrung – als sinnliche oder sonstige – gibt zwar den Anstoß, ist als solche jedoch das Problem, das Fremde, das es zu erfassen und zu bestimmen gilt.[15] Eine solche Bestimmung ist aber nur durch ein sich seiner selbst bewusstes Denken möglich.[16] Was so abstrakt klingt, setzt bei uns selbst an, bei unserem eigenen Denken oder unserer eigenen Philosophie. *Karl Raimund Popper* (1902-1994) schreibt dazu treffend:

> „Aber es gibt ein Argument zur Verteidigung der Philosophie. Es ist das folgende: alle Menschen haben eine Philosophie, ob sie es wissen oder nicht. Zugegeben, dass diese unsere Philosophien allesamt nicht viel wert sind. Aber ihr Einfluß auf unser Denken und Handeln ist oft geradezu verheerend. Damit wird es notwendig, unsere Philosophien *kritisch* zu untersuchen. *Das ist die Aufgabe der Philosophie...*".[17]

Die Philosophie geht zwar von der ihr vorliegenden Erfahrung und von den Assoziationen, die im Denken von selbst auftreten, aus. Sie belässt es jedoch nicht dabei, sondern reflektiert über beide. Auch das gilt für die Rechtsphilosophie: Wir gehen durchaus von unseren „Intuitionen", unserem Gerechtigkeitsgefühl oder auch den gesetzgeberischen Vorstellungen über

---

13 Hegel 1821/22, S. 33.
14 Vgl. auch Kant: Aufklärung, S. 55.
15 Kant: „Wenn aber gleich alle unsere Erkenntnis mit der Erfahrung anhebt, so entspringt sie darum doch nicht eben alle aus der Erfahrung", Kant: Vernunft, B1, S. 45.
16 Zu Dohna 1940, S. 8 f.
17 Popper 1989, S. XXV.

richtiges Recht aus. Die Aufgabe der Rechtsphilosophie ist es aber, über diese kritisch nachzudenken.[18]

Hier kommen wir auf einen wichtigen Punkt: Wir können Essen nicht essen, sondern nur Lebensmittel; das ist beim Denken anders. Es kann und muss selbst zum Gegenstand der Wissenschaft gemacht werden. Hierzu steht wiederum kein anderes Mittel zur Verfügung als eben dieses Denken selbst. Konkret: Das Denken analysiert seine eigenen Möglichkeiten. Kern und Angelpunkt aller Philosophie ist daher das Denken des Denkens. Der Philosoph ist in der Tat nur, wenn er denkt.[19] Dies gibt ihm eine Gewissheit wie keine andere Wissenschaft in der Welt: Denn denken kann ich nur selbst – sieht man von Assoziationen, Einfällen etc. ab. Wenn sich das Denken aber nur selbst hervorbringen kann, dann weiß es auch, dass im Denken nichts Fremdes auftritt, bzw. dass das Fremde zugelassen werden muss. Ich bin also im Denken mehr bei mir selbst als bei irgendeiner anderen Tätigkeit.[20] – Das ist der Ausgangspunkt der Philosophie und ihr Schluss: die noesis noeseos.[21] Das Denken setzt sich nun wiederum zusammen aus Denktätigkeit und Denkinhalt – das, woran man denkt, das Wissen in Gestalt von Vorstellungen oder Begriffen. Ohne die Denktätigkeit käme der Denkinhalt nicht zum Bewusstsein. Die Philosophie flüchtet also nicht vor der Empirie, sondern ist sich dessen bewusst, dass die Tatsachen nur nach Maßgabe der zur Verfügung stehenden Kategorien und Methoden ihrer Ermittlung ins Bewusstsein treten. Hegel hat dafür das Bild eines Schwimmers im Ozean verwendet: Nachdem alle altvertrauten Orientierungspunkte hier nicht mehr sichtbar sind, kann er sich nur auf sich selbst, und das heißt im übertragenen Sinne: auf sein Denken, verlassen.[22]

Das ist nicht so ungewöhnlich, wie es vielleicht klingen mag. Als sich der deutsche Verfassungsrechtler *Günther Dürig* (1920-1996) an die Kommentierung der Menschenwürde im Grundgesetz machte – eine damals noch ganz neue Rechtsnorm, fand er sich in dieser Situation, wie er später bekannte:

> „Ich habe damals ziemlich ohne Netz arbeiten müssen in einer konkreten Situation weitgehend fehlender Hilfsmittel, ohne doppelten Boden ... Es kam darauf an, tatsächlich erst mal Faden zu schlagen, ein paar Schneisen anzulegen, ein paar Rollbahnen zu ziehen: Dort geht's lang, Freunde, dort geht's lang! ... Man muss freilich an einen Blindflug denken, ein Peilstrich war kaum vorhanden, Funkfeuer sehr, sehr weit. Bis zu Kant mußte man zum Teil schauen können, und der Kompaß, den man bei sich hatte, den hat man sich selber gebastelt".[23]

---

18 Im Einzelnen sind die Rolle der Intuition und ihre Verarbeitung sehr umstritten. Weiterführend hier Paulo/Bublitz 2020 (im Erscheinen).
19 Descartes: Abhandlungen, S. 45.
20 Zum Zusammenhang von Selbstbewusstsein und Philosophie Frank 2001, S. 217 ff.
21 Aristoteles Metaphysik, 1072b 18–30, S. 256/257 u. Hegel: Enzyklopädie I u. III, §§ 2 u. 577.
22 Hegel: Enzyklopädie III, S. 399 ff.
23 Dürig 1987, S. 95.

Wie bei Hegels Schwimmer empfindet sich hier Dürig in seinem Bemühen, das Prinzip der Menschenwürde als Rechtsprinzip im Verfassungsrecht zu denken. Bei Hegel ist dies freilich noch gesteigert: Während Dürig hier mit seinem Denken alleine in den Ozean der Interpretationsmöglichkeiten des Begriffs der Würde des Menschen hinaussegelte, richtet sich das philosophische Denken auch noch dem Gegenstand nach auf sich selbst und ist nur bei sich.

Dieses Bekenntnis zur Philosophie als Fähigkeit „sich im Denken zu orientieren"[24] und dabei sowohl über die unmittelbar gegebene Erfahrung als auch über die eigenen Assoziationen nachzudenken, ist natürlich heftiger Kritik ausgesetzt.[25] Schon der Historismus des 19. Jahrhunderts[26] und zumal postmodernes (Rechts-)Denken widerspricht dieser Möglichkeit eines Selbstbewusstseins.[27] Diese Kritik ist philosophisch ernst zu nehmen – d. h. sie ist zu bedenken. Dabei fällt auf, dass die Kritik durch Urteile erfolgt, die Ausdruck des Denkens sind: Das Denken stößt sich selbst vom Thron.

Wir können jedenfalls ein Ergebnis hier festhalten: Wenn die These richtig ist, dass sich in der Philosophie das Denken über sich selbst aufklärt und es hierzu für jeden philosophisch Denkenden auf seine eigene Denktätigkeit ankommt, dann ist auch dieser Satz nur relevant, wenn der Leser ihm aufgrund seines eigenen Denkens zustimmt. Daraus folgt ferner für die Rechtsphilosophie, dass sie jeden, der sich auf sie einlässt, auf sein eigenes Denken verweist. In diese Form kann nun jeder mögliche Erkenntnisgegenstand gebracht werden, damit er so durchsichtig wird wie das eigene Denken selbst, auch das Recht.[28] Sie ist in diesem Sinn deskriptiv.[29]

III. Bereiche der Rechtsphilosophie

So wie die Philosophie über das Denken im Allgemeinen nachdenkt, so denkt die Rechtsphilosophie über sich selbst und über das juristische Denken nach. Sie denkt über sich selbst nach, indem sie den eigenen Ansatz ins synchrone und diachrone Verhältnis zu anderen Rechtsphilosophien setzt. Sie berücksichtigt also ihr Verhältnis zu anderen zeitgenössischen Rechtsphilosophien und fragt nach deren und ihrer eigenen Berechtigung. Das ist das Thema dieses ganzen ersten Kapitels über den „Begriff der Rechtsphilosophie"

---

24 Kant: Was heißt, S. 282 f.
25 Vgl. auch hierzu die Einleitung aus Paulo/Bublitz 2020.
26 Dilthey, Aufbau, S. 348.
27 Frank 1986, S. 18 u. 126 f.
28 Das bedeutet nicht, dass nun alles subjektiv ist, wie ein Solipsismus behaupten würde. Aber in diese subjektive Form werden die Erkenntnisgegenstände transformiert, um uns bewusst zu werden.
29 Zu einer deskriptiven Rechtsphilosophie im Sinne H. L. A. Harts Julie Dickson 2019, S. 578 ff. u.

(Erster Bereich). In dieser Perspektive denkt sie auch über die Geschichte der Rechtsphilosophie nach (zweiter Bereich).[30] Juristisches Denken vollzieht sich in der Rechtswissenschaft und der Praxis. Wir konzentrieren uns hier auf die Wissenschaft und nehmen von ihr aus eine Abgrenzung zum Denken der Rechtspraxis vor.

1. Zweiter Bereich: Theorie der Rechtswissenschaft

Rechtsphilosophie denkt also über das juristische Denken. In diesem Sinne ist sie auch Reflexionstheorie der Rechtswissenschaft. Nachdem sie sich Klarheit über sich selbst verschafft hat, ist die zweite Frage, die sich die Rechtsphilosophie stellen muss, was die Wissenschaftlichkeit der Rechtswissenschaft ausmacht. Insofern ist sie Wissenschaftstheorie. Das ist die theoretische Reflexion der Grundlagen, Methoden und Ziele der Wissenschaften.[31]

Nun könnte man der Auffassung sein, dass Rechtsphilosophie nur Wissenschaftstheorie des Rechts ist, weil sie sich ja auf das Denken des Rechts richtet und darüber eine Theorie zu bilden versucht. Diese Konsequenz haben nur wenige Rechtstheoretiker gezogen. So schreibt etwa der Dänische Rechtspositivist *Alf Ross* (1899–1979): „Das Objekt der Rechtsphilosophie ist nicht das Recht, sondern die Rechtswissenschaft".[32] Das rechtswissenschaftliche Denken beschäftigt sich jedoch sowohl mit der Frage, was Recht eigentlich ist, als auch damit, ob es richtig ist. Beides sind Probleme, die nicht von der Wissenschaftstheorie behandelt werden. Deshalb ist zwar die Theorie der Rechtswissenschaft eine Teildisziplin der Rechtsphilosophie, nicht jedoch identisch mit ihr.

2. Dritter Bereich: Rechtstheorie

Juristen denken über das Recht nach. Aber was ist das eigentlich und wie unterscheidet es sich etwa von Gewalt? Das soll die Rechtstheorie untersuchen. Manche Autoren verstehen unter dem Begriff „Rechtstheorie" jedoch eine bestimmte wissenschaftliche Perspektive auf das Recht. Sie meinen damit eine metaphysikfreie, grundsätzliche Analyse des Rechts. Unter Metaphysik wird dabei häufig eine philosophische Disziplin verstanden, die sich mit den letzten Fragen wie Tod, Realität, Geist und Seele ohne empirische Fundierung beschäftigt.

Die marxistische Rechtstheorie wollte die gesellschaftlichen Bedingungen des Rechts als eines Überbauphänomens gegenüber der wirtschaftlichen Produk-

---

30 Die Geschichte der Rechtsphilosophie ist also nicht einfach Geschichte, sondern Philosophie der Geschichte. Das kann hier nicht geleistet werden und soll in einer gesonderten Untersuchung erfolgen.
31 Pulte 2004, Sp. 973 f.
32 Ross 1958, S. 25 f.

1. Kapitel: Der Begriff der Rechtsphilosophie

tion untersuchen.³³ Die analytische Rechtstheorie konzentriert sich auf die sprachliche Form des Rechts und untersucht es unter den Vorzeichen einer besonders durch *Ludwig Wittgenstein* (1889-1951) angeregten Sprachphilosophie. Prominentester Vertreter ist *Herbert Lionel Adolphus Hart* (1907–1992).³⁴ Auch der kritische Rationalismus *Karl Raimund Poppers* (1902–1994), der in Deutschland durch *Hans Albert* (*1921) weiterentwickelt wurde, lehnt eine metaphysisch begründete Rechtsphilosophie ab und will nur Rechtstheorie betreiben.³⁵ Sie bestreitet den Sinn dogmatisierter philosophischer Lehrsätze, die das „Ganze von Mensch und Welt" als „Allgemeines, Unveränderliches und Notwendiges" erklären sollen³⁶ und widerspricht damit dem Naturrechtsdenken (s. u.). Umgekehrt überlegt etwa *Robert Alexy* (*1945), ob nicht jede rationale Begründung des Rechts einer „schwachen Metaphysik" bedarf, soll sie nicht nur eine Beschreibung des tatsächlich geltenden Rechts sein. Seine These lautet: „Menschenrechte sind ohne eine rationale und universelle Metaphysik nicht möglich".³⁷

Gegen metaphysische Annahmen wendet sich *Niklas Luhmann* (1927-1998) im Sinne einer soziologischen Rechtstheorie. Das Rechtssystem bestimme selbst, was als Recht gelten soll. Folglich sei die Rechtstheorie Systemtheorie.³⁸ Das kann als Perspektive einer Theorie, der es um das Recht in der Form gesellschaftlicher Kommunikation geht, ohne weiteres zugegeben werden. Dadurch wird jedoch eine denkende Betrachtung, die diese Kommunikation auf den Begriff bringt, nicht ausgeschlossen. Sie ist nicht auf die Kommunikation beschränkt, sondern analysiert die Kriterien für die Zuordnung einer bestimmten Kommunikation zum Rechtssystem oder zu einem anderen System. Dieses Kriterium enthält der Rechtsbegriff.

Als Rechtstheorie richtet sich die Rechtsphilosophie also auf den Begriff des Rechts. Was ist Recht, und wodurch unterscheidet es sich von anderen Normen? Als Recht kann man etwa eine Art von Normen verstehen, neben der es noch andere Arten, wie die der Moral, der Sitte etc. gibt. Damit bezieht sich die Rechtstheorie auf die *Form* des Rechts. Es geht der Rechtsphilosophie als Rechtstheorie also nicht um die Frage nach dem richtigen oder unrichtigen, dem gerechten oder ungerechten, dem zweckmäßigen oder unzweckmäßigen

---

33 Autorenkollektiv 1974, S. 9 ff.
34 Hart 1957, S. 967 f.; zu H. L. A. Hart vgl. Bix 2018, S. 1 ff.
35 Albert 1983.
36 Habermas 1988, 21.
37 Alexy 2004, S. 24. – Einen positiven Begriff der Metaphysik verwendet auch die „Conceptual Analysis of Law" (eine analytische Rechtstheorie). So schreibt etwa Kenneth Himma: „The project of analyzing the content of legal concepts is the project of exploring the metaphysics of law, explicating its nature in terms of claims that are necessarily true – the hallmark of metaphysical inquiry. The metaphysical character of conceptual analysis, traditionally conceived, is logically connected to the view that the epistemology of conceptual analysis is a priori in character", Himma 2015, S. 83.
38 Luhmann 1993, S. 14 f.; vgl. auch Vesting 2007, Rn. 24 f.

Recht. Gerechtigkeit, Zweckmäßigkeit etc. spielen nur dann eine Rolle, wenn sie wesentliche Bestandteile des Rechtsbegriffs sind. Eine rechtstheoretische Frage ist aber: Ist ungerechtes Recht Recht oder etwas anderes? Worin Gerechtigkeit besteht, was sein Nutzen für das Gemeinwohl ist, sind dann Fragen der Rechtsethik, nicht der Rechtstheorie.

3. Vierter Bereich: Rechtsethik

Recht grenzt sich jedoch von anderen Normen nicht nur ab, sondern bezieht sich auch positiv auf sie. Aus der Perspektive der Moral stellen wir die Frage: Ist das Recht gerecht? Da Ethik die philosophische Disziplin des richtigen und guten Handelns ist, ist es Aufgabe der Rechtsethik, die Gerechtigkeit des positiven Rechts zu untersuchen. Sie ist damit auf den *Inhalt* des Rechts gerichtet, thematisiert Grundprinzipien des positiven Rechts und untersucht diese auf ihre Richtigkeit hin.

Dass die Rechtsethik ein Teil der Rechtsphilosophie ist, wird von zwei Seiten bestritten. Zum einen wird behauptet, die Rechtsphilosophie habe es *nur* mit der Frage der Gerechtigkeit zu tun. Danach wäre die Rechtsethik nicht ein Teil, sondern die ganze Rechtsphilosophie. So schreibt etwa schon der konservativ-christliche Rechtsphilosoph *Friedrich Julius Stahl* (1802–1861) schlicht: „Rechtsphilosophie ist die Wissenschaft des Gerechten".[39] Zu einer derartigen Auffassung muss gelangen, wer im Sinne einer engen Verbindung von Recht und Moral annimmt, dass ungerechtes Recht gar kein Recht ist. Wenn dies richtig ist, dann ist in der Tat die Frage danach, was Recht ist, mit der Frage gleichbedeutend, ob es gerecht ist. Platz für eine selbständige Rechtstheorie gibt es so nicht.

Nun stellt aber etwa Rechtssicherheit einen Teilaspekt der Gerechtigkeit dar. Der Bürger soll wissen können, was seine Rechte und Pflichten sind (Orientierungssicherheit) und sich darauf verlassen können, dass sie auch beachtet werden (Durchsetzungssicherheit). Insofern kann das positive Gesetzesrecht der Gerechtigkeit dienen, auch wenn es weitergehende Anforderungen der Gerechtigkeit nicht erfüllt.[40] Gibt man dies zu und nimmt an, dass nur eine schwache Verbindung zwischen Recht und Moral besteht, dann kann das positive Recht offenbar nicht mehr vollständig aus der Gerechtigkeit erklärt werden. Das positive Recht selbst besitzt dann eine Qualität, die einer selbständigen Erklärung bedarf. Dies leistet die Rechtstheorie. Auf eine derartige Leistung der Rechtstheorie ist derjenige umso eher angewiesen, der Recht und Moral vollständig trennt, der also die These vertritt: Positives Recht bleibt auch dann Recht, wenn es ungerecht ist. Das erklärt, warum sich mit dem Erstarken

---

[39] Stahl 1870, S. 1. Zu ihm Argyriadis-Kervegan 2019, S. 1 ff.
[40] Radbruch 2011, § 9, S. 73 f.

des Positivismus, der die Trennungsthese vertritt, auch die Rechtstheorie als selbständige Disziplin ausbilden konnte.[41]

Das führt nun zu der zweiten Behauptung, Rechtsethik sei unwissenschaftlich und könne daher nicht zur Rechtsphilosophie gehören (vgl. bereits o. S. 7). Wissenschaft müsse sich auf Erfahrung beziehen. Erfahrbar sei aber nur das positive Recht. Der skandinavische Rechtsrealist *Axel Hägerström* (1868–1939) etwa führte einen Kampf gegen derartige sog. „metaphysische Elemente" in der Philosophie: „praeterea censeo metaphysicam esse delendam".[42] Rational sei nur eine Rechtstheorie, die sich auf die tatsächliche Erfahrung der Wirksamkeit des Rechts im Rechtsgefühl konzentriere. Es ist jedoch sehr fraglich, ob diese Perspektive dem Gegenstand, den sie erkennen will, angemessen ist. Gerechtigkeit ist kein Thema außerhalb des positiven Rechts, dem man sich widmen könnte oder nicht; Vorstellungen von ihr gehen in seine Regelungen ein und prägen seine Form. Schon zur Selbstvergewisserung über das Rechtsdenken ist daher eine Rechtsphilosophie, die rechtsethische Fragen mit einschließt, erforderlich.

Die Rechtsethik ist somit ein Teil der Rechtsphilosophie. Die Ermittlung des in Rechtsordnungen realisierten Gerechtigkeitsgehalts und seine Kritik ist die Aufgabe der Rechtsethik. Die Rechtsethik ist aber nicht die ganze Rechtsphilosophie, weil sich das Recht gegenüber Richtigkeitsforderungen der Moral verselbständigt hat, weil es also nicht restlos aus der Gerechtigkeit verstanden werden kann.

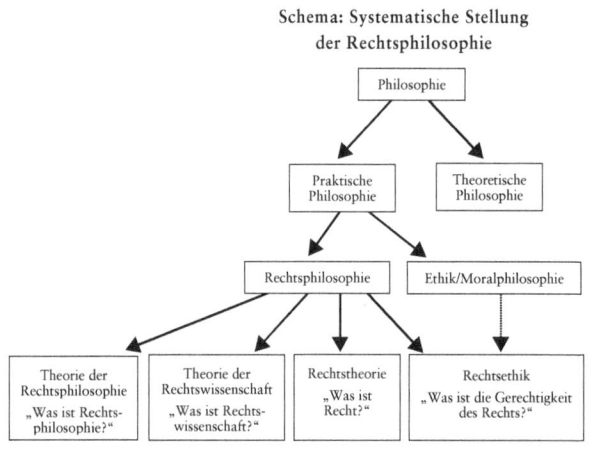

Schema: Systematische Stellung der Rechtsphilosophie

---

41 Brockmöller 1997.
42 Hägerström 1929, S. 111: „Außerdem bin ich der Meinung, dass die Metaphysik zerstört werden muss", den Ausspruch Catos des Älteren aufgreifend „Ceterum censeo Carthaginem esse delendam".

IV. Vom Nutzen der Rechtsphilosophie

Warum soll man sich, wird sich mancher nach der Lektüre dieser ersten Seiten fragen, einer so abstrakten und schwierigen Disziplin wie der Rechtsphilosophie widmen? Nur einige Gesichtspunkte sollen hier herausgegriffen werden.

1. Kontinuität in Zeiten des Umbruchs

In Zeiten, die auf eine ungebrochene rechtliche Tradition zurückblicken können und in denen die andauernde Bewährung und Bearbeitung der überkommenen Rechtsregeln das historische Recht als verlässlichen Grund juristischen Entscheidens erscheinen lassen, gewinnt die *Rechtsgeschichte* eine fast dogmatische Funktion. Sie gräbt für zu entscheidende Rechtsprobleme frühere Lösungsangebote aus. Das gilt insbesondere dann, wenn keine schriftliche Kodifikation des geltenden Rechts vorliegt. Aber auch bei älteren Gesetzen bekommt die Rechtsgeschichte zusätzliche Bedeutung, die sich aus der Weiterentwicklung der Buchstaben des Gesetzes durch die Konstruktionen der Rechtsanwendung und der Rechtswissenschaft ergeben. Die Dogmatik als die Disziplin zur Entwicklung der Rationalität des geschriebenen Rechts wird selbst geschichtlich.

In Zeiten tiefgreifender gesellschaftlicher Umbrüche durch politische oder technische und wirtschaftliche Revolutionen wird hingegen das überkommene historische Rechtswissen fraglich. Dann verliert die Rechtsgeschichte eher an Bedeutung. Die *Rechtssoziologie*, die neben der faktischen Wirksamkeit des Rechts die gesellschaftlichen Einflüsse auf es untersucht, gewinnt gerade mit diesem zweiten Erkenntnisinteresse an Bedeutung. Sie wird dann gerade das Nicht-Funktionieren des Rechts feststellen. Vor allem aber sind Umbrüche die Zeiten der Rechtsphilosophie.

Das war bei der Französischen Revolution so, als es um die Verwirklichung der Ideale von Freiheit, Gleichheit und Brüderlichkeit ging; das war 1945 der Fall, sowie nach dem Zusammenbruch der DDR und überhaupt der Ostblockstaaten. Hier stellte sich auf vielfältige Weise das Problem des Übergangs von altem zu neuem Recht. Und auch in Zeiten der neuen Herausforderungen von Globalisierung, Digitalisierung, neuen Kommunikationsformen und medizinisch-technischen Fortschritt ist sie gefordert. Wie sollte mit den ehemaligen Machthabern, die nach altem, aber von ihnen selbst verfertigtem, Recht legal gehandelt, jedoch gegen grundlegende Menschenrechte verstoßen hatten, verfahren werden (– das Problem der Mauerschützenprozesse)[43]? Wie kann das Arbeitsrecht in Zeiten von Industrie 4.0 für alle gerecht gestaltet werden? Welche Herausforderungen ergeben sich aus der Verbreitung von Social Media und Algorithmen gesteuerten Wahlkämpfen

---

43 Vgl. etwa Kaufmann 1995, S. 81 ff.; Schlink 1994, S. 433 ff.

für die rechtsstaatliche Demokratie? Soll es Grenzen der medizinischen Forschung am Menschen aus seiner Würde geben? Wie mit diesen und anderen Herausforderungen umzugehen ist, ergibt sich nicht aus der Vergangenheit, sondern aus neuen Ideen. Die Entfaltung solcher Ideen, ihr Einbau in ein vernünftiges System von gerechten Handlungsanweisungen, ist eine Aufgabe einer Wissenschaft, die weder auf das geltende Recht oder dessen Herkunft, noch auf die soziale Wirklichkeit beschränkt ist. Dies ist die Rechtsphilosophie.

2. Kritische Funktion

Indem die Rechtsphilosophie über eine Tätigkeit nachdenkt, die zwar in aller Rechtswissenschaft ausgeübt, als solche jedoch nicht thematisiert wird, das juristische Denken, erfüllt sie eine kritische, eine aufklärerische Funktion. Kritik ist dabei nicht nur im Sinne des ablehnenden Beurteilens oder Richtens zu verstehen. Vielmehr meint es vor allem die Analyse und Unterscheidung des rechtlichen Denkens („κρίνειν"), die durchaus zu einer krisenhaften Zuspitzung („κρίσις") und einer Reinigung („κάθαρσις") führen mag. Hieraus mögen dann wiederum Handlungsvorschläge erwachsen.

Die Analyse bezieht sich beispielsweise auf Grundbegriffe des Verfassungsrechts wie Menschenwürde, Freiheit, Gleichheit. Diese Begriffe haben eine lange philosophische Tradition. Um hier vorschnelle Festlegungen des juristischen Sprachgebrauchs zu vermeiden, ist die Auseinandersetzung mit diesen philosophischen Bedeutungsvarianten erforderlich. Das Ergebnis ermöglicht dann die Erkenntnis darüber, welche Bedeutungsvariante im systematischen Kontext der Verfassung am besten entschlussfähig ist. Man mag also vielleicht von einem christlichen Verständnis der Menschenwürde als Gottebenbildlichkeit zutiefst überzeugt sein; nach der Beschäftigung mit anderen Auffassungen des Begriffs wird man es nur dann dem Verfassungsverständnis zugrunde legen können, wenn sie durch ihre christliche Prägung – wie etwa die Irische Verfassung – dies ausdrücklich zulässt. Das ist unter Berücksichtigung der religiösen und weltanschaulichen Neutralität manchen neueren Verfassungen nicht der Fall. Die Aufklärung kann sich aber auch auf die Struktur des Rechts, die Verwendung von Argumenten, den Einfluss von Vorurteilen bei der Argumentation usw. beziehen.

3. Brückenfunktion

Die Rechtsphilosophie bezieht die positivrechtlichen Fragen der Rechtsdogmatik auf verschiedene Unterdisziplinen der Philosophie und versucht aus ihren Diskussionen Antworten grundsätzlicherer Art für das Recht zu entwickeln („Brückenfunktion").[44] Umgekehrt prüft sie, ob sich die allgemeinen

---

44 Von der Pfordten 2004, S. 157 ff.

Aussagen insbesondere der praktischen Philosophie an einem konkreten Beispiel, dem positiven Recht, bewähren und bringt ihr die Anschauung konkreter Rechtsprobleme.

Wegen dieser Brückenfunktion ist die Rechtsphilosophie auf Interdisziplinarität hin angelegt.[45] Sie ist auf den ständigen Import von Erkenntnissen der Philosophie angewiesen und bringt diese zusammen mit anderen Perspektiven, die etwa Soziologie oder auch Theologie in Bezug auf das Recht einnehmen. Die juristischen Rechtsphilosophen sind gewissermaßen die Brückenpfeiler in der rechtswissenschaftlichen Fakultät, die philosophischen in ihrer Fakultät. Sie stützen die Aufnahme der Erkenntnisse der jeweils anderen Disziplin ab, ohne dabei den Boden der eigenen zu verlieren. Der in der Abstraktheit ihrer Begriffe liegende Nachteil der Rechtsphilosophie wird dabei zum Vorteil. Die Rechtsphilosophie konzentriert sich auf die grundsätzliche Perspektive und hält die Begriffe für eine Konkretisierung entsprechend den jeweiligen Bedürfnissen der Philosophie und der Rechtswissenschaft offen.

4. Weitere Leistungen der Rechtsphilosophie

Nimmt man die letzten beiden Aspekte zusammen, ergeben sich Funktionen der Rechtsphilosophie für die Innovation des Rechts. Abstrakte Werte und Prinzipien werden so auf konkretere soziale Probleme bezogen, dass sich Lösungsansätze ergeben. Da diese Aussagen jedoch zumeist kontrovers sein werden, sind sie auf praktische Diskurse angewiesen, die sie in geltendes Recht umformen. Derartige Diskurse befruchten die Rechtsphilosophie.

Der Kontinuitätsfunktion korrespondiert in räumlicher Hinsicht eine kulturübergreifende Funktion. Die Rechtsphilosophie ermittelt allgemeine Rechtsgrundsätze, gemeinsame Rechtsprinzipien oder entwickelt universalisierbare Gerechtigkeitsprinzipien. Sie etabliert so vernünftige Standards, die als Messlatte der Rationalität von Recht auch solcher Staaten gelten können, die sich den Menschenrechtserklärungen noch nicht unterworfen haben. Darüber hinaus dienen diese Prinzipien als Grundlage der Rechtsvergleichung. Über diese wirken sie dann auf die verbindliche Vereinbarung von Standards wie etwa des Unidroit.[46] Zugleich fragt sie aber auch nach den Grenzen der Universalisierung und der Berechtigung einer autonomen Selbstbestimmungspraxis der Bürger.

Nicht zuletzt besteht aber ein wesentlicher Vorteil der Rechtsphilosophie in der Aufklärung der Juristinnen und Juristen über ihre Tätigkeit. Sie werden sich ihrer Methoden bewusst und können sie ggf. aus Einsicht – nicht, weil sie hierzu verpflichtet wären – korrigieren. Sie erkennen, wann sie rechtlich

---

45 Kirste 2012, S. 47 ff.; zu den komplexen Bedingungen von Interdisziplinarität: Kirste 2016, S. 35 ff.
46 Zimmermann 2005, S. 264 ff.

argumentieren und wann ihre moralischen oder sittlichen Überzeugungen keine rechtliche Verbindlichkeit beanspruchen können. Sie können die Leistung und Grenzen des Rechts in Bezug auf gerechte Lösungen gesellschaftlicher Probleme erkennen. So ermöglicht die Rechtsphilosophie, Vorurteile zu vermeiden. Der Gegenstand der Rechtsphilosophie, das Recht, ist eine Entscheidung der freien Selbstbestimmung; aber auch die Erkenntnis dieses Umstandes ist frei. Insofern hat die Rechtsphilosophie befreiende Wirkung.

5. Zusammenfassung

Rechtphilosophie ist die Wissenschaft vom Denken des Rechts. Sie hat zumeist nicht einzelne rechtliche Regeln zum Gegenstand, sondern deren Begriff, den Begriff des Rechts. Sie fragt nicht nur nach dem gesetzten und vereinbarten Recht, sondern auch danach, ob dieses Recht gerecht ist, ob es gerechtfertigt ist. Insofern überschreitet sie die Grenzen, die die Rechtsform der dogmatischen Beschäftigung mit dem Recht setzt. Sie denkt über das gesetzte Recht hinaus. Schließlich – und insofern ist sie die Grundlage der Rechtswissenschaft als Wissenschaft – bedenkt sie, wie in der Rechtswissenschaft gedacht wird. Diese Reflexion mag dann auch zu einem gewissen Glück beitragen, wie Aristoteles in der Nikomachischen Ethik vermerkt:

> „... wenn es bei allem ... eine Wahrnehmung davon gibt, daß wir tätig sind, so daß wir also wahrnehmen, daß wir wahrnehmen, und denken, daß wir denken: und daß wir wahrnehmen und denken, ist uns ein Zeichen, dass wir sind... und wenn das Wahrnehmen, daß man lebt, zum an sich Angenehmen gehört..., so ist also das Leben vorzugsweise für die Tugendhaften wünschbar, da das Sein für sie gut und angenehm ist...; und so wie sich der Tugendhafte zu sich selbst verhält, verhält er sich auch zum Freunde".[47]

---

47 Aristoteles NE IX, 9, 1170a 30-b7.

2. Kapitel: Die Theorie der Rechtswissenschaft

I. Einleitung

Weil das Recht Auswirkungen auf das Zusammenleben der Menschen in Staaten, Gemeinden, ja Familien und weltweit hat, beschäftigen sich nicht nur praktische Juristen und Rechtswissenschaftlerinnen, sondern auch Angehörige anderer Wissenschaften und juristische Laien mit Recht.[1] Dabei werden immer auch Vorstellungen über das Verhältnis des Rechts zu anderen gesellschaftlichen Ordnungen und über richtiges Recht gebildet. Eine Einführung in die Rechtsphilosophie kann diese Produktion von Wissen über Recht und von normativen Vorstellungen darüber, wie Recht sein soll, nicht umfassend berücksichtigen. Wir konzentrieren uns auf diejenigen, die sich unter Verwendung juristischer Methoden wissenschaftlich mit dem Recht beschäftigen. Von hier aus werden dann Unterschiede und Gemeinsamkeiten zum Denken juristischer Praktiker beleuchtet. Das Verhältnis zu anderen Wissenschaften, die sich mit dem Recht befassen, werde ich unter dem – zunehmend wichtigen – Stichwort „Interdisziplinarität" diskutieren. Die empirischen Fragen, etwa wie juristische Laien über Recht denken, müssen hingegen ausgeklammert werden,[2] während ihre Bedeutung für das Recht und seine Gerechtigkeit in der Rechtstheorie und der Rechtsethik angesprochen wird.

In diesem Kapitel soll also erstens gefragt werden, was rechtliches Denken ausmacht, insbesondere auch, ob und inwiefern die Rechtswissenschaft eine Wissenschaft ist. Das ist weniger selbstverständlich, als es die jahrhundertealte Tradition dieser Disziplin und ihre Institutionalisierung als eine der klassischen Fakultäten neben Theologie, Medizin und Philosophie nahelegt. Zweitens geht es um die in der Rechtswissenschaft schwierige Abgrenzung zwischen Wissenschaft und Praxis und ihr angesichts aktueller Herausforderungen immer wichtigeres Verhältnis zu anderen Wissenschaften.[3]

---

1 Somek 2006, 9 ff., zur juristischen Expertise auch 32 f.; Morlok/Kölbel/Launhardt 2000, S. 15 ff.; Morlok 2001, S. 135 ff.
2 „Citizen Science", die die Öffentlichkeit in die juristische Forschung einbeziehen würde, ist in den Rechtswissenschaften soweit ersichtlich noch wenig verbreitet. Das mag seinen Grund auch darin haben, dass die Praxis der juristischen Berufe wesentliche wissenschaftliche Beiträge liefert, s. u.
3 Zur Abgrenzung von Rechtswissenschaft und Rechtspraxis nun ausführlich Kirste 2024 (im Erscheinen)

II. Ist die Rechtswissenschaft eine Wissenschaft?

In akademischen Diskussionen wird darüber gestritten, ob die Rechtswissenschaft eine Wissenschaft[4] oder ein unselbständiger Teil der Praxis ist. Ist sie eher eine Klugheitslehre oder die Kunst, wie man Rechtsstreitigkeiten am besten gewinnt oder ist sie eine Wissenschaft wie etwa die Geschichtswissenschaft oder die Physik? Hierbei spielt wiederum das Problem eine entscheidende Rolle, ob das maßgebliche Kriterium für diese Frage der Erkenntnisgegenstand, das Recht also, oder die Form, nämlich die wissenschaftliche Methode, ist. Auf der einen Seite schreibt etwa *Wilhelm Henke* (1926–1992): „Für die Rechtswissenschaft, für die iuris-prudentia, ist nicht die Wissenschaft die erste Frage, also die Art des Wissens, die Methode, sondern das Recht".[5] Auf der anderen Seite erklärt der Rechtstheoretiker *Hans Kelsen* (1881–1973): „Die Identität des Erkenntnisobjektes ist bedingt durch die Identität der Erkenntnismethode! Eine prinzipiell andere Betrachtungsweise hat einen prinzipiell anderen Gegenstand zur Folge".[6] Was kennzeichnet also die Rechtswissenschaft: das Recht oder die Methode seiner Bearbeitung? Aus der Beantwortung dieser Fragen ergeben sich einige Konsequenzen für die juristische Ausbildung: Zielt das wissenschaftsgeleitete Studium eher auf die Ausbildung von Fähigkeiten oder auf die Vermittlung von Kenntnissen?

1. Einwände gegen die Wissenschaftlichkeit der Rechtswissenschaft

Blickt man auf die historischen Wurzeln der Rechtswissenschaft in der römischen Jurisprudenz, so liegt die Vermutung nahe, dass sie ganz und gar durch Urteile und Rechtsnormen geprägt und ihr Verhalten an den praktischen Bedürfnissen dieses Gegenstandes ausgerichtet ist.[7] Sie ging aus dem gerichtlichen Streit hervor und war beratend auf diesen bezogen.[8]

Wir nennen drei aktuelle Einwände gegen die Wissenschaftlichkeit der Rechtswissenschaft:

a. Die Zufälligkeit

Aristoteles (384 v. Chr.–322 v. Chr.) hatte angenommen, dass derartig Zufälliges wie das Recht nicht Gegenstand der Erkenntnis sein könne.[9] Gegenstand

---

4 Zu Anforderungen an ihre Wissenschaftlichkeit aus der Sicht einer analytischen Rechtstheorie und zugleich skeptisch zum gegenwärtigen Stand ihrer Entwicklung Guibourg 2017, S. 1 ff.
5 Henke 1969, S. 12.
6 Kelsen 1925, S. 116.
7 Söllner 1996, §§ 11 u. 16; Bretone 1992, S. 401–409.
8 Gröschner 2018, S. 737 ff.
9 Aristoteles NE VI 1139b 20, S. 133: „Wir alle halten dafür, dass das, was man weiß, sich nicht anders verhalten kann; was sich aber anders verhalten kann, von dem weiß man, sobald man es nicht mehr vor Augen hat, nicht, ob es noch ist oder nicht. Mithin ist, was Gegen-

des Wissens sei das Notwendige, das aus allgemeinen Prinzipien abgeleitet werden könne. Das Zufällige verschließe sich einer Erkenntnis aus Prinzipien, die doch allein die Wissenschaftlichkeit verbürge. Recht sei ein solch zufälliger Gegenstand, dass die hierauf gerichtete intellektuelle Anstrengung zwar Klugheit (phronesis, prudentia) oder auch Kunst (techne, ars), nicht jedoch Wissenschaft sein könne. In diesem Sinne hatte auch der römische Rechtsgelehrte *Ulpian* gesagt: „Die Rechtswissenschaft ist die Kenntnis der göttlichen und menschlichen Dinge, die Kenntnis des Gerechten und Ungerechten".[10]

Die prägnanteste Kritik der Wissenschaftlichkeit der Rechtswissenschaft stammt jedoch von *Julius Hermann von Kirchmann* (1802–1884): Die Rechtswissenschaft habe es nur mit dem Willkürlichen der positiven Gesetze zu tun, was durch nichts deutlicher dokumentiert werde, als dass der Gesetzgeber nur ein Wort zu sagen brauche „und ganze Bibliotheken werden zu Makulatur".[11] Wenn sie nicht so exakt wie eine Naturwissenschaft sei, dann sei sie eben keine Wissenschaft.

Ist Jurisprudenz als Wissenschaft also unmöglich, weil das Recht auf subjektiven Wertungen und Entscheidungen beruht? Die Natur scheint der Erkenntnis als ein notwendiger Zusammenhang vorzuliegen; die Gegenstände des Rechts, der Kultur etc. hingegen werden vom Menschen nach seinen Bedürfnissen und seinen Wertvorstellungen geformt. Es fragt sich jedoch, ob die Notwendigkeit der naturwissenschaftlichen Erkenntnisse aus ihrem Gegenstand kommt.

Die Natur mag durch notwendige Zusammenhänge geprägt sein (wobei die Technik schon auf eine gewisse Verfügbarkeit für den Menschen hindeutet). Deren wissenschaftlich erarbeitete Erkenntnis wäre jedoch schlicht überflüssig, wenn wir diese Notwendigkeit mit wahrnehmen würden. Das hat *Immanuel Kant* (1724–1804) auf den Punkt gebracht, wenn er schreibt: „Dass alle unsere Erkenntnis mit der Erfahrung anfange, daran ist gar kein Zweifel; denn wodurch sollte das Erkenntnisvermögen sonst zur Ausübung erweckt werden ... Wenn aber gleich alle unsere Erkenntnis *mit* der Erfahrung anhebt, so entspringt sie darum doch nicht eben alle *aus* der Erfahrung. Denn es könnte wohl sein, dass selbst unsere Erfahrungserkenntnis ein Zusammengesetztes aus dem sei, was wir durch Eindrücke empfangen, und dem, was unser eigenes Erkenntnisvermögen (durch sinnliche Eindrücke bloß veranlaßt) aus sich selbst hergibt". Wir bringen zur Erfahrung nämlich

---

stand des Wissens ist, aus Notwendigkeit. Mithin ist es ewig; denn alles, was schlechthin aus Notwendigkeit ist, ist ewig, das Ewige aber ist ungeworden und unvergänglich", zu Aristoteles unten der Steckbrief.
10 Institutiones 1,1.
11 Von Kirchmann 1848, S. 25.

2. Kapitel: Die Theorie der Rechtswissenschaft

noch unser Denken hinzu, das die Phänomene in einen für uns notwendigen Zusammenhang bringt.[12]

Unsere Erkenntnistätigkeit wird danach von der Erfahrung angeregt. Die Erfahrung stellt jedoch das Problem, nicht die Lösung dar. Sie steht wie ein Rätsel vor uns, für dessen Lösung wir Antworten entwickeln müssen. Hierzu bringen wir Vorstellungen und Begriffe an die Erfahrung heran. Sie sind unsere Produktion. Die aus ihnen entspringende Erkenntnis ist unsere Konstruktion. Lassen wir sie uns nicht nur einfach „einfallen" wie Assoziationen, sondern erarbeiten wir uns die Begriffe, haben sie genau diejenige Eigenschaft, die uns an der Erfahrung fehlt: Die Erfahrung ist etwas Fremdes, nicht von uns Hervorgebrachtes und daher rätselhaft. Begriffe und Vorstellungen, wenn sie nicht unterbewusste Assoziationen sind, bilden wir selbst und sind daher mit ihnen vertraut.[13] Die Notwendigkeit in der Erkenntnis entspringt also unserem Bewusstsein, nicht dem Gegenstand.

Das gilt nun noch viel mehr für die Gegenstände, auf die sich die Kritik von Kirchmanns und anderer bezieht, nämlich die Gegenstände, die der Mensch selbst hervorgebracht hat, wie das Recht. Gerade weil sie menschliche Produkte sind, sind sie uns nicht fremd, sondern viel vertrauter als die Gegenstände der Naturwissenschaft (*Giambattista Vico*, 1668–1744).[14] In diesem Sinne hatte schon der Florentiner Renaissance-Humanist *Coluccio Salutati* (1331–1406) „vom Vorrang der Jurisprudenz vor der Medizin" gesprochen. Wir können die Notwendigkeit in der Jurisprudenz viel leichter erkennen. Nur folgt hier die Bedeutung der Prinzipien den Gegenständen nicht (nur) nach wie bei der Naturerkenntnis; vielmehr sind die Gegenstände wie das Recht selbst schon Ausdruck unserer Ideen. Rechtsanwendung, Rechtsetzung sind nicht auf die Erkenntnis des Rechts, sondern auf die Lösung praktischer Probleme gerichtet. Aber sie sind Ausdruck von Intuitionen, von Ideen, von Prinzipien, von Vorstellungen, also insgesamt von denkender Anstrengung. In der Rechtswissenschaft erkennt sich also das Denken selbst im äußeren Medium des Rechts.

Während also die Naturwissenschaft *konstruktiv* verfährt, weil sie die Notwendigkeit an die Gegenstände heranbringt, verfährt die Rechtswissenschaft

---

12 Kant: Vernunft, S. 45, zu ihm vgl. unten den Steckbrief.
13 Hegel schreibt in diesem Sinn: „der Begriff verbindet es, daß der Inhalt eigenes Tun des Selbsts ist" und „Wahre Gedanken und wissenschaftliche Einsicht ist nur in der Arbeit des Begriffs zu gewinnen", Phänomenologie, S. 850 u. 78.
14 Vico Prinzipien, S. 143: „Wie nämlich alle Philosophen sich ernsthaft darum bemüht haben, Wissen zu erlangen von der Welt der Natur, von der doch, weil Gott sie schuf, er allein Wissen haben kann, und wie sie vernachlässigt haben, diese Welt der Völker oder politische Welt zu erforschen, von der, weil die Menschen sie geschaffen hatten, die Menschen auch Wissen erlangen konnten". In seinem Sinn auch Dilthey (Aufbau): „Nur, was der Geist geschaffen hat, versteht er. Alles, dem der Mensch wirkend sein Gepräge aufgedrückt hat, bildet den Gegenstand der Geisteswissenschaften". Zu ihn näher Zanetti 2019, S. 1ff.

rekonstruktiv, weil sie sich die Ideen, die das Recht tragen, bewusstmachen möchte. Dies geschieht im Wege der Interpretation, der Auslegung, die insgesamt als Wissenschaft auch Hermeneutik heißt. Auf dieser Basis kann sie freilich das Recht konstruktiv fortbilden. Die scheinbare Zufälligkeit, Zeitbedingtheit und fehlende Systematik des Gegenstandes stellt also die Möglichkeit wissenschaftlicher Erkenntnis nicht in Frage; denn das teilt sie jedenfalls für den Erkenntnisakt mit anderen Erkenntnisgegenständen. Aus dieser Eigenschaft des Rechts lässt sich also weder ein Einwand gegen die mögliche Wissenschaftlichkeit der Rechtswissenschaft konstruieren noch ihre besondere Eigenart begründen.

b. Die Wertungsabhängigkeit

Ein weiterer Einwand gegenüber der Wissenschaftlichkeit der Rechtswissenschaft betrifft die Wertung, auf denen das Recht beruht. Darüber haben wir unterschiedliche Meinungen. Wenn das Recht auf Wertentscheidungen beruht, dann bezieht sich die Rechtswissenschaft doch offenbar auf rein Subjektives und kann nicht objektiv sein. So meinte etwa *Blaise Pascal* (1623–1662): „Drei Breitengrade werfen die ganze Jurisprudenz über den Haufen; ein Meridian entscheidet über die Wahrheit ... Eine schöne Gerechtigkeit, deren Grenze ein Fluß ist! Was auf dieser Seite der Pyrenäen Wahrheit ist, ist auf der anderen Seite Irrtum".[15] Was Recht ist, hängt offenbar davon ab, was für Wertungen man trifft; und daran kann auch die Rechtswissenschaft nicht vorbei. Sie verkauft das, was ihr als Gegenstand in Gestalt des Rechts mal so, mal so vorliegt, jeweils als Wahrheit. Wiederum scheint der Gegenstand der Wissenschaft, der aus den trüben Quellen des Gefühls und irrationaler, schwankender und lokal unterschiedlichen Quellen stammt, eine wissenschaftliche Erfassung auszuschließen. Zeigt nicht die Rechtswissenschaft im Nationalsozialismus, wie die Jurisprudenz Opfer der jeweiligen Ideologie wird?[16]

Sowohl die Irrationalität als auch Mythologie (*Michel Eyquem de Montaigne*, 1533–1592) der Wertentscheidungen, wurde auch vom Emotivismus gegen die Wissenschaftlichkeit der Rechtswissenschaft vorgebracht. *Axel Hägerström* (1868–1939) fasst das zusammen: Die Realität des Rechts ruht also letztlich in der subjektiven Tatsache des Gefühls. Darauf lasse sich aber keine Wissenschaft aufbauen, sondern allenfalls eine Art Meta-Ethik als Aufdeckung von Ideologien.[17]

Beide Ansichten weisen zutreffend darauf hin, dass es im Recht nicht nur um objektive Gesetzmäßigkeiten geht. Das Recht ist Ausdruck von Wertungen

---

15 Pascal: Gedanken, Nr. 319.
16 Schröder 2016.
17 Bjarup 1985, S. 35 f.

und ist zu seiner Wirksamkeit auf die gewohnheitsmäßige Anerkennung im Gefühl angewiesen. Das Recht belässt diese Gefühle jedoch nicht in der Form ihres unmittelbaren Auftretens. Die oft gegenläufigen gefühlsmäßigen Wertungen oder Gefühle treffen in Verfahren der Rechtsetzung, Gerichtsverfahren aufeinander und werden durch das Verfahrensrecht geordnet. Dieses steuert den Umfang ihrer Auswirkung auf die Rechtsetzung und wirkt verobjektivierend. Die demokratischen Regeln führen hier zu einer „Erweiterung des Horizonts und Differenzierung der öffentlichen Meinung, da sie das Medium eines gewählten Gremiums von Bürgern durchläuft", wie es in den Federalist Papers 1787 heißt.[18] Die Wissenschaft setzt genau hier an. Eine wichtige Aufgabe der Rechtswissenschaft ist die Aufklärung sowohl über die emotionale Prägung des Rechts als auch über seine Wertbezogenheit.[19]

Emotionalität und Wertungsgebundenheit des Rechts sind somit wiederum keine Gründe dafür, die Wissenschaftlichkeit der Rechtswissenschaft zu bezweifeln, sondern nur dafür, sie nicht aus dem Erkenntnisgegenstand, sondern der Methode zu seiner Erfassung zu begründen.

c. Rechtswissenschaft als bloße Praxis

Sind nun die bisherigen Überlegungen zur Wissenschaftlichkeit der Rechtswissenschaft rein akademisch. Die Praxis erwartet von der Rechtswissenschaft handhabbare Anleitungen, die Erarbeitung von Prinzipien und darauf aufbauend eine systematische Ordnung des Rechts. Auch die Rechtswissenschaft versteht die Praxis als ihr Zentrum und als sinngebend für ihre Tätigkeit an. Dabei geht es darum, ob die denkende Beschäftigung mit dem Recht überhaupt eine Wissenschaft (ἐπιστήμη, scientia) oder nicht vielmehr praktische Klugheit (φρόνησις, prudentia), iuris-prudenz, sei.[20]

Wilhelm Henke schreibt dazu prägnant: „Die Jurisprudenz hat ihren Ursprung nicht in der Suche nach der Wahrheit, auch nicht nach idealer Gerechtigkeit, sondern in der praktischen Aufgabe zwischen Streitenden Recht zu sprechen ...".[21] Vor Gericht siegten die Parteien oft nicht allein mit der Wahrheit, sondern mit dem einleuchtenden, in der konkreten Situation nicht widerlegbaren Argument oder einer nicht bezweifelbaren Tatsachenschilderung. Die Kommunikation im Gerichtssaal wird nicht so sehr durch die Methode der Wahrheitsfindung, sondern durch die Parteiinteressen und das Prozessrecht, unter Zeitnot und durch Autorität gesteuert. *Rolf Gröschner* (*1947) folgert daraus: „Eine Theorie, die sich von diesen fall- und streit-

---

18 Federalist Papers, Art. 10, S. 55.
19 Weber 1988, S. 151.
20 Dreier 1981a, S. 48 f.
21 Henke 1987, S. 686; Gröschner spricht auch von „Praxisdefiziten" der von ihm „Jurisprudenz" genannten Rechtswissenschaft, deren Grundphänomen der Streit sei, Gröschner 2001, S. 213 ff.

bezogenen Argumentationen distanziert, diskreditiert nicht nur die Praxis, sondern auch die Theorie. Denn die beste Theorie ist allemal die Theorie der Praxis."[22]

Eine entscheidende Prägung der Wissenschaft durch die Praxis nimmt auch *Hans Georg Gadamer* (1900–2002) an. Er vermeidet folglich den Ausdruck „Rechtswissenschaft" und ersetzt ihn durch „Jurisprudenz". Ihre Eigenart sei die „prudentia" i. S. e. praktischen Vernünftigkeit.[23] Weit davon entfernt, die Wissenschaftlichkeit der Rechtswissenschaft zu untergraben, soll der Anwendungsbezug die Vorbildlichkeit der Rechtswissenschaft für die Geisteswissenschaften begründen.[24] Wie ein Dolmetscher richte sich der Jurist auf den objektiven Inhalt des Gesetzes, interpretiere ihn jedoch auf den konkreten Fall hin.[25] Die Jurisprudenz verallgemeinert jedoch die Anwendungsfälle. Auch bei der Übersetzungstätigkeit muss man das *Verständnis* des fremden Textes von der Kommunikation dieses Verständnisses und ihrer Übertragung in eine andere Sprache unterscheiden. Die Kommunikation ist kontextsensitiv und passt das Verstandene im Hinblick auf die Zuhörer oder Leser an. Das Verständnis aber richtet sich auf das möglicherweise Anzupassende und muss nicht von der Anwendung beschränkt sein. Rechtswissenschaft und Rechtspraxis sind also zu unterscheiden.

Die Rechtswissenschaft kann sich jedoch, anders als die Rechtspraxis, über die Verbindlichkeit des Rechts erheben. Sie kann Regelungen als falsch, weil z. B. unsystematisch, nicht sachgerecht etc. erweisen. Die Rechtspraxis muss grundsätzlich diese Rechtsregeln als bindenden Handlungsrahmen hinnehmen – auch wenn sie im Rahmen ihrer Befugnisse die Geltung derartiger Sätze bezweifeln und sie ggf. außer Kraft setzen kann. Aber auch dann geschieht dies im Rahmen des (höherrangigen) geltenden Rechts. So zutreffend es also ist, dass die Rechtswissenschaft als Jurisprudenz in enger Verbindung zwischen Theorie und Praxis ihren Anfang genommen hat, hat sich doch im Laufe der Geschichte die Fragestellung der Theorie von der der Praxis differenziert.

Hans Albert (*1921) hat zu Recht hervorgehoben, dass die Aussagen der Rechtswissenschaft Aussagen über Normen und nicht selbst Normen seien.[26] Die Rechtswissenschaft kann beschreiben, aber sie kann nicht selbst vorschreiben.[27] Dabei enthält sie zwar auch Wertungen, macht diese jedoch nicht verbindlich, sondern muss überzeugen. Sie ist also eine praktische Wissenschaft. Ihre Praxis ist die Gewinnung von Erkenntnissen, nicht die Inkraftsetzung von Rechtsregeln oder das Entscheiden.

---

22 Gröschner 1985, S. 174.
23 Gadamer 1978, S. 311.
24 Gadamer 1990, S. 313.
25 Gadamer 1990, S. 332.
26 Albert 1991, S. 73 f.
27 Kelsen 1960, S. 75.

Der Unterschied zwischen Rechtswissenschaft und Rechtspraxis zeigt sich auch an den Folgen fehlerhafter Theoriebildung in der Wissenschaft und fehlerhafter Entscheidungen in der Praxis. Die Folge von Fehlern in der Theorie ist, dass sie nachgebessert oder aufgegeben werden sollte. Eine fehlerhafte rechtliche Entscheidung hingegen verliert – wenn sie nicht als Urteil rechtskräftig wird – entweder von selbst oder nach einer entsprechenden Aufhebung Geltung und Verbindlichkeit.

Die Rechtswissenschaft dient mithin der juristischen Praxis, indem sie ihr Lösungen ihrer Probleme anbietet; sie erhebt ihr gegenüber den Anspruch, dass sich die Theorie, die praktische Juristen ihren Entscheidungen notwendig zugrunde legen, vor ihren Erkenntnissen rechtfertigen lassen kann.

	Theorie kommt aus der	Praxis richtet sich auf
Rechtswissenschaftler/ Rechtswissenschaftlerinnen	Theorie der Rechtswissenschaft	Rechtserkennen
Praktischer Jurist/ Juristin	Rechtswissenschaft	Rechtliche Beratung, rechtliches Entscheiden etc.

Die Rechtswissenschaft kann sich also gegenüber den Einwänden, sie sei bloße Praxis, wertungsabhängig oder auch rein zufällig, als Wissenschaft behaupten. Nachdem wir die Einwände abgelehnt haben, müssen wir nun zeigen, dass sie eine Wissenschaft ist. Dazu müssen wir zunächst klären, was eine Wissenschaft ist.

2. Zum Begriff der Wissenschaft

Um zu zeigen, dass die Rechtswissenschaft eine Wissenschaft ist, müssen wir zunächst zeigen, was eine Wissenschaft ausmacht.[28] Die Rechtsphilosophie kann ebenso wenig den Begriff der Wissenschaft wie den Begriff der Philosophie vollständig selbst klären. Sie kann einen gesicherten Begriff aber auch nicht einfach aus der Wissenschaftstheorie als feste Grundlage übernehmen, da er dort kontrovers diskutiert wird.[29] Es bleibt daher nichts anderes übrig, als ein wenig in die Diskussion der Wissenschaftstheorie einzutauchen. Dort zeigt sich auf einem abstrakten Niveau, dass man zumindest bei bestimmten Grundelementen übereinstimmt. Was kann man also gesichert über Wissenschaften sagen?

Wissenschaft ist auf die methodisch geleitete Gewinnung von Erkenntnissen gerichtet. Danach ist Wissenschaft weder gleichbedeutend mit der wahrgenommenen Erfahrung noch nur Denken oder eine Summe von Wissen.

---
28 Vgl. auch Neumann 2016, S. 352 ff.
29 Schurz 2006, S. 12 ff.

Darauf weist Kant hin, wenn er Erfahrung und Denken als Grundlage der Erkenntnis ansieht (s. das Kantzitat o. S. 19). Sie ist nicht bloß Erfahrung, weil diese dem Erkennen als eine nur lose verbundene Vielheit von Wahrnehmungen erscheint. Sie ist nicht bloß Wissen, wie noch *Bernhard Bolzano* (1781–1848) meinte,[30] weil es um die Art und Weise der Wissenserlangung geht. Wissenschaft zielt auf das Ordnen und die Systematik dieser Vorstellungen.

Wissenschaft hat mit Erfahrungen, Methoden, Begriffen und Erkenntnissen zu tun. Wie diese zusammenhängen, wird von verschiedenen erkenntnistheoretischen Ansätzen sehr unterschiedlich beurteilt. Es spricht viel dafür, dass Wissenschaft von einem Eindruck, einer Erfahrung in dem oben von *Kant* bezeichneten Sinn ausgeht, die als Problem erlebt wird. In diesem Sinne können Unrechtserfahrungen als Veranlassung darüber angesehen werden, über Recht und Gerechtigkeit nachzudenken.[31] Erst die systematische Begründung und Rechtfertigung der Gerechtigkeitsvorstellungen kann jedoch Wissenschaft genannt werden. Hierzu bildet sie mittels des Denkens Begriffe. Diese Begriffe werden im Wege von Urteilen methodisch zu einer begründeten systematischen Einheit, einer Theorie, zusammengeführt. Erkenntnis setzt sich also aus dem passiven Moment der Erfahrung und dem aktiven Moment des Denkens zusammen.[32] *Edmund Husserl* (1859–1938) fasst diesen Prozess treffend zusammen: „Zum Begriff der Wissenschaft und ihrer Aufgabe gehört nun aber mehr als bloßes Wissen ... Zum Wesen der Wissenschaft gehört ... die Einheit des Begründungszusammenhanges, in dem mit den einzelnen Erkenntnissen auch die Begründungen selbst und mit diesen auch die höheren Komplexionen von Begründungen, die wir Theorien nennen, eine systematische Einheit erhalten".[33] Die Systematik dieses Begründungszusammenhangs folgt nicht notwendig den gesetzgeberischen, richterlichen oder sonstigen Entscheidungen, sondern ergibt sich aus den vom Wissenschaftler gewählten Grundbegriffen. Diese Systematik ist jedoch nicht zeitlos. Vielmehr werden auch die Grundbegriffe weiterentwickelt und neue hinzugefügt (*Ernst Cassirer* 1874–1945).[34]

Ich möchte deshalb hier unter *Wissenschaft* die auf die Erkenntnis ihres jeweiligen Gegenstandes gerichtete Tätigkeit verstehen. Diese Erkenntnis erfolgt nicht „intuitiv" oder naiv, sondern anhand von Begriffen, deren systematische Einheit als Theorie begründet und insofern selbstkritisch gebildet wird. Ihr Ziel sind wahre Erkenntnisse über ihre Gegenstände. Mittel der Kritik ist das methodische Vorgehen. Was immer Wahrheit ist, jedenfalls ist

---

30 Bolzano 1985, § 1, S. 33 f.
31 Brugger 1999/1, S. 109 f.
32 Vgl. dazu die Ausführungen über das Denken im vorigen Kapitel unter II.
33 Husserl 1992, S. 14 f.
34 Cassirer 1994, S. 18.

sie eine Erkenntnis in Form eines Urteil: Einem Satz, insbesondere einem Schluss, wird das Prädikat „wahr" zugeschrieben. Der Baum B mag an der Stelle X stehen, ohne, dass ihn je ein Mensch gesehen hat. Das bloße Stehen hat mit Wahrheit nichts zu tun. Erst wenn ihn jemand sieht und seinen Standort beurteilt, kann dieses Urteil wahr sein, nämlich dann, wenn es lautet, dass B an X steht. Dieses Urteilen muss sich rechtfertigen, um nachvollziehbar zu sein. Die Rechtfertigung geschieht durch Begründungen über bestimmte Methoden.[35] Wahrheit ist also methodengeleitete Wahrheitserkenntnis. Wahrheit wird danach nicht einfach irgendwo „gefunden", sondern durch die Tätigkeit des Urteilens vermittelt. Juristinnen und Juristen gehen häufig von einem Rechtsgefühl, dem Judiz, bei der Lösung von Fällen aus. Was aber hat dieses Gefühl geprägt? Eine Sicherheit über die Gründe des Urteils und damit des aus dem Urteil fließenden Handelns setzt ein Bewusstsein der Entstehung der Urteilsgrundlagen voraus. Die hierfür erforderliche Reflexion ist die Aufgabe der Wissenschaft. Wissenschaft besteht darin, eine wahre Aussage mit vollem Bewusstsein, daher nachvollziehbar hervorzubringen. Dies ist möglich durch das methodische Vorgehen, aufgrund dessen man die Gründe angeben kann, weshalb man zu einem bestimmten Urteil gelangt.

3. Die Wissenschaftlichkeit der Rechtswissenschaft

Nachdem wir (1.) Einwände gegen die Wissenschaftlichkeit der Rechtswissenschaft zurückgewiesen haben und (2.) diskutiert wurde, was eine Wissenschaft allgemein ausmacht, können wir nun an die Frage herangehen, was das Besondere der Rechts- gegenüber den anderen Wissenschaften ist. Diese Eigenart der Rechtswissenschaft ergibt sich aus dem Forschungsgegenstand. Erkenntnisgegenstand und wissenschaftliche Form stehen sich dabei nicht völlig isoliert gegenüber, sondern beeinflussen sich: Die Rechtswissenschaft entwickelt bestimmte Fragestellungen und Methoden, mit der sie ihren Gegenstand angemessen erfassen kann.[36]

a. Theoriebildung in der Rechtswissenschaft

„Man muss Hypothesen und Theorien haben um seine Kenntnisse zu organisieren, sonst bleibt alles bloßer Schutt, und solche Gelehrten gibt es in Menge" schreibt *Georg Chr. Lichtenberg* (1742–1799).[37] Theorien dienen der Ordnung des Wissens, auch in der Rechtswissenschaft.

Theorien sind systematische Ordnungen von Begriffen zu Vorstellungen über Erkenntnisgegenstände. Diese Ordnung soll jedenfalls widerspruchsfrei

---

35 Auf die zentrale Bedeutung der Methoden verweist auch Guibourg 2017, S. 2 u. 4 f.
36 Vgl. dazu etwa den von Engel und Schön herausgegebenen Sammelband „Das Proprium der Rechtswissenschaft"; Jestaedt 2016, S. 103 ff.
37 Lichtenberg 1994, J 342, S. 704.

sein,[38] weil sonst Beliebiges aus ihr ableitbar ist.[39] Soweit empirische Annahmen zugrunde gelegt werden – etwa über die tatsächliche Wirksamkeit des Rechts – müssen diese wahr sein.[40] Weil unter diesen Voraussetzungen immer noch inhaltlich unvernünftige Ergebnisse möglich sind, entwickelt *Robert Alexy* in seiner „Theorie der juristischen Argumentation" weitere Kriterien für rationale Diskurse in der Jurisprudenz. Dazu gehören u. a.: Die Einführung von Begriffen und ihre Verbindung muss begründbar sein. Soweit aus der Theorie Handlungsanweisungen, also normative Aussagen, gewonnen werden sollen, ist die unterschiedliche Behandlung von Personen begründungsbedürftig. Derjenige, der eine solche Regel vorschlägt, muss hypothetisch bereit sein, sich ihr ebenfalls zu unterwerfen.[41]

Immanuel Kant nennt als weiteres Kriterium der Wissenschaftlichkeit die Allgemeinheit: „Man nennt einen Inbegriff selbst von praktischen Regeln alsdann Theorie, wenn diese Regeln als Prinzipien in einer gewissen Allgemeinheit gedacht werden …".[42] Die Prinzipien müssen allgemein sein; kein Erfordernis ist die Allgemeinheit des Gegenstandes. Folglich kommt es in den Rechtswissenschaften – wie in anderen Geisteswissenschaften auch – nicht auf die Reproduzierbarkeit des Gegenstandes an. Dass die Rechtswissenschaften eine Theorie eines bestimmten Gesetzes oder einer Verfassung bilden, hindert also nicht, sie als Wissenschaften zu verstehen.

Auch die rechtswissenschaftliche Erkenntnis beginnt mit dem beschränkten Gegenstand (Verfassungen, Gesetze, Entscheidungen, Fälle), erkennt diesen vor dem Hintergrund allgemeiner Prinzipien und führt so über diesen Gegenstand hinaus und ordnet ihn in einen größeren Zusammenhang.[43] „So wie das Chaos sinnlicher Wahrnehmungen erst durch ordnende Erkenntnis der Wissenschaft zum Kosmos, das heißt zur Natur als einem einheitlichen System wird," schreibt *Hans Kelsen* treffend, „so wird die Fülle der von den Rechtsorganen gesetzten generellen und individuellen Rechtsnormen, das ist das der Rechtswissenschaft gegebene Material, erst durch die Erkenntnis der Rechtswissenschaft zu einem einheitlichen, widerspruchslosen System, zu einer Rechts-Ordnung."[44]

b. Die Wahrheitssuche in der Rechtswissenschaft

Wie wir erkannt haben, zielt eine Wissenschaft auf wahre Aussagen über einen bestimmten Erkenntnisgegenstand. Rechtswissenschaft zielt auf me-

---

38 Dreier 1981, S. 29.
39 Paulo 2019, bes. unter 3.
40 Alexy 1991, S. 357 ff.
41 Alexy 1991, S. 32 u. 427 f.
42 Kant Gemeinspruch, S. 127.
43 Canaris 1993, S. 378.
44 Kelsen 1960, S. 74.

thodisch gewonnene wahre Erkenntnisse über das Recht. Was heißt jedoch in diesem Zusammenhang „wahr"?[45]

(1) Der Gegenstand des Prädikats „wahr"

Wenn es im § 211 dStGB heißt, „Wer einen Menschen tötet, ohne Mörder zu sein, wird als Totschläger mit Freiheitsstrafe nicht unter fünf Jahren bestraft", dann ist dies keine wahre Aussage über die tatsächliche Bestrafung von Totschlägern. Ob jeder Totschläger bestraft wird, kann der Gesetzgeber gar nicht wissen. Auf diese gesetzliche Regelung bezieht sich die Wahrheit, die die Wissenschaft anstrebt, nicht. Deshalb formuliert das österreichische StGB auch: „§ 75. Wer einen anderen tötet, ist mit Freiheitsstrafe von zehn bis zu zwanzig Jahren oder mit lebenslanger Freiheitsstrafe zu bestrafen." – Der Täter soll also noch bestraft werden. Das zeigt sich auch bei sogenannten Fiktionen. § 1923 II BGB regelt etwa: „Wer zur Zeit des Erbfalls noch nicht lebte, aber bereits gezeugt war, gilt als vor dem Erbfall geboren" (vgl. a. § 22 ABGB). Obwohl der Abkömmling tatsächlich im Zeitpunkt des Erbfalls noch nicht geboren war, soll er doch so behandelt werden, als ob er in diesem Zeitpunkt bereits gezeugt war.[46] Normen enthalten keine Erkenntnisse in Gestalt von Aussagen, sondern Anordnungen, sind keine Beschreibungen, sondern Vorschriften.[47]

Die Rechtswissenschaft kann jedoch etwa Urteile bilden, dass zwei Rechtsnormen im Widerspruch zueinanderstehen. Die Norm A könnte für den Tatbestand T die Rechtsfolge R1 anordnen, während die Norm B für den Tatbestand T die Rechtsfolge R2 vorsieht (z. B.: Norm A lautet: „wenn T, dann Bestrafung" – Norm B lautet hingegen: „Wenn T, dann Nicht-Bestrafung"). Hier wäre nun eine Ungleichbehandlung die Folge, wenn einige Gerichte nach A bestrafen oder nach B nicht bestrafen würden). Ebenso könnte die Rechtswissenschaft feststellen, dass zwei Auslegungen einer Rechtsnorm oder zwei Wertungen nicht miteinander vereinbar sind. Die in den Begründungen von richterlichen Urteilen hergestellten Argumentationsketten können auf ihre Unschlüssigkeit beurteilt werden.

(2) Wahrheitstheorien

Was bedeutet nun Wahrheit in den Rechtswissenschaften? Nicht hilfreich ist der auf den Nutzen einer Erkenntnis abstellende *utilitaristische Wahrheitsbegriff*, denn der Nutzen einer Theorie ist von ihrer Wahrheit zu unterscheiden. Wie wir spätestens seit *Niccolo Macchiavelli* (1469–1527) wissen, kann eine Aussage auch nützlich sein oder dem Interesse der Beteiligten dienen, wenn

---

45 Aarnio 1979, S. 17 f.; zu dem Thema sehr instruktiv Neumann 2004.
46 Albrecht 2020, S. 257 f.
47 Kelsen 1960, S. 76.

sie unwahr ist. Auch der pragmatische Begriff der Wahrheit von *Charles S. Peirce* (1839–1914, "The opinion which is fated to be ultimately agreed to by all who investigate, is what we mean by the truth")[48] überzeugt nicht: Ohne ein normatives Kriterium, das bestimmt, welche Zustimmung in welchem Verfahren durch wen maßgeblich ist, wird aus der Tatsache des Bestehens einer allgemeinen Überzeugung auf ihre Richtigkeit geschlossen.

Dies berücksichtigen diskurstheoretische Konsenstheorien der Wahrheit (*Kamlah, Lorenzen, Apel, Habermas*). Danach „darf ich dann und nur dann einem Gegenstand ein Prädikat zusprechen, wenn auch jeder andere, der in ein Gespräch mit mir eintreten könnte, demselben Gegenstand das gleiche Prädikat zusprechen würde".[49] Ein solches Prädikat wäre etwa „wahr". Auch hier stellt sich jedoch die Frage: Wieso sollen sich die Beteiligten nicht auf die Unwahrheit einigen? Wenn man nicht unterstellt, dass der Hinzutretende noch einen anderen Zugang zur Wahrheit hat, kann man auch nicht unterstellen, dass er nicht der Unwahrheit zustimmen würde – warum sollte er nicht? Im Grunde geht es nur noch um die Geltung von Aussagen: Wer seine Aussage so begründet, dass jeder ihr zustimmen kann, dessen Aussage gilt als richtig.[50] Damit rückt in der Tat gerade im Bereich der Rechtswissenschaft die Wahrheit in die Nähe der Richtigkeit. Auch Recht gilt, weil ihm zwar nicht alle, aber doch ein relevanter Personenkreis in einem bestimmten Verfahren zustimmen kann oder zugestimmt hat.

Eine weitere Besonderheit der Rechtswissenschaft ist hier zu berücksichtigen. In ihr geht es darum, einen systematischen Zusammenhang zwischen den rechtlichen Argumenten herzustellen. Deshalb vertritt etwa *Aulis Aarnio* (*1937) die Auffassung, die *Kohärenztheorie* sei der Rechtswissenschaft angemessen.[51] Eine Aussage ist danach wahr, wenn sie zu einer maximal kohärenten Menge von Meinungen oder akzeptierten Aussagesätzen gehört. Dem ist insofern recht zu geben, als der systematische Zusammenhang in jeder Wissenschaft und also auch in der Rechtswissenschaft eine große Bedeutung besitzt. Allerdings verkennt diese Auffassung den Unterschied zwischen der an das positive Recht gebundenen Rechtspraxis und der diese gedanklich überschreitenden Rechtswissenschaft. Die erstere hält sich innerhalb des positiven Rechts auf und argumentiert aus dessen Zusammenhang. Auch die Rechtswissenschaft erkennt den systematischen Zusammenhang oder versucht ihn herzustellen. Wo dieser jedoch nicht besteht oder zu sachfremden Ergebnissen führt, kritisiert sie das positive Recht, stellt sich also gegen das System.

---

48 Peirce 1878, CP Bd. 5, § 407.
49 Habermas 1971, S. 124.
50 Habermas 1971, S. 115.
51 Aarnio 1979, S. 165.

Trifft also die *Korrespondenztheorie* der Wahrheit zu? Ist also eine Aussage wahr, wenn die in ihr enthaltene Vorstellung dem Objekt entspricht (sofern die Erkenntnis nach bestimmten Verstandesregeln der Logik gebildet worden ist)?[52] In der scholastischen Philosophie des Mittelalters hieß das: Veritas est adaequatio intellectus ad rem. Abgesehen von der Frage, was „Entsprechen" heißen soll (Abbild, Spiegelbild etc.), besteht das Problem, dass wir dasjenige, mit dem unsere Erkenntnis korrespondieren soll, bereits erkannt haben müssten, um angeben zu können, ob und inwiefern unsere Erkenntnis mit ihm zusammenstimmt – ein offenbar zirkuläres Verfahren. Ohne Bezug auf den Gegenstand kann eine wissenschaftliche Erkenntnis aber offenbar auch nicht als wahr angesehen werden. Das Problem kann und soll hier nicht abschließend behandelt werden.

Ein weiteres Eingehen auf die Wahrheitstheorien ist auch nicht nötig; denn in Bezug auf das Recht sind wir in einer besonderen Lage. Das Recht ist ein Gedankenprodukt. Das, was bei der Naturerkenntnis fehlt, wenn wir die Korrespondenz zwischen Erkenntnis und Gegenstand prüfen wollen, nämlich die Kenntnis des Gegenstandes, besitzen wir hier bereits: die Gedanken derjenigen, die das Recht hervorgebracht haben. Wenn wir jetzt unsere Erkenntnis so lange modifizieren, bis wir den Gegenstand – das Recht – aus unseren eigenen Gedanken rekonstruieren können, dann gibt es für die Korrespondenz zwischen unserer Erkenntnis und dem Gegenstand insofern kein Problem: Wir haben diesen Gegenstand mit unseren eigenen Gedanken hervorgebracht.[53]

In der Rechtswissenschaft erkennt, ordnet und verfeinert also das Denken einen Erkenntnisgegenstand, der selbst gedanklich – wenn auch durch ein anderes Subjekt – hervorgebracht worden ist. Ihr Ziel ist nicht die Erkenntnis eines fertig vorliegenden naturgleichen Gegenstandes, sondern eines von derselben menschlichen Fähigkeit (mit-)hervorgebrachten Objekts, der dieses nun erkennt.[54] Bei der Hervorbringung des Rechts tritt zum Gedanken noch der Wille hinzu, der Vorstellung vom Recht zu einer Geltung als positives Recht zu verhelfen. Die Rechtswissenschaft hingegen richtet sich auf die Rechtsvorstellung selbst, versucht sie zu rekonstruieren, zu klären und zu systematisieren.

c. Systembildung in der Rechtswissenschaft

Dass Rechtswissenschaft systematisch ist, gehört zu ihrer Wissenschaftlichkeit. Ihr Ziel ist jedoch kein axiomatisches System, das, von obersten Annah-

---

52 Kant: KrV, S. 268.
53 Vgl. bereits im letzten Kapitel unter II. die Theorien von Vico und Dilthey.
54 Somek 2006, S. 19.

men ausgehend, weitere Sätze aus diesen ableitet.[55] Sie geht vielmehr von dem konkret gegebenen rechtlichen Material aus und versucht dieses auf Grundsätze und Prinzipien zurückzuführen oder entwickelt Prinzipien als einheitsbildende Gesichtspunkte. Insofern lässt sich auch von einem „offenen System" sprechen, das neuen Erkenntnissen zugänglich sein muss.[56] Offenheit des wissenschaftlichen Systems bedeutet, dass sich die rechtswissenschaftliche Systembildung nicht gegenüber neuen Erfahrungen, Problemen und Erkenntnissen verschließt. Ihr System ist nicht kontrafaktisch in dem Sinne, wie es das geltende Recht ist: Das Recht wird durch neue Erfahrungen nicht unmittelbar geändert, sondern nur wenn ein formalisierter Rechtsetzungsprozess durchlaufen wurde.

Einzelregelungen oder -entscheidungen werden in diese Systematik eingepasst. Dadurch wird die Widerspruchsfreiheit und Verträglichkeit des Rechts jedenfalls auf wissenschaftlicher Ebene und insofern ihr Einfluss auf die Praxis reicht, auch auf der Ebene der Rechtsordnung hergestellt.[57] Damit erfüllt die Systembildung in der Wissenschaft wichtige Funktionen für die Praxis:

- *Rechtsfortbildungsfunktion*: Die Rückführung auf Grundbegriffe ermöglicht Lösungsangebote für die Praxis auch dort, wo noch keine ausdrücklichen rechtlichen Regelungen vorliegen.
- *Kritische Funktion*: Die Berücksichtigung des Systems kann zeigen, dass bestimmte rechtliche Entscheidungen vielleicht einen Einzelfall angemessen lösen, dabei jedoch im Widerspruch zu Grundprinzipien oder Systemstrukturen stehen.
- *Didaktische Funktion*: Die Masse der Einzelregelungen des Rechts lässt sich weder im Rechtsunterricht vermitteln, noch von der Praxis auch nur auffinden. Hier bedarf es der systematischen Strukturen, mit denen man schließlich auch Probleme lösen kann, wenn man eine bereits getroffene Regelung nicht auffinden oder sich nicht an sie erinnern kann.

4. Zu welcher Gruppe von Wissenschaften gehört die Rechtswissenschaft?

Nachdem wir festgestellt haben, dass es sich bei der Rechtswissenschaft tatsächlich um eine Wissenschaft handelt, schließt sich nun die Frage an, mit was für einer Art von Wissenschaft wir es zu tun haben. In Betracht kommen die Geistes-, Kultur-, Sozial- und Normwissenschaften. Diese Kategorien sind unterschiedlich weit definiert und überlappen sich teilweise. Das liegt daran, dass diesen Kategorien unterschiedliche Perspektiven auf die Frage zugrunde liegen, wie man alle Wissenschaften am besten untergliedern sollte.

---

55 Otto 1969, S. 497 ff.
56 Canaris 1969.
57 Canaris 1993, S. 379.

2. Kapitel: Die Theorie der Rechtswissenschaft

a. Rechtswissenschaft als Geistes- oder Kulturwissenschaft

Der Gegenstand der Rechtswissenschaft, das Recht, ist Ausdruck von Freiheit. Es richtet sich an den Menschen, der das Recht im einzelnen Fall zu (re-)konstruieren hat und keineswegs einem Naturgesetz unterworfen ist. Entsprechend sind in der *Geisteswissenschaft* die sozialen Phänomene als Ausdruck von Absichten zu verstehen, oder wie *Wilhelm Dilthey* schreibt: „Das Spiel der wirkenden Ursachen, als welches uns die Natur gegeben ist, wird hier abgelöst durch das Spiel der Motive, der Zwecke".[58]

Insofern könnte die Rechtswissenschaft als Geisteswissenschaft verstanden werden. Wie deren Wissen wird auch rechtliches Wissen hergestellt. Es liegt nicht schon vor. Immer geschieht diese Wissensgenerierung methodengeleitet. Dies muss bei der Rechtsanwendung aus rechtsstaatlichen Gründen geschehen. Durch die weiter unten zu besprechende rechtswissenschaftliche Methode aber unterscheidet sich die Rechtswissenschaft von anderen Geisteswissenschaften.

Stärker als die Geisteswissenschaften verstehen sich die *Kulturwissenschaft*en – sei es in ihrer Kantischen Ausrichtung (Rickert, Lask, Radbruch)[59] oder in ihrer sozialen Ausrichtung als Critical Legal oder Critical Cultural Studies mit vielen Unterformen – als kritische Wissenschaften.[60] Sie verbindet also mit einem geisteswissenschaftlichen Ansatz, dass sie das Recht als Teil der Kultur verstehen. Von diesen unterscheiden sie sich aber dadurch, dass sie das Recht nicht nur rekonstruieren, sondern auch kritisieren, etwa weil es ideologiebehaftet sei. Sowohl in geisteswissenschaftlicher als auch in kulturwissenschaftlicher Perspektive kann das Recht aber als Ausdruck von Freiheit, sei es als „Objektivation von Freiheit" (Dilthey) oder als symbolische Form wie etwa Kunst, Sprache und Musik (*Cassirer*), verstanden und auf Freiheitsunterdrückung hin kritisiert werden.[61] Man kann dann Recht als eine Form von Literatur verstehen und die Analysemöglichkeiten der Literaturwissenschaften auch im Recht fruchtbar machen.[62] Diese Perspektive kann sich auch etwa bei der Frage der Willensfreiheit im Strafrecht bewähren, wo den Leugnern dieser Freiheit eine für das Kulturphänomen des Rechts unangemessene Methodik nachgewiesen werden kann.[63]

---

58 Dilthey 1982, S. 63.
59 Sprenger 2010, S. 75 ff.
60 Kirste 2015, S. 95 ff.
61 Kirste 2007, S. 177 ff.
62 Kirste 2017, S. 315 ff. auch zu den Grenzen dieser Möglichkeiten.
63 Kirste 2017a, S. 213 ff.

b. Rechtswissenschaft als Sozialwissenschaft

Wenn das Recht durch staatliche Macht vollstreckt wird oder wenn auf seine gesellschaftlichen Entstehungsbedingungen geschaut wird, dann kann es gewiss sozialwissenschaftlich verstanden werden. *Eugen Ehrlich* (1862–1922) meinte, man müsse den tätigen Juristen beobachten, um zu wissen, was Recht ist, nicht das tote Recht in Gesetzbüchern.[64] Es unterscheidet sich aber von den anderen Gegenständen der Sozialwissenschaft dadurch, dass es kontrafaktisch wirken kann. Wie *Niklas Luhmann* (1927–1998) schreibt: Während Tatsachenerfahrungen kognitive Erwartungen begründen, die angesichts widersprechender Erfahrungen geändert werden, werden normative Erwartungen auch dann aufrechterhalten, wenn ihnen die Wirklichkeit widerspricht.[65] Hierin liegt eine Besonderheit des Rechts gegenüber den Gegenständen der Sozialwissenschaften.

Andere hatten die Rechtswissenschaft insgesamt besonders in den 1970er Jahren dezidert in die Nähe einer empirischen Soziologie gerückt.[66] Rechtswissenschaft sozialwissenschaftlich zu betreiben, sollte dann der Rechtswissenschaft eine „Horizonterweiterung" durch Berücksichtigung der tatsächlichen Einflüsse und Auswirkungen des Rechts Legitimationsgrundlage der beruflichen Tätigkeit und kritische Distanz ermöglichen.[67] Die sozialwissenschaftliche Rechtswissenschaft wendet sich mit diesem Programm nicht nur gegen ein rein normativistisches Verständnis des Rechts unter Ausschluss von Tatsachen, sondern auch gegen ein hermeneutisches Verständnis des Rechts im oben erwähnten Sinne *Hans-Georg Gadamers*.

Die Rechtswissenschaft wird auch als angewandte Sozialwissenschaft verstanden. Während diese sich mit dem Sozialen im Allgemeinen befassten, sei das Proprium der Rechtswissenschaft der konstitutionelle Bezug zur Praxis.[68] Allerdings gibt es keinen einheitlichen Begriff der Sozialwissenschaft. In *Christoph Engels* (*1957) Perspektive ist es die methodische Erkenntnis von rationalen Entscheidungen. Sie ist eng an ökonomische Theorie mit der methodologischen Annahme des seinen Nutzen maximierenden Individuums angelehnt. Normen sollen von ihrem sozialen Substrat in Gestalt ihrer politischen, ökonomischen, individual- und sozialpsychologischen Voraussetzungen her verstanden werden.[69]

---

64 Ehrlich 1988, S. 134.
65 Luhmann 1987, S. 40 ff.
66 In Deutschland etwa Draht 1977. Wiethölter 1968. In den USA vertritt die bis heute wirkmächtige Bewegung der Critical Legal Studies mit ihren Formen von Critical Race Studies, Critical Cultural Studies und vielen weiteren Formen einer kritischen Rechtstheorie, vgl. hierzu Frankenberg 2006, S. 101 f.
67 Lenk 1970, S. 273 ff.
68 Engel 1998, S. 40.
69 Hoffmann-Riem 2007, S. 648.

Der Nutzen sozialwissenschaftlicher Analysen hinsichtlich Zweckrationalität rechtlicher Normen und des rationalen Verhaltens der Rechtsunterworfenen und des Rechtsstabes, also der praktischen Juristen, liegt auf der Hand. Dennoch stellt sich die Frage, ob damit schon die Eigenheiten des Rechts erfasst werden können. Während nämlich die allgemeine Sozialwissenschaft eine Fülle von Interessen, Zielen, Handlungsformen berücksichtigt, konzentriert sich das Recht auf die Verfolgung dieser Ziele durch legitime Normen.

c. Rechtswissenschaft als Normwissenschaft

Im Verhältnis zu den Gegenständen von Geisteswissenschaften und Kulturwissenschaften, die es auch mit menschlichen Erzeugnissen zu tun haben, zeichnet sich das Recht dadurch aus, dass es verbindlich ist. Normen sind freilich *eine* Form, in der Kultur gestaltet wird. Mit ihren Erkenntnissen beeinflusst die Rechtswissenschaft die rechtliche und auch die politische Praxis und damit auch die Kultur.

Es ist sinnvoll, die Rechtswissenschaft mit *Hans Kelsen*,[70] *Karl Larenz*[71] und anderen als eine Normwissenschaft zu verstehen.[72] Die Rechtsnorm, ihre Begründung, ihre systematische Einheit und ihre Folgen stehen im Zentrum des Interesses der Rechtswissenschaft.

III. Die rechtswissenschaftlichen Teildisziplinen

Die Rechtswissenschaft ist also eine Wissenschaft und Teil der Normwissenschaften. Es schließt sich die Frage an, wie sich die Rechtswissenschaft selbst unterteilen lässt. Die juristischen Teildisziplinen unterscheiden sich zunächst nach ihrer Methode: Die sog. dogmatischen Fächer gehen nach spezifisch juristischen Methoden vor und differenzieren sich unterhalb dieser Ebene nach den verschiedenen Arten des Rechts in öffentliches, Zivil- und Strafrecht. Die Grundlagenfächer haben mit den dogmatischen Fächern den Erkenntnisgegenstand Recht gemeinsam, unterscheiden sich jedoch von diesen dadurch, dass sie ihre Methoden aus anderen Wissenschaften beziehen.[73]

1. Rechtsdogmatische Disziplinen

a. Der Begriff der Rechtsdogmatik

Im Zentrum der Rechtswissenschaft steht die Rechtsdogmatik. Sie erforscht das Recht mit spezifisch juristischen Methoden.[74] Was bedeutet das?

---

70 Kelsen 1960, S. 78 f.
71 Larenz 1991, S. 195 f.
72 Hierzu Bersier Ladavac 2018, S. 1 ff.
73 Kirste 2016, S. 42 f., 63 f., 72 f.
74 Radbruch 2011, S. 106; Jestaedt 2006, S. 17 ff.

(1.) Rechtsdogmatik im materiellen Sinn

Der Begriff des Dogmas kommt nicht nur in der Rechtswissenschaft, sondern auch in der Theologie vor. Weder deren noch das umgangssprachliche Verständnis („dogmatisch") liegt dem juristischen Gebrauch zugrunde.

Rechtsdogmatik im inhaltlichen Sinn bezeichnet die „Dogmen" oder Lehrsätze des positiven Rechts, die hinter Rechtsinstituten stehen. So spricht man von der „Dogmatik des Eigentums", der „Dogmatik der Täterschaft" oder der „Dogmatik des Verwaltungsaktes/Bescheids". Diese Lehrsätze liegen jeweiligen rechtlichen Regelungen – oder häufiger: dem Regelungszusammenhang – zugrunde und bringen deren innere Ordnung zum Ausdruck. Sie können das Ergebnis einer wissenschaftlichen Untersuchung oder von gewissen Verkehrsbedürfnissen der Praxis sein. Idealtypisch passen sie in ein widerspruchsfreies Begriffssystem, verwenden eine einheitliche Terminologie und stehen in Ableitungszusammenhängen.[75]

Die Rechtsdogmatik arbeitet daher in starkem Maße mit dem Kohärenzbegriff der Wahrheit (s. o. S. 17). Als dogmatisch gesichert gilt eine Entscheidung der Praxis, wenn sie mit Lehrsätzen der Dogmatik übereinstimmt. Ein juristisches Argument wird nicht durch seine Korrespondenz mit der Wirklichkeit bewiesen, sondern dadurch, dass es sich widerspruchsfrei aus anderen anerkannten Lehrsätzen ableiten lässt. Allerdings gilt dieser Kohärenzbegriff der Wahrheit für die rechtswissenschaftliche Dogmatik nur eingeschränkt. Sie kann zum Ergebnis kommen, dass ein bestimmter Lehrsatz nicht mehr zutreffend oder angemessen ist und ihn dann modifizieren oder verwerfen. Damit beruft sie sich aber auf ein korrespondenztheoretisches Argument. Sie stellt nämlich eine Relation zwischen dem Lehrsatz und der rechtlichen oder sozialen Realität her.

Durch ihre Abstraktheit und Systematisierung erfüllen diese Sätze verschiedene Funktionen. Sie dienen:

(1.) der Ordnung und *Orientierung*. Das Verständnis konkreter Einzelregelungen erfordert – und wird auch erleichtert durch – die Kenntnis der Sinnzusammenhänge, in denen diese Regelungen stehen. Solche Lehrsätze geben Begriffen klare Konturen, so dass deutlich wird, ob Tatsachen unter sie fallen oder nicht. Eine Vielzahl solcher Lehrsätze ist aus dem römischen Recht überliefert. Sätze wie „dolo agit, qui petit, quod statim rediturus est" (sinngemäß: „Mit Arglist handelt, wer etwas fordert, was er sogleich wieder zurückerstatten muss") sind nicht nur rational begründet; sie haben sich auch historisch bewährt, so dass sie eine Vermutung der Richtigkeit besitzen. Insofern ist die Dogmatik Rechtserkenntnisquelle, aber keine mit rechtlicher Verbindlichkeit auftretende Rechtsquelle.

---

[75] Alexy 1991, S. 313.

(2.) der *Abgrenzung* begründeter von unbegründeten Argumenten. Dies entspricht auch einer traditionalen Funktion. In den antiken Philosophenschulen konnten die Anhänger verschiedener Strömungen anhand der grundlegenden Lehrsätze, auf die sie sich beriefen, identifiziert werden. Das betrifft Rechtskulturen und wissenschaftliche Schulen. Auch in der gegenwärtigen Rechtsdogmatik können verschiedene Rechtskulturen daran erkannt werden. Das gilt etwa für das Trennungsprinzip zwischen Verpflichtungs- (z. B. Kaufvertrag über einen PKW) und Verfügungsgeschäft (Erfüllung des Kaufvertrages durch Übereignung des vereinbarten PKW) im Zivilrecht, das ein derartiges Dogma der deutschen Zivilrechtswissenschaft darstellt.

(3.) der *Vereinfachung* der Argumentation. In der Regel genügt es für eine rationale juristische Argumentation der Praxis, wenn sie sich auf die anerkannten Lehrsätze beruft. Nur atypische Fälle und neuere Entwicklungen veranlassen zu einer Erweiterung der tradierten Lehrsätze. Juristische Argumentationen müssen also nicht jedes Mal bei Null anfangen, sondern können von diesen Lehrsätzen ausgehen. Die vielfältigen Anforderungen, die neue Fälle an die Praxis stellen, werden also begrenzt. Aufgrund ihrer Allgemeinheit ändern sich diese Sätze nicht mit jeder Rechtsänderung. Vielmehr orientiert sich umgekehrt der Gesetzgeber häufig an ihnen, um die Rationalisierung durch diese Lehrsätze nutzen zu können. Soziale Probleme werden dann nicht in ihrer vollständigen Komplexität im Recht „abgebildet", sondern gemäß den rechtlichen Regelungen und den Lehrsätzen der Dogmatik ins Recht übersetzt oder transformiert.[76]

(4.) der *Stabilisierung* der Entscheidungsgrundlagen. Eine Folge davon ist auch eine gewisse Stabilisierungsfunktion für die Entscheidungspraxis. Indem sie kritische Stellen der vorhandenen Lehrsätze und des positiven Rechts aufdeckt, Alternativen entwickelt und insgesamt das Recht fortbildet, dient sie auch

(5.) der *Kritik* und dem *Fortschritt*. Sie stellt Wissen zur Entscheidung von Fällen bereit und entlastet insofern die Rechtspraxis. Sie kontrolliert die vorhandenen Rechtsentscheidungen (Kontrollfunktion) und stellt Lösungsmodelle bereit.[77]

(6) der *Gleichheit*. Die Systematisierungsleistung der Dogmatik stellt sicher, dass auch unterhalb gesetzlicher Gleichheit eine gewisse Gleichheit der Rechtsanwendung stattfindet. Es bedarf rationaler, und damit willkürfreier Gründe, um von Dogmen abzuweichen.

(7) der *Lehre*. Dogmen sollen das Fundament von Lehrgebäuden bilden. Von ihnen aus kann der Zusammenhang von Rechtssätzen erklärt und vermittelt werden. Durch sie kann der in Gesetzen ausdifferenzierte und verstreute

---

76 Luhmann 1974, S. 50, 16.
77 Alexy 1991, S. 326 ff.

Rechtsstoff zusammengefasst, geordnet und somit lehrbar werden. Das entlastet von Detailwissen bzw. lässt diese Details erst sinnvoll erscheinen.

Zusammenfassend dient die Dogmatik im materiellen Sinn also der „Wissens"-Funktion der Wissenschaft. Die Dogmatik im formellen Sinn hingegen betrifft das „Schaffen", also die oben (S. 24) erwähnte aktive Funktion.

(3) Rechtsdogmatik im formellen Sinn

Rechtsdogmatik im formellen Sinn bezeichnet nicht die Lehrsätze, sondern die darauf bezogene wissenschaftliche Tätigkeit. *Robert Alexy* unterscheidet drei Tätigkeiten der Rechtsdogmatik: die deskriptiv-empirische Dimension, die logisch-analytische Dimension und die normativ-praktische Dimension. Rechtsdogmatik ist auf das geltende Recht gerichtet und thematisiert nicht die Bedingungen der Möglichkeit seiner Erkenntnis. Diese deskriptiv-empirische Dimension hatte schon *Immanuel Kant* für die Dogmatik im Allgemeinen hervorgehoben: „Dogmatism ist also das dogmatische Verfahren der reinen Vernunft, *ohne vorangehende Kritik ihres eigenen Vermögens*".[78] Die deskriptiv-empirische Dimension hat die wissenschaftlich eher vorbereitende Funktion der Beschreibung praktischer Rechtsentscheidungen der Gesetzgebung, der Verwaltung oder der Gerichte. Rechtsdogmatik bezieht sich so auf die Beschreibung des geltenden Rechts, seine begrifflich-systematische Durchdringung und die Erarbeitung von neuen Lösungen.[79]

Im Zentrum der logisch-analytischen Dimension steht die begrifflich-systematische Durchdringung des so vorbereiteten Erkenntnisstoffes. Die Rechtsdogmatik untersucht die Systematik sowohl der rechtlichen Regelungen untereinander als auch in ihrem Verhältnis zu übergeordneten Prinzipien. Sie analysiert ferner die Interpretationsarbeit der Praxis und kritisiert diese. Während die Kritik der Interpretationspraxis durch diese selbst in Form von Rechtsbehelfen beschränkt (etwa: Revision prüft Rechtsfehler) ist, untersucht die Rechtswissenschaft mögliche Fehler der Rechtspraxis unter jedem möglichen Gesichtspunkt. Während jedoch die „Kritik" eines Urteils im Wege der Revision zu seiner Aufhebung führen kann, hat die wissenschaftliche Kritik keine unmittelbaren Auswirkungen auf das Verfahren, sondern führt allenfalls zukünftig zu einer Änderung der Rechtsprechung.

Die Rechtsdogmatik bleibt jedoch nicht wie die Rechtspraxis beim vorhandenen Rechtsstoff in Gestalt von Verfassungen, Gesetzen, Verordnungen, Verträgen etc. stehen, den sie auslegt, dessen Lücken sie schließt, sondern macht Vorschläge zu ihrer Weiterentwicklung – argumentiert „de lege ferenda". Dies ist die normativ-praktische Dimension.

---

78 Kant: KrV, S. 36, vgl. a. Kraft 1930, S. 29 f.
79 Alexy 1991, S. 308.

2. Kapitel: Die Theorie der Rechtswissenschaft

Zusammenfassend lässt sich sagen, dass die Rechtsdogmatik eine *beschreibende*, eine das positive Recht und die Rechtspraxis interpretierende und *systematisierende*, und schließlich eine *kritische*, Gesetzgebung und Interpretation auf methodische oder sachliche Fehler hin prüfende und auf die Verbesserung des Rechts hinwirkende Funktion besitzt.[80]

b. Die rechtsdogmatischen Teildisziplinen

Die Unterscheidung der dogmatischen Teildisziplinen erfolgt nach der Rechtsmaterie, auf die sie sich beziehen.

(1.) Die Wissenschaft vom öffentlichen Recht

Die Wissenschaft vom öffentlichen Recht hat nach einigen Auseinandersetzungen die allgemeine juristische Methode den Besonderheiten ihres Erkenntnisgegenstandes angepasst. Das öffentliche Recht erfasst die Rechtsbeziehungen, bei denen jedenfalls auf einer Seite der Staat oder eine dezentralisierte Verwaltungseinheit in hoheitlicher Funktion beteiligt ist. Damit gehören zum öffentlichen Recht sowohl die Beziehungen zwischen dem Staat oder auch verselbständigten Verwaltungsträgern wie etwa den Kammern und den Bürgern als auch die Rechtsbeziehungen zwischen Staaten. Öffentliches Recht ist also staatliches Sonderrecht.

Die Zivilrechtswissenschaft galt besonders im 19. Jahrhundert als vorbildlich für die Rechtsdogmatik überhaupt. Ihre positivistische Form, die Pandektistik, die Einflüsse der Politik und des Naturrechts vom Recht fernhalten wollte, fand auch im staatsrechtlichen Positivismus eines *Paul Laband* (1838–1918) oder *Carl Friedrich von Gerber* (1823–1891) Anerkennung im öffentlichen Recht. Die Isolierung des öffentlichen Rechts von seinen gesellschaftlichen und ideellen Grundlagen, die zudem noch von einem stark obrigkeitsstaatlichen Duktus geprägt war, erschien jedoch bereits gegen Ende des 19. Jahrhunderts dem Gegenstand nicht mehr angemessen zu sein. *Lorenz von Stein* (1815–1890) klagte schon „Wir haben keine Staatswissenschaft, wir haben an ihrer Stelle an unsern Universitäten nur eine Rechtswissenschaft" und brachte damit zum Ausdruck, dass sich die „Gesamte Staatswissenschaft" als eine umfassende, interdisziplinäre Lehre vom Staat verstand. Für die politischen Aspekte des Staates bildete sich ein eigenes Grundlagenfach, die „Allgemeine Staatslehre", heraus.[81] Auch dieses ist gerade wegen seiner interdisziplinären Ausrichtung in den letzten Jahren wieder stärker in die Kritik geraten. Dabei konnte schon diese Differenzierung als Ausdruck einer Trennung von normativen und faktischen Fragen der Staatswissenschaft und als Bemühen, eine eigene öffentlich-rechtliche Methode zu entwickeln, ver-

---

80 Dreier 1981a, S. 58.
81 Jellinek 1959.

standen werden.[82] Auf der anderen Seite wird unter dem Vorwurf des Realitätsverlustes weiterhin mehr Interdisziplinarität gefordert.[83] Diese Auseinandersetzung ist zugleich Ausdruck des Bemühens, zu einer eigenen öffentlich-rechtlichen Methode zu gelangen.

Die *Staatsrechtslehre* hat es mit dem Organisationsrecht des Staates, mit den Grundrechten und dem Verfassungsprozessrecht zu tun. Nach der Hierarchiestufe der betreffenden Normen kann man innerhalb der Staatsrechtslehre noch die Verfassungsrechtswissenschaft besonders hervorheben.[84] Auch die Staatsrechtswissenschaft verfährt dabei als dogmatische Disziplin nach juristischen Methoden, wie sie weiter unten zu besprechen sind. Die Staatsrechtslehre ist angesichts der bei ihr typischerweise auftretenden Prinzipien in besonderer Weise auf die Erkenntnisse von Grundlagendisziplinen angewiesen. Dies gilt sowohl für den Bereich des Staatsorganisationsrechts (Begriffe wie: „Demokratie", „Rechtsstaat", „Gemeinwohl" etc.) als auch für den Bereich der Grundrechte („Würde des Menschen", „Freiheit", „Gleichheit").

Zweitens gehört zur Wissenschaft vom öffentlichen Recht die Verwaltungsrechtslehre oder *Verwaltungsrechtswissenschaft* unter Einschluss der Sozialrechtswissenschaft. Ihre Entstehung ist eng verbunden mit der Frage einer eigenständigen Methode für die Erkenntnis der Verwaltung und ihres Rechts.[85] Strittig ist, ob die Verwaltungsrechtswissenschaft eher als eine beschreibende, aufgabenbezogene Wissenschaft konzipiert werden soll oder als durch systematisch-juristische Methoden gekennzeichnete, an rechtlichen Handlungsformen orientierte.[86] Gegenstand der Verwaltungsrechtswissenschaft ist jedenfalls das Verwaltungsrecht, das sich aus den allgemeinverbindlichen Quellen Gesetz, Rechtsverordnung, Satzung, Verwaltungsvorschriften und einer Reihe von Vertragsformen oder vertragsähnlichen Formen speist. Die Verwaltung bedient sich zur Erfüllung ihrer Aufgaben nicht nur des öffentlich-rechtlichen Verwaltungsrechts, sondern auch des Privatrechts, handelt rechtsförmig oder rein tatsächlich. Die institutionelle Perspektive versucht diese Dimensionen von Verwaltung zu integrieren. Diese neueren Entwicklungen werden von einem eigenen Grundlagenfach, der Verwaltungslehre untersucht. Es ist Ausdruck des starken Bedarfs an interdisziplinärer Forschung innerhalb des Verwaltungsrechts, das gerade seit den 90er Jahren des letzten Jahrhunderts zu einer Rezeption ökonomischer („New Public Management") und politikwissenschaftlicher Anregungen („Governance") geführt hat („Neue Verwaltungsrechtswissenschaft" \f "s").[87]

---

82 Kelsen 1925, S. 6 f.
83 Schuppert 2003, S. 17 ff. – Zusätzlich wird ein „differenziert-integratives Methodenverständnis" als Instrumente einer „Neuen Staatswissenschaft", Voßkuhle 2001, S. 504 f.
84 Schlink 2007, S. 157 ff.
85 Voßkuhle 2012, Rn. 1.
86 Möllers 2012, Rn. 40 f.
87 Voßkuhle 2012, Rn. 15 f.

Die *Europarechtswissenschaft* nimmt eine Sonderstellung ein. Die Europäische Union ist kein Staat. Daher kann das hierauf bezogene Recht bei allen Ähnlichkeiten nicht als Staatsrecht untersucht werden. Schon die Frage der „Verfassung" Europas und der verfassunggebenden Gewalt muss in einem anderen Licht betrachtet werden als im Nationalstaat, da ein europäisches Staatsvolk jedenfalls nicht in der gleichen Weise vorhanden ist.[88] Große Teile des Europarechts sind darauf angelegt, in das nationale Recht hineinzuwirken. Noch stärker als beim nationalen öffentlichen Recht muss die Wissenschaft vom Europarecht daher in Normhierarchien denken. Gerade auch an den Methoden der Europarechtswissenschaft zeigt sich, dass hier verschiedene Rechtskulturen aufeinandertreffen und sich – nicht immer spannungsfrei – ergänzen und ihre Weiterentwicklung vorantreiben.[89] Der fragmentarische, dynamische und immer im Zusammenspiel mit dem nationalen Recht der Mitgliedsstaaten zu verstehende Charakter des Gemeinschaftsrechts stellt zudem deutlich größere Anforderungen an die systematisierende Arbeit der Rechtswissenschaft.[90] Diese Dynamik verlangt zugleich die Berücksichtigung des gesellschaftlichen Kontextes des Europarechts durch interdisziplinäre Ansätze.[91] Rechtsvergleichung und insbesondere auch Sprachenvergleichung gewinnen hier eine besondere Bedeutung.

Als weiterhin stark staatsgerichtete Materie gehört schließlich auch das *Völkerrecht* und das Prozessrecht zum öffentlichen Recht. War das Völkerrecht über Jahrhunderte unter den Vorzeichen des Naturrechts ein klassisches Gebiet der Rechtsphilosophie, so ist die Auseinandersetzungen mit den theoretischen Grundlagen der Wissenschaftsdisziplin im positivistischen 20. Jahrhundert etwas vernachlässigt worden und findet erst in den letzten Jahren wieder Aufmerksamkeit.[92] Dominierte lange eine starke Praxisorientierung, so haben doch inzwischen Fragen der Institutionalisierung des Völkerrechts, der Menschenrechte, des Entstehens neuer Völkerrechtssubjekte, die Fragmentierung des Völkerrechts auf der einen und die Konstitutionalisierung auf der anderen Seite sowie die Legitimation des Völkerrechts auch wieder eine stärkere Selbstreflexion dieser Disziplin angefacht. Dabei haben sich neben sehr unterschiedlichen, eher optimistischen oder pessimistischen Auffassungen über seine Entwicklung[93] auch wieder rechtsphilosophische Ansätze zur Analyse des Völkerrechtsdenkens entwickelt.[94]

---

88 Augustin 2000.
89 Müller/Christensen 2003.
90 Pernice 2007, S. 234 f.; von Bogdandy 2001, S. 3 ff.
91 Haltern 2007, S. 8 f. Schuppert/Pernice/Haltern 2005.
92 Jovanovic 2019, S. 1 ff.
93 Fassbaender 2012, S. 41 ff.
94 Jovanovic 2019, S. 32 ff.

(4) Die Privatrechtswissenschaft

Die Privatrechtswissenschaft erhält ihr besonderes Gepräge durch ihr Rechtsgebiet, das für Private in ihrem gegenseitigen Verhältnis geltende Recht.[95] Innerhalb dieses Rechts kann man dann das für alle Privatrechtssubjekte geltende allgemeine bürgerliche Recht und das Sonderprivatrecht unterscheiden, das für besondere Berufsgruppen oder Tätigkeiten (z. B. Unternehmer: Handelsgesetzbuch, Aktiengesetz, GmbH-Gesetz; oder das auf Arbeitnehmer bezogene Arbeitsrecht) gilt.[96]

Auch wenn es einerseits im Privatrecht gesetzliche Schuldverhältnisse gibt, die unabhängig von der Entscheidung der Beteiligten begründet werden und andererseits Verwaltungsrechtsverhältnisse auch durch Vertrag begründet werden können, ist der Grundcharakter des Zivilrechts stärker durch freiwillig eingegangene Beziehungen geprägt als das öffentliche Recht: Die Vertragspartner sind in der Gestaltung ihrer Vereinbarungen grundsätzlich frei. Auch die Wissenschaft hat hier das von den vertragschließenden Parteien oder etwa vom Erblasser Gewollte zu berücksichtigen, um auch auf diese Weise der Privatautonomie Rechnung zu tragen.

Das österreichische *ABGB* von 1811 stand zunächst unter den liberalen Vorzeichen des Naturrechts. *Karl Anton von Martini* (1726–1800) ließ noch das ältere aufgeklärte Naturrecht in dessen Vorläufer, das Westgalizische Gesetzbuch, einfließen. Sein Schüler *Franz von Zeiller* (1751–1828) hingegen hatte sich intensiv mit Immanuel Kant beschäftigt, was sich heute noch an den grundlegenden Bestimmungen des ABGB beobachten lässt.[97] Weil die Ausbildung des Privatrechts im 19. Jahrhundert von liberalem Denken geprägt war, das die rechtsstaatliche Absicherung freier Verkehrsbeziehungen erreichen wollte, konnten auch die Rechtsverhältnisse in einer formalisierten Gestalt erfasst werden. Gesellschaftliche Zwänge, soziale Asymmetrien und Armut wurden zunächst weitgehend ausgeblendet in der Erwartung, der rechtlich geschützte freie Markt würde hier für eine gerechte Verteilung der Rechtspositionen sorgen. Durch die Abstraktion von den konkreten sozialen Verhältnissen erhielt die Zivilrechtswissenschaft einen Freiraum, in dem sie das bürgerliche Recht aufgrund sehr formaler Rechtsinstitute wie „Rechtssubjekt", „Willenserklärung", „Vertrag" konstruieren konnte. Das Zivilrecht gewann dadurch ein hohes Maß innerer Kohärenz und erfüllte die wissenschaftliche Forderung nach Systematik in einer Weise, die auch für

---

95 Zur Theorie des Privatrechts, Halperin 2018, S. 1 ff.
96 Vgl. § 1 ABGB: „Der Inbegriff der Gesetze, wodurch die Privat-Rechte und Pflichten der Einwohner des Staates unter sich bestimmt werden, macht das bürgerliche Recht in demselben aus".
97 Z. B. „§ 16 ABGB. Jeder Mensch hat angeborne, schon durch die Vernunft einleuchtende Rechte, und ist daher als eine Person zu betrachten. Sclaverey oder Leibeigenschaft, und die Ausübung einer darauf sich beziehenden Macht, wird in diesen Ländern nicht gestattet".

andere Wissenschaften vorbildlich war. Ausgebildet wurde diese Methode in Deutschland besonders vom romanistischen Zweig der historischen Rechtsschule (z. B. Friedrich *Carl von Savigny*, 1779–1861), der aus dieser hervorgegangenen Begriffsjurisprudenz (z. B. *Georg Friedrich Puchta*, 1798–1846) und der Pandektistik (*Bernhard Windscheid*, 1817–1892), deren juristische Systematisierung Grundlage des *BGB* wurde.

Trotz dieser Leistungen, und obwohl er selbst in seinem Frühwerk Methoden der Begriffsjurisprudenz angewendet hatte, richtete *Rudolf von Jhering* (1818–1892) beißende Ironie gegen diese abstrakte Zivilrechtswissenschaft und wandte sich mit seiner „Zweckjurisprudenz" einer soziologisch offenen Zivilrechtswissenschaft zu.[98] Diese Wendung zur Soziologie wird dann in der Freirechtsschule insbesondere eines *Eugen Ehrlich* (1862–1922) vollendet. Ging es Ehrlich noch um eine Erweiterung des systematischen Ansatzes der Rechtswissenschaft durch die Einbeziehung der sozialen Realität des Rechts, so setzt die Topik *Theodor Viehwegs* (1907–1988) im Anschluss an den *Aristoteles* und *Nicolai Hartmann* (1882–1950) an die Stelle des Systems das Problem als zentralen Bezugspunkt rechtlichen Denkens. Zur Lösung juristischer Probleme enthalten Gesetze ebenso wie Lehrsätze der Jurisprudenz Lösungsgesichtspunkte – „Topoi".[99] Das Moderne Privatrecht kann mithin nicht nur das Recht von Individuen sein; vielmehr muss es dessen Eingebundenheit und Spannung zur Gesellschaft in Rechnung stellen und auch methodisch bewältigen.[100]

Derartige Ansätze haben das systematische Denken jedoch nicht aus der Privatrechtsdogmatik verdrängt, sondern vielmehr zu ihrer Ausdifferenzierung, ja „Ausziselierung" beigetragen.[101] Bestimmend war dabei, dass systematisches Denken eher als andere Strategien der Rechtsgewinnung Willkür vermeiden kann. Ferner ist nur systemorientiertes Denken in der Lage, die Einheit einer Disziplin sicherzustellen. Das Ergebnis ist eine bemerkenswerte Kontinuität der Privatrechtskodifikationen sowohl in Österreich als auch in Deutschland.[102]

Aufgrund gesteigerter sozialer Dynamiken, der Globalisierung, eines gesteigerten Rechtspluralismus und neuer technischer Herausforderungen ist aber auch im Privatrecht das Bedürfnis nach Interdisziplinarität gewachsen.[103]

---

98 Adomeit 1972, S. 509.
99 Viehweg 1974, S. 95 ff.
100 Auer 2014, S. 165.
101 Zöllner 1988, S. 86 f.
102 Kletečka 2018, Rn. 28.
103 Vgl. hierzu die gewichtigen Bände der „Privatrechtstheorie" von Grundmann, Micklitz und Renner 2015: „Wenn es den Rechtswissenschaften nicht gelingt, wie den Wirtschaftswissenschaften, unter ihrem eigenen Leitparadigma, auf der Grundlage der eigenen Wertungsannahmen, die Erkenntnisse der relevantesten andern Disziplinen für sich fruchtbar zu machen, zu ‚reformulieren' oder ‚rekonstruieren', so wird diese

Allerdings konzentrierte sich die Rechtssoziologie insbesondere als Rechtstatsachenforschung lange Zeit stark auf das Privatrecht. Heute kann die Rechtswissenschaft unter Einbeziehung der Erkenntnisse von Soziologie und Philosophie zeigen, dass das Privatrecht – wie auch andere Gebiete der Rechtswissenschaft – ein formalisierter Ausdruck des Bewusstseins der Gesellschaft von sich selbst ist.[104] Wie sich Individuum und Gemeinschaft zueinander verhalten, gewinnt gerade auch in den privatrechtlichen Regelungen ihren Ausdruck.

(5) Die Strafrechtswissenschaft

Die Strafrechtswissenschaft gehört über ihren Erkenntnisgegenstand, das an den Begriff der Schuld anknüpfende staatliche Sanktionsrecht, zu den öffentlich-rechtlichen Wissenschaften.

Allerdings wurde vor ein paar Jahren die Frage aufgeworfen: „Wird die Strafrechtslehre zu einer Wissenschaft?"[105] *Joachim Hruschka* (1935-2017) diagnostizierte Defizite in der Ausbildung einer Systematik der Grundbegriffe fest. Sie veranlassten ihn zur Feststellung, „dass die Strafrechtslehre über eine wohlgeordnete, gegliederte und umfassende Theorie ihres Gegenstandsbereichs zur Zeit nicht verfügt". Das Ziel einer Systematik ist allerdings für die Wissenschaftlichkeit der Strafrechtslehre unverzichtbar. Auch die Praxis, die nicht willkürlich handeln darf, bedarf zur Vermeidung von Widersprüchen eines gewissen Systems.[106] Hruschka empfiehlt etwa ein problemorientiertes System von Fallgruppen, auf das dann die gesetzlichen Regelungen bezogen werden.

Aus dem „geistigen Spannungsbogen" des Strafrechts „von der Wert- und Normbezogenheit des Menschen und sozialen Seins bis zur Realverfassung des Individuums und der gesellschaftlichen Verhältnisse"[107] folgt ein starkes Bedürfnis nach Integration moralphilosophischer und soziologischer Erkenntnisse in die Strafrechtswissenschaft, also nach *Interdisziplinarität*.[108] Die Konzeption der „Gesamten Strafrechtswissenschaft" sollte dies ebenso leisten,[109] wie die „gesamte Staatsrechtswissenschaft" im öffentlichen Recht. Die Komplexität des Gegenstandes führte auch hier zu einer Differenzierung, sodass jedenfalls die Frage der Ursachen der Kriminalität einem eigenen Grundlagenfach, der Kriminologie, überantwortet wurde. Bei ihrer Grün-

---

Isolierung den Rechtswissenschaften und der Rolle von Recht in der Gesellschaft schaden", Grundmann/Micklitz/Renner 2015, S. IX.
104 Auer 2014, S. 6.
105 Hruschka 1985, S. 7.
106 Langer 1990, S. 440 f.
107 Müller-Dietz 1992, S. 106.
108 Neumann 1991, S. 248 ff.
109 Leferenz 1981, S. 199 ff.

dung eher naturwissenschaftlich orientiert, verwendet die Kriminologie inzwischen philosophische, soziologische, psychologische und pädagogische Methoden, um ihr Erkenntnisinteresse, die Erkenntnis der gesellschaftlichen Realität der Straftaten, erfüllen zu können.[110] Heute fordert die Hirnphysiologie die grundlegende Annahme der Freiheit als Voraussetzung von Schuld und Strafe heraus[111] und verlangen nach Antworten, die dem Charakter der Strafrechtswissenschaft als normativer Kulturwissenschaft gerecht werden.[112]

2. Grundlagenfächer

Nachdem sich im 19. und 20. Jahrhundert die rechtswissenschaftlichen Disziplinen ausdifferenziert und sich dabei voneinander und von anderen Wissenschaften abgegrenzt haben, wird im öffentlichen, Privat- und Strafrecht ein Bedarf an Interdisziplinarität diagnostiziert.[113] Die geforderte Zusammenarbeit zwischen den Rechtswissenschaften und angrenzenden Disziplinen ist jedoch höchst voraussetzungsvoll.[114] Die Grundlagenfächer der Rechtswissenschaften – Rechtsphilosophie, Rechtsgeschichte, Rechtssoziologie u. a. – leisten dafür einen wichtigen Beitrag.[115] Sie reflektieren Rechtsnormen in ihrem Kontext. Untersucht werden etwa die Struktur des Rechts und seine grundlegenden Wertungen, die historische Entwicklung des Rechts und der Rechtswissenschaft oder der Zusammenhang der Rechtsnorm mit der Gesellschaft. Die Herstellung dieser weiteren Bezüge dient dem besseren Verständnis des Rechts und seiner Legitimation sowie der Lösung von Aufgaben, die Rechtswissenschaft und -praxis nur im Zusammenwirken mit anderen lösen können. Ihr Erkenntnisbereich überschreitet damit das geltende Recht.

Die Grundlagenfächer können sowohl nach Aspekten von Rechtnormen selbst als auch verschiedenen Untersuchungsperspektiven unterschieden werden. Während die Rechtsdogmatik Rechtsnormen in ihrem Zusammenhang weitgehend ohne ihre soziale Einbettung untersucht, widmen sich die Grundlagenfächer der Entstehung von Rechtsnormen etwa aus dem Bewusstsein (Rechtspsychologie), der Analyse ihrer Struktur (Rechtstheorie), ihrer ethischen Rechtfertigung (Rechtsphilosophie) und ihrer sozialen Wirksamkeit (Rechtssoziologie). Sie institutionalisieren und professionalisieren die Interdisziplinarität der Rechtswissenschaften, indem sie dauerhafte Brü-

---

110 Baratta 1980, S. 112 ff.
111 Hillenkamp 2005, S. 313 ff.; Lampe/Pauen/Roth 2008.
112 Kirste 2017a, S. 223 ff.; Neumann 2016, S. 361 f.
113 So fordert der deutsche Wissenschaftsrat dann auch konsequent eine Verstärkung der Interdisziplinarität in den Rechtswissenschaften, Wissenschaftsrat 2012, S. 8, 29: „Die Rechtswissenschaft kann deshalb auf interdisziplinäre Bezüge nicht verzichten."
114 Kirste 2016, S. 62 ff.: Methoden, Erkenntnisinteresse, Begriffe, Wissenschaftsorganisation aber auch wissenschaftspsychologische Herausforderungen von Wissenschaftsdisziplinen müssen gemeistert werden.
115 Gute Übersicht der Grundlagenfächer auch zu neueren Entwicklungen bei Krüper 2011, vgl. auch Kunz/Mona 2006, Rn. 29–46.

cken zu anderen Wissenschaften bilden, über die Erkenntnisse aus diesen Fächern in die Rechtswissenschaften und von dieser in die anderen Wissenschaften transportiert werden können. Den Grundlagenfächern kommt dabei eine Übersetzungsfunktion dieser Erkenntnisse zu.

Die Grundlagenfächer verdanken also ihre Existenz dem Bedürfnis der Rechtswissenschaft nach *Interdisziplinarität*. Das Recht soll nicht nur als systematischer Regelungszusammenhang analysiert, sondern hinsichtlich der verschiedenen Einflussfaktoren und Wirkungsweisen untersucht werden. Diese Einflüsse und Wirkungen sind Gegenstand anderer Wissenschaften wie der Philosophie, der Psychologie, der Ökonomie und der Soziologie. An den Erkenntnissen dieser Wissenschaften hat die Rechtswissenschaft nun aber ein besonderes Interesse. Dieses rechtliche Erkenntnisinteresse an den anderen Wissenschaften machen die Grundlagenwissenschaften geltend.[116] Sie dienen sowohl der Öffnung der Rechtswissenschaft gegenüber diesen Wissenschaften als auch ihrer Abgrenzung.

In ihren Methoden sind die Grundlagenfächer den Nachbarwissenschaften, in ihrem Gegenstand hingegen der Rechtswissenschaft verwandt. Diese Beziehung zur Rechtswissenschaft und zu Nachbarwissenschaften verschafft den Grundlagenfächern eine anspruchsvolle Stellung. Sie setzen sowohl die rechtswissenschaftlichen Erkenntnisse voraus als auch die Grundlagen der Nachbarwissenschaften. Als rechtswissenschaftliche Grundlagenfächer sind sie zumeist praktischer angelegt als die jeweiligen Nachbarwissenschaften. Es sind vor allem neue Fragen in der Medizin, der Technik, der Umwelt und von gesellschaftlichen Entwicklungen, die zu interdisziplinären Fragestellungen in den Rechtswissenschaften führen. Dabei soll etwa die Frage beantwortet werden, wie das Recht neue Behandlungsformen in der Medizin, die in Folge der Genetik, aber auch von digitalisierten Diagnostiken durch selbstlernende Systeme der künstlichen Intelligenz möglich werden, in die bekannten Strukturen rechtlicher Verantwortung eingeordnet werden können. Oder es wird etwa die Frage diskutiert, ob vollautomatisierte Selbstfahrsysteme auch als eigenverantwortliche „E-Persons" behandelt werden müssen.[117]

IV. Zusammenfassung

Die Rechtswissenschaft ist die methodengeleitete Erkenntnis des Rechts. In diesem Erkenntnisziel unterscheidet sie sich von der Rechtspraxis der Gesetzgebung, der Gerichte, der Verwaltung und der vertraglichen Rechtsetzung, die auf Entscheidungen ausgerichtet ist. Die Wissenschaftlichkeit bezieht die Rechtswissenschaft nicht aus dem Recht als ihrem Erkenntnisge-

---

116 Die Grundlagenfächer beziehen es auf das Erkenntnisinteresse der Rechtswissenschaften, Dreier 1991, S. 217.
117 Kirste 2018, S. 90 ff.

genstand, der den Kriterien der Systematik und einer gewissen Objektivität häufig nicht genügt, sondern aus ihren Methoden der Wahrheitsfindung. Die Methoden sind jedoch auf die Erkenntnis des Rechts bezogen und diesem Gegenstand angepasst.

Kerndisziplin der Rechtswissenschaft ist die Rechtsdogmatik, die mit spezifisch juristischen Methoden das Recht zu erkennen versucht. Da das Recht aus gesellschaftlichen Interessen, die normativ bewertet werden, hervorgeht und in die Gesellschaft wirkt, bedarf die Rechtsdogmatik zum Verständnis ihres Gegenstandes der Unterstützung durch die Grundlagenfächer.

Wenn also die Wissenschaftlichkeit der Rechtswissenschaft nicht durch ihren Gegenstand, sondern durch ihre Methoden bestimmt wird und wenn diese Methoden durch die Untersuchung des Rechts und seiner Einbindung in die (Welt-)Gesellschaft mit nichtjuristischen Methoden ergänzt werden müssen, dann hat das auch Auswirkungen auf die juristische Ausbildung. Erstens kann sie nicht nur Wissensvermittlung sein. Vielmehr muss die Ausbildung der Fähigkeit zum methodischen Umgang mit dem Recht im Zentrum stehen. Zweitens müssen während dieser Ausbildung trotz des Schwerpunkts im Bereich der juristischen Methoden auch Kompetenzen in anderen Fächern und das Verständnis seiner internationalen Dimensionen erworben werden.[118] Schließlich muss ein Bewusstsein der sozialen Verantwortung eines jeden individuellen Juristen und einer jeden individuellen Juristin geweckt[119] und ein „Ethos des Juristen"[120] durch die Fähigkeit zur kritischen Reflexion ausgebildet werden.

V. Die juristischen Methoden

1. Allgemeines

Die Methode bezeichnet den „Weg" (μέθοδος), auf dem das Denken zu Erkenntnissen gelangt. Wenn nun die Methoden kennzeichnend für eine Wissenschaft sind – was sind dann die juristischen Methoden? Bei der Suche nach der Antwort auf diese Frage tritt nun ein Problem wieder auf, das uns gerade schon bei der Rechtswissenschaft begegnet war: Zuweilen liest man nämlich, der Gegenstand bestimme die Methode.[121] Die Methode dient jedoch dem Erkenntnisziel, in dessen Perspektive sich Wissenschaften und auch die Praxis mit einem Gegenstand beschäftigen. Mit dem Recht beschäftigen sich aber sowohl die Rechtswissenschaft als auch die Soziologie, die Ökonomie, die Politik, die Geschichtswissenschaft usw. Da deren Ziele

---

118 Wissenschaftsrat 2012, S. 34 u. 36: „Professorinnen und Professoren in den Grundlagenfächern sind auch für die Nachwuchsausbildung in diesen Fächern verantwortlich, damit Kompetenzaufbau und -weitergabe kontinuierlich gesichert sind."
119 Senn 2013, S. 93.
120 Böckenförde 2011, S.44 f.
121 Zippelius 2006, S. 1; Reimer 2016, S. 28.

jedoch unterschiedliche sind, wird auch nicht dieselbe Methode diesen unterschiedlichen Zielen dienen. Die Methode folgt also nicht dem Erkenntnisgegenstand, sondern dem Erkenntnisziel.

Sofern wir von einem Gegenstand keine unmittelbar einleuchtende Erkenntnis – Evidenz – besitzen, müssen wir die Erkenntnis durch eigene Anstrengung gewinnen. Damit dies kein rein subjektiv beliebiges, sondern bewusstes Tun ist, bedarf es der Selbstaufklärung und ggf. Selbstkritik an den Erkenntniswegen (griechisch: he méthodos, einem Weg nach). Auf diese Weise ermöglicht die methodische Reflexion die Gewinnung eines sicheren Ausgangspunktes für das Erkennen. Ohne das methodengeleitete Denken wäre die oben (S. 40) geschilderte Rekonstruktion des Rechts unmöglich, und der Erkenntnisvorteil der Rechtswissenschaft ginge verloren.

Klärt sich das Erkennen über sich selbst auf, kann es verhindern, dass etwas Unreflektiertes in den Erkenntnisprozess gelangt. An einem derartig unreflektierten Phänomen würde sich das selbstkritische Erkennen stoßen und es so lange denkend bearbeiten, bis es seinen fremden Charakter verloren hat. *René Descartes* (1596–1650) hat also Recht: „Die Methode [geht, S.K.] aller Wissenschaft voraus".[122]

Für das Recht ist dies zu erweitern: Auch in der Rechtspraxis geht die Methode der Tätigkeit voraus. Gerade umgekehrt meint *Gustav Radbruch*: „Die Auslegung ist also das Ergebnis ..., das Auslegungsmittel wird erst gewählt, nachdem das Ergebnis schon feststeht, die sogenannten Auslegungsmittel dienen in Wahrheit nur dazu, nachträglich aus dem Text zu begründen, was in schöpferischer Ergänzung des Textes bereits gefunden war".[123] Jedoch werden Urteile in der Revision auf Rechtsfehler geprüft, wozu auch Denkfehler gehören. Auch wenn ein Richter meint, sein Urteil zunächst „intuitiv" zu finden und erst nachher methodisch zu begründen, lässt er sich doch schon bei der Findung von der Methode, die er im Studium gelernt und in der Praxis erprobt hat, unbewusst leiten. Die Methode ist dann habitualisiert, zur Gewohnheit geworden. Nach der Entscheidung denkt er dann über die Methode nach, etwa wenn er deswegen kritisiert wird. Sie wird dann in pragmatischer Absicht erklärt, um die am Verfahren Beteiligten zu überzeugen und damit die Entscheidung nicht in einem Rechtsmittelverfahren aufgehoben wird. Die rechtswissenschaftliche Methodenlehre untersucht dann die Begründung der rechtspraktischen Entscheidung auf die verwendete Methode. Sie ist „Rechtserzeugungsreflexion", wie es *Friedrich Müller* (*1938) nennt.[124]

---

122 Mund. sens. § 23, V 2, 120 f.
123 Radbruch 1980, S. 181 f.
124 Müller/Christensen 2004, Rn. 274.

Die Rechtspraxis wurde oben (S. 22) dadurch von der Theorie unterschieden, dass sie ihre Tätigkeit normgebunden entfaltet und auf Entscheidungen gerichtet ist. Dies ist auch bei der Charakterisierung der Methode zu berücksichtigen. Die Methode der Praxis ist auf das Verständnis einer sie oder andere bindenden Norm gerichtet, die sie durchsetzen muss (Verwaltung, Gerichte) oder zu deren Durchsetzung sie Argumente entwickelt (Anwaltschaft). Die Rechtsgewinnung ist hier aber rekonstruktiv.[125] Die Arbeit der Rechtswissenschaft beginnt wie die Praxis mit der Interpretation, geht aber über sie durch das kreative Moment der Konstruktion hinaus.

Das Interesse an der Bedeutung des Rechts und die Methode bestimmen den Erkenntnisgegenstand und grenzen ihn von anderen ab.[126] Die Nachvollziehbarkeit der Methode ist Grundlage des Verstehens einer Erkenntnis in der Wissenschaft und die Legitimation einer Entscheidung und die Gewinnung deren Überzeugungskraft in der Praxis.

2. Die juristische Methode als Interpretation

Im Zentrum sowohl der Rechtsdogmatik als auch der Rechtspraxis steht die Interpretation. Dabei ist die Rechtspraxis auf die Interpretation des Sinns des geltenden Rechts als Grundlage ihrer Beratung und Entscheidung gerichtet; die Rechtswissenschaft stellt aber auch die Sinnfrage an das geltende Recht.

Was Interpretation bedeutet, hat treffend schon der Jurist *Valentin Wilhelm Forster* (1530–1608) bestimmt. Danach „ist die Rechtsinterpretation nichts anderes als das Bemühen, den Rechtstext, sei es ein dunkles, doppelsinniges, schwieriges, rätselhaftes, falsch gelesenes oder verstandenes Einzelwort oder auch eine ganze Rede in sich, stimmig wiederzugeben; klar, eingängig, sachlich richtig und in seiner Ursprungsbedeutung vorzubringen, die Gründe und auch die Grundgedanken der Erlasse selbst und das Bemerkenswerte daran vor Augen zu stellen; den Wortlaut und Text der Gesetze mit ihrer Absicht und ihrem inneren Sinn zu vergleichen, ihren richtigen Sinn herauszuschälen, das Dagegensprechende aus der Welt zu schaffen und anderes hierhin Gehörende herbeizuschaffen".[127] Danach ist Interpretation die Ermittlung des in einem Text jedenfalls angedeuteten Sinns. Bei dieser Auslegung sind auch die Gründe des Gesetzgebers zu berücksichtigen und der ganze Text in einen systematischen Zusammenhang bringen. Die Wissenschaft von den Regeln der Interpretation ist die Hermeneutik (ἑρμηνεύειν – aussagen, auslegen, erklären).

---

125 Jestaedt 2006, S. 47.
126 Gräfrath 2005, S. 237; Habermas, S. 243 f.
127 Zit. nach Raisch 1995, S. 72.

3. Besonderheiten der Methoden der Rechtspraxis

a. Allgemeines

In der Praxis steht das Verständnis des positiven Rechts in Gestalt von allgemeinen Regelungen (z. B. Gesetzen) oder Einzelakten (z. B. Verwaltungsakte, Verträge, Testamente) im Vordergrund. Ziel des Verständnisses ist die Ermittlung des Sinns dieser rechtlichen Äußerungen. Selbst wenn der Interpret verstanden hat, was tatsächlich geregelt wurde, mag dies fragmentarisch oder zu weitgehend, in sich widersprüchlich oder sonst wie mangelhaft sein. In der Interpretation sucht er daher nach einem allgemeineren Verständnishorizont, der ihm und dem Rechtsetzer gemeinsam ist. Der schon erwähnte *Friedrich Carl von Savigny* hat dies prägnant zusammengefasst: Zunächst habe der Gesetzgeber eine schwierige Aufgabe zu erfüllen: Ihm muss „die vollständige Anschauung des organischen Rechtsinstituts vorschweben, wenn das Gesetz seinem Zweck entsprechen soll, und er muss durch einen künstlichen Prozeß aus dieser Totalanschauung die abstracte Vorschrift des Gesetzes bilden: ebenso muss derjenige, der das Gesetz anwenden soll, durch einen umgekehrten Prozeß den organischen Zusammenhang hinzufügen, aus welchem das Gesetz gleichsam einen einzelnen Durchschnitt darstellt".[128]

Dieser Verständnishintergrund kann insbesondere ein gemeinsamer Sprachgebrauch, das Verständnis der historischen Umstände, aus denen das Recht hervorgegangen ist oder die Geschichte der geregelten Rechtsinstitute selbst, der systematische Zusammenhang, in dem die Regelung steht, und seine generelle Zielsetzung sein. In Betracht kommen auch übliche sonstige gesellschaftliche Standards wie etwa die Verkehrssitte oder der Handelsbrauch (z. B. § 157 BGB; § 863 II ABGB).

b. Rechtsbindung der Methoden der Praxis

Die Entscheidungsbezogenheit und normative Bindung der Rechtspraxis (S. 23) wirkt sich auch auf die Wahl der Methoden aus. Sofern es sich um eine amtliche Praxis der Verwaltung oder der Gerichte handelt, ist sie rechtlich gebunden. Weder die Staatsanwaltschaft, noch eine Behörde, noch ein Gericht dürfen eine Methode der Entscheidungsgewinnung wählen, die dem positiven Recht zuwiderläuft. Diese Beschränkung wird auch die anwaltliche Praxis bei ihrer Entscheidungsvorbereitung berücksichtigen. Welche sind diese normativen Bindungen? Das *Allgemeine Preußische Landrecht* (ALR) war 1794 noch sehr bemüht, dem Willen des Königs, dem Gesetzgeber, auch in der Auslegung Geltung zu verschaffen und demgegenüber die Macht der richterlichen Interpretation zurückzudrängen:

---

128 Savigny 1840, S. 44.

§. 46. Bey Entscheidungen streitiger Rechtsfälle darf der Richter den Gesetzen keinen andern Sinn beylegen, als welcher aus den Worten, und dem Zusammenhange derselben, in Beziehung auf den streitigen Gegenstand, oder aus dem nächsten unzweifelhaften Grunde des Gesetzes, deutlich erhellet.

§. 47. Findet der Richter den eigentlichen Sinn des Gesetzes zweifelhaft, so muss er, ohne die prozeßführenden Parteyen zu benennen, seine Zweifel der Gesetzcommißion anzeigen, und auf deren Beurtheilung antragen …

§. 49. Findet der Richter kein Gesetz, welches zu der Entscheidung des streitigen Falles dienen könnte, so muss er zwar nach den in dem Gesetzbuche angenommenen allgemeinen Grundsätzen, und nach den wegen ähnlicher Fälle vorhandnen Verordnungen, seiner besten Einsicht gemäß, erkennen.

§. 50. Er muss aber zugleich diesen vermeintlichen Mangel der Gesetze dem Chef der Justitz so fort anzeigen.

Die Interpretationsschritte wären gemäß dem ALR also: 1. Ermittlung des Sinn des Gesetzes auf der Basis seines Wortlauts (§ 46 ALR); 2. Bei Bedarf einer weiteren Interpretation (etwa bzgl. Systematik, Geschichte oder Sinn und Zweck) eine Meldung an die Gesetzkommission mit der Bitte um Auslegung (§ 47 ALR). Der Richter war also darauf beschränkt, der Mund des Gesetzes („bouche de la loi", wie *Montesquieu* [1689–1750] es nannte) zu sein. Er durfte allein nach dem Wortlaut auslegen – für alle weiteren Interpretationsmethoden (Geschichte, Systematik, Sinn und Zweck) musste er den Gesetzgeber anrufen. Nur wenn sich nicht einmal eine streitentscheidende Norm finden ließ, d.h. er die Interpretation verlassen und Rechtsfortbildung betreiben musste, durfte er eine Analogie bilden.

Vergleichen wir das mit dem heutigen Recht: Das Österreichische Gesetzbuch legt heute die Interpretation auf eine subjektive, am Willen des Gesetzgebers orientierte Auslegung fest. Ergibt die Auslegung keine Regel zur Anwendung auf einen Fall, ist wieder das ALR am striktesten: § 49 erlaubt zwar eine Rechtsgewinnung auf der Basis der im Gesetzbuch enthaltenen allgemeinen Grundsätze und des Rückgriffs auf ähnliche Fälle im Wege der Analogie; § 50 ALR verlangt jedoch, dass der angenommene Mangel dem Gesetzgeber anzuzeigen ist. Gegenwärtig fügen etwa § 1 des Schweizer Zivilgesetzbuchs und §§ 6 f. des Österreichischen ABGB (§§ 6 f.) den Interpretationsschritten des ALR einen weiteren an: die Bildung von Entscheidungsregeln, die über den Sinn des Gesetzes hinausreichen. Führt auch die Analogie nicht zu einer Anwendungsregel, ermöglicht das Österreichische Gesetzbuch den Rückgang auf Naturrecht. Das Schweizer ZGB lässt den Interpreten, wenn auch keine gewohnheitsrechtliche Entscheidung möglich ist, große Freiheiten: Sie sollen sich an die Stelle des Gesetzgebers versetzen und unter Berücksichtigung der Rechtsdogmatik und der Rechtstraditionen entscheiden. Aber auch das ZGB geht nicht so weit wie der Freirechtler *Hermann Kantorowicz* (1877–1940), der schreibt: „Vermag sich der Richter eine solche Überzeugung nicht herzustellen, so soll er nach freiem Recht entscheiden".[129] Am engsten war der Spielraum der Richter bezüglich der Auslegung also beim ALR; das österreichische Recht gestattet den Richtern schon mehr und das ZGB geht noch weiter. Es sei darauf hingewiesen, dass es im anglo-amerikanischen Recht auch Formen der Rechtsfortbildung gibt, welche im kontinental-europäischen Recht gar nicht bekannt sind: Dort kann beispielsweise (wie auch bereits im späten römischen Recht) im Wege der Fiktion ein Landesbestandteil an einen anderen Ort verlegt werden, damit das dortige Gericht zuständig ist: In diesem Zuge wurde beispielsweise die Insel Menorca nach London verlegt.[130] So weit geht kein kontinentaleuropäisches Recht. Bleiben wir noch etwas auf internationalem Terrain:

Für den Bereich des Vertragsvölkerrechts finden sich im „Wiener Übereinkommen über das Recht der Verträge" von 23. Mai 1969 in den Art. 31 ff. Auslegungsregeln. Zunächst ordnet Art. 31 I an, dass Verträge „nach Treu und Glauben in Übereinstimmung mit der gewöhnlichen, seinen Bestimmungen in ihrem Zusammenhang zukommenden Bedeutung und im Lichte seines Zieles und Zweckes auszulegen" sind. Dann hebt Abs. 2 aber die besondere Bedeutung des Kontextes bei der Vertragsauslegung hervor. Zu berücksichtigen sind danach die eher subjektiven Elemente wie eine Übereinkunft der Parteien im Umfeld des Vertrages. Außerdem sind auch objektive Elemente wie eine spätere Übung bei der Anwendung des Vertrages und einschlägige Völkerrechtssätze von Bedeutung.

Im deutschen BGB finden sich keine entsprechenden Regelungen. Die Gründe für die Zurückhaltung des deutschen Gesetzgebers stehen in den Motiven: „Besondere Bestimmungen aber, welche darauf berechnet wären, die Auslegung zu erleichtern und die Richtigkeit ihrer Ergebnisse zu verbürgen, könnten nur leitende Gesichtspunkte zum Ausdrucke bringen, deren Erforschung und Darlegung der Theorie angehört ... statt die Auslegung zu fördern, können solche Sätze leicht zu Problemen für die Auslegung werden. Auch die Entscheidung über Meinungsverschiedenheiten, welche die Grenze erlaubter und gebotener Auslegung betreffen, muss der durch keine positive Vorschrift gehemmten Jurisprudenz überlassen bleiben".[131] Danach ist es Sache der Theorie, die Interpretationsmethoden zu entwickeln. Die Jurisprudenz soll nicht durch rechtliche Vorschriften „gehemmt" werden, sondern frei darüber befinden.

Auch für das deutsche und österreichische Recht gibt es einzelne rechtliche Bindungen der Interpretation. So verlangt Art. 4 III EUV eine europarechts-

---

129 *Gnaeus Flavius* [= Hermann Kantorowicz] 1962, S. 13 ff.
130 Näher dazu Albrecht 2020 (im Erscheinen).
131 Mugdan 1899, S. 14 f.

konforme Interpretation des nationalen Rechts.[132] Zunächst einmal ist die amtliche Rechtsgewinnungspraxis Ausübung von Staatsgewalt, sodass sie im Stufenbau der Rechtsordnung an die Grundrechte (Art. 1 III GG) und die Verfassung im Übrigen (Art. 20 III GG) gebunden ist.[133] Funktionale Anforderungen ergeben sich dann aus dem Grundsatz der Gewaltenteilung (Art. 20 III GG; Art. 94 BVG).[134] Gleiche Sachverhalte sind gleich zu entscheiden – insofern ist die Rechtsprechung auch an Art. 3 I GG gebunden.[135] Die Abweichung von einer Rechtsprechungslinie bedarf eines sachlichen Grundes.[136] Überhaupt folgt aus dem Rechtsstaatsprinzip die Vorhersehbarkeit rechtlicher Entscheidungen und damit Stabilität und Kontinuität der Rechtsprechung. Insbesondere die Bindung des Richters an „Recht und Gesetz" soll nach dem BVerfG deutlich machen, dass sich der Richter nicht sklavisch an das Gesetz halten muss.[137] Der Richter ist unabhängig von staatlichem Druck, weil und damit er nur durch das Gesetz gebunden ist (Art. 87 I BVG; Art. 97 I GG).

Auf einfachgesetzlicher Ebene enthalten etwa §§ 133, 157 BGB/ §§ 914, 915 ABGB Vorgaben für die Auslegung von rechtsgeschäftlichen Erklärungen. § 133 BGB: „Bei der Auslegung einer Willenserklärung ist der wirkliche Wille zu erforschen und nicht an dem buchstäblichen Sinne des Ausdrucks zu haften". Daneben bestehen z.T. verfassungsrechtlich fundierte einfachgesetzliche Beschränkungen der Rechtsgewinnung. § 1 dStGB formuliert z. B. in Konkretisierung von Art. 103 GG ein Analogieverbot (§ 1 öStGB, § VStG): Die Strafe muss vor der Tat gesetzlich festgelegt sein und darf nicht durch den Richter konstruiert werden.

c. Grundsätze und Ziele der Interpretation

(1) Praktische Grundsätze der Auslegung

Außerhalb der rechtsverbindlichen Vorgaben für die Auslegung sind die amtlichen Rechtsinterpreten grundsätzlich in der Methodenwahl frei. Gebunden bleiben sie allerdings an das Willkürverbot und damit an die Notwendigkeit der Wahl rationaler Methoden. Da die methodische Begründung eine Entscheidung rechtfertigen soll, muss sie jedenfalls nachvollziehbar sein.

---

132 Vgl. für Österreich etwa Berka 2012, Rn. 94 m.w.N. zum Vorrang der Verfassung und seiner Bedeutung für die verfassungskonforme Auslegung, sowie zur europa- und völkerrechtskonformen Auslegung (Rn. 97).
133 Das gilt nach dem Rechtsstaatsprinzip auch für Österreich VfSlg 2929/1955, 8279/1978, 11.196/1986.
134 In Österreich freilich schwächer ausgeprägt, Berka 2012, Rn. 115, 199, 379 ff.
135 Für Österreich VfSlg 10.387/1985, 13.210/1992.
136 BVerfGE 54, S. 117 ff., S. 124 f.
137 BVerfGE 34, S. 269 ff. (286 f.) – Soraya.

Eine Reihe von teilweise seit der Antike praktizierten Grundsätzen prägt die Interpretation des Rechts und dient ihr als Orientierung. Diese Grundsätze beruhen auf der Analyse des einheitlichen Auslegungsvorgangs und stellen „Richtungen der Aufmerksamkeit" bei der Interpretation dar.[138] In der juristischen Dogmatik haben sie sich zu praktischen Grundsätzen einer korrekten Auslegung verfestigt. Zwar werden sie „Canones" genannt. Sie sind jedoch in der deutschen Auslegungspraxis weder in Art noch Reihenfolge verbindlich.

Vorgeordnet ist die Frage, ob das Ziel der Auslegung der Wille des Gesetzgebers ist, der einer rechtlichen Regelung seine spezifische Gestalt gegeben hat (subjektive), oder ob der objektive Sinn des Gesetzes zu ermitteln ist (objektive Auslegung).

(2) Ziel der Auslegung: Subjektive oder objektive Methode?

Zielt die Auslegung auf das, was der Rechtserzeuger mit seinem Willen meinte, oder auf sein Produkt, das Recht losgelöst von seiner subjektiven Sinngebung? Zunächst ist zu unterscheiden zwischen einzelfallbezogenen Willenserklärungen und allgemeinen Rechtsnormen.[139] Angemessen ist die subjektive Auslegung für konkrete Willenserklärungen an einen oder wenige Empfänger. Hier ist die Auslegung auf den Willen des Erklärenden bzw. auf den Empfängerhorizont der Erklärung zu richten. Besonders deutlich wird dieses Ziel bei Testamenten. Die letztwillige Verfügung ist Ausdruck der Testierfreiheit. Diese Freiheit ist auch bei der Auslegung zu berücksichtigen. Bei Verträgen ist die Auslegung auf das gemeinsam Gewollte gerichtet. Wenn die subjektiven Momente lückenhaft sind, können zur Ergänzung des Gewollten auch die objektivierenden Kriterien des hypothetischen Parteiwillens wie Treu und Glauben oder die Verkehrssitte herangezogen werden.

Bei der Interpretation allgemeiner Rechtssätze besteht in der Methodenlehre eine grundlegende Differenz in der Frage, ob Ziel der Auslegung der Wille des Gesetzgebers (subjektive Auslegung) ist oder der Inhalt („Wille") des Gesetzes (objektive Auslegung), der davon losgelöst ist.

Die subjektive Methode nimmt an, der Sinn des Gesetzes sei begründet und beschränkt durch den Willen des historischen Gesetzgebers. Nach dem wichtigsten Vertreter der sog. „Interessenjurisprudenz" *Philipp Heck* (1858–1943) besteht die Auslegung notwendig in einem „Gedankenprozeß, welcher diejenigen Vorstellungen in ihren wesentlichen Teilen reproduzieren soll, welche die auszulegenden Wortzeichen bei ihrer Entstehung begleitet haben und in der Folge der Erklärung erkennbar werden sollen".[140] Auslegung ist somit auf das Subjekt der Rechtserzeugung gerichtet und ist historisch. Wich-

---

138 Von Savigny 1840, S. 215.
139 Reimer 2016, S. 74 ff. u. 131 ff.
140 Heck 1914, S. 56 ff. u. 73.

tige Konsequenz dieser Auffassung ist es, dass bei Lücken des Gesetzes der Ähnlichkeitsschluss der Analogie nur im Rahmen von Sinn und Zweck, die der Gesetzgeber seinem Werk verliehen hat, möglich sein soll.

Demgegenüber gesteht die objektive Auslegung dem Recht ein Eigenleben zu, das schon aufgrund des systematischen Zusammenhangs, in dem es steht, aber auch wegen veränderter Umstände, über den Willen des Gesetzgebers hinausgehen kann. Verfechter der objektiven Auslegung war etwa der Rechtsphilosoph *Josef Kohler* (1849–1919): „Nicht, was der Verfasser des Gesetzes will, ist entscheidend, sondern was das Gesetz will".[141] Versteht man das Recht in diesem Sinne idealistisch als eine selbständige geistige Einheit, als Objektivation eines (geschichtlichen) Geistes oder auch im Sinne des Normativismus (s. u.) als ein Sollen und kein Sein, dann führt dies konsequent zur objektiven Auslegung. Während der Zeithorizont der Interpretation bei der subjektiven Auslegung klar auf den Akt der Setzung bezogen ist, kann bei der Auslegung auch eine spätere Entwicklung von Bedeutung sein.

Welche Theorie ist nun zu wählen? Das Recht selbst enthält dazu wenige Vorgaben. So spricht das Demokratieprinzip in seiner Ausgestaltung als repräsentative Demokratie für eine besondere Berücksichtigung des „original intent", der ursprünglichen Auffassung des demokratisch legitimierten Gesetzgebers also.[142] Auch das Gewaltenteilungsprinzip verlangt, dass die Rechtsprechung sich nicht über diesen ursprünglichen Willen hinwegsetzt, streitet also ebenfalls für die subjektive Auslegung.

Warum soll jedoch die spätere Bevölkerung an die vielleicht weit zurückliegende Äußerung ihrer Abgeordneten gebunden sein? Zutreffend schreibt *Gustav Radbruch*: „Der Staat spricht nicht in den persönlichen Äußerungen der an der Entstehung des Gesetzes Beteiligten, sondern nur im Gesetz selbst. Der Wille des Gesetzgebers fällt zusammen mit dem Willen des Gesetzes".[143] Dafür spricht auch, dass die wirklichen Willensäußerungen derjenigen, die an der Gesetzgebung beteiligt waren, zu vielfältig sind. Die Verfassung trifft durch Kompetenz und Verfahren gerade Vorsorge dafür, dass am Ende ein einheitlicher Gesetzesinhalt dasteht. Ein weiteres Argument betrifft die Rechtsentwicklung: Gesetztes Recht steht in einem systematischen Zusammenhang mit anderen Gesetzen, Normen eines Gesetzes mit anderen Normen dieses Gesetzes. Werden neue Gesetze hinzugefügt, kann das bestehende Recht seine Bedeutung ändern. Schließlich können sich die Verhältnisse ändern, auf die das Recht bezogen wird. In diesen Fällen kann das Recht nicht die Bedeutung behalten, die ihm der historische Gesetzgeber bei seinem Inkrafttreten verliehen hat. Das wird insbesondere dann deutlich, wenn ein noch nicht von einem demokratischen Gesetzgeber erlassenes Ge-

---

141 Kohler 1886 S. 1.
142 Scalia 1998, S. 16 ff.
143 Radbruch 2011, § 15, S. 107.

setz wie das ABGB von 1811 oder das BGB von 1900 eine konstitutionelle Monarchie, eine Demokratie, eine Diktatur überdauert hat und nun wieder in einer rechtsstaatlichen Demokratie gilt. Maßgeblich muss ein Verständnis sein, das das vorkonstitutionelle Recht mit der Verfassung vereint.

Manchmal ist das schwierig. Das zeigt der bedrückende Fall *Dred Scott v. Sandford* des US Supreme Court. In dem zugrundeliegenden Fall war der Sklave Dred Scott in der ersten Hälfte des 19. Jahrhunderts mit seinem Herren aus den Süd- in die Nordstaaten umgezogen und hatte dort einen Dienstvertrag mit ihm abgeschlossen. Damit hatte ihn sein Master als freie Person anerkannt, auf dessen Leistungen er nur kraft eines Vertrages zurückgreifen konnte. Nach dem Rückzug in die Südstaaten verstarb sein Dienstherr und dessen Nachfahren Sandford meinten nun, Scott wieder als Sklaven halten und vermieten zu können. Dagegen wehrte sich dieser 1846 erfolglos vor den Gerichten unter Einschluss des US Supreme Court. In der Entscheidung des Gerichts schreibt der berichterstattende Chief Justice Taney:

> „Die Pflicht des Gerichts ist es, das vorliegende Recht so auszulegen ... und es so zu verwalten, wie wir es finden, entsprechend seiner wahren Absicht und Bedeutung, zu der Zeit, als es verabschiedet wurde ... Die Schwarzen galten seit mehr als einem Jahrhundert als Wesen einer minderwertiger Ordnung und waren völlig ungeeignet, sich der weißen Rasse entweder in sozialen oder politischen Beziehungen anzuschließen, und so weit minderwertig, dass sie keine Rechte hatten, die der weiße Mann respektieren musste, und dass der Neger zu seinem Wohle zu Recht und rechtmäßig in die Sklaverei reduziert werden konnte. Er wurde gekauft und verkauft und wie ein gewöhnlicher Waren- und Verkehrsartikel behandelt, wann immer damit ein Gewinn erzielt werden konnte. Diese Meinung war damals fest und universell im zivilisierten Teil der weißen Rasse".[144]

Auch aufgrund dieser Erwägungen wurde die Klage des Schwarzen Dred Scott zurückgewiesen. Neben seinen unerträglichen Wertungen –ein klarer Verstoß gegen die freilich in der US- Verfassung nicht ausdrücklich geschützte Menschenwürde – zeigt das Urteil die Unzulänglichkeit einer subjektiv-historischen Methode. Sie wird den geänderten moralischen und auch rechtlichen Rahmenbedingungen von Regelungen nicht gerecht. Sicher war es konsequent, nach dem Ende des Bürgerkriegs die Verfassung zu ändern – oder genauer: durch den 13. und 14. Zusatzartikel zu ergänzen. Gerade bei alterndem Recht wie der US-Verfassung wird die Frage aber immer drängender, nach welchem Auslegungsziel hin sie interpretiert werden soll: Nach dem Ursprungswillen oder nach der objektiven, von diesem abgelösten, Bedeutung. In den USA zeigt sich das heute etwa noch an der von den sog. Originalists (subjektiv) und den Interpretivists (objektiv) umstrittenen Frage

---

[144] Dred Scott v. Sandford, 60 U.S. (19 How.) 393, 405–7 (1857). Meine Übersetzung.

des Grundrechts, Waffen tragen zu dürfen (2. Zusatzartikel der US-Verfassung).[145]

Für diese objektive Auslegung sprechen auch systematische Gründe: Jede Rechtsnorm ist in eine Normenhierarchie eingebunden, in der die niederrangigen Normen – z. B. die Gesetze – nur soweit gelten, als sie den höherrangigen – z. B. der Verfassung – nicht widersprechen. Unter bestehenden Auslegungsvarianten ist daher diejenige zu wählen, die dem höherrangigen Recht entspricht. Es geht also nicht um die aus der Metapher verselbständigte „Logik", nach der der „Wille des Gesetzes" „klüger" als der Gesetzgeber sei, sondern um die Erkenntnis, dass jede gesetzliche Regelung in einem systematischen Zusammenhang mit anderen steht, der diese Regelung prägt. Dieser ist dem historischen Gesetzgeber manchmal nicht bewusst; auf keinen Fall aber kann er bei länger geltenden Gesetzen jede Änderung des Zusammenhangs antizipieren.

Nun ist Recht aber nicht von selbst geltendes, objektives Recht im Sinne einer von Natur stammender Ordnung. Maßgeblich ist nicht, was der Gesetzgeber beim Erlass des Gesetzes „vernünftigerweise gedacht haben sollte".[146] Diese Vernunftprinzipien mögen schon vor seiner Willensäußerung gegolten haben und gelten auch noch danach. Aber diese Vernunftprinzipien gelten nicht als Recht. Der Wille des Gesetzgebers hat eine Norm in die Rechtsform gebracht. Deshalb ist auch ihm Rechnung zu tragen. Hat der Gesetzgeber seinen Willen im Gesetz deutlich zum Ausdruck gebracht oder wenigstens angedeutet, dann ist dieser insofern maßgeblich. Ein Widerspruch zu höherrangigen Normen kann dann nicht zu einer Auslegung gegen seinen erklärten Willen, sondern nur zur Nichtigkeit des Gesetzes führen. Dies läuft auf eine vermittelt objektiv-subjektive Auslegung von Gesetzen hinaus. Danach wird die objektive Auslegung durch den klar geäußerten Willen des Gesetzgebers begrenzt. Eine Auslegung „contra legem" ist unter dieser Bedingung unzulässig. Die Auslegung lotet die Spielräume aus, die der Gesetzgeber gelassen hat.

4. Praktische Grundsätze der Auslegung

a. Wortlaut, grammatische Auslegung

Recht wird sprachlich, und zumeist textlich ausgedrückt.[147] Zwar gibt es – tatsächlich sogar sehr häufige – Fälle, in denen eine rechtliche Erklärung in nonverbaler Form abgegeben wird. Das ist etwa dann der Fall, wenn

---

145 Zu den Originalists in der Gruppe der Textualists gehörte etwa der frühere Richter am US Supreme Court Antonin Scalia (1936–2016). Ein wichtiger Vertreter der Interpretivisten ist Ronald Dworkin (1931–2013), zu ihm auch Reeves 2017, S. 2 f. zu vermittelnden Ansätzen Paulo 2016, S. 51 ff.
146 Hirsch 2007, S. 853 f.
147 Zu Recht und Sprache näher Felder 2003, S. 115 ff.

trotz Schweigens einem bestimmten Verhalten ein rechtlicher Erklärungswert beigemessen wird („konkludentes Verhalten"). So muss derjenige, der eine Straßenbahn betritt, um sich zu einer Station befördern zu lassen, nicht eigens zum Fahrer – mit dem er ohnehin häufig nicht kommunizieren kann und darf – gehen, um mit ihm einen Beförderungsvertrag abzuschließen. Er erklärt durch das Betreten, dass er einen solchen Vertrag abschließen möchte. Rechtlich gesehen ist dies jedoch nicht der Normalfall. Recht wird vielmehr in der Regel durch verbale oder schriftliche Sprachzeichen geschaffen. Den Sinn dieser Sprachzeichen ermittelt die Auslegung.

Ausgangspunkt der Auslegung ist der Wortlaut einer Regelung. Das sieht etwa auch § 6 ABGB so vor:

> „Einem Gesetz darf in der Anwendung kein anderer Verstand beigelegt werden, als welcher aus der eigentlichen Bedeutung der Worte in ihrem Zusammenhang und aus der klaren Absicht des Gesetzgebers hervorleuchtet."

Der schon erwähnte *Josef Kohler* schreibt: „Gesetz ist ... nur dasjenige, was sich im Worte verkörpert hat. Darum ist das Wort des Gesetzes das Mass der gesetzgeberischen Action ... was dem Worte des Gesetzes ganz und völlig fremd ist, das ist im Gesetze nicht vorhanden. Denn ‚auf dem Wort beruhen der Menschen Rechtsverhältnisse'".[148]

Die Auslegung des Wortlauts ist auf die Gewinnung der Bedeutung einer Norm gerichtet. Diese Bedeutung liegt dem Interpreten nun keineswegs einfach vor, er kann auch nicht – wie dies die Formulierung von Kohler nahelegt – unterstellen, dass die Bedeutung im Wortlaut, wenn auch versteckt enthalten sei. Wie sollte er denn davon wissen? Was ihm vorliegt, ist der Normtext. Das ist eine Kette von Zeichen. Das von ihnen Bezeichnete ist das Ziel der Auslegung. Erst wenn dies erarbeitet wurde, hat der Interpret eine Grundlage seiner Entscheidung oder seiner weiteren wissenschaftlichen Untersuchung. *Friedrich Müller* nennt daher – abweichend vom üblichen Sprachgebrauch – erst das Ergebnis der Arbeit am Normtext die „Norm".[149] Diese Bezeichnung ist sachlich gerechtfertigt, stößt jedoch immer wieder auf Verwirrung. Wir halten daher am herkömmlichen Verständnis des Begriffs der Norm, die den vom Normsetzer erzeugten Text – also etwa ein Gesetz – meint, fest. Zu berücksichtigen ist aber die Erkenntnis, dass dieser Text nicht unmittelbar angewendet werden kann, sondern sein Sinn erst zu erarbeiten ist. Die Norm hat danach zwei Formzustände: 1. als Normtext ohne fest bestimmte und anerkannte Bedeutung; 2. als anwendungsbereite Norm.

Ausgangspunkt der Auslegung des gesetzlichen Wortgebrauchs ist der *Alltagssprachgebrauch*. Aber hilft das immer weiter? Der juristische Wortgebrauch

---

148 Kohler 1886, S. 33, das letztere Zitat stammt vom Sanskritgelehrten Bhavabhuti aus dem 8. Jh.
149 Müller/Christensen 2013, S. 185 ff.

unterscheidet sich vom allgemeinen gesellschaftlichen Wortgebrauch durch eine Reihe von Beschränkungen. Jedes Wort in einem Gesetz steht im systematischen Kontext mit anderen Worten, die seinen Inhalt beschränken oder erweitern. So versteht man umgangssprachlich unter Besitz auch die dauerhafte Verfügung über eine Sache. In ABGB und BGB findet sich aber neben dem Wort „Besitz" noch das Wort „Eigentum". Schon dieser Umstand deutet darauf hin, dass sie nicht dieselbe Bedeutung haben. Juristisch bedeutet Besitz die tatsächliche Sachherrschaft, während Eigentum die Verfügungsbefugnis über eine Sache bedeutet. Diese Worte haben also einen juristischen Sinn. Dieser wird konstruiert aus dem Zusammenhang des Wortes mit anderen Worten der rechtlichen *Fachsprache*.

Die Festlegung des juristischen Wortgebrauchs kann auch durch Definitionen erfolgen. Zuweilen schließt der Gesetzgeber eine längere rechtsdogmatische Diskussion über einen Begriff dadurch ab, dass er ihn gesetzlich definiert („*Legaldefinition*"). Dies ist etwa durch § 35 des deutschen VwVfG hinsichtlich des Verwaltungsakts geschehen: „Verwaltungsakt ist jede Verfügung, Entscheidung oder andere hoheitliche Maßnahme, die eine Behörde zur Regelung eines Einzelfalls auf dem Gebiet des öffentlichen Rechts trifft und die auf unmittelbare Rechtswirkung nach außen gerichtet ist." Oder etwa in § 285 ABGB: „Alles, was von der Person unterschieden ist, und zum Gebrauche der Menschen dient, wird im rechtlichen Sinne eine Sache genannt."

Das Verständnis des Rechts kann nicht ganz auf den Alltagssprachgebrauch verzichten. Es ordnet diesen jedoch in ein besonderes Bedeutungssystem ein, das an den rechtlichen Zwecken orientiert ist. Die Praxis des Rechts setzt sich somit über *Ludwig Wittgensteins* (1989-1951) Forderung, „die Philosophie darf den tatsächlichen Gebrauch der Sprache in keiner Weise antasten, sie kann ihn am Ende nur beschreiben"[150], in praktischer Absicht hinweg, weil sie den Worten durch die Normierung eine besondere Verwendungsweise gibt. Dieser Verselbständigung sind aus demokratischen Gründen – warum soll der Bürger einem Gesetz unterworfen sein, das er nicht verstehen kann? – und rechtsstaatlichen Gründen – wie soll der Bürger sein Handeln auf rechtliche Gebote hin orientieren, wenn sie nicht verständlich sind? – Grenzen gesetzt.

Der juristische Wortgebrauch ist also technischer und präziser als der umgangssprachliche. Häufig verzichtet der Gesetzgeber jedoch bei vielgestaltigen und entwicklungsoffenen Sachverhalten bewusst auf seine Bestimmungsmacht und verwendet selbst offene Rechtsbegriffe, um diesen Entwicklungen Rechnung tragen zu können. Dieser Technik bedient er sich insbesondere durch die Verwendung von Generalklauseln.

---

150 Wittgenstein 1960, S. 281f., Nr. 43.

Dies alles zeigt, dass die juristischen Wörter mit ihrer Bedeutung keine feststehenden Größen, sondern vielmehr vom Gesetzgeber vorbereitete Steinblöcke sind, an denen der Interpret weiter meißeln muss, um ihre spezifische Bedeutung im jeweiligen rechtlichen Kontext zu erarbeiten. Auch die Wortbedeutung liegt dem Auslegungsprozess nicht voraus, sondern wird in ihm erarbeitet oder sogar – im Gerichtsprozess – erstritten.[151]

Insofern wird die Auslegung – besonders bei neuen Gesetzgebungsmaterien – bei einem umgangssprachlichen Verständnis eines Ausdrucks beginnen, sich dann jedoch an den Ecken und Kanten, also insbesondere der Systematik, der juristischen Wortstellung stoßen, bis die rechtliche Bedeutung erarbeitet werden kann. Kann ein eindeutiger Wortlaut rekonstruiert werden, dann ist er maßgeblich. Das wussten schon die römischen Juristen: „Cum in verbis nulla ambiguitas est, non debet admitti voluntatis quaestio".[152] Hoch umstritten ist hingegen, 1. ob dieser Fall je eintreten kann oder ob unsere Sprache eine derartige Eindeutigkeit nicht zulässt[153] und 2. selbst wenn dies möglich sein sollte, ob er der Interpretation tatsächlich eine eindeutige Grenze setzt. Welche Bedeutung dem Wortlaut in dem Bereich zwischen Eindeutigkeit und Unklarheit zukommt, ist allerdings umstritten. Es würde hier zu weit führen, auf diesen Streit einzugehen.[154] Jedoch sollte sich der Interpret, soweit wie möglich am Wortlaut orientieren und die übrigen Auslegungsmittel auf ihn beziehen.

b. Systematische, logische Auslegung

Rechtsnormen stehen in formalem und sachlichem Zusammenhang mit anderen Normen. Dies ist der Horizont, auf den hin die systematische Auslegung Rechtsnormen interpretiert. Dabei wird – widerleglich – vermutet, dass der Gesetzgeber ein widerspruchsfreies System von Normen anstrebt. Da Widersprüche zugleich willkürlich erscheinen, ist eine Interpretation, die das Ziel größtmöglicher Widerspruchsfreiheit anstrebt, zugleich ein Gebot der Gleichheit. Im Idealfall besteht dann das System aus Normen, die jeweils eine bestimmte Bedeutung haben und so die Bedeutung der anderen Normen beschränken. Ist also die Bedeutung einer bestimmten Norm unklar, kann sie mit Hilfe der auf sie bezogenen Normen aus ihrem Regelungszusammenhang näher bestimmt werden. Die systematische Auslegung reduziert also grundsätzlich die Vielfalt der Bedeutungsmöglichkeiten.

Dass Gesetze verbindlich sind, ergibt sich daraus, dass der Normgeber hierzu eine Kompetenz oder ein Recht besitzt und die für ihre Setzung einschlägi-

---

151 Das ist freilich sehr umstritten, vgl. Kudlich/Christensen 2007, S. 128 ff. und andererseits Klatt 2004.
152 „Wenn in Worten keine Zweideutigkeit ist, darf nach dem Gewollten nicht gefragt werden", Paul. D. 32, 25, 1, zur Wortlautgrenze Klatt 2004.
153 Müller/Christensen 2013, S. 474 ff.
154 Vgl. im Gegensatz zu Müller und Christensen: Klatt 2004.

gen Verfahrensvorschriften eingehalten hat (formales System). Worin ihre Verbindlichkeit besteht, zeigt sich zumeist erst, wenn ihr Zusammenhang mit anderen Normen berücksichtigt wird (materiales System). Diese anderen Normen helfen den Normgehalt zu konkretisieren. So können sich oft lange Verweisungsketten bilden, die nicht einmal nur auf ein Gesetz beschränkt sein müssen.

(1) Grundsätze mit Rücksicht auf das formale System der Rechtsordnung

Nach dem formalen System der Rechtsordnung bildet diese einen hierarchischen Stufenbau, in dem sich die untergeordnete Norm von übergeordneten formal ableiten lassen muss. Als Beispiel gilt hier der Grundsatz, dass die ranghöhere Norm eine ihr widersprechende untergeordnete Norm außer Kraft setzt: *lex superior derogat legi inferiori*. Sofern sich die Einheit der Rechtsordnung noch in einer dynamischen Entwicklung befindet und sich – wie beim Recht der Europäischen Union – das supranationale Recht vom nationalen abgelöst hat, dieses aber beeinflussen soll, wäre ein derartiger Geltungsvorrang ein zu scharfes Schwert: Er würde nahelegen, dass bereits eine Integration der supranationalen und der nationalen Rechtsordnungen stattgefunden hat, die der eines Bundesstaates entspricht. Daher reicht es hier zur Vereinheitlichung einer dem Charakter des Unionsrechts entsprechenden Rechtsordnung, wenn dieses lediglich in der Rechtsanwendung mit Gemeinschaftsbezug dem nationalen Recht vorgeht (Anwendungsvorrang).

Weil im demokratischen Staat jede Herrschaft durch das Volk legitimiert sein muss, Demokratie aber gegenwärtige Selbstbestimmung auf Zeit bedeutet, hat auch die Äußerung des demos in Gestalt der gegenwärtigen Gesetzgebung Vorrang vor einer früheren Gesetzgebung auf gleicher Rangstufe: *lex posterior derogat legi priori*.

(2) Grundsätze mit Rücksicht auf das materiale System der Rechtsordnung

Im Sinne eines materialen Systems ist die Rechtsordnung als widerspruchsfreie Einheit grundlegender Wertentscheidungen zu interpretieren. Diese Werte sind vor allem in der Verfassung enthalten. Ein hieraus resultierender Auslegungsgrundsatz ist das Gebot der *verfassungskonformen Auslegung*. Sie tritt in Deutschland insbesondere in Gestalt der grundrechtskonformen Auslegung auf.[155] Voraussetzung für eine derartige Auslegung ist zunächst, dass der Wortlaut eines Gesetzes mehrere Auslegungsvarianten erlaubt. Ist der

---

155 In Österreich wird sie hingegen häufig kritisch gesehen, vgl. Berka/Binder/Kneihs 2019, S. 252 f., die aber andere systemkonforme Auslegungen wie die völkerrechts- und europarechtskonforme – und auch die verfassungskonforme anerkennen (S. 333, 368, auch der VfGH: VfSlg 20.258/2018) – zu, a.a.O., S. 30, 93, 154, 308.

Wortlaut eindeutig und steht nicht in Einklang mit der Verfassung, ist das Gesetz verfassungswidrig.[156] Wenn es danach mehrere Auslegungsmöglichkeiten einer einfachrechtlichen Norm gibt, von denen eine verfassungskonform, eine andere aber verfassungswidrig ist, dann ist die verfassungskonforme zu wählen.

Ein entsprechender Grundsatz wie der der verfassungskonformen Auslegung besteht auch im Verhältnis zum europäischen Gemeinschaftsrecht. Hier bedeutet er die europarechtskonforme und insbesondere die richtlinienkonforme Auslegung.

Zum Bereich des materialen Systems des Rechts gehören Vorrangregeln auch hinsichtlich der Regelungsweite. So verdrängt eine Norm, die eine speziellere Regelung enthält, die Anwendung der generellen Norm: *lex specialis derogat legi generali*. Das gilt nicht ohne Ausnahme: Die speziellere Norm kann nämlich die allgemeinen Regeln jedenfalls in bestimmten Fälle weiterhin für anwendbar erklären. So bestimmt Art. 2 des Einführungsgesetzes zum deutschen HGB: Abs. 1: „In Handelssachen kommen die Vorschriften des Bürgerlichen Gesetzbuchs nur insoweit zur Anwendung, als nicht im Handelsgesetzbuch oder in diesem Gesetz ein anderes bestimmt ist".[157]

Alle diese Prinzipien sind auf die Herstellung der inhaltlichen Einheit der Rechtsordnung gerichtet. Diese Einheit ist vor dem Interpretationsprozess noch bewusst vorhanden. Sie ist auch keine Norm, zu deren Herstellung der Rechtsanwender verpflichtet wäre, sondern sie ist ein im Interesse der Gleichheit zu verwirklichendes Ziel. Unter der Anforderung des rechtsstaatlichen Prinzips der Orientierungssicherheit zielt sie auf Widerspruchsfreiheit und auch sonst auf die Vermeidung von Normkonflikten. Damit beruht sie nicht nur auf dem Gesetzgeber, sondern auf der Systematisierungsleistung der Wissenschaft.

c. Historische Auslegung

Die historische Auslegung stellt die zu interpretierende Norm nicht in einen aktuellen sprachlichen oder systematischen, sondern in einen geschichtlichen Zusammenhang. Dieser Zusammenhang kann nun – rechtsintern – dogmengeschichtlicher Art sein.[158] Dann wird versucht, eine Norm aus der Geschichte ihrer juristischen Dogmatik zu verstehen. Oder er kann sich auf den Gesetzgebungsprozess beziehen. Die historisch-genetische Auslegung

---

156 Müller/Christensen 2013, S. 133 ff.; Müller/Christensen 2012, S. 140 ff.
157 Im entsprechenden österreichischen Unternehmensgesetzbuch finden sich jeweils einzelne Verweisungen auf das ABGB, z. B. „§ 374. Anwendbarkeit der bürgerlich-rechtlichen Bestimmungen. Durch die Vorschriften des § 373 werden die Befugnisse nicht berührt, welche dem Verkäufer nach anderen Bestimmungen zustehen, wenn der Käufer im Verzuge der Annahme ist".
158 Gröschner/Dierksmeier/Henkel/Wiehart 2013, S. 3 f.

forscht dann – rechtsextern – nach den gemeinsamen Motiven des Gesetzgebers bei der Verabschiedung der Norm und zieht hierzu die Gesetzesmaterialien wie etwa die Bundestags-Nationalratsprotokolle zu Rate.[159] Die historische Auslegung kann auch Klarheit über die Ziele, die mit dem Gesetz verfolgt wurden, verschaffen und damit die teleologische Auslegung anleiten.

Historische Auslegung ist nicht gleichzusetzen mit subjektiver Auslegung. Das zeigt gerade die dogmengeschichtliche Auslegung; denn sie stellt weniger auf den Willen als vielmehr auf den Traditionszusammenhang eines Rechtsinstituts ab. Subjektiv ist hingegen die genetische Auslegung. Mit dem Altern von Gesetzen verliert sie jedoch ihre Bedeutung. Häufig wird die historische Auslegung sowohl in Gestalt der dogmengeschichtlichen als auch der historisch-genetischen Auslegung eine größere Bedeutungsvielfalt zutage fördern: Darüber, was unter einem Begriff im Gesetz zu verstehen ist, gibt es oft einen älteren Streit in der Rechtwissenschaft und auch in den parlamentarischen Beratungen ist man sich nicht immer einig, wie ein Wort zu verstehen ist. Manchmal überlässt man es sogar bewusst der Rechtspraxis, eine sinnvolle Bedeutung zu entwickeln.

Die Bedeutung der historischen Auslegung ist weder unumstritten noch selbst zeitlos. Für das deutsche BVerfG ist sie daher nachrangig: „Der Entstehungsgeschichte einer Vorschrift kommt für deren Auslegung nur insofern Bedeutung zu, als sie die Richtigkeit einer nach den angegebenen Grundsätzen ermittelten Auslegung bestätigt oder Zweifel behebt, die auf dem angegebenen Weg allein nicht ausgeräumt werden können".[160] Das sieht der österreichische Verfassungsgerichtshof nicht grundsätzlich anders,[161] nimmt aber in der „Versteinerungstheorie" an, dass die Kompetenzvorschriften der Bundesverfassung so zu interpretieren sind, wie sie ursprünglich gemeint waren.[162]

d. Teleologische Auslegung

Dass Wortlaut und System zur Erkenntnis des Rechts häufig nicht ausreichen, wussten schon die römischen Juristen. *Publius Iuventius Celsus* (2. Jh. n. Chr.) schreibt: „Scire leges non hoc est verba earum tenere, sed vim ac potestatem". Wenn man „vis" und „potestas" hier als „Sinn und Zweck" interpretiert, dann deutet diese Digestenstelle bereits auf die teleologische Auslegung. Unter mehreren Bedeutungsmöglichkeiten wird dann diejenige gewählt, die den Zielen des Gesetzes am besten entspricht. Auf diese Weise wirkt die teleologische Auslegung bedeutungsreduzierend. Weil jedoch im

---

159 Brugger 1999, S. 66 f.
160 BVerfGE 1, S. 299 ff., 312.
161 VfSlg 5153/1965, 7698/1975: Wortlaut hat Vorrang gegenüber der historischen Interpretation, wenn er eindeutig ist.
162 Näher dazu Berka 2012, Rn. 429 ff.

Allgemeinen das Ziel die Wahl der Mittel zu seiner Erreichung freilässt, könnten auch bei einer Norm mehrere Auslegungsvarianten zum Ziel führen. Das spricht gegen die Möglichkeit, über die teleologische Auslegung zu einem eindeutigen Ergebnis zu gelangen. In jedem Fall findet die Einschränkung der Bedeutung der Norm ihre Grenze am Wortlaut.

Der Gesetzgeber der Gegenwart ist sich der Bedeutung des Zieles als Auslegungsmittel bewusst. Besonders im Verwaltungsrecht findet sich eine Reihe von Vorschriften, in der die Berücksichtigung des Zwecks bei der Anwendung des Gesetzes vorgeschrieben wird. So lautet § 1 I des deutschen Bundesimmissionsschutzgesetzes: „Zweck dieses Gesetzes ist es, Menschen, Tiere und Pflanzen, den Boden, das Wasser, die Atmosphäre sowie Kultur- und sonstige Sachgüter vor schädlichen Umwelteinwirkungen zu schützen und dem Entstehen schädlicher Umwelteinwirkungen vorzubeugen."[163]

Auch das Ziel, das mit einer Norm verfolgt wird, liegt nicht einfach vor Augen, sondern muss aus dem Gesetzeszusammenhang und auch historisch aus den Gesetzesmaterialien ermittelt werden. Die teleologische Auslegung ist mithin voraussetzungsvoll. Das bedeutet aber auch, dass sie nicht zu neuen Erkenntnissen führt, wenn Wortlaut-, systematische und historische Auslegung bereits eindeutig sind.

e. Kontextuelle Auslegung

Jede Norm steht in einem Kontext. Dieser Kontext kann aus anderen – moralischen, sittlichen, religiösen – Normen und aus Tatsachen bestehen. „Kontext" soll hier also im Sinne der Umwelt des Rechts verstanden werden.[164] Während sich die systematische Auslegung auf den rechtlichen Kontext bezieht, nimmt die kontextuelle Auslegung weitere Normen als *Verstehenshorizont* hinzu. Sie würde etwa danach fragen, ob eine der Auslegungen ungerecht ist. Die Antwort auf die Frage, ob eine derartige kontextuelle Auslegung zulässig ist, hängt vom Rechtsbegriff ab. Sie ist später zu klären. Festgehalten werden kann hier jedoch schon, dass moderne Verfassungen eine Reihe von Gerechtigkeitskriterien enthalten und daher kein Rekurs auf eine allgemeine Gerechtigkeitsdiskussion erforderlich ist.

Die tatsächliche kontextuelle Auslegung berücksichtigt insbesondere die Wirkungen einer Norm. Man fragt, welche wirtschaftlichen Folgen eine Norm haben kann und – bei mehreren Auslegungsvarianten – welche am besten mit den Zielen des Gesetzgebers übereinstimmen. Daneben wird im Rahmen der Rechtsfolgenanalyse gefragt, ob eine Norm überhaupt die vom Gesetzge-

---

[163] § 1 II des Salzburger Tierschutzgesetzes lautet etwa „(2) Zweck dieses Gesetzes ist es, die Erzeugung landwirtschaftlicher Zucht- und Nutztiere so zu fördern, daß a) die Leistungsfähigkeit der Tiere ... erhalten und verbessert werden".
[164] Anders etwa Zippelius 2006, S. 52 f.

ber beabsichtigten Folgen erzielen kann oder ob sie Auswirkungen hat, die von ihm nicht berücksichtigt oder abgelehnt wurden. Dahinter kann eine konsequentialistische Überlegung stehen, dass eine Handlung umso besser ist, je besser die Folgen sind, die aus ihr hervorgehen. Die hohe Wertschätzung der Folgenanalyse verkennt jedoch, dass auch die Folgen zu bewerten sind: Widerspräche eine Folge der Anwendung einer Norm höherrangigem Recht, dürfte sie von einem Gericht nicht berücksichtigt werden.

Die wirtschaftlichen Folgen will insbesondere die Schule der ökonomischen Analyse des Rechts berücksichtigen. Effizienz wird als wichtiges Folgenanalysekriterium genannt. Effizienz ist jedoch ein abhängiger, instrumenteller Wert, der seinerseits einer Bewertung bedarf. Was in diesem Sinne effizient ist, muss das Recht selbst entscheiden. Nur soweit das Recht die Entscheidung offengelassen hat, hat die Effizienzanalyse Platz.

Oben hatten wir schon erwähnt, dass die innovative Normtheorie *Friedrich Müllers* als Norm nicht nur den Normtext, sondern diesen samt seinen Bezügen zur Realität ansieht. Sie schließt teleologische und kontextuelle Elemente mit ein („Normbereich"). Die Norm entsteht danach durch die Interpretation und ist das Produkt des gesamten als „Konkretisierung" bezeichneten Interpretationsvorgangs. Der mit den klassischen Auslegungsmethoden angesprochene textbezogene Teil der Interpretation erstellt das „Normprogramm". Vollständig ist die Norm jedoch erst dann, wenn dieses Normprogramm noch auf die normativ geprägten „Realdaten" des Normbereichs bezogen wird. Deutlicher als andere Normtheorien und Methodenlehren hebt die „Strukturierende Rechtslehre"[165] damit den konstruktiven Charakter der juristischen Methoden hervor. Zudem ist sie um die Überwindung des Dualismus von Norm und Wirklichkeit bemüht, indem sie nachweist, dass die durch den Konkretisierungsvorgang vollständige Norm nicht nur den abstrakten Normtext, sondern auch den Realitätsbezug einschließt. Beide werden vermittelt durch die Konkretisierung.

f. Verhältnis der Auslegungsmethoden untereinander

Von Savigny hatte zu Recht davor gewarnt, die analytische Unterscheidung dieser Auslegungsgrundsätze auch als eine Trennung der Auslegungstätigkeit zu verstehen: „Es sind also nicht vier Arten der Auslegung ... sondern es sind verschiedene Tätigkeiten, die vereinigt werden müssen, wenn die Auslegung gelingen soll. Nur wird freilich bald die eine, bald die andere wichtiger sein ..., so dass nur die stete Richtung der Aufmerksamkeit nach allen diesen Seiten unerlässlich ist ..."[166] In der Praxis ist also die Beachtung der genannten Auslegungsprinzipien erforderlich, auch ohne ihre Nennung.

---

165 Müller 1994.
166 *Von Savigny* 1840, S. 215.

Es gibt kein allgemein anerkanntes Verhältnis der Auslegungsgrundsätze untereinander. Immerhin kann auf gewisse tatsächliche Abhängigkeiten zwischen den Auslegungsregeln verwiesen werden. So kann keine andere Methode die Auseinandersetzung mit dem Wortlaut vermeiden, auch wenn nicht zu jeder Auslegung der Rückgriff auf die Ziele erforderlich ist, die der Normgeber verfolgt hat. Die historische Auslegung hilft beim Verständnis des Wortlauts und der Regelungsabsichten. Ein System kann erst hergestellt werden, wenn seine Eckpunkte ermittelt wurden. Mit aller Vorsicht – es gibt nämlich auch Ausnahmen – lässt sich sagen, dass es praktisch sinnvoll ist, mit der Wortlautauslegung zu beginnen. Schon hierbei können System und Geschichte eine Rolle spielen, die ansonsten anzuschließen sind. Schließlich werden bestehende Fragen im Lichte der Zwecke der Regelung geklärt.

Winfried Brugger (1950–2010) hat diese Einheit der Auslegungsmethoden näher differenziert und zu Grundproblemen der Entscheidung näher ins Verhältnis gesetzt. Danach berücksichtigt jede menschliche Entscheidung vier Dimensionen, die Brugger im Bild des Kreuzes symbolisiert. Dabei stellt die vertikale Achse in der Ausrichtung nach oben die Idealität der Entscheidung, nach unten die psychische und anthropologische Realität, in der Horizontalen hingegen die Zeitachse dar. Ausgangspunkt sei die Gegenwart des Textes mit der Wortlautauslegung und der Ermittlung des systematischen Zusammenhanges der Norm. In die Zukunft gerichtet ist die teleologische Auslegung, vergangenheitsgewandt erscheint die historische Auslegung.[167] Die vertikale Dimension symbolisiert die kontextuelle Auslegung: In der idealen Dimension nach oben werden inhaltlich moralische Erwägungen angestellt, soweit sie das Recht zulässt (etwa in Generalklauseln); in der faktischen Dimension nach unten findet die Folgenorientierung jedenfalls hinsichtlich der Bedürfnisse und psychischen Wirkungen ihren Ausdruck. Entscheidend ist, dass diese vier Dimensionen im Auslegungsvorgang so zueinander ins Verhältnis gesetzt werden, dass keine unverändert bleibt. Sie werden vielmehr so miteinander verschmolzen, dass sie durch die vernunftgesteuerte Auslegung auf eine höhere Ebene gehoben werden. Daher könnte man das Bild des Kreuzes mit Hegel um das Symbol der Rose in ihrem Zentrum ergänzen: Das Kreuz symbolisiert dann die vom Rechtstext als Zentrum ausgehenden Fragerichtungen. Keine der vier Richtungen führt zu einem bestimmten Ergebnis. Vielmehr ist sie das Ergebnis der vernünftigen Integration der Auslegungsmethoden.[168]

5. Rechtsfortbildung

Das so interpretierte Recht ist oftmals nicht vollständig zur Lösung von Fällen. Damit stellt sich die Frage, ob Richter befugt sind, diese Lücken zu

---
167 Brugger 2008, S. 132 f. u. 140.
168 Kirste 2008, S. 81 f.

schließen, indem sie fehlende Regelungen ergänzen (Analogie), bestehende mit Rücksicht auf den Zweck des Gesetzes über den Wortsinn hinaus (teleologische Extension) oder diesen einschränkend (teleologische Reduktion) interpretieren. Ansonsten gibt es aber eine Reihe einfachrechtlicher Normen, die Gerichten erlauben, das Recht fortzubilden, so etwa § 132 IV des deutschen GVG: „Der erkennende Senat kann eine Frage von grundsätzlicher Bedeutung dem Großen Senat zur Entscheidung vorlegen, wenn das nach seiner Auffassung zur Fortbildung des Rechts ... erforderlich ist".[169]

Spätestens seit dem § 4 des Code Civil von 1804 geht man von einem Rechtsverweigerungsverbot der Gerichte aus („Le juge qui refusera de juger, sous prétexte du silence, de l`obscurité ou de l`insuffisance de la loi, pourra être poursuivi comme coupable de déni de justice."). Das bedeutet zunächst einmal, dass Richter überhaupt entscheiden müssen. Fehlt eine Rechtsnorm, die einen Anspruch gewährt, ist der Antrag auf Anerkennung dieses Anspruchs abzuweisen. Fraglich ist jedoch, ob Gerichte auch verpflichtet sind, das Recht fortzuentwickeln an Stellen, an denen sich keine gesetzliche Grundlage für die Zuerkennung oder Ablehnung eines Anspruchs finden lässt. Die Möglichkeit hierzu setzt eine Lücke voraus.

---

169 In Österreichisch ist die Lage unklar. So entschied der Oberste Gerichtshof einerseits: „Unbefriedigende Gesetzesbestimmungen zu ändern, ist nicht Sache der Rechtsprechung, sondern der Gesetzgebung; die Gerichte haben nur die bestehenden Gesetze anzuwenden; es ist hingegen keineswegs ihre Aufgabe, im Wege der Rechtsfortbildung oder einer allzu weitherzigen Interpretation möglicher Intentionen des Gesetzgebers Gedanken in ein Gesetz zu tragen, die darin nicht enthalten sind ... Als maßgebend kann vielmehr nur der objektive Sinn eines gehörig kundgemachten Gesetzeswortlautes angesehen werden ... Ein Rechtssatz, der im Gesetz nicht einmal angedeutet ist, kann auch nicht im Wege der Auslegung Geltung erlangen", OGH SZ 39/102; JBl 1961,425, auch VwSlg 11217 A/1983. Allerdings bezieht sich das Erkenntnis/Urteil auf eine Rechtsfortbildung gegen die Bedeutung des Gesetzes. Andererseits nutzt der Gerichtshof großzügig die Möglichkeit von Analogien, Schallmoser 2019, S. 158 ff. Die Füllung unbeabsichtigt lückenhafter Gesetze im Wege der Analogie wird hingegen häufig noch als „Auslegung" verstanden (Schick 2011, S. 209 ff.). In der Literatur überwiegt hingegen die Ansicht, dass Auslegung und Rechtsfortbildung anhand des Wortsinns zu unterscheiden sind: Interpretation im Rahmen des Wortsinns ist „Auslegung", außerhalb „Rechtsfortbildung" (Potacs 2019, S. 151 f.). Ist man hingegen skeptisch gegenüber der Bestimmung des Regelungsgehalts allein durch den Wortsinn und nimmt – wie hier auch – an, dass der Regelungsgehalt einer Norm auch durch die anderen Auslegungsmethoden zu ermitteln ist, so ist Rechtsfortbildung diejenige Interpretation, die über den so ermittelten Regelungsgehalt hinausgeht (Reimer 2016, Rn. 553). Nach beiden in der Literatur vertretenen Auffassungen wäre die vom OGH kritisierte Rechtsprechung Rechtsfortbildung, jedoch wegen der Argumentation gegen den Regelungsgehalt/Wortlaut unzulässig. Danach gibt es also Auslegung, zulässige und unzulässige Rechtsfortbildung. Nur diejenige Rechtsfortbildung, die gegen die Grenzen der Rechtsfortbildung (s. u.) verstößt, ist unzulässig.

a. Lücken

Soweit ihnen das positive Recht keine Grenzen setzt, haben Gerichte bei unvollständigem Recht selbst die rationalen Grundlagen ihres Entscheidens zu entwickeln. Das Recht steht entgegen, wenn die Verfassung ausdrücklich eine *gesetzliche* Regelung fordert. So verlangt etwa Art. 103 II GG/§ 1 I öStGB für die Verhängung einer Strafe ein vorher bestehendes Gesetz.

Gesetzeslücken sind plan*widrige* Unvollständigkeiten von Gesetzen. Kriterium der Unvollständigkeit ist dabei die Gesamtrechtsordnung.[170] Keine Lücken sind danach geplante Nichtregelungen des Gesetzgebers, z. B. wenn ein bestimmter Anspruch absichtlich nicht vorgesehen wird.[171] Während bei Lücken eine Regelung für einen bestimmten Sachverhalt fehlt, führen Fehler des Gesetzes zu Konsequenzen, die den Richtern nicht vertretbar erscheinen. Dabei sind sie grundsätzlich nur dann zur Normverwerfung berechtigt, wenn ihnen diese Kompetenz ausdrücklich eingeräumt wurde.

Eine weitere Konstellation betrifft die Frage, was Gerichte tun können, wenn sie die sozialen Konsequenzen der Anwendung einer Norm auf einen Sachverhalt, für den sie vorgesehen ist, für nicht tragbar halten, obwohl sich das Gesetz noch innerhalb des verfassungsrechtlich Zulässigen hält. Das Gewaltenteilungsprinzip setzt Gerichten hier Grenzen bei der Korrektur von Gesetzen. Insbesondere wird dem Gesetzgeber häufig ein Gestaltungsspielraum zukommen, über den sich Richter bei der Normenkontrolle nicht hinwegsetzen dürfen. Andererseits sind die Richter jedenfalls im Recht der Bundesrepublik Deutschland nicht nur an das Gesetz, sondern auch an das Recht gebunden.[172] Damit sind sie aufgefordert, auch im Richter- und Gewohnheitsrecht nach Entscheidungsgrundlagen zu suchen.[173]

Sofern sich die Richter jedoch innerhalb von Plan und Ziel des Gesetzes halten, besteht die Möglichkeit der Lückenschließung ohne Verstoß gegen das Gewaltenteilungsprinzip.

b. Methoden der Lückenschließung

Aus rechtsstaatlichen Gründen muss das Gericht auch dort, wo es bei einer Lücke im Gesetz sich selbst seine Entscheidungsgrundlage erarbeitet, methodisch vorgehen. Eine wichtige Methode zur Schließung von Lücken ist die Analogie.

---

170 Canaris 1983, S. 39.
171 Näher Reimer 2016, Rn. 568 ff.; Potacs 2019, S. 202 f.
172 Alexy (1992, S. 18 ff.) sieht hierbei Grenzen eines positivistischen Rechtsbegriffs; dagegen Potacs 2019, S. 153 Fn. 46.
173 Vgl. auch Kletečka 2018, Rn. 141.

(1) Analogie

Schon in den römischen Digesten hieß es: „Alle Richter mögen wissen, dass das Gesetz nicht nur für die Fälle gilt, für die es erlassen ist, sondern für alle ähnlichen." (C 1, 14, 12). Als Brücke über die Gesetzeslücke funktioniert hier die Annahme, dass die Wertung einer gesetzlichen Regelung weiter ist als die ausdrücklich erfassten Fälle und auch die ähnlichen umfasst. Wie lässt sich diese Annahme begründen? Dazu schreibt *Gaius*: „Es können nicht alle Fallvarianten einzeln von den Gesetzen oder Senatsbeschlüssen erfasst werden; wenn aber deren Sinn und Zweck auf irgendeinen (neuen) Fall zutreffen, dann muss derjenige, der für die Rechtsprechung zuständig ist, zur Bildung einer analogen Regel fortschreiten und danach Recht sprechen." (D. 1, 3, 12). Dasjenige Element also, das bei einem Gesetz die Brücke darstellt, ist „Sinn und Zweck" der Regelung. Bei einer gesetzlichen Lücke ist also von einer bekannten Regelung ausgehend eine ähnliche Regel zu bilden. Da sich die Wertung nicht im geregelten Fall erschöpft, kann sie auch auf einen anderen, nicht geregelten Fall, der dem geregelten ähnlich ist, übertragen werden.

Der Analogieschluss ist nicht unproblematisch. Die Wahl des Vergleichsgesichtspunkts ist durch die vorhandene gesetzliche Regelung nicht festgelegt. Er muss vom Interpreten selbständig begründet werden. Hierdurch kann er sich absichtlich oder nicht stark vom Gesetz entfernen. Deshalb haben Ähnlichkeitsschlüsse Grenzen. Die Grenze liegt dort, wo ein gesetzliches Handeln erforderlich ist, bzw. wo es eine klare gesetzliche Äußerung gibt. Besonders bei freiheitsbeschränkenden Gesetzen ist eine ausdehnende Auslegung unzulässig. Grenzen der Analogie ergeben sich für die Rechtspraxis ferner aus dem Vorrang des Gesetzes (Demokratieprinzip) und der Gewaltenteilung.

(2) Weitere Argumentationsformen zur Schließung von Lücken

Weitere Methoden der Lückenschließung können hier nur erwähnt werden und sind in den Methodenlehren ausführlicher zu behandeln.[174] Es sind insbesondere das Argumentum a fortiori (Erst-Recht-Schluss), a minore ad maius (Schluss vom Besonderen auf das Allgemeine), a maiore ad minus (Schluss vom Allgemeinen auf ein nicht ausdrücklich geregeltes Besonderes), das argumentum e contrario (der Umkehrschluss). Über den Wortlaut hinausgehende Argumentationsformen sind auch die teleologische Extension und Reduktion. Ein nicht mehr normatives Argument ist dasjenige aus der Natur der Sache. Hier sollen sachlogische Strukturen die Argumentationsgrundlage zur Schließung von Lücken ergeben.

---

174 Reimer 2016, Rn. 607 ff.; Potacs 2019, S. 202 ff.

6. Weitere rechtswissenschaftliche Methoden

Die Rechtswissenschaft beschränkt sich in ihrer Argumentation nicht allein auf die Interpretation von Rechtstexten. Manchmal fordern sogar die Rechtstexte selbst dazu auf, eine andere Methode anzuwenden. – Etwa, wenn in einem Urteil mit dem Leitbild eines „durchschnittlich rechtstreuen Schwachsinnigen" oder eines „gewissenhaften und besonnenen Angetrunkenen" argumentiert wird.[175] Hier sind empirische Betrachtungen gefragt. In diesem Kapitel sollen abstrakt Methoden vorgestellt werden, welche in der Rechtswissenschaft manchmal gefragt sind. Wann diese anzuwenden sind, ergibt sich aus der konkreten Frage, welche gestellt ist.

a. Die induktive Methode

Die induktive Methode geht von der Beobachtung einer endlichen Zahl von Phänomenen aus und leitet hiervon Regelmäßigkeiten oder Gesetze her. Diese Phänomene können sinnliche Wahrnehmungen oder auch rechtliche Entscheidungen selbst sein. Auf empirische Wahrnehmungen greifen die stärker wirksamkeitsorientierten Disziplinen innerhalb der Jurisprudenz wie die Rechtssoziologie – sofern sie nicht Sozialtheorie ist – oder die Kriminologie zurück. Die Rechtsdogmatik geht induktiv vor, wenn sie von rechtlichen Willensäußerungen (Einzelakte, Rechtsnormen) ausgehend allgemeine Grundsätze entwickelt.

In der Rechtspraxis spielen induktive Methoden darüber hinaus dann eine Rolle, wenn es um die Erkenntnis der Tatsachen als Grundlage von Entscheidungen geht. So wird zwar die Beweisaufnahme von dem Ziel der Feststellung des Vorliegens oder Nichtvorliegens des Tatbestandes einer Norm geleitet; ob dies aber tatsächlich der Fall ist, kann nicht aus allgemeinen Sätzen abgeleitet werden, sondern muss sich aus den Tatsachen ergeben. Der für die Analogie erforderliche Vergleichsgesichtspunkt, z. B. ein Rechtsgrundsatz, kann durch Induktion aus vorliegenden Rechtsnormen gebildet werden.[176]

Auch die induktiven Methoden der Praxis sind allerdings normativ geprägt und somit niemals rein induktiv. Zur normativen Bindung der eher induktiven Beweisaufnahme gehört beispielsweise die Regelung der Wahrheitssuche, die keineswegs unumschränkt gilt und durch Aussage- und Zeugnisverweigerungsrechte der Zeugen modifiziert ist. Überhaupt ist die Frage des Umfangs

---

[175] Beide Formulierungen zeigen freilich schon die Ambivalenzen des Ansatzes, wonach solche Maßstabsfiguren leicht lebensfremd, ja ungewollt humoristisch werden können, Schmoller 1990, S. 632 u. 711. Gleichwohl können gut gewählte Maßstäbe zeigen, dass dem Typischen einer Praxis die Erwartung des Normativen innewohnt, Jellinek 1959, S. 337 ff.: „normative Kraft des Faktischen". Dieser gesellschaftlich entstandenen Normativität kann dann in einem normierten Verfahren etwa vor Gericht in rechtliche Normativität transformiert werden.
[176] Reimer 2016, R. 598.

der Beweisaufnahme, der Art und Reichweite der möglichen Beweise und der Verwertung der Ergebnisse ein Beleg für die normative Beeinflussung einer an sich unbefangen, induktiven Vorgehensweise.

b. Die deduktive Methode

Die deduktive Methode versucht, von obersten Wahrheiten (Axiomen) ausgehend im Wege der Ableitung zu konkreten einzelnen Erkenntnissen zur Bestimmung der Erkenntnisgegenstände zu gelangen.

Sie hat in der Rechtswissenschaft innerhalb derjenigen Disziplinen ihren Ort, die eher deontologisch oder auf Werte bezogen, also axiologisch argumentieren – vor allem die Rechtsphilosophie. Gerade auch die Rechtsdogmatik als auf die Gewinnung und Anwendung von allgemeinen Lehrsätzen über das Recht gerichtete Disziplin wird jedoch bei der Herstellung von Kohärenz und der Kanonisierung ihrer Lehrsätze immer auf verbindende Prinzipien achten.

Der Rechtspraxis wohnt schon deshalb ein deduktives Element inne, weil sie das Recht als eine allgemeine Gesetzmäßigkeit auf einen Fall anwendet. Für diese Anwendung ist allerdings eine Reihe von Erkenntnissen notwendig, die sich nicht alle durch ein deduktives Verfahren erklären lassen. Schon die Bestimmung der einschlägigen Norm ist ein Vorgang, der von der Erfahrung ausgeht. Die Bildung der konkreten Fallnorm schließlich, anhand deren dann der Fall entschieden wird, ist schon gar nicht als ein rein deduktiver Vorgang zu erklären. Dennoch bedeutet die Rechtsanwendung generell den Abstieg vom Allgemeinen zum Besonderen.

c. Die Kritische Methode, Falsifikation

Nach *Karl Popper* ist es nicht die Aufgabe der Wissenschaft, im Wege der Induktion zu allgemeinen Sätzen zu kommen und auch nicht aus allgemeinen Spekulationen rein nach Denkgesetzen zu reinen Wahrheiten zu gelangen. Vielmehr komme es darauf an, aufgrund von Hypothesen, Aussagen über wahrscheinliche Geschehensverläufe zu machen. Treffen diese dann nicht zu, sind sie widerlegt; können sie durch Erfahrung bestätigt werden, gelten sie vorläufig. Freilich stößt diese Methode auf das Problem, dass es „Faktizität an sich, als ein absolutes, ein für allemal feststehendes und unveränderliches Datum" nicht gibt. „Was wir ein Faktum nennen, muss immer schon in irgendeiner Weise theoretisch orientiert, im Hinblick auf ein gewisses Begriffssystem gesehen und durch dasselbe implizit bestimmt sein", wie *Ernst Cassirer* zeigt.[177] Die der Falsifikation dienende Empirie ist also selbst theoretisch geprägt.

---

177 Cassirer 1994/III, S. 477.

Das Falsifikationsmodell hat in der Rechtswissenschaft nur eine beschränkte Bedeutung.[178] Prüfen lässt sich etwa, ob die erwartete Folge einer rechtlichen Regelung eingetreten ist; ob also etwa die Hypothese aufrechterhalten werden kann, dass eine Erhöhung des Strafmaßes zu einer Senkung der Kriminalität führt. Die Norm selbst kann jedoch dadurch, dass sie die Normadressaten verletzen, nicht widerlegt werden. Ihre Hypothese gilt kontrafaktisch.

7. Zusammenfassung

Die hier zusammengestellte Übersicht über die verschiedenen akademisch akzeptierten Formen der Interpretation sollte zeigen, dass das, was Recht konkret ist, von der Anwendung dieser Methoden abhängt. Anders – jedoch nicht weniger – als die Wissenschaft, formt auch die Praxis ihren Gegenstand durch die Anwendung von Methoden. Während aber die Wissenschaft in der Wahl und Anwendung der Methoden frei ist, hat die Praxis die sich aus dem Recht ergebenden Beschränkungen zu beachten. Die Methoden erlauben bewusste praktische und theoretische juristische Argumentationen und lassen ihre Ergebnisse nachvollziehbar werden..

---

178 Vgl. aber Albert 1972, S. 80 ff.; vgl. aber auch Potacs 2019, S. 160 ff. für weitere Anwendungsfälle.

3. Kapitel: Die Rechtstheorie
I. Einleitung

Nachdem wir im ersten und zweiten Kapitel die Denkformen in der Rechtsphilosophie, der Rechtswissenschaft und der Praxis untersucht haben, geht es in den folgenden beiden Teilen um deren Erkenntnisgegenstand, das Recht. Hierbei müssen wir das Recht zunächst bestimmen und von anderen sozialen Ordnungen abgrenzen: Wie unterscheiden sich Recht und Moral, wie Recht und gesellschaftliche Konventionen und Bräuche – und was verbindet sie?[1] Es wird gezeigt, dass für diese Abgrenzung die Struktur oder Form des Rechts maßgeblich ist. Eine Form ohne Inhalt gibt es jedoch ebenso wenig wie einen Inhalt ohne Form.[2] Im letzten Teil dieser Einführung werden wir uns daher den inhaltlichen Regelungen des Rechts und ihrem Beitrag zur Gerechtigkeit unter dem Stichwort „Rechtsethik" widmen.

Die Antwort auf die Frage, was Recht sei, gibt der Rechtsbegriff. Es ist leicht vorstellbar, dass während der über zweieinhalbtausendjährigen Geschichte der Rechtsphilosophie dieser Zentralbegriff sehr unterschiedlich verstanden wurde. Daher wird der Schwerpunkt des zweiten Abschnitts auf der Darstellung und Systematisierung dieser Vorstellungen von Recht liegen (II.). Es wird sich zeigen, dass in einer rechtstheoretischen Perspektive Recht als eine bestimmte Art von Normen zu verstehen ist. Normen gibt es aber auch in der Moral oder in anderen sozialen Ordnungen. Was Rechtsnormen von diesen unterscheidet, sind die Verfahren zu ihrer Setzung und Durchsetzung. Obwohl Rechtsnormen von Menschen durch Entscheidungen gesetzte Normen sind, stehen sie nicht beziehungslos nebeneinander, sondern bilden eine Ordnung oder ein System (III.). Damit haben wir dann die kennzeichnenden Merkmale des Rechts beisammen und könnten es von anderen Normensystemen abgrenzen. Hierbei ist die hoch umstrittene Abgrenzung des positiven vom Naturrecht besonders wichtig, aber auch schwierig. Eng damit hängt dann auch die Abgrenzung zur Moral zusammen, über die wir informiert sein müssen, um in der Rechtsethik den spezifisch rechtlichen Aspekt der Gerechtigkeit diskutieren zu können (IV.).

---

1 Dietmar von der Pfordten weist zu Recht auf die Wichtigkeit der Unterscheidung der drei Bereiche Recht – Moral – Ethik hin. Dabei bezeichnet „Moral" als eine soziale Tatsache und „Ethik" eine Metadisziplin, die nicht unmittelbar Normen für das Handeln enthält, sondern eine kritische Reflexion der Normen der Moral und des Rechts vornimmt, von der Pfordten 2013, S. 66 f. Für unsere Zwecke reicht es in diesem Kapitel, zwischen dem Recht und anderen, philosophisch, religiös, emotional oder anders begründeten Normen zu unterscheiden.

2 Das ist das Prinzip hinter Immanuel Kants Ausspruch: „Ohne Sinnlichkeit würde uns kein Gegenstand gegeben, und ohne Verstand keiner gedacht werden. Gedanken ohne Inhalt sind leer, Anschauungen ohne Begriffe sind blind", Kritik der reinen Vernunft, B75/A48, S. 98.

II. Was ist Recht? – Der Begriff des Rechts

1. Die Frage „Was ist Recht?"

Häufig wird die Frage „Was ist Recht?" sogleich entweder positivistisch oder nicht positivistisch beantwortet. Unter Positivismus werden meist Theorien verstanden, die aufgrund einer anti-metaphysischen Grundüberzeugung Recht und Moral trennen,[3] während Nicht-Positivisten, insbesondere Naturrechtler, eine wie auch immer geartete Verbindung zwischen Recht und Moral annehmen. Diese Diskussion ist über viele Jahrhunderte festgefahren.[4] Deshalb soll hier nicht direkt auf die typischen Antworten gesprungen, sondern ein anderer Weg gewählt werden: Zunächst werden die Merkmale des Begriffs des Rechts und ihr Verhältnis zu naheliegenden anderen Begriffen untersucht. Bestimmen wir also, was Recht ist.

a. Die Perspektive

Wer das Recht untersuchen will, muss zunächst die Gesichtspunkte klären, unter denen er es betrachten will. Eine davon ist die häufig verwendete Unterscheidung der Perspektiven von Teilnehmer und Beobachter.[5] Die *Teilnehmerperspektive* bezeichnet den „Innenblick": Was hält jemand, der im Recht als Rechtspraktiker arbeitet, für Recht? Die Leitfrage lautet hier: Was ist in einem bestimmten Rechtssystem für mich als rechtlichen Entscheider geboten, verboten, erlaubt, wozu bin ich ermächtigt?[6] Wissenschaftlich nimmt auch die Rechtsdogmatik diese Perspektive ein. Die *Beobachterperspektive* hingegen soll im Blick von außen auf das Recht bestehen. Leitend ist die Frage: Wie wird in einem Rechtssystem tatsächlich entschieden? Wenn der Teilnehmer eine Innenperspektive und der Beobachter eine Außenperspektive auf das Recht einnimmt, dann fehlt dabei der Aspekt des Übergangs von möglichem Recht (politischen Forderungen, Forderungen der Gerechtigkeit etc.) in das positive Recht. Wir könnten die hierfür erforderliche Perspektive die *Gesetzgeberperspektive* nennen. Sie bezeichnet den Transformationsblick. Leitend ist die Frage: Welche noch nicht rechtlichen Normen sollen positives Recht werden?[7] Der Gesetzgeber ist einerseits an das positive Recht gebunden. So muss er insbesondere das Verfassungsrecht (Gesetzgebungskompetenzen, Gesetzgebungsverfahren und Grundrechte) beachten. Andererseits sieht er von außen auf das Recht, weil er ihm Normen hinzufügt, die vorher nicht in der Rechtsordnung enthalten waren oder sie entsprechend ändert. Diesen Normen gibt er eine neue Form.

---

3 Differenzierter hierzu Kirste 2021, S. 105 f.
4 Kirste 2015a, S. 91 ff.
5 Hart 1993, S. V, 56 f., 89 f., 242 f.
6 Mastronardi 2003, Rn. 59 ff.
7 Koller 1997, S. 49 f.

b. Kritik dieser Perspektiven

Mit der Verwendung dieser Perspektiven wird in der Rechtstheorie darüberhinausgehend die Vermutung verknüpft, auf ihrer Grundlage müsse auch der Rechtsbegriff anders verstanden werden. Für die Beobachterperspektive sei Recht die durch autorisierten Zwang bewährte Norm. In der Teilnehmerperspektive hingegen müssten Normen anerkennungsfähig sein. Das sei aber nur dann der Fall, wenn sie auch als legitim empfunden würden. Mithin sei der Rechtsbegriff in der Teilnehmerperspektive anspruchsvoller. Er werde nämlich um das Moment der Legitimität und damit um den Anspruch auf Richtigkeit ergänzt. Die Gesetzgeberperspektive hingegen setze nur auf Akzeptanzfähigkeit, liege also gewissermaßen zwischen beiden Positionen. – Diese Ansichten sind jedoch den Gefahren der bildhaften Ausdrucksweise von „Perspektiven" erlegen. Über die genannten Kriterien der Verbindlichkeit des Rechts (Teilnehmer) und Unverbindlichkeit (Beobachter) hinaus werden unbemerkt weitere Annahmen eingefügt. Dadurch entstehen die Differenzen in den Aussagen über den Rechtsbegriff, nicht durch die Perspektive selbst. Wenn nämlich der Beobachter nur beobachtet, richtet er gar keine Anforderungen an seinen Gegenstand, sondern konstatiert, was er „sieht" und versucht ihn zu erkennen, wie er ist. Enthält das Recht mithin Moral, wird dies auch vom Beobachter anzuerkennen sein. Verliert das Recht seine Geltung, wenn es der Moral widerspricht, so muss dies auch der Beobachter hinnehmen. Die Beobachterperspektive zwingt also in keiner Weise zu einem rechtspositivistischen Standpunkt. Was die beiden unterscheidet, ist, dass der Beobachter in der Wahl seiner Perspektive frei ist; der Teilnehmer ist hingegen durch das positive Recht gebunden. Weil sich aber wissenschaftlicher Beobachter des Rechts und rechtspraktischer Teilnehmer am Recht wie Freiheit und Bindung gegenüberstehen, ist der Wissenschaftler nicht gehindert, die Perspektive des Teilnehmers freiwillig einzunehmen und nachzuvollziehen, während der Teilnehmer am Rechtssystem nur diejenigen wissenschaftlichen Kriterien anwenden kann, die mit seinen normativen Entscheidungsgrundlagen übereinstimmen.

2. Kritik an der Bildung von Begriffen des Rechts

a. Benötigen wir keinen Rechtsbegriff?

In der Rechtstheorie wird gegen eine scharfe Abgrenzung des Rechts von anderen sozialen Phänomenen eingewendet, dass so das Recht isoliert werde vom sozialen Verhalten, aus dem es doch letztlich hervorgehe.[8] Wie wir jedoch schon gezeigt haben, bedeutet eine analytische Unterscheidung in

---

8 Shklar 1963, S. 2 f.: „The urge to draw a clear line between law and non-law has led to the constructing of ever more refined and rigid systems of formal definitions. This procedure has served to isolate law completely from the social context from which it exists. This procedure has served its own ends very well".

unserem Denken nicht, dass wir das Recht nicht nach seiner begrifflichen Bestimmung wieder im Zusammenhang mit der Gesellschaft sehen müssen. Durch die vorübergehende Abstraktion können wir diesen Zusammenhang sogar bewusster bestimmen.

Es ist nicht überraschend, dass einige Rechtspraktiker die Bildung des Rechtsbegriffs für überflüssig halten.[9] Wer als Richter, Rechtsanwältin oder Verwaltungsbeamter in einem funktionierenden und fast alle gravierenderen sozialen Probleme regelnden Rechtssystem tagtäglich mit dem Recht zu tun hat, stößt selten an die Grenzen des Rechts (was nicht bedeutet, dass er Regelungen nicht als ungerecht empfinden kann). Sie finden innerhalb des Rechts Antworten auf die Probleme, die sie zu lösen haben und benötigen daher kein Kriterium zur Abgrenzung des Rechts von anderen sozialen Normen.

Doch kann auch der praktische Jurist an die Grenzen des Rechts stoßen und braucht für seine Entscheidung dafür, was noch Recht ist, ein Kriterium. – So in den *Mauerschützenprozessen*.[10] Hierbei ging es um die Frage, ob ein krass ungerechter Befehl (auf jemanden zu schießen, der die DDR ohne Erlaubnis verlassen wollte) Recht sein kann. Ein so ungerechter Befehl ist dann Recht, wenn man sagt, dass Gerechtigkeit nicht zum Rechtsbegriff gehört. Die gegenteilige Ansicht wäre, dass Gerechtigkeit mit dem Recht identisch ist, also ein ungerechter Befehl wie dieser niemals Recht sein kann. Vermittelnd könnte man auch annehmen, dass das Recht zwar ungerecht sein kann (sodass man von Unrecht sprechen kann), es aber bis zu einem bestimmten Grad an Ungerechtigkeit trotzdem noch Recht ist. Ein ungerechter Befehl wäre also Unrecht, aber kein Nicht-Recht. Wir kommen darauf zurück. Es zeigt sich somit, dass auch in der Praxis Fälle auftreten können, die eine Klärung des Rechtsbegriffs erforderlich machen. Wir benötigen also aus Sicht der Praxis einen Rechtsbegriff. Jedenfalls in der Rechtsphilosophie brauchen wir den Rechtsbegriff auch, um uns zum Bewusstsein zu bringen, wann wir rechtlich, wann wir moralisch oder aufgrund sittlicher Konventionen argumentieren.

b. Probleme der Bildung des Rechtsbegriffs

Wir benötigen also einen Rechtsbegriff. Ist jedoch seine Bildung möglich? Gegen diese Möglichkeit werden verschiedene Argumente angeführt:

(1.) Die sprachanalytische Kritik H.L.A. Harts

Herbert Lionel Adolphus Hart (1907–1992) nimmt an, dass für das Recht kein einheitlicher Gattungsbegriff gefunden werden könne. Er hat einen

---

9 Viehweg 1974, S. 53.
10 BGHSt 39, 1; 39, 168; 41, 101; 40, 218; 45, 270; BVerfGE 95, 96; EGMR, U. v. 22.03. 2001 – Beschw. Nr. 34044/96, 35532/97 u. 44801/98.

sprachtheoretischen Ansatz: „Questions such as those …: 'What is a state?', 'What is law', 'What is a right' have great ambiguity. The same form of words may be used to demand a definition or the cause of the purpose or the justification or the origin of the legal or a political institution".[11]

Die Unmöglichkeit, einen allgemeinen Begriff des Rechts zu bilden, komme daher, dass der zumeist angebotene, nämlich der der Regel, so komplex sei, dass er geringen Erklärungswert habe.[12] Grenzfälle von Recht seien schwer zu entscheiden. Schließlich würden die Begriffe in analoger Form weiter verwendet werden können, als ihr normaler Gebrauch es zulässt. So spreche man beispielsweise vom menschlichen Fuß und vom Fuß eines Berges. Hart fasst zusammen: „The underlying issues are too different from each other and too fundamental to be capable of this sort of resolution".[13] Hart möchte stattdessen ein Ensemble von Elementen bestimmen, das das Recht näher kennzeichnet, wozu etwa sein Imperativ-, sein Zwangscharakter und seine Einbettung in eine hierarchische Rechtordnung gehören.[14]

Der Komplexität des Gattungsbegriffes kann dadurch begegnet werden, dass nicht jeder strittige Aspekt für die konkrete Art relevant sein muss. Man mag viele Aspekte der Norm problematisieren, sie sind jedoch nicht alle für das Recht relevant. Das Problem der Offenheit der Alltagssprache ist dem Recht nicht fremd. Im Gegenteil: Es muss selbst damit fertig werden, weil nur so eine Verständigung über fachlich sehr komplexe Probleme möglich ist. In der Alltagssprache wird häufig nicht zwischen Besitz und Eigentum unterschieden. In der Fachsprache der Juristen ist dies hingegen selbstverständlich. Deshalb hat die Rechtswissenschaft eine eigene Fachsprache entwickelt. Der Sprachgebrauch hindert also nicht die Definition; der Alltagssprachgebrauch fordert sie vielmehr, um klare Abgrenzungen des Erkenntnisgegenstandes zu ermöglichen.[15]

(2.) Der Prinzipieneinwand

Ronald Dworkin (1931–2013) hält aus einem anderen Grund Recht von anderen Normen, insbesondere denen der Moral, nicht für abgrenzbar.[16] Sein Einwand bezieht sich also auf die Möglichkeit von „differentia specifica" innerhalb einer Definition des Rechts. Dworkin kennzeichnet zwar zunächst das Recht ganz allgemein als ein Schema von Rechten und Verantwortlichkeiten, das auf vergangenen Entscheidungen beruht und zur gegenwärtigen

---

11 Hart 1953, S. 4.
12 Hart 1993, S. 15.
13 Hart 1993, S. 16.
14 Himma 2017, S. 3 zu Harts Verständnis von Recht und Zwang.
15 Seelmann/Demko 2019, § 2 Rn. 10 f.
16 Er betrachtet vielmehr den Bereich des Ethischen als eine einheitliche normative Sphäre, Paulo 2015, S. 117 ff.

Zwangsanwendung ermächtigt.[17] Das vollständige Verständnis des Rechts als interpretative Praxis geht aber über diese Kennzeichnung hinaus: „What is law? ... Law is not exhausted by any catalogue of rules or principles, each with its own dominion over some discrete theater of behavior. Nor by any roster of officials and their powers each over part of our lives. Law`s empire is defined by attitude, not territory or power or process ... It is an interpretive, self-reflective attitude addressed to politics in the broadest sense".[18] Nach Dworkin soll Recht nicht durch eine abgrenzbare Anzahl von Normen definierbar sein. Es ist kein Normsystem, sondern wegen der in ihm enthaltenen Prinzipien eine normative Praxis. Prinzipien enthalten nämlich noch keine definitiven Rechtsregeln, die anwendbar wären. Diese müssen erst durch die juristische Praxis aus ihnen gebildet werden.

Robert Alexy hat dieses Prinzipienargument sorgfältig weitergeführt.[19] Er weist nach, dass 1. Prinzipien wie etwa Grundrechte kein hinreichend konkretes Normprogramm besitzen, um direkt anwendbar zu sein, sondern zunächst noch einer Abwägung bedürfen und dass 2. Rechtssysteme notwendig nicht nur präzise Regeln, sondern auch Prinzipien enthalten („Inkorporationsthese").[20] Er ist ferner 3. der Auffassung, dass bei der Lösung einer praktischen Frage auch Prinzipien angewendet werden, die „stets zugleich Prinzipien irgendeiner Moral sind" („Moralthese").[21] Schließlich nimmt er 4. an, dass der Richter, der diese Prinzipien anwendet, einen Anspruch auf Richtigkeit erheben muss, der sich zwar nicht auf eine bestimmte Moral bezieht, der jedoch irgendwie moralisch begründbar sein muss („Richtigkeitsthese").[22]

Hier interessiert noch nicht der spezielle Aspekt des Verhältnisses zwischen Recht und Moral. Punkt 1. und 2. können einstweilen offenbleiben. Interessant für die Definition des Rechts sind der 3. und 4. Punkt („Moralthese", „Richtigkeitsthese"): Beide verneinen die Abgrenzbarkeit von Recht und einem anderen Normensystem, weil sich die Rechtsanwendung auf Gründe stützt, die nicht an der Grenze des Rechts Halt machen: Der normative Anspruch auf Richtigkeit überschreitet das Recht, weil er jedenfalls durch irgendeine Moral einlösbar sein muss. Prinzipien sind Normen, die sowohl dem Recht als auch der Moral angehören. Wenn wir etwa von Freiheit oder Gleichheit sprechen, ist nicht klar, dass diese Prinzipien nur entweder dem Recht oder der Moral angehören.

---

17 Dworkin 1986, S. 93. Zu Dworkins Rechtsphilosophie Reeves 2017, S. 1 ff.
18 *Dworkin* 1986, S. 413.
19 Auch Duarte 2017, S. 1 f.
20 Zu unterscheiden vom in der österreichischen Verfassungsdiskussion abgelehnten „Inkorporationsgebot", wonach alle Verfassungsgesetze in eine Verfassungsurkunde integriert werden sollen, vgl. Berka 2012, Rn. 78.
21 Alexy 1992, S. 128.
22 Siedenburg 2015, S. 52 f.

Wiederum scheint es am Wesen des Rechts zu liegen, dass es zugleich Anteil an zwei Welten hat und sich deshalb nicht abgrenzen lässt. Wie könnten Prinzipien „zugleich" solche des Rechts und der Moral sein, wie könnte der „Anspruch auf rechtliche Richtigkeit einen Anspruch auf moralische Richtigkeit"[23] einschließen, wenn sie nicht gedanklich unterscheidbar wären? Gedanklich können Recht und Moral aber nur unterschieden werden, wenn es hierfür ein Kriterium gibt. Prinzipien wie Freiheit, Gleichheit, Menschenwürde etc. finden sich im Recht wie in nichtrechtlichen Normen. Das bedeutet noch nicht, dass sie hier wie dort dasselbe sind: Tiefgefrorenes und kochendes Wasser sind beide Wasser, dennoch sind sie nicht dasselbe. Vielmehr sind Prinzipien im Recht Beschränkungen unterworfen, denen sie in einem System der Moral nicht unterliegen. Sie gehören einer Rechtsordnung an, die ihren Anwendungsbereich dadurch beschränkt, dass sie mit anderen Normen in einem systematischen Zusammenhang steht. Menschenwürde mag in Österreich und in Deutschland eine gleiche Kernbedeutung haben; im Konkreten ist sie aber anders geschützt und etwa in Österreich abwägbar.[24] Das Prinzip ist also in Recht transformiert worden. Das gesuchte Kriterium für die Abgrenzung von Recht und anderen gesellschaftlichen Normen ist also nicht sein Inhalt, sondern seine Form. „Moralthese" und „Richtigkeitsthese" sprechen somit nicht gegen die Abgrenzbarkeit des Rechts von anderen Normsystemen.

3. Begriffe des Rechts

Damit ist eine Abgrenzung des Rechts gegenüber anderen Phänomenen sinnvoll und auch möglich. Darüber hinaus ist die Gattung des Rechts unter rechtswissenschaftlichen Rechtstheoretikern kaum umstritten: Recht ist eine Norm oder eine Ordnung von Normen. Das schließt nicht aus, dass es in soziologischer Perspektive als eine Form von Kommunikation verstanden wird (so der Systemtheoretiker *Niklas Luhmann* (1927–1998).[25]

Heraklit (ca. 540–483 v. Chr.) sah das Recht als eine Form des Streites an: „Man muss wissen, dass der Kampf das Gemeinsame ist und das Recht der Streit, und dass alles Geschehen vermittels des Streites und der Notwendigkeit erfolgt".[26] Insbesondere diejenigen, die die rhetorischen Elemente des Rechts betonen, verstehen es auch heute noch so.[27] Auch existentialistische Rechtsbegriffe gehen vom Streit aus.[28] Das trifft einen wichtigen Aspekt

---

23 Alexy 1992, S. 131.
24 Traunwieser 2018, S. 209 f. zur Rechtslage in Österreich; vgl. auch weitere Beiträge in dem Band zur Abwägbarkeit der Menschenwürde in Deutschland und Brasilien.
25 Luhmann 1993, S. 33: „Das Recht besteht nur aus Kommunikationen und Strukturablagerungen von Kommunikationen, die eine solche Sinngebung mitführen."
26 30 fr. 80, Capelle, S. 135; dazu auch Gröschner 2018, S. 737 ff.
27 Kreuzbauer/Augeneder 2004; Gröschner 1985, S. 172 f.
28 Maihofer 1963, S. 165 ff.

des Rechts: Was Recht ist, ergibt sich aus der Auseinandersetzung im Parlament, aus dem streitigen Prozess vor Gericht oder aus den Konflikten im Verwaltungsverfahren, etwa wenn die verschiedenen Interessen bei der Aufstellung eines Bebauungsplans integriert werden sollen. Selbst wenn man den Menschen als ein soziales Wesen ansieht (Aristoteles), wird man doch nicht das Recht ausschließlich auf den Gemeinschaftsgeist gründen können; denn es schreibt mit seinen Normen gerade vor, was bei Konflikten zu tun ist. Auch die rhetorische Rechtstheorie nimmt jedoch nicht an, dass der Streit selbst das Recht sei; sie weist vielmehr darauf hin, dass es aus dem Streit hervorgeht: Das Recht ist danach das Ergebnis des Streits. Dabei stellt sich die grundsätzliche Frage, wie denn aus den gegenläufigen Positionen, die im Streit liegen, die Einheit wird, die das Recht ausmacht. Diese Frage lenkt den Blick darauf, dass der Streit, der das Recht zum Ergebnis hat, keineswegs regellos verläuft. Vielmehr regeln verschiedene rechtliche Verfahrensordnung die Austragung des Streits. So wichtig also der Streit für die konkrete Rechtsfindung ist, er setzt das Recht voraus und hat es zur Folge; der Streit ist aber nicht selbst Recht. Das Recht ist vielmehr die Ordnung des Streits.

Schwieriger ist die Suche nach denjenigen Merkmalen, die Recht von anderen Normarten unterscheiden. An Angeboten über solche Kriterien herrscht kein Mangel. Sie sollen hier in zwei große Gruppen unterschieden werden: 1. Theorien, die das Recht anhand inhaltlicher, materialer Kriterien von anderen Phänomenen unterscheiden wollen, 2. Theorien, die auf formale Kriterien abstellen.[29]

Als formale Kriterien sollen diejenigen Momente des Rechts verstanden werden, die sich auf seine Entstehung, die Bedingungen seiner Existenz, die Existenz selbst und die Durchsetzung von Normen beziehen. *Materiale Kriterien* sind hingegen Eigenschaften des Inhalts rechtlicher Regelungen. Recht wird so identifiziert anhand ethischer Bewertungsmaßstäbe („Gerechtigkeit") oder auch seiner Funktion („Erwartungssicherung"). Diese Einteilung scheint mir eine differenziertere Antwort auf die Frage nach dem Recht geben zu können, als der uralte Streit zwischen Naturrechtslehre und Rechtspositivismus. Dazu dann aber später (IV., 5., S. 43).

a. Materiale Rechtsbegriffe

Von großer Bedeutung sind zunächst Theorien, die auf die Gerechtigkeit der Regelung abstellen.

---

[29] Koller 1997, S. 22 f.

(1.) Recht als Ausdruck der Gerechtigkeit (Thomas von Aquin)

Thomas von Aquin (1225–1274) etwa versteht Recht als eine Erscheinungsform der Gerechtigkeit. „So wird also ‚Recht' genannt, was gleichsam die Rechtlichkeit der Gerechtigkeit hat, gerade das also, worin die Tätigkeit der Gerechtigkeit ihren Abschluß findet".[30] Thomas geht nicht vom positiven Recht aus und fragt, ob seine Regelungen gerecht sind, sondern untersucht die Tugenden des Menschen. Hier fragt er sich dann, ob das Recht Gegenstand der Gerechtigkeit ist und welche Bedingungen erfüllt sein müssen, damit es Gegenstand dieser Tugend sein kann. Das allgemeine Merkmal des Rechts ist also nicht eine formale Eigenschaft – wie etwa Norm zu sein – sondern eine inhaltliche, nämlich gerecht zu sein. Die formalen Eigenschaften erscheinen dann innerhalb dieser Gattung der Gerechtigkeit als artbildende Merkmale. Recht ist Recht nur als Produkt der Gerechtigkeit. Während die Gerechtigkeit die Tugend ist, die auf einen angemessenen Ausgleich zwischen Menschen gerichtet ist, ist das Recht dieser Ausgleich selbst. Ungerechtigkeit ist ein Laster.[31] Sie kann das Recht nicht als Gegenstand haben, sondern nur etwas anderes. „Ungerechtes Recht" ist nach Thomas nicht Unrecht – im Sinne von schlechtem Recht –, sondern Nicht-Recht.

Weil Thomas das Recht aus der Perspektive der Gerechtigkeit betrachtet, ist sie formend und das Recht der geformte Inhalt oder Gegenstand. Auch das Gesetz, das gegenwärtig immer noch die wichtigste Gestalt des positiven Rechts darstellt, hat bei Thomas von Aquin eine andere Funktion. Dieser gedankliche Grund des Rechts hat den Charakter eines Richtmaßes („mensura") für das Handeln.[32] Auch das Prinzip des gerechten Handelns, aus dem allein das Recht hervorgehen kann, muss selbst auf das Gute gerichtet sein. So definiert Thomas völlig konsequent: „Das Gesetz ist nichts anderes als eine Anordnung der Vernunft im Hinblick auf das Gemeingut, erlassen und öffentlich bekanntgegeben von dem, der die Sorge für die Gemeinschaft innehat".[33] Jedes dieser Merkmale des Gesetzes kann weiter konkretisiert werden. So leitet er die Formen des ewigen (lex aeterna), des in der menschlichen Vernunft und der Natur erscheinenden natürlichen (lex naturalis) und des in seiner schriftlichen Fassung positive oder menschliche Gesetz (lex humana) ab. Eine Sonderform ist das göttliche Gesetz (lex divina), wie es im Alten und Neuen Testament niedergelegt ist.[34]

Allgemeine Regeln, die nicht dem Ziel des Gemeinwohls dienen, können keine Gesetze sein und folglich auch kein Recht enthalten. Hier haben wir einen materialen, am inhaltlichen Ziel des Gemeinwohls orientierten Rechts-

---

30 Thomas von Aquin, S. Th. II-II, Q. 57, 1.
31 Thomas von Aquin, S. Th. II-II, Q. 59, 1, resp.
32 Thomas von Aquin, S. Th. I-II, Q. 90, 1, resp.
33 Thomas von Aquin, S. Th. I-II, Q. 90, 4, resp.
34 Zum Ganzen Böckenförde 2006, S. 233 ff.; Viola 2017, S. 1 ff.

begriff in der reinsten Form. Gesetz und Recht sind klar in die Architektur des philosophisch-theologischen Systems eingebettet.

Spätestens seit der Renaissance wird diese Gewissheit immer mehr in Zweifel gezogen. Die Welt wird als unsicher erlebt, die Stellung des Menschen erscheint als nicht festgelegt, die geistliche Überlieferung als zweifelhaft. Diese Entwicklung fordert die Selbstgestaltung und Entwicklung des Menschen. Er muss sich auf sich selbst gestellt seine eigene, zweite Welt selbst schaffen (*Giovanni Pico della Mirandola*), die eben weil sie von ihm geschaffen ist, dem Menschen eine sichere Orientierung vermittelt (*Giambattista Vico*). Dazu muss er auch eine besondere, auf diese praktische Welt bezogene Wissenschaft vom Menschen und die erforderlichen Fähigkeiten („studia humanitatis") ausbilden.[35] Die Folge dieses Einstellungswandels ist, dass das Recht so gerecht, so sehr auf das Gemeinwohl gerichtet, kurz: so gut ist, wie es der Mensch eben macht. Die Form des Rechts ist damit das erste; die Gerechtigkeit wird zu seinem Inhalt. Was gerecht ist, muss erkannt, vielleicht sogar konstruiert werden; es hat keine in einer dem Menschen vorliegenden umfassenden Ordnung liegende Selbstverständlichkeit.

(2.) Die Wertbegründung des Rechts

Damit treten Recht und Gerechtigkeit auseinander. Deshalb haben einige Philosophen Gerechtigkeit einer Welt der Werte, das Recht aber der Welt der Wirklichkeit zugeordnet. Nun stellte sich aber die Frage, ob Recht nur dann Bestand hat, wenn es inhaltlich mit diesen Werten übereinstimmt.

Mit *Ernst-Wolfgang Böckenförde* (*1930) können drei Werttheorien in der Rechtsphilosophie unterschieden werden:[36]

(a.) Recht als Bestandteil einer objektiven Wertordnung

Das objektive Wertdenken *Max Schelers* (1874–1928) und *Nicolai Hartmanns* (1882–1950) geht davon aus, dass Werte dem menschlichen Handeln bereits vorlägen.[37] Werte werden vom Menschen in dieser Form intellektuell angeschaut. Auch die Erkenntnis trägt nichts Fremdes an sie heran, sondern nimmt sie, wenn auch ausschnitthaft, als aus sich selbst heraus einleuchtende „Urphänomene" wahr.[38] Aus der Kenntnis dieser Werte folgt grundsätzlich auch ihre freiwillige Anerkenntnis. Die Werte stehen kraft ihres Inhalts in einer objektiven Wertrangordnung.[39]

---

35 Vgl. dazu im Einzelnen die Beiträge in Gröschner/Kirste/Lembcke 2008.
36 Böckenförde 1991a, S. 72 f.
37 Vonessen 1954/55, S. 373.
38 Scheler 1966, S. 173 f. u. 282 f.
39 Scheler 1966, S. 104 f.

Der österreichische Verfassungsgerichtshof in der Tradition Hans Kelsens[40] und ausgerichtet auf die von ihm geprägte Österreichische Bundesverfassung blieb skeptisch gegenüber solchem Wertdenken.[41] – Ganz anders die frühe Rechtsprechung der obersten Gerichte der Bundesrepublik Deutschland. Das Bundesverfassungsgericht, beginnend mit dem SRP und dem KPD-Urteil[42], spricht etwa davon, „dass das Grundgesetz, das keine wertneutrale Ordnung sein will" und „in seinem Grundrechtsabschnitt auch eine objektive Wertordnung aufgerichtet hat ... Dieses Wertsystem, das seinen Mittelpunkt in der innerhalb der sozialen Gemeinschaft sich frei entfaltenden menschlichen Persönlichkeit und ihrer Würde findet, muss als verfassungsrechtliche Grundentscheidung für alle Bereiche des Rechts gelten; Gesetzgebung, Verwaltung und Rechtsprechung empfangen von ihm Richtlinien und Impulse".[43] Ernst-Wolfgang Böckenförde kritisiert hieran zwei Punkte:[44] Zum einen handle es sich beim Wertdenken nicht um eine genuin juristische Argumentation, sondern eine, die das individuelle ethische Verhalten betreffe. Zum anderen würde aus der Umformung von Rechten zu Werten folgen, dass alle Werte abwägbar werden. Die Wertbegründungen seien subjektiv; das Recht beanspruche jedoch objektive Gültigkeit.

Selbst wenn man die Möglichkeit einer objektiven Wertbegründung dahingestellt sein lässt, muss doch jede konkrete Gesellschaft selbst über die Werte entscheiden, die für sie verbindlich sein sollen. Das spricht jedoch nicht dagegen, dass die verfassunggebende Gewalt sich selbst ein Wertsystem gibt, das als positives Recht gilt.

(b.) Recht als wert-dienende Wirklichkeit

Müssen wir also die Bezugnahme auf bestimmte Werte für unser Verständnis von Recht aufgeben? *Gustav Radbruch* (1878–1949), der stark vom südwestdeutschen oder Heidelberger Neukantianismus (Emil Lask, 1875–1915) beeinflusst ist, meint, dass wir auf einen Bezug zu Werten nicht verzichten können, wenn wir das Recht verstehen wollen. Er unterscheidet die verschiedenen Wissenschaften nach ihrem Verhältnis zu Werten: Die Naturwissenschaften seien *wertblind*. Sie seien auf die Erkenntnis der Wirklichkeit gerichtet und würden versuchen, sie „gereinigt von verfälschenden Bewertungen" zu erkennen. Die Rechtsphilosophie (bei ihm als Teil der Philosophie) sei *bewertend*. Sie messe das Recht am Wert der Rechtsidee und kritisiere es von ihm aus. Die hiervon unterschiedene Rechtswissenschaft sei *wertbeziehend*. Als

---

40 Kelsen 1960, S. VIII u. 16 ff.
41 Berka 2012, Rn. 12, 18 f. weist aber auf die Veränderungen durch die EMRK und die Europäische Grundrechtecharta hin, Rn. 82. Vgl. auch die in Art. 14 Va BVG genannten Werte; zum Ganzen jetzt auch Kirste 2020a (im Erscheinen).
42 BVerfGE 2, 1 ff. (12) – SRP-Verbot.
43 BVerfGE 7, S. 198 ff. (205) – Lüth.
44 Böckenförde 1991b, S. 39 f.

eine Kulturwissenschaft strebe sie nach Sinnstiftung und nach dem Richtigen. Schließlich sei das religiöse Verhalten wertüberwindend.[45] Die „letzten Sollenssätze" jedoch seien „unbeweisbar, axiomatisch, nicht der Erkenntnis, sondern nur des Bekenntnisses fähig".[46] Welche diese höchsten Sollenssätze oder Werte sind, könne die Rechtsphilosophie nicht entscheiden.

Hieraus folgt ein Relativismus: Werturteile können wissenschaftlich nur in Bezug auf einen höchsten Wert analysiert werden. Auf einen Wert – nämlich die Rechtsidee – bliebe das Recht jedoch bezogen: „Recht ist die Wirklichkeit, die den Sinn hat, dem Rechtswerte, der Rechtsidee zu dienen".[47] Recht ist nur – aber auch jede – Wirklichkeit (nicht nur Normen), die der Rechtsidee dient. Damit wird das Recht durch sein Ziel, nämlich durch den Rechtswert,bestimmt. Eine Realität, die nicht auf die Rechtsidee als den bestimmenden Wert des Rechts bezogen ist, stellt kein Recht dar.

Die Rechtsidee verbürgt die Einheit der Rechtserfahrung, die im Rechtsbegriff festgehalten wird. Sie wird nicht aus der Erfahrung ermittelt, sondern als Bedingung der Möglichkeit von Erfahrungserkenntnis konstruiert. Fragen jedoch, was ist eine Idee, insbesondere was die Rechtsidee sei, werden von Radbruch nicht beantwortet. Vielmehr wird hier sogleich deren Inhalt angegeben: „Die Idee des Rechts kann nun keine andere sein als die Gerechtigkeit".[48]

Gerechtigkeit meint bei Radbruch im Kern Gleichheit, und erst daraus folgt dann, dass das Recht „generelle Anordnungen für das menschliche Zusammenleben" enthalten muss, also Normen. Die Gerechtigkeit ist nun jedoch zwar ein notwendiger Bestandteil der Rechtsidee, aber keine hinreichende Bestimmung des Rechts. Weil das Recht eine Ordnung des menschlichen Zusammenlebens sei, trete neben die Gerechtigkeit und die Zweckmäßigkeit als ein dritter Bestandteil der Rechtsidee die *Rechtssicherheit* auf.[49] Die Rechtsidee ist also gleichbedeutend mit formaler Gerechtigkeit. Ihre Bestandteile sind die Gerechtigkeit i. e. S. als Gleichheit, die Zweckmäßigkeit und die Rechtssicherheit.[50]

Was passiert jedoch bei Spannungen der drei Elemente der Rechtsidee? Radbruch versucht diese Spannungen dadurch aufzulösen, dass er die drei Elemente in ein Verhältnis setzt. Dabei erhält die Rechtssicherheit grundsätzlich den Vorrang. Das geschieht ganz im Sinne des obigen Zitats von der Notwendigkeit der Fest*setzung* des Rechts angesichts der Schwierigkeit der Fest*stel-*

---

45 Radbruch 2011, § 1, S. 8 f.
46 Radbruch 2011, § 2, S. 15.
47 Radbruch 2011, § 4, S. 34.
48 Radbruch 2011, § 4, S. 34.
49 Radbruch 2011, § 9.
50 Kirste 2011, S. 73 f.

lung des Gerechten.[51] Der „grundsätzliche" Vorrang bedeutet jedoch, dass sich in Extremfällen die Rechtssicherheit nicht durchsetzen kann: Eine Anordnung, die Gerechtigkeit gar nicht erst bezweckt, ist danach kein Recht, ist Nicht-Recht, weil sie die Form des Rechts, die sie von der Rechtsidee nimmt, nicht besitzt. Eine Anordnung hingegen, die auf Gerechtigkeit zielt, dabei jedoch Gerechtigkeit, Zweckmäßigkeit oder Rechtssicherheit unvollkommen umsetzt, ist unvollkommenes Recht. Sie hat Unrecht zum Gegenstand.

Aufgrund der Erfahrung des Nationalsozialismus hat Radbruch diese Konstruktion weiter präzisiert. Die später so genannte „Radbruchsche Formel" formuliert: „Der Konflikt zwischen der Gerechtigkeit und der Rechtssicherheit dürfte dahin zu lösen sein, dass das positive, durch Satzung und Macht gesicherte Recht auch dann den Vorrang hat, wenn es inhaltlich ungerecht und unzweckmäßig ist, es sei denn, dass der Widerspruch des positiven Gesetzes zur Gerechtigkeit ein so unerträgliches Maß erreicht, dass das Gesetz als ‚unrichtiges Recht' der Gerechtigkeit zu weichen hat".[52] (Unerträglichkeitsthese) Hier geht es um das Absinken des Gerechtigkeitsgehaltes eines Gesetzes unter ein noch erträgliches Minimum. Allerdings setzt er sogleich hinzu: „wo Gerechtigkeit nicht einmal erstrebt wird ... da ist das Gesetz nicht etwa nur ‚unrichtiges' Recht, vielmehr entbehrt es überhaupt der Rechtsnatur. Denn man kann Recht, auch positives Recht, gar nicht anders definieren denn als eine Ordnung und Satzung, die ihrem Sinn nach bestimmt ist, der Gerechtigkeit zu dienen".[53] Es bleibt also dabei, Recht wird von Radbruch zwar als faktische Anordnung verstanden – insofern enthält sein Rechtsbegriff eine gewisse Setzungsorientierung. Dies ist jedoch nur ein notwendiges und kein hinreichendes Merkmal. Zu Recht wird diese Anordnung nur dadurch, dass sie auf die Verwirklichung von Gerechtigkeit zielt. Danach fehlt etwa den Nürnberger Rassegesetzen – nicht aber dem nationalsozialistischen Recht insgesamt – der Rechtscharakter, weil sie nicht einmal nach Gleichheit als Kern der Gerechtigkeit streben. Gustav Radbruch vertritt damit einen – schwachen, nämlich begrenzt auf Fälle extremen Unrechts – materialen Rechtsbegriff. Am Maßstab elementarer Menschenrechte gemessen ist un*gerechtes* Recht danach Unrecht – aber es ist noch Recht, sofern mit ihm irgendeine Gerechtigkeit erstrebt wird. Eine Anordnung hingegen, die gar nicht auf Gerechtigkeit zielt, ist Nicht-Recht, kein Recht mehr.[54]

Zusammenfassend kann festgehalten werden: Die Konstruktion des Rechtsbegriffs bei Radbruch geht somit zwar von einer Wirklichkeit aus; die wesentlichen Begriffsmerkmale gewinnt er jedoch nicht aus dieser Realität, sondern aus der Rechtsidee. Sie legt den Ausschnitt aus der Wirklichkeit

---

51 Radbruch 2011, S. 74.
52 Radbruch 1947, S. 216. Dazu Pavčnik 2017, S. 1 ff.
53 Radbruch 1947, S. 216.
54 Vgl. auch von der Pfordten 2013, S. 78 f.

fest, der Recht genannt werden soll. Damit besteht die Rechtsidee zuerst; was Recht ist, folgt daraus. Fraglich ist aber, auf welche Wirklichkeit sich diese Werte beziehen. Vor dem Einfluss der Rechtsidee ist diese Realität amorph, hat keine Gestalt. Radbruch nennt kein Kriterium dafür, dass die Wirklichkeit, auf die sich die Rechtsidee bezieht, gerade das Recht ist. Auch andere Wirklichkeiten könnten der Gerechtigkeit, der Zweckmäßigkeit und der Rechtssicherheit dienen. Das bedeutet, dass er bei seiner Konstruktion des Rechtsbegriffs aus der Rechtsidee eine rechtliche Wirklichkeit bereits voraussetzt. Gerechtigkeit hat keine klassifikatorische Funktion mehr für das Recht, sondern eine qualifizierende. Ungerechtes Recht hört nicht auf, Recht zu sein, weil es nicht ein Teil der Gerechtigkeit ist, sondern eine menschengeschaffene Wirklichkeit.

(c.) Geisteswissenschaftlicher Rechtsbegriff (Wilhelm Dilthey)

Eine vermittelnde Position nimmt drittens die lebensweltlich orientierte Wertbetrachtung in der geisteswissenschaftlichen Tradition der Philosophie etwa eines *Wilhelm Dilthey* (1833–1911) oder *Theodor Litt* (1880–1962) ein. Sie gehen von einer Polarität zwischen Individuum und physischer Welt aus, die das Individuum durch die Schaffung von Kultur oder objektiven Geist durch Sinngebung und Wertstiftung zu überwinden sucht. Dilthey ist der Ansicht: „Das Recht ist ein auf das Rechtsbewusstsein als eine beständig wirkende psychologische Tatsache gegründeter Zweckzusammenhang".[55] Das Rechtsbewusstsein schafft jedoch nicht nur das Recht, sondern kann es auch in fundamentalen Werten erkennen.[56] Beispiele derartiger Werte sind: Gerechtigkeit, Freiheit, Gleichheit, Gemeinwohl.

Für die lebensweltliche Konzeption sind Werte Ausdruck der kulturellen Überzeugungen einer Gesellschaft – eine dritte Sphäre, die weder nur dem Individuum noch der faktischen Wirklichkeit angehört. Diese Auffassung ist wirkmächtig geworden in der Integrationslehre*s* (1882–1975). Staat, Verfassung und eben Recht stellen sich als Ausdruck der wertschaffenden Kräfte von individuellen Lebensvorgängen in ihrer Wechselbeziehung dar. Die staatliche Einheit geht selbst aus diesen sich über Personen („persönliche Integration": Führungspersönlichkeiten, Leitungsstrukturen, Repräsentation), Funktionen („funktionelle Integration": Arbeit, sonstige gemeinsame Willensbildungsprozesse und -anstrengungen), und Zwecke („sachliche Integration") integrierenden Leistungen der Einzelnen und Gruppen hervor. Hier zeigt sich der Zusammenhang mit der geisteswissenschaftlichen Wertlehre: „Die Werte führen ein reales Leben nur vermöge der sie erlebenden und

---

[55] Dilthey 1990, S. 54.
[56] Dilthey 1990, S. 78: Dieses Recht „wird ... nicht gemacht, sondern gefunden".

verwirklichenden Gemeinschaft. Umgekehrt lebt aber auch die Gemeinschaft von den Werten".[57]

Werte sind also Sinnstiftungen, nicht vorgegebene Realitäten. Sie sind legitimationsstiftende Bezugspunkte, die die Einheit einer Gemeinschaft ausmachen. Wenn auf dieser Basis die Verfassung als „Wertordnung" verstanden wird, dann ist es die konkrete Wertordnung, die der Verfassungsgeber geschaffen hat. Die Interpretation hat hier im Wege von Abwägungen prima facie gegenläufiger Wertsetzungen wie der Grundrechte und der Staatsziele die Einheit immer wieder erneut herzustellen und im Wege „praktischer Konkordanz" (*Konrad Hesse*, 1919–2005) zu optimieren. Das gesamte „Rechtsleben" stellt sich als ein derartiger werthafter Sinnstiftungsprozess dar.

(3.) Recht und Freiheit

Auch solche Theorien, die zur Bestimmung des Rechts darauf abstellen, dass sich die Normen an Menschen richten, können als material eingeordnet werden. Maßgeblich soll die Zielrichtung seiner Regelungen sein. Regelungen können sich nämlich auf die inneren Beweggründe für Handlungen beziehen oder auf das äußere Verhalten. Recht würde sich dann von anderen Normen dadurch unterscheiden, dass es sich an das äußere Handeln richtet, die inneren Beweggründe für dieses Handeln jedoch freistellt.

(a.) Recht als Regelung des Äußeren Freiheitsgebrauchs (Immanuel Kant)

Am deutlichsten wird die Bezogenheit des Rechts auf den äußeren Freiheitsgebrauch bei *Immanuel Kant* (1724–1804): „Recht ist also der Inbegriff der Bedingungen, unter denen die Willkür des einen mit der Willkür des andern nach einem allgemeinen Gesetze der Freiheit zusammen vereinigt werden kann".[58] Für ihn ist das Recht danach durch drei Merkmale gekennzeichnet: 1. Es betrifft Handlungen als sinnlich wahrnehmbare Tatsachen. 2. Sowohl auf der Seite des Handelnden als auch auf der Seite dessen, für den oder mit dem gehandelt wird, betrifft das Recht äußere Handlungen, wie sie etwa als Willenserklärungen oder als Schädigungshandlungen zusammentreffen. Die Absichten hingegen, die Motive, fallen nicht unter Kants Begriff der „Willkür". Schließlich geht es 3. bei der Bestimmung des Rechtsbegriffs nicht um den Inhalt des Rechts – gemeint ist hier die Gerechtigkeit von Leistung und Gegenleistung –, sondern nur um die Form der Willkür. Kant sieht zwar die ausgleichende Gerechtigkeit als kennzeichnend für eine bestimmte Art des Rechts, nämlich das Privatrecht, an, nicht jedoch für die Bestimmung des Rechtsbegriffs überhaupt. Auch bei einem groben Missverhältnis zwischen der Leistung und Gegenleistung bei einem Vertrag soll also Recht vorliegen. Das bedeutet etwa, dass Regelungen zum Verbraucherschutz vom Begriff des

---

57 Smend S. 160.
58 Kant: MS, S. 337.

Rechts her nicht zu rechtfertigen sind. Sie würden das Vorliegen von Recht – z. B. einen Vertrag – von einem bestimmten Inhalt abhängig machen, und etwa das Ausnutzen der Unerfahrenheit bei Haustürgeschäften als Grund gelten lassen, der zur Unwirksamkeit eines Vertrages führt.

Nun spricht Kant aber auch von einem „*äußeren praktischen*" Verhältnis der Handlungen zueinander. Der Ausdruck „praktisch" hat nichts mit „praktikabel" oder mit sachnah zu tun. Kant meint hier vielmehr im Anschluss an seine Schriften „Kritik der praktischen Vernunft" und „Grundlegung der Metaphysik der Sitten" das Handeln nach Prinzipien. Vielmehr stehen moralische und rechtliche Handlungen unter dem Anspruch, nach einem „allgemeinen Gesetz der Freiheit" gerechtfertigt zu sein. Nur so sind sie vernünftig. Sie halten sich an ein Prinzip, das für den Willen jedes vernünftigen Wesens als gültig anerkannt wird.[59] Nur durch diesen Bezug zum kategorischen Imperativ ist das Gesetz zugleich ein moralisch-praktisches Gesetz.[60]

Problematisch an Kants Rechtsdefinition ist, dass das Kriterium „außen" noch nicht hinreichend spezifisch ist. Sicherlich ist es richtig, dass das Recht an das äußere Verhalten anknüpfen soll und nicht etwa an die Gesinnung; warum sollte sich jedoch umgekehrt die Moral nicht auch auf dieses Verhalten beziehen? Dass ich einem Anderen eine Sache, die ihm gehört, nicht gegen seinen Willen wegnehme, ist nicht nur eine rechtliche, sondern auch eine moralische Pflicht. Die Moral erfasst einen breiteren Bereich von Verhaltensweisen, weil sie sich auch auf die innere Gesinnung richten kann. Daher ist es konsequent, dass Kant an späterer Stelle auf das Zwangsmoment als wesentliches Element des Rechts zu sprechen kommt. Dieses betrifft die Form. – In seiner Definition des Rechts ist es aber noch nicht enthalten.

(b.) Recht als Ordnung der positiven Freiheit

Rechtliche Regelungen sollen menschliches Handeln ordnen. Dabei geht das Recht davon aus, dass der Mensch die Möglichkeit zur Freiheit besitzt. Da Freiheit jedenfalls auch bedeutet, dass man zwischen verschiedenen Handlungen wählen kann, versucht das Recht diese Wahl zu beeinflussen, indem es bestimmte Handlungsweisen als geboten oder erlaubt, andere aber als verboten darstellt. Für den Fall, dass der Handelnde nicht in rechtskonformer Weise von seiner Freiheit Gebrauch macht, sieht das Recht seine Durchsetzung auch gegen den freien Willen des Handelnden vor.

Insbesondere diejenigen Rechtsphilosophen, die ein pessimistisches Weltbild haben oder jedenfalls der Fähigkeit des Menschen zur Selbststeuerung nicht viel zutrauen, erklären das Recht vor allem durch seine freiheitsabgrenzende Wirkung. Es hat die Aufgabe, Freiräume des Handelns gegeneinander abzu-

---

59 = „praktisches Gesetz", Kant KpV, A 35.
60 Kant MS AB28, S. 25.

grenzen: des Bürgers gegenüber dem Staat und der Bürger untereinander. Im Sinne von *Thomas Hobbes* (1588-1679) könnte man auch sagen: „Freiheit ist da, wo die Gesetze schweigen".[61] Dieser Aspekt war auch bei Kants Rechtsbegriff gerade schon angeklungen.

Diejenigen Rechtsphilosophen, die ein optimistisches Weltbild haben und den Menschen als Wesen ansehen, das entweder zur persönlichen und politischen Selbstbestimmung fähig oder in eine auf gute Endzwecke ausgerichtete Welt eingespannt ist, betonen stärker die positive Freiheit. So schreibt *Georg Wilhelm Friedrich Hegel* (1770–1831) beispielsweise: „Die Weltgeschichte ist der Fortschritt im Bewusstsein der Freiheit".[62] Bei *Aristoteles* (384–322 v. Chr.) geht das Recht aus der Freiheit der Bürger[63] hervor und ist auf seine fortschreitende Befreiung gerichtet.

Recht ist so diejenige Ordnung, die dem Einzelnen sowohl Freiräume zur Entfaltung seines Selbstes als auch die Partizipation an den gemeinsamen Angelegenheiten der Republik als Ausdruck seiner positiven Freiheit sichert. Positive Freiheit bedeutet in der auf Aristoteles zurückgehenden Tradition nicht den Rückzug in die Privatheit, sondern das aus sich Herausgehen durch die aktive Teilnahme an den alle betreffenden Angelegenheiten.

Diese Aufgabe des Rechts für die Befreiung des Menschen hat in der Neuzeit besonders *Jean-Jacques Rousseau* (1712–1778) betont.[64] Der Gehorsam für das auf einen Gesellschaftsvertrag aller Bürger mit allen rückführbare, demokratische Recht ist nicht nur die Akzeptanz einer Beschränkung der Freiheit, sondern bedeutet zugleich „Gehorsam gegen das Gesetz, das man sich selbst vorgeschrieben hat".[65] Dieses demokratische Prinzip macht den Menschen zum „Herrn seiner selbst". Es besteht kein Recht, das nicht Ausdruck dieser positiven, objektiven Freiheit ist. Die Funktion des Rechts besteht gerade in einer Transformation von Freiheit: „Was der Mensch durch den Gesellschaftsvertrag verliert, ist seine natürliche Freiheit und ein unbegrenztes Recht auf alles, wonach ihn gelüstet und was er erreichen kann; was er erhält, ist die bürgerliche Freiheit und das Eigentum an allem, was er besitzt".[66]

Zusammenfassend können wir festhalten: Bei Kant war das Recht durch die Aufgabe bestimmt worden, die Grenzen der negativen Freiheit festzulegen, innerhalb deren der Einzelne von seiner positiven, aber subjektiven Freiheit Gebrauch machen darf. Die Festlegung dieser Grenzen war jedoch nicht Ausdruck wirklicher Selbstbestimmung im Sinne der positiven Freiheit des

---

61 Hobbes 1984, XXVI, S. 221.
62 Hegel: Vernunft, S. 63.
63 Frauen und Sklaven nimmt Aristoteles freilich aus.
64 Zu Rousseaus Rechtsphilosophie vgl. den Steckbrief unten, zu seinem Rechtsbegriff Kelly 2019, S. 2 f.
65 Rousseau: Gesellschaftsvertrag, I, 6, S. 17.
66 Rousseau, Gesellschaftsvertrag, I, 8, S. 22.

Volkes, sondern erfolgte durch einen Herrscher. Der soll freilich an der Idee der Selbstbestimmung aller orientiert sein. Der klaren Sicherung der individuellen Freiheitssphären als Hauptaufgabe des Rechts korrespondiert bei ihm das Fehlen wirklicher Selbstbestimmung des Volkes bei der Festlegung dieser Freiräume. Umgekehrt ist bei Rousseau das Recht, das über die Freiheit des Einzelnen entscheidet, Ausdruck positiver, objektiver Freiheit. Es ist demokratisches Recht. Rousseau zeigt deutlicher als andere, dass Recht von der Aufgabe her verstanden werden kann, die natürliche Freiheit durch einen Akt der positiven objektiven Freiheit aller Bürger in eine rechtlich geordnete Freiheit zu transformieren. Der Mensch will sich nicht nur ungestört von der Freiheit des anderen in seinem rechtlichen geschützten Freiraum entfalten können; da sich die Abgrenzung dieser Freiräume nicht sozusagen von Natur aus von selbst versteht, will er auch über die Grenzen dieser Freiräume mitbestimmen. Freiheit ist negative Freiheit und positive. Sie ist auch subjektive Freiheit des Einzelnen und objektive Freiheit aller. Das Recht beherrscht die negative Freiheit, indem es sie schützt vor der übermäßigen Freiheit anderer und beschränkt. Diese Dialektik der Freiheit greift *Georg Wilhelm Friedrich Hegel* auf und führt sie von den privaten Rechtsverhältnissen bis zur Begründung des Staates durch.[67]

Erst diese Dialektik von positiver und negativer Freiheit wird dem modernen Rechts- und auch dem Freiheitsbegriff gerecht. Freiheit soll nicht nur rechtlich geschützt werden, sondern Art und Umfang dieses Schutzes sollen aus der freien Selbstbestimmung bestimmt werden. Die materiale Definition des Rechts durch die Freiheit wird somit überlagert durch die Bestimmung des Rechts durch die Freiheit als Form.[68]

(4.) Recht und Unrecht

Aber bedeutet dieser Begründungsansatz des Rechts nicht, einen „eigentümlichen Fehler der Deutschen" zu begehen, „dass sie, was vor ihren Füßen liegt, in den Wolken suchen. Ein ausgezeichnetes Beispiel hievon liefert die Behandlung des Naturrechts von den Philosophieprofessoren. Um die einfachen menschlichen Lebensverhältnisse, die den Stoff desselben ausmachen, also Recht und Unrecht, Besitz, Staat, Strafrecht u. s. w. zu erklären, werden die überschwänglichsten, abstraktesten, folglich weitesten und inhaltsleersten Begriffe herbeigeholt, und nun aus ihnen bald dieser, bald jener Babelthurm in die Wolken gebaut, je nach der speciellen Grille des jedesmaligen Professors", wie Arthur Schopenhauer schreibt.[69] Schon Heraklit hatte gesagt: „Des

---

67 Hegel, Grundlinien, § 30 Anm. S. 83 und Notiz zu § 30: Alles Recht ist das „Dasein der Freiheit". Das meint, dass das Recht Ausdruck von Freiheit ist.
68 Kirste 2018, S. 491 f.
69 Schopenhauer: Parerga, § 120, S. 218.

Rechtes Namen würden sie nicht kennen, wenn es ... das Ungerechte ... nicht gäbe."[70]

Arthur Schopenhauer (1788–1860) ist dieser Auffassung und meint, dass man Recht nicht positiv auf Werte stützen könne, sondern negativ auf die Beseitigung eines Unwertes.[71] Recht stelle die Negation des Unrechts dar, meine und begründe daraus den Zwangscharakter des Rechts.[72] Das ist geradewegs die Umkehrung Kants.[73] Während dieser das Unrecht als Negation des Rechts und die Zwangsanwendung nur als „Negation der Negation" ansieht,[74] ist für Schopenhauer das Unrecht das Erste und das Recht nur die Reaktion darauf. Diese Auffassung hat sicherlich den Vorteil einer großen Problemnähe des Rechtsbegriffs und einer Rückbindung des weiteren Nachdenkens an die Notwendigkeit der Problembewältigung des Unrechts. Es ist also zutreffend, dass Unrechtserfahrungen Veranlassungsgründe für ein Bewusstsein von Gerechtigkeit und Recht und ggf. eine Forderung nach der Verbesserung des Rechts darstellen. Wie soll jedoch eine Verletzung erkannt werden, wenn nicht klar ist, was sie verletzt, nämlich z. B. das oder ein Recht? Die Verletzung setzt mithin als Un-Recht das Recht voraus. Zweitens sind verschiedene Reaktionen auf Unrecht möglich. Nicht alle davon sind rechtlich. Sie können auch moralisch sein. Außerdem kann das Recht alternative Reaktionsmöglichkeiten wählen, die nicht durch das Unrecht bestimmt sind. Das Unrecht kann also nicht der Grund der Erkenntnis von Recht sein, sondern sie nur veranlassen.

(5.) Funktionale Rechtsbegriffe

Über seinen Regelungsinhalt – und in diesem Sinne material – wird das Recht auch dann bestimmt, wenn seine Funktion, seine Ziele und Aufgaben als maßgeblich zur Bestimmung des Rechts angesehen werden. Als Funktion des Rechts wird etwa die öffentliche Sicherheit oder der Frieden vorgeschlagen. Auch hätten Normen der Moral und der Sitte Gerechtigkeit zum Gegenstand, nicht aber äußere Sicherheit im Genuss von gerecht abgegrenzter Freiheit.[75]

In anderer Weise spielt die Funktion der Sicherheit in der Rechtstheorie *Niklas Luhmanns* eine Rolle. Luhmann sieht die Gesellschaft als einen Kommunikationszusammenhang an (vgl. o. S. 69). Innerhalb der Kommunikation

---

70 DK Fr. 23.
71 Zu seiner Rechtsphilosophie Auweele 2019, S. 1 ff.
72 Schopenhauer: Wille und Vorstellung, S. 440 f.
73 Schopenhauer: Wille und Vorstellung, S. 668.
74 Kant: MS, S. 338.
75 Horn 2004, Rn. 4: Recht ist der Inbegriff der vom Staat garantierten allgemeinen Normen zur Regelung des menschlichen Zusammenlebens und zur Beilegung zwischenmenschlicher Konflikte durch Entscheidung".

werden Erwartungen hinsichtlich des Verhaltens anderer gebildet, und es wird sogar die Erwartung ausgebildet, dass der andere erwartet, dass ich etwas tue. Es gibt also Erwartungserwartungen. Diese Erwartungen sind nun unterschiedlich sicher. Faktische Erwartungen richten sich darauf, dass etwas in einer bestimmten Weise geschieht. Tritt es nicht oder anders ein als angenommen, muss ich meine Erwartungen ändern. Mit sogenannten normativen Erwartungen verhält es sich nicht so: Wenn sich die Wirklichkeit anders verhält, als ich es erwartet habe, halte ich gleichwohl an dieser Erwartung fest und versuche, ihr die Wirklichkeit anzupassen. §§ 211, 212 dStGB und § 75 öStGB enthalten die normative Erwartung, dass niemand einen anderen ermordet; geschieht es dennoch, passe ich meine Erwartungen nicht an; vielmehr werden Morde verhindert und Mörder mit einer Sanktion belegt. Luhmann kennzeichnet das Recht durch die Funktion der Erwartungssicherung. „Recht wird also nicht einfach mit mächtiger politischer Unterstützung nur behauptet und dann, mehr oder weniger, durchgesetzt. Sondern es ist überhaupt nur Recht, wenn erwartet werden kann, dass normatives Erwarten normativ erwartet wird"[76].

Dass Recht auf Erwartungssicherung zielt, ist sicherlich richtig. Es wäre darüber hinaus irrational, sinnloses oder funktionsloses Recht zu schaffen. Eine Auffassung jedoch, nach der jede Ordnung, die Frieden und Sicherheit wahrt, Recht sein soll, wäre zu breit, weil es auch nicht-normative Ordnungen, die herkömmlich nicht als Recht verstanden werden, umfasst.

Die funktionalen sind somit wie auch die anderen materialen Rechtsbegriffe nicht falsch, aber zu breit. Ihnen fehlt das zur Abgrenzung von anderen Normen notwendige Kriterium.

(6.) Zusammenfassung

Materiale Rechtstheorien erfassen wichtige Aspekte des Rechts. Recht soll gerecht sein und ggf. auch andere Werte verwirklichen. Ohne einen Wertbezug ist es jedenfalls schwer vorstellbar. Es dient nicht nur dem Schutz der Freiheit, sondern ist auch Ausdruck jedenfalls der Freiheit des Rechtssetzers – sei es nun eine Person oder alle, die vom Recht betroffen sind. Häufig werden Unrechtserfahrungen Anlass sein, das Recht zu ändern. Seine Funktion ist die Schaffung von sicheren Erwartungen.

Angesichts der vielfältigen Auffassungen von Gerechtigkeit (s. u.) benötigen wir jedoch geordnete Verfahren, um über diejenige zu entscheiden, die maßgeblich sein soll. Das gilt auch für die Werte. Damit alle, deren Freiheit vom Recht betroffen wird, auch über ihre Rechte und Pflichten entscheiden können, muss ihre Freiheit von derjenigen anderer abgegrenzt und in ihrem Einfluss auf das Recht geordnet werden. Die Un-Rechtserfahrung setzt eine

---

[76] Luhmann 1993, S. 144.

häufig unbewusste Vorstellung von Recht voraus. Sie wird gerade vom positiven Recht durch eine politische Entscheidung zum allgemeinen Bewusstsein gebracht. Schließlich setzt die soziologische Theorie von der Funktion des Rechts als Orientierungssicherung die Frage voraus, warum diese Orientierung gerade durch das Recht und in welcher Weise sie durch das Recht erfolgen soll.

Obwohl also die hier vorgestellte Auswahl der materialen Rechtstheorien alle wichtige Aspekte des Rechts betont, sind sie doch nicht spezifisch genug und setzen das Recht voraus. Es gehört offenbar gerade zur Eigenart des Rechts in geordneten Verfahren über die Kontroversen von Werten zu entscheiden, in diesem Verfahren jedem eine angemessene Stellung einzuräumen und eine Struktur bereitzustellen, die geeignet ist, für Sicherheit zu sorgen. Dies alles sind formale Aspekte von Normen. Ihnen wollen wir uns nun zuwenden.

3. Kapitel: Die Rechtstheorie

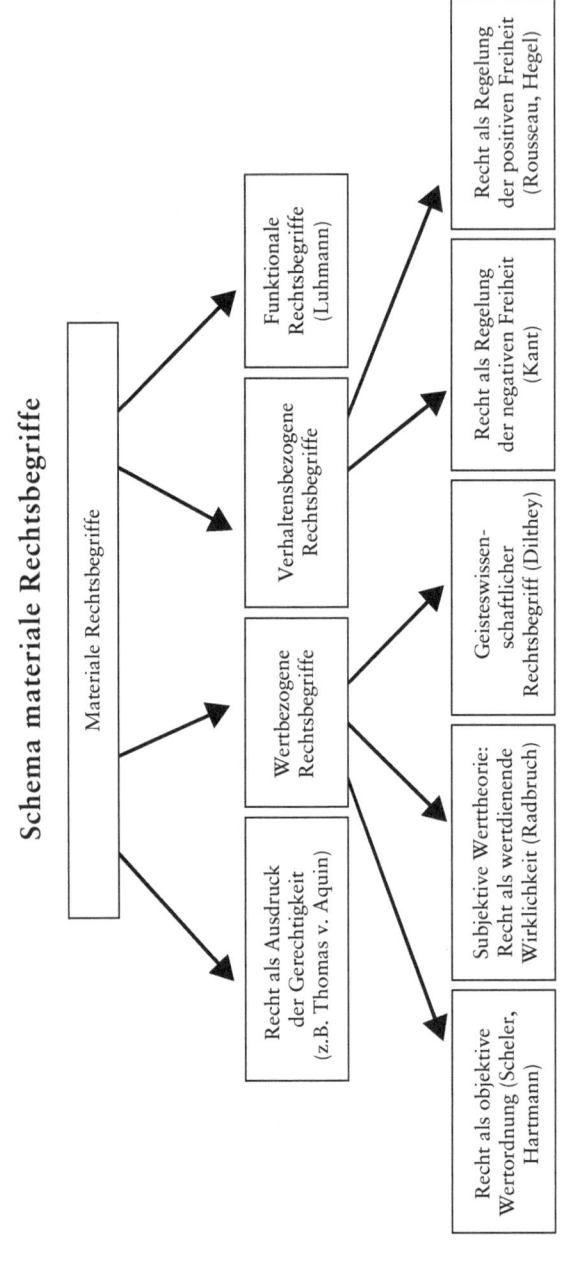

110

b. Formale Rechtsbegriffe

Als „formal" verstehe ich solche Rechtsbegriffe, die das Recht nicht durch den Regelungsinhalt, sondern durch Entstehung (2.) und Wirksamkeit (1.) seiner Normen bestimmen. Erstens gibt es Theorien, die unter Recht nur, aber auch alle solche Normen begreifen, die in einem bestimmten Verfahren entstanden sind. Solche Begriffe nenne ich „genetische Rechtsbegriffe". Dem stehen solche Konzeptionen von Recht gegenüber, die auf die Wirksamkeit des Rechts abstellen, ohne dass es dabei etwa auf die Gerechtigkeit des Inhalts einer Regelung ankommt. Form ist hier also die äußere Wirksamkeit. Diese sollen „wirksamkeitsorientierte Rechtsbegriffe" genannt werden.[77]

(1.) Die wirksamkeitsorientierten Rechtsbegriffe

Wirksamkeitsorientierte Rechtsbegriffe wurden und werden insbesondere in der Rechtssoziologie und der soziologisch inspirierten Rechtstheorie vertreten. Recht zeichnet sich danach gegenüber anderen Normen dadurch aus, dass es über bestimmte Wirkungsmechanismen verfügt oder eine bestimmte Wirkung hervorbringt. Nach den Wirkungen, auf die bei der Bestimmung des Rechts abgestellt wird, können hier verschiedene Theorien unterschieden werden.

(a.) Recht und Zwang

Recht unterscheidet sich nach diesen Theorien von anderen Normen durch die Möglichkeit der gegen Sachen oder Personen gerichteten Zwangsanwendung zur Durchsetzung der Normbefolgung und zur Sanktionierung des Normverstoßes.[78] Die Mittel des Zwangs werden weit gefasst. Hierzu gehört auch der psychische Zwang, nicht nur der körperliche.

Das Merkmal des Zwangs ist geeignet, Recht von Moral zu unterscheiden. Die Wirksamkeit von Rechtsnormen ist grundsätzlich nicht davon abhängig, dass der Einzelne sie für gut und richtig befindet. Es reicht, dass er sich daran hält. Generelle Zwangsbewehrung ist also ein notwendiges Kennzeichen von Recht. Die Zwangstheorie ist jedoch unzureichend. Das zeigt die Abgrenzung zu Brauch, Sitte und Konvention. Hier bestehen ebenfalls Sanktionsmöglichkeiten. Die sich auf überschaubare, gewachsene Gemeinschaften beziehenden Ordnungsmuster von Brauch und Sitte können sogar heftigere Sanktionen hervorbringen als Rechtsnormen, weil sie konstitutiv für diese Gemeinschaften sind. Wer die Traditionen einer solchen Gemeinschaft miss-

---

[77] Dreier 1986, S. 890 f.
[78] Institutionalisierung von Zwang als Voraussetzung des Rechts: Himma 2017, S. 2 ff.; eingehend Schauer 2015.

achtet, greift ihre Identität an. Der Ausschluss des Abweichlers ist dann oft die Sanktion für dieses Verhalten.[79]

Der Soziologe *Max Weber* (1864–1920) geht daher einen Mittelweg und definiert das Zwangssubjekt etwas weiter: „Eine Ordnung soll heißen … Recht, wenn sie äußerlich garantiert ist durch die Chance physischen oder psychischen Zwanges durch ein auf Erzwingung der Innehaltung oder Ahndung der Verletzung gerichtetes Handeln eines eigens darauf eingestellten Stabes von Menschen".[80] Erstens beschränkt Weber den Zwang nicht wie andere Auffassungen auf staatliche Macht. Auch die zwangsanwendende Institution muss nicht staatlich sein. Die Vollstreckung des Rechtszwangs wird durch Amtsträger der jeweiligen Organisation oder von diesen überwachten Vollstreckungsorganen in eigens dafür vorgesehenen Verfahren durchgeführt.

Weber zeigt zweitens, dass Recht nicht auf die tatsächliche Anwendung von Zwang zurückgreifen muss. Vielmehr liegt in der drohenden Zwangsanwendung für den Fall einer Rechtsverletzung das eigentliche Potential des modernen Rechts. Recht ist ferner durch eine reflexive Struktur gekennzeichnet: Recht sind diejenigen Normen, die durchgesetzt werden, wenn entsprechende Normen dies vorsehen. Durch das Drohungspotential kann das Recht nicht nur auf einen Rechtsbruch reagieren, sondern präventiv verhindern, dass es überhaupt zu einem Rechtsbruch kommt. Entscheidend für moderne Rechtsordnungen ist jedoch wegen des gravierenden Eingriffs durch die Strafe in die Rechte des Bürgers, dass die Sanktion an Verfahrensvoraussetzungen geknüpft und in der Höhe beschränkt ist. In der Verhandlung über die Strafbarkeit dürfen keine unrechtmäßigen Beweismittel verwendet werden. Der Strafrichter muss also aufgrund der Gerichtsverhandlung zur Überzeugung gelangt sein, dass der Angeklagte den Diebstahl begangen hat (§ 261 dStPO; § 258 II, S. 2 öStPO). Er darf nicht mehr als die für den Diebstahl gesetzlich vorgesehene Höchststrafe verhängen. Auch die Vollstreckung der Strafe ist engen rechtlichen Voraussetzungen unterworfen. Das Recht bestimmt also selbst, wann und wie Zwang ausgeübt werden kann und sichert dadurch den Rechtstreuen in seinem Rechtsgehorsam und hält den potenziellen Rechtsbrecher von seinem Unrecht ab.

Auf Dauer wird sich Recht jedoch faktisch nicht gegen die Überzeugungen der Bevölkerung behaupten können und seine Durchsetzung eine Fremdbestimmung sein. Es steht immer in der Gefahr, unangewendet zu bleiben und insofern „totes" Recht darzustellen oder sogar Widerstand hervorzurufen. Es ist jedoch *Recht*, was nicht angewendet wird. Eine Norm wird nicht erst durch ihre Anwendung zu Recht. Schon der Normtext selbst ist verbindlich.

---

79 Fikentscher 2009, S. 65, 132 f., 422 f.
80 Weber 1980, S. 17.

(b.) Recht und Anerkennung (Ernst-Rudolf Bierling)

Der Rechtstheoretiker *Ernst-Rudolf Bierling* (1841–1919) vertritt eine psychologische Rechtstheorie. Auch er will den Rechtsbegriff empirisch ermitteln und die aus der Beobachtung gewonnenen Merkmale induktiv zu einem abstrakten Begriff verallgemeinern. Er stellt weder auf die einseitige Anordnung noch – wie die Skandinavischen Rechtsrealisten (Axel Hägerström, 1868–1939, Karl Olivecrona, 1897–1980)[81] – auf das Gefühl ab, sondern auf die wechselseitige Anerkennung einer Norm. In diesem Sine schreibt er: „Recht im juristischen Sinne ist im allgemeinen das, was Menschen, die in irgendwelcher Gemeinschaft miteinander leben, als Norm oder Regel dieses Zusammenlebens wechselseitig anerkennen".[82]

Dabei geht es Bierling um die tatsächliche Anerkennung, nicht das Anerkennen-Müssen. Diese Anerkennung muss kein bewusster Akt sein; es reicht vielmehr ein dauerhaftes habituelles Verhalten aus. Sie muss auch nicht eine direkte, „d. h. unmittelbar auf jede einzelne Rechtsnorm gerichtete ... sein, vielmehr ist auch eine bloß indirekte Anerkennung ausreichend ...".[83] Die indirekte Anerkennung bezieht sich also nicht auf einzelne Rechtsnormen, sondern auf die Rechtsordnung als Normzusammenhang, an dessen Spitze die Verfassung steht. Doch was ist mit demjenigen, der diese Verfassungsnormen nicht anerkennt? Gilt ihm gegenüber das Recht nicht? Bierling vergleicht diese Situation mit der von Willensunfähigen. Auch in diesen Fällen würde die Anerkennung fingiert, so müsse auch die Anerkennung der Verfassung vorausgesetzt werden. In der Perspektive des Rechtssystems verflüchtigt sich die Anerkennung somit zu einer fiktiven Anerkennung. Aus der Perspektive des widerwillig der Norm Unterworfenen wird die Norm zum äußeren Zwang.

Eine modifizierte Akzeptanzthese vertritt *Norbert Hoerster* (*1937). Er unterscheidet Verfassungsnormen von anderen Normen. Während die Normen des einfachen Rechts gelten, weil sie befolgt oder durchgesetzt werden, hängt der Rechtscharakter der Verfassungsnormen von der Akzeptanz der durch diese Normen Verpflichteten – in der Regel staatliche Amtsträger – ab: „Die Akzeptanz der Verfassung durch die Zwangsakte setzenden Amtsträger ist die letzte normative Basis von Staat und Rechtsordnung".[84] Nun sollen aber sowohl die Normen des einfachen wie des Verfassungsrechts „Recht" genannt werden, obwohl sie sich nach Hoerster in einem wesentlichen Punkt unterscheiden, nämlich der Sanktionierbarkeit bei fehlender Akzeptanz. Ihre Einheit bleibt letztlich offen. Auch das Kriterium der Akzeptanz überzeugt in der Form, in der es Hoerster einführt, nicht. Denn der Grund für die

---

81 Bjarup 2017, S. 1; zu Olivecrona Spaak 2017, S. 1.
82 Bierling 1894, S. 19.
83 Bierling 1894, S. 19.
84 Hoerster 2013, S. 27.

Akzeptanz ist die Furcht vor Zwang bei Nichtbeachtung der Gebote. Damit ist letztlich nicht die Akzeptanz, sondern die Fähigkeit des Staates über die Drohung mit Sanktionen für Akzeptanz zu sorgen, der Grund der Geltung des Rechts.

Anerkennungstheorien verweisen also zutreffend darauf, dass Akzeptanz eine notwendige Wirksamkeitsbedingung des Rechts ist. Zwei Einwände verbleiben: *Erstens* wird das Recht tatsächlich nicht von allen Bürgern akzeptiert. Es müssen also Kriterien gefunden werden, welcher Kreis von Bürgern für die Anerkennung maßgeblich, welche Äußerung ausreichend ist und auf welche Normbereiche – jede Rechtsnorm, die Rechtsordnung insgesamt – sich die Anerkennung bezieht. Dadurch wird die Anerkennung aber eine hypothetische oder fiktive. Wie viel Anerkennung für die Geltung des Rechts erforderlich ist und wie sie zustande kommt, wird dann durch das Verfahrensrecht geregelt. Das Ergebnis wird auch gegenüber denjenigen, die das Recht nicht anerkennen durch rechtlich geordnete Macht durchgesetzt. *Zweitens* ist die Akzeptanz zur Bestimmung des Rechtsbegriffs auch deshalb unzureichend, weil sie nur die Hinnahme der anderswo begründeten Norm bedeutet. Als alleiniges Kriterium zur Bestimmung des Rechts verkennt die Anerkennungstheorie aber die demokratische Erkenntnis, dass Recht als gesetzte Norm umso wirksamer ist, je mehr die ihm Unterworfenen auch an seiner Entstehung beteiligt sind.

(c.) Recht und Handeln der Rechtspraxis

Wenn die Anerkennung von Normen als verbindlich für das äußere Verhalten ein wichtiges Merkmal des Rechts ist, wenn zugleich jedoch die Anerkennung durch die Gesamtbevölkerung fiktiv bleiben muss, weil nicht immer alle Bürger tatsächlich zustimmen können, liegt es nahe, den Kreis der Anerkennungssubjekte auf diejenigen einzuschränken, die von Berufs wegen mit der Entscheidung über Rechtsnormen befasst sind.

Der amerikanische Rechtsrealismus stellt bei der Bestimmung dessen, was Recht ist, auf das tatsächliche Verhalten der Gerichte ab.[85] So wendet sich *Oliver Wendell Holmes* (1808–1894) explizit gegen jede Begründung des Rechts aus ethischen Prinzipien oder irgendwelchen Axiomen. Da es dem Recht um die Verhinderung der Rechtsverletzung gehe, sei die Perspektive eines möglichen Rechtsbrechers maßgeblich. In dessen Augen zähle aber alleine, ob er bei der Übertretung einer Norm entdeckt und bestraft wird: "The prophecies of what the courts will do in fact, and nothing more pretentious, are what I mean by the law" lautet Holmes unprätentiöse Definition des Rechts.[86]

---

85 Schauer 2017, S. 1 f.; kritisch Etchemendy 2017, S. 2 f.
86 Holmes 1897, S. 461.

Gerichtsentscheidungen sind jedoch „Recht", weil die Gerichte die Kompetenz zur Entscheidung besitzen und weil im Case-Law-System ein Präjudiz, bzw. dann, wenn frühere Prinzipien nicht einschlägig sind, eine Abweichungsbefugnis, besteht. Im Bereich des kodifizierten Rechts sind sie hingegen Recht, weil das Gesetz den Richter zu seiner Entscheidung ermächtigt. Von diesen Kompetenz- und Verfahrensnormen hängt es ab, ob die Entscheidung eines Gerichts Recht ist. Holmes beantwortet nicht die Frage nach dem Rechtsbegriff, sondern wann Recht wirksam ist.

Gerade die sorgfältige Fassung des Kriteriums der Durchsetzung als Merkmal des Rechts zeigt aber das grundlegende Problem aller Zwangstheorien des Rechts: Seit langem ist es die Aufgabe des Rechts, nicht nur das Verhalten natürlicher Personen zu steuern, sondern auch das Verfahren der Machtausübung selbst in Grenzen zu halten. Recht wählt auch diejenigen aus, die Gewalt anwenden dürfen und verleiht ihnen die dazu erforderliche Befugnis. Es regelt darüber hinaus auch das Verfahren seiner Durchsetzung. Nur derjenige – angewendete oder auch nur angedrohte – Zwang und dasjenige Verhalten des über ein Zwangsmonopol verfügenden Rechtsstabes ist Recht, das die Voraussetzungen und Grenzen für diese Verfahren einhält: Beispiele für derartige rechtliche Durchsetzungsvoraussetzungen sind das Zwangs- oder das Verwaltungsvollstreckungsrecht. In entwickelten Rechtsstaaten ist also der Zwang rechtlich organisierter Zwang, das Verhalten des Rechtsstabes rechtlich strukturiertes Verhalten. Mithin setzen Zwang und Rechtsverhalten das Recht bereits voraus und können es nicht begründen. Danach kann aber Recht nicht anhand seiner Folgen, sondern muss aus seinem Ursprung als Recht verstanden werden.

(d.) Zusammenfassung

Recht wird sicherlich im Unterschied etwa von Moral durch Zwang durchgesetzt. Weniger klar ist die Abgrenzung von Sitte und Konvention, die auch über Zwangsmechanismen verfügen. Zum Recht gehört aber, dass nicht jeder Zwang rechtmäßig ist, sondern dass die Zwangsanwendung in geordneten Verfahren und häufig im Umfang rechtlich beschränkt ausgeübt wird. Es ist also nicht der Zwang, der bestimmt, was Recht ist, sondern umgekehrt, ordnet das Recht den Zwang. Sicherlich hängt die Effektivität einer Norm davon ab, dass sie von der relevanten Bevölkerungsgruppe anerkannt wird. Ob diese Anerkennung nun aber in einem demokratischen Verfahren oder durch Gerichte ausgesprochen wird: Immer ist sie durch das Recht geordnet. Auch hier bestimmt nicht die Anerkennung, was Recht ist, sondern umgekehrt das Recht, welche Anerkennung gilt. Wenn das Recht mithin seine eigenen Wirksamkeitsbedingungen ordnet, können sie nicht über das Recht entscheiden, sondern umgekehrt bestimmt das Recht welche von ihnen rechtmäßig sind.

(2.) Die genetischen Rechtsbegriffe

Die Überlegung, als kennzeichnendes Merkmal des Rechts eine bestimmte Art seiner Entstehung anzusehen,[87] gründet sich auf die Beobachtung, dass Recht jedenfalls in seiner Form als positives Recht immer ein zeitliches Phänomen darstellt, das durch menschliches Handeln geschaffen wird.[88]

Die Gruppe der Theorien, die auf Entstehungsmomente des Rechts abstellt, ist keineswegs einheitlich. Vielmehr können auch hier die verschiedensten Entstehungskriterien von Bedeutung sein und sie können sich mehr auf die inhaltlichen rechtlichen Regelungen, also auf Gebote, Verbote oder Erlaubnisse, oder mehr auf die Rechtsform überhaupt, seine Normativität, Geltung oder Verbindlichkeit, beziehen.

(a.) Heteronom-genetische Rechtsbegriffe: natürliche und geschichtliche Rechtsentstehung

Heteronome Theorien nehmen an, dass Recht unabhängig von menschlichen Handlungen aus bestimmten kausalen Faktoren entsteht. Ihnen ist der Mensch unterworfen und kann seine Erwartungen allenfalls anpassen.

Recht kann zunächst als etwas verstanden werden, das sich im Laufe der Evolution als besonders förderlich für das Überleben herausgestellt hat. Es dient menschlichen Grundbedürfnissen in besonderer Weise. Das Rechtsinstitut der monogamen Ehe hätte sich etwa als besonders wirksam für eine effektive Reproduktion von Primaten erwiesen. Hier werden dann evolutionsbiologische,[89] anthropologische[90] Begründungen entwickelt, um das Recht aus der biologisch-genetischen Ausstattung des Menschen zu erklären.[91]

Eine zweite Gruppe sieht nicht die natürliche Evolution als prägend für rechtliche Regelungen an, sondern die historischen Entwicklungen. Recht soll danach durch historische Konflikte – wie etwa die konfessionellen Auseinandersetzungen des 17. Jahrhunderts – oder gesellschaftliche Interessenkonflikte geprägte Regelungen bezeichnen. Auch wenn diese historisch-genetischen Rechtsbegriffe sicherlich im Historismus des 19. Jahrhunderts einen Höhepunkt erlebten, haben sie doch gegenwärtig nicht ihre Bedeutung verloren. Zwei Beispiele:

---

87 Summers 1994, S. 69.
88 Kirste 1998.
89 Gruter 1993; Knapp 1989; schon Seitz 1906.
90 Post 1884, S. 20: „Wir sehen daher im Rechte, wie in der Sitte, nicht etwas spezifisch Menschliches oder Tellurisch-Organisches, sondern lediglich die durch die biologische Natur des Menschen und die Eigenart der socialen Organisation qualifizirte Erscheinungsform eines Gesetzes, welches auch den ganzen übrigen Kosmos beherrscht", Lampe 1999; dazu auch Kirste 2017, S. 302 ff.
91 Wesche 2001; Lampe 1987.

(α.) Der Rechtsbegriff der Historischen Rechtsschule

Für die historische Schule *Friedrich Carl von Savignys* (1779–1861) ist es gerade der Stoff des Rechts, den er als historisch gewachsen ansieht. Das Recht ist Teil der Gesamtkultur eines Volkes.[92] Daher sind es auch die „still wirkenden Kräfte des Volksgeistes" keine klar formale Entscheidung eines Gesetzgebers, die idealerweise das Recht hervorbringen. Mit der Anbindung an die Gesamtkultur verweist von Savigny auf die Regelungsbedürfnisse der Gesellschaft. Das Recht verdankt sich also nicht einer autonomen Entscheidung, sondern der geschichtlich-schicksalhaften Entwicklung der Menschen eines kulturellen Zusammenhangs. Entsprechend ist für ihn das Recht „aus dem innersten Wesen der Nation selbst und ihrer Geschichte hervorgegangen".[93] Wir müssen das so entwickelte Recht als geschichtlich Gegebenes anerkennen, denn „es beherrscht uns unvermeidlich, und wir können uns nur darüber täuschen, nicht es ändern".[94] Obwohl von Savigny in seinem späteren Werk über das „System des heutigen Römischen Rechts" von 1840 die Gesetzgebung als Rechtsquelle durchaus anerkennt, bleibt sie jedoch bezogen auf den historisch überlieferten Rechtsstoff, den sie in der geschilderten Weise bearbeitet, von dem sie sich aber nie löst.[95]

Dieser geschichtliche Rechtsbegriff teilt mit einigen materialen Rechtsbegriffen die Vorstellung, dass der Inhalt des Rechts von dem Menschen nicht verfügbaren Einflüssen geprägt wird und geprägt werden soll. Er unterscheidet sich von ihnen einmal dadurch, dass diese Einflüsse als Kräfte verstanden werden, insbesondere als Volksgeist. Zum anderen wird bei von Savigny deutlicher als bei vielen materialen Theorien, dass diese Einflüsse nicht ein für alle Mal feststehen, sondern sich entwickeln können. Allerdings hat das Recht in dieser Perspektive seine formgebende Kraft nahezu vollständig eingebüßt. Die Macht der Geschichte wird als so bestimmend angesetzt, dass zur autonomen Gestaltung desselben kaum noch Raum bleibt.

(β.) Der Rechtsbegriff des Historischen Materialismus

In die Gruppe der genetischen Rechtsbegriffe gehört auch der sozialistische Rechtsbegriff, wie ihn *Karl Marx* (1818–1883) und *Friedrich Engels* (1820–1895) oder später – bei allem, besonders von *Ernst Bloch* (1885-1977) herausgearbeiteten, Unterschied – etwa *Andrei Januarjewitsch Wyschinski* (1883–1954) vertreten haben.[96] Recht ist danach Ideologie. Diese erscheint als unselbständiger Überbau der gesellschaftlichen Verhältnisse. Die gesell-

---

[92] Von Savigny, Beruf, S. 115 f.: „das Recht nämlich hat kein Daseyn für sich, sein Wesen vielmehr ist das Leben der Menschen selbst, von einer besonderen Seite angesehen".
[93] Savigny, Zeitschrift, S. 45.
[94] Savigny, Zeitschrift, S. 43 f.
[95] Savigny, System, S. 41 f.
[96] Zu Marx s. u. bei den Steckbriefen.

3. Kapitel: Die Rechtstheorie

schaftlichen Verhältnisse werden wiederum nicht durch das Bewusstsein, sondern durch die Produktionsverhältnisse bestimmt: Das Recht entstammt wirtschaftlichen Verhältnissen, und dient wirtschaftlichen Interessen. Es ist nicht durch einen autonomen Willen hervorgebracht.[97] Rechtsschöpferische Impulse haben hier keinen Ort.[98] So heißt es im Vorwort „Zur Kritik der politischen Ökonomie":

> „In der gesellschaftlichen Produktion ihres Lebens gehen die Menschen bestimmte notwendige, von ihrem Willen unabhängige Verhältnisse ein, Produktionsverhältnisse, die einer bestimmten Entwicklungsstufe ihrer materiellen Produktivkräfte entsprechen. Die Gesamtheit dieser Produktionsverhältnisse bildet die ökonomische Struktur der Gesellschaft, die reale Basis, worauf sich ein juristischer und politischer Überbau erhebt und welcher bestimmte gesellschaftliche Bewußtseinsformen entsprechen ... Es ist nicht das Bewußtsein der Menschen, das ihr Sein, sondern umgekehrt ihr gesellschaftliches Sein, das ihr Bewußtsein bestimmt".[99]

Die Produktionsmittel sind im Besitz der „bürgerlichen Klasse" – Klassencharakter des Rechts.[100] Der Klassenkampf soll jedoch nach einer Phase der Diktatur des Proletariats schließlich überwunden werden, und mit dem Aufkommen einer klassenlosen Gesellschaft auch das Recht „absterben". Der Verfasser des sowjetischen Zivilgesetzbuchs von 1922, *Aleksander Grigorjevitsch Goichbarg* (1883-1962), meint sogar: „Jeglicher bewußte Proletarier weiß ..., dass die Religion Opium für das Volk ist. Aber manch einer weiß nicht, ... dass Recht ein noch in stärkerem Maße vergiftendes und verdummendes Opium für eben dieses Volk ist". Als eine Ideologie der „Ausbeuterklasse" sei es gänzlich abzuschaffen.[101] Tatsächlich blieb die Form des Rechts so stark wirksam, dass sich einer der frühen sowjetischen Rechtsideologen, *Pyotr Ivanovich Stuchka* (1865–1932), darüber beklagt, dass Arbeiter, sobald sie zu Richtern ernannt werden, Sklaven des Rechts würden.

Besonders in den sowjetischen Schauprozessen der 50er Jahre des letzten Jahrhunderts wurde das Recht dann auch bewusst als politisches Kampfinstrument eingesetzt. Der Chefankläger in diesen Prozessen, Wyschinski, brachte es auf den Punkt: „Alles Rechtsbewußtsein ist ein Teil des politischen".[102] Der Gerichtsprozess, der dem Schutz der subjektiven Rechte und des objektiven Rechts dienen soll, wurde damit zum politischen Machtmittel instrumentalisiert.[103] Recht ist hier nur Politik.

---

97 Marx/Engels, Ideologie, S. 63.
98 Böckenförde 1967, S. 22.
99 Marx/Engels, Ökonomie, S. 8 f.
100 Marx/Engels, Manifest, S. 477.
101 Goichbarg 1972, S. 87.
102 Wyschinski 1953, S. 14, 76, 124 und kritisierte die Vorstellung, „dass das höchste Kriterium des Rechts die Gerechtigkeit sei".
103 Kritische Auseinandersetzung mit Wyschinski auch bei Bloch 1985, S. 255 ff.

(b.) Die autonom-genetischen Rechtsbegriffe

(α.) **Das Recht als Setzung**

Wenn das positive Recht zukünftig verpflichtend sein soll, muss es einen hinreichend bedeutsamen Ursprung haben, um verbindlich sein zu können. Dieser Grundgedanke verbindet die Gruppe der formbezogenen, genetischen Rechtsbegriffe. Verschiedene Theorien verstehen unter Recht nur solche Normen, die zuvor durch das Nadelöhr eines bestimmten Verfahrens gegangen sind, der Autorität einer Person oder Institution entspringen oder durch eine andere Norm gerechtfertigt werden. Bei diesen Entstehungsweisen spielt die Autonomie eine größere Rolle als bei den heteronom-genetischen Rechtsbegriffen.

Zu dieser Gruppe gehören zunächst voluntaristischen Theorien wie etwa die Imperativentheorie. Dass Recht Ausdruck des höchsten Willens sei, ist ein Gedanke, der sich bereits im mittelalterlichen Nominalismus von *Wilhelm von Ockham* (1285–1347) und dem Voluntarismus von *Johannes Duns Scotus* (1266–1308) findet.[104] Der Gedanke eines genetischen, auf Autorität abstellenden Rechtsbegriffs wurde also im Naturrecht vorbereitet.

Die Imperativentheorie, wie sie schon von *Thomas Hobbes* (1588–1679) und dann vor allem von *John Austin* (1790–1859) vertreten wurde, verwendet einen genetisch-formalen Begriff des Rechts.[105] Recht ist eine Art von Befehl: „Every law or rule (taken with the largest signification which can be given to the term properly) is a command".[106] Diese Befehle setzen nur voraus, dass ein Einflussverhältnis einer Person über eine andere besteht. Hinzu tritt ein weiteres Kriterium, mit dem rechtliche von anderen Befehlen zu unterscheiden sind: ihre Generalität.[107] Recht ist danach ein abstrakt-genereller Befehl. Da auch Gott noch Befehlsgeber in diesem Sinne sein kann, braucht Austin ein drittes Kriterium, um die befehlende Autorität einzugrenzen: Positives Recht sind nur solche Befehle, die von Menschen, die anderen politisch übergeordnet sind, erlassen werden: das hierarchische Element.[108]

Soll jeder generalisierte Befehl in einem Über- und Unterordnungsverhältnis ohne Rücksicht auf seinen Inhalt Recht sein? Damit wäre auch ein unrechtmäßiger Befehl Recht. Schon das Soldatengesetz regelt aber für seinen Bereich, dass Befehle „nur unter Beachtung der Regeln des Völkerrechts, der Gesetze und der Dienstvorschriften" erteilt werden dürfen (§ 10 IV dSG) und

---

104 „Die im eigentlichen Sinn allgemeinen Gesetze, die zu Recht Vorschriften geben, sind festgelegt vom göttlichen Willen und freilich nicht vom göttlichen Intellekt, wie er dem Akt des göttlichen Willens vorausgeht". Ord. I, dist. 44 qu. un. N. 6, zit. nach *Böckenförde* 2006, S. 285. Zu Ockham Simonetta 2019, S. 1 ff.
105 Zu Austin, Bix 2017, S. 1 ff.
106 Austin 1832, S. 5 f.
107 Austin 1832, S. 12 f.
108 Austin 1832, S. 128 f. u. 139 u. 378.

dass Soldaten einen Befehl, der gegen die Menschenwürde verstößt, nicht zu befolgen brauchen und einen, der auf die Begehung einer Straftat gerichtet ist, nicht befolgen (§ 11 I, II dSG) bzw. gar nicht erst erteilt werden dürfen (§ 6 I öSG). Das zeigt, dass die Setzung nicht weniger als die Durchsetzung des Rechts keine rein faktische Machtausübung ist, sondern in ihrem Rechtscharakter davon abhängt, dass sie rechtlichen Voraussetzungen genügt.

Zurecht betont die Imperativentheorie, dass Recht das Ergebnis von Entscheidungen ist. Gerade hierdurch löst sich das Recht von der Geschichte, trifft eine Auswahl unter möglichen inhaltlich richtigen Regelungsalternativen. Durch den Befehl wird klargestellt, was als verbindliche Handlungsanweisung gelten soll und was nicht. Dem Befehl kommt also eine Selektionsfunktion zu.

Wenn sie einzig auf die staatliche Setzung des Rechts abstellen, sind solche Rechtsbegriffe jedoch *zu eng* gefasst. Sie verkennen erstens das aus einer gleichmäßigen Verhaltensübung und der Überzeugung ihrer Verbindlichkeit hervorgehende Gewohnheitsrecht (vgl. u. S. 154 f.). Mag das ein zunehmend historisches Problem sein, gibt es zweitens jedoch nichtstaatliche moderne Rechtsformen, die zunehmend an Bedeutung gewinnen. Besonders im Bereich des internationalen Kaufrechts, der (neuen) lex mercatoria – für die Phänomene der „lex sportiva internationalis" oder der „lex electronica" ist das Entsprechende festzuhalten –, ist die Ausbreitung nichtstaatlichen Rechts unter den Vorzeichen der Globalisierung zu beobachten.[109] Zur rechtlichen Bewältigung der weltweiten, arbeitsteiligen Handelsprozesse wurden von den beteiligten Kaufleuten, Banken, Industrieunternehmen, Versicherern und Anwälten Regelungszusammenhänge hervorgebracht, die sie für sich als verbindlich ansehen. Dieses Recht wird durch allgemein anerkannte, teilweise den nationalen Rechtsordnungen entlehnte Rechtsprinzipien, Übungen und sonstige Verhaltensregeln geprägt.

So herrschaftsfrei diese Rechtsentstehung zunächst erscheint, werden doch auch bei dieser gesellschaftlichen Rechtsentstehung Formalisierungstendenzen sichtbar: Auf der Rechtsfolgenseite werden nicht nur die vertraglichen Pflichten vereinbart, sondern zugleich Regelungen bei Verletzung dieser Pflichten, nach denen dann etwa ein Schiedsgericht anzurufen ist. Die Sanktion wird also einer rechtlichen Regelung unterworfen. Aber auch die Rechtsentstehung ist inzwischen immer stärker geordnet. Die entwickelten Regeln werden in Listen festgehalten. „Precedents" der hier stark beteiligten Schiedsgerichte dienen als Orientierungspunkte. Die Formalisierung scheint so weit vorangetrieben zu sein, dass sog. „Öffnungsklauseln" die Listen für neuere Rechtsentwicklungen zugänglich machen müssen.

---

109 Zumbansen 2003, S. 637 ff.; vgl. die Beiträge in Anderheiden/Huster/Kirste 2001.

Die Tendenzen zu einer Formalisierung der lex mercatoria ändern zwar nichts an ihrem Charakter als autonom entstandenes Recht. Mit ihrer Kanonisierung, also Auswahl und Festlegung der relevanten Regelungen, findet aber eine Bindung der Akteure an Recht statt, das ihnen nicht mehr frei zur Verfügung steht. Dieses Recht wird durch – von ihnen frei gewählte – Schiedsgerichte durchgesetzt. Insgesamt könnte man davon sprechen, dass diese gesellschaftlichen Normen reflexiv werden. Recht ist also nicht auf ein staatlich dominiertes Setzungsverfahren angewiesen – auch wenn dies Vorteile an Rechtsstaatlichkeit, Transparenz und sozialer Gerechtigkeit bietet. Um Recht zu sein, müssen Normen nur durch ein formalisiertes Entstehungsverfahren begründet werden.

(β.) Der Normativismus Hans Kelsens

Die Entscheidungsbezogenheit trennt das Recht von anderen Normen bei Hans Kelsen (1881–1973).[110] So bleibt das Recht noch gebunden an die soziale Realität. Die Wirksamkeit wird nicht ausgeblendet, stellt jedoch nicht das maßgebliche Kriterium dar. Die Realitätsnähe sowohl der bisher vorgestellten genetischen als auch der wirksamkeitsorientierten Rechtsbegriffe kann jedoch zum Problem werden. Muss nicht gerade die Normativität des Rechts von seiner Tatsächlichkeit unterschieden werden, damit seine Eigenart deutlich wird?

Das hat deutlicher als jeder andere *Hans Kelsen* herausgearbeitet. Er vertritt eine normative, genetisch formale Theorie. Eine Norm gilt nicht aufgrund eines bestimmten Inhalts, sondern weil sie in einer bestimmten Weise erzeugt wurde. Die notwendige Konsequenz seines Ansatzes ist, dass „jeder beliebige Inhalt Recht sein" kann.[111] Inhaltlich bezeichnet Recht Regeln zur „Ordnung menschlichen Verhaltens". Zur Ordnung werden diese Regeln jedoch nur dadurch, dass sie einen gemeinsamen Geltungsgrund haben.[112] Will man nicht in unzulässiger Weise Normen mit den einer ganz anderen Kategorie zugehörigen Tatsachen vermengen, muss der Geltungsgrund normativ sein. Aus Tatsachen lassen sich keine Normen ableiten.[113] Dadurch unterscheidet sich Kelsen vom Gesetzespositivismus *Karl Magnus Bergbohms* (1849–1927): Nicht die Tatsache der Setzung oder Durchsetzung ist Grundlage des Rechts, sondern seine Ableitung aus höheren Normen.

---

110 Zu ihm siehe auch unten den Steckbrief.
111 Kelsen 1960, S. 201.
112 Kelsen 1960, S. 32.
113 Kelsen knüpft dabei an Erkenntnisse des englischen *George Edward Moore* (1873–1958) an. Der wies nach, dass man für den Ausdruck „gut" beliebig oft einen empirischen Ausdruck einsetzen könne; immer stelle sich die Frage, warum und inwiefern dieser Ausdruck etwas Gutes bezeichne („Open Question Argument"). Wer etwas Normatives oder Werthaftes durch einen natürlichen Ausdruck definiere, begehe einen „naturalistische Fehlschluss" von Tatsachen auf das Sollen, Moore 1903, S. 10.

Jede Norm muss also im Ableitungszusammenhang des Stufenbaus der Rechtsordnung stehen: Ein Einzelakt darf etwa aufgrund einer Rechtsverordnung erlassen werden, diese aufgrund eines Parlamentsgesetzes, dessen Grund wiederum die Verfassung ist. Doch warum ist die Verfassung Recht? Anders als *Carl Schmitt* (1888–1985) in der Tradition des *Abbé Sieyès* (1748–1836) annimmt, ruht deren Rechtsqualität nach Kelsen nicht einfach in einem Akt der verfassunggebenden Gewalt des Volkes, das sich eine Verfassung gibt. Auch dies wäre ja nur ein Faktum. Die Normativität der Verfassung kann nur erklärt werden, wenn diese selbst auf eine Norm zurückgeführt wird. Damit droht jedoch ein infiniter Regress: Die Geltung einer Rechtsnorm hängt davon ab, dass sie aus einer anderen Norm hervorgeht, die wiederum aus einer höheren Norm folgt usw. Der Regress würde gar nichts erklären, sondern nur die Erklärung ins Unendliche verschieben. Zur Lösung des Problems führt Kelsen die „Grundnorm" ein. Er erläutert die Grundnorm mit einem Beispiel:

> „Ein Vater befiehlt seinem Kind. zur Schule zu gehen. Auf die Frage des Kindes: warum soll ich zur Schule gehen, mag die Antwort lauten: weil der Vater es befohlen hat und das Kind den Befehlen des Vaters gehorchen soll. Fragt das Kind weiter: warum soll ich den Befehlen des Vaters gehorchen, mag die Antwort lauten: weil Gott befohlen hat, den Eltern zu gehorchen und man den Befehlen Gottes gehorchen soll. Fragt das Kind, warum man den Befehlen Gottes gehorchen soll, das heißt: stellt es die Geltung dieser Norm in Frage, ist die Antwort: dass man diese Norm eben nicht in Frage stellen, das heißt nicht nach dem Grund ihrer Geltung suchen, dass man diese Norm nur voraussetzen könne".[114]

Die Grundnorm stellt ein Sollen vor, das zur Befolgung der betreffenden Rechtsordnung verpflichtet. Die Grundnorm kann keine von einer Autorität gesetzte Norm sein. Sie ist vielmehr die Bedingung der Möglichkeit der Erkenntnis von Recht. Damit besitzt sie keine rechtliche Verbindlichkeit, sondern ist eine rechtslogische Voraussetzung zum Verständnis des Rechts.[115]

Auch verkennt Kelsen nicht das Zwangsmoment des Rechts. Mit Augustinus fragt er jedoch: Was unterscheidet die Androhung von Zwang durch einen Räuber von der Androhung des Zwangs durch den Staat?[116] Das Merkmal für diese Abgrenzung ist die Rückführung der Zwangsbefugnis des Staates auf eine ihn ermächtigende Norm.[117] Eine *Wirksamkeitschance* gehört mithin nach Kelsen zum Rechtsbegriff.[118] Setzung und Durchsetzung sind jedoch als Tatsachen das Problem, dessen Lösung der Nachweis ihrer Geltung als

---

114 Kelsen 1960, S. 199.
115 Dies war Kelsens Ansicht vor der Spätphase; in dieser sah er die Grundnorm dann als Fiktion im Vaihinger'schen Sinne an. Dazu näher Albrecht 2020 (im Erscheinen).
116 Augustinus, Vom Gottesstaat IV, 4.
117 Kelsen 1960, S. 47.
118 Kelsen 1960, S. 10 f.

Recht ist. Dieser Nachweis geschieht durch die Beziehung auf höherrangiges Recht.[119]

Nun ist sicher zuzugeben, dass auf diese Weise die Unterscheidung von Sein und Sollen konsequent durchgesetzt und die Normativität eines Rechtssatzes nicht aus einer Seinstatsache abgeleitet wird; doch wie kann eine solche Grundnorm die Normativität des Rechts als Recht begründen, wenn sie ein – auch von Kelsen für wesentliches gehaltenes – Kriterium des Rechts, nämlich gesetzt zu sein, nicht teilt. Und dass zum Recht keine Normen gehören, die von Natur aus gelten, davon ist Kelsen zutiefst überzeugt. Die Reinheit der Rechtslehre macht sie zu einem puren Normativismus, der die Verbindung von empirischen und normativen Elementen auflöst. Um das Problem der Einheit des Rechts als Ordnung zu lösen, werden seine Normen auf einen nichtrechtlichen Grund – die Grundnorm – gestützt. So kann zwar die Normativität des Rechts erklärt werden, nicht jedoch das Recht als Recht. Recht unterscheidet sich von anderen Normen durch seine Gesetztheit und durch seine Durchsetzbarkeit, auch wenn diese – insofern ist dem Rechtbegriff Kelsens zuzustimmen – wiederum rechtlich geprägt sind.

(3.) Recht und Diskurs

(a.) Die Diskurstheorie von Robert Alexy

Prozedurale Rechtstheorien nehmen an, dass sich Recht nicht durch logische Deduktion, sondern durch eine bestimmte Form des Austauschs von Argumenten finden und begründen lässt. Sie werden also dem Gedanken gerecht, dass wir den Rechtsbegriff nicht einfach vorfinden, sondern dass er das Ergebnis von methodisch geordneten Verfahren ist. Insofern sind sie genetische Theorien des Rechts.

Ob diese Theorien formal oder material sind, ist nicht offensichtlich. In dieser Frage unterscheiden sich die Diskurstheorien des Rechts von *Jürgen Habermas* und *Robert Alexy*. Während Habermas einen formalen Unterschied von moralischen und rechtlichen Diskursen annimmt, geht Robert Alexy von einem notwendigen Zusammenhang zwischen verschiedenen praktischen Diskursen aus. Dieser Zusammenhang wird durch den Anspruch auf Richtigkeit, den sie erfüllen müssen, hergestellt.

In praktischen Diskursen geht es um die Geltung von normativen Aussagen. Die Diskurstheorie will dafür rationale Regeln finden. Ihr Anspruch ist nicht, dass bei Einhaltung der Diskursregeln ein einzig richtiges Ergebnis herauskommt, sondern dass es rational begründbar ist. Nicht auf diese Weise begründbare Argumente sind diskursiv unmöglich und auszuscheiden. In diesem Sinne hat *Robert Alexy* nicht nur vorhandene Argumentationsformen

---

119 Kelsen 1960, S. 218 f.

erfasst und sorgfältig analysiert, sondern auch Thesen für ihren richtigen Gebrauch aufgestellt und begründet. Er sucht zunächst bestimmte Grundregeln einer jeden Kommunikation, in der es um Wahrheit oder Richtigkeit geht, wie z. B., dass man sich nicht widersprechen darf oder von dem überzeugt sein muss, was man behauptet.[120] Während diese Regeln allgemein für praktische Kurse gelten, findet der juristische Diskurs unter eingeschränkten Bedingungen statt. Seine Ergebnisse müssen im Rahmen der Rechtsordnung rational begründbar sein.[121]

Insofern stellt der juristische Diskurs einen „Sonderfall des allgemeinen praktischen Diskurses" dar. Alexy vertritt diese „Sonderfallthese" in der Variante einer „Integrationsthese". Diese These besagt, „dass die Verwendung spezifisch juristischer Argumente auf allen Stufen mit der allgemeiner praktischer Argumente zu verbinden ist".[122] Die Überschreitung der juristischen Argumente findet also nicht nur dann statt, wenn keine juristischen Argumente mehr möglich sind, um einen Fall zu entscheiden („Additionsthese") oder sogar nur dann, wenn eine Lösung nicht zwingend dem Gesetz entnommen werden kann („Sekundaritätsthese"). Die juristische Argumentation ist vielmehr – geleitet vom Anspruch auf Richtigkeit – in jedem Fall nicht auf rein rechtliche Argumente beschränkt. Die Sonderfallthese meint also zwar nicht, dass der juristische Diskurs Teil des moralischen ist; beide sind jedoch Teile des allgemeinen praktischen Diskurses. Im allgemeinen praktischen Diskurs sind „moralische, ethische und pragmatische Fragen und Gründe miteinander verbunden" und durchdringen sich.[123] Es gibt also keine eindeutigen Abgrenzungskriterien zwischen dem Rechtsdiskurs und anderen praktischen Diskursen.

(b.) Die Diskurstheorie von Jürgen Habermas

Die Diskursarchitektur von *Jürgen Habermas* unterscheidet sich hiervon. Wahrheit und Richtigkeit bedeutet auf Gründe gestützte Akzeptabilität in Diskursen.[124] Der Anspruch auf Richtigkeit ist im jeweiligen Diskurszusammenhang einzulösen. Der Anspruch auf rechtliche Richtigkeit wird damit im Rechtsdiskurs erfüllt, ohne dass ein Rückgang auf einen anderen Diskurs notwendig ist. Zwar ist auch Habermas der Ansicht, dass „sich der juristische Diskurs ... gegenüber ... pragmatischen, ethischen und moralischen Gründen offenhalten" muss.[125] Daraus ergibt sich für ihn jedoch nicht, dass „juristische Diskurse als Teilmenge moralischer Argumentationen begriffen werden

---

120 Alexy 1991, S. 234 ff.
121 Alexy 1991, S. 264.
122 Alexy 1991, S. 38.
123 Alexy 1995, S. 173.
124 Habermas 1994, S. 277
125 Habermas 1994, S. 282.

dürfen".[126] Das hatte freilich auch Alexy nicht behauptet, sondern nur, dass juristische Diskurse mit moralischen, ethischen und pragmatischen Fragen und Gründen verbunden sind.[127] Gemeinsam mit *Klaus Günther*[128] nimmt Habermas jedoch an, dass der juristische Diskurs eine Entlastungsfunktion gegenüber dem moralisch-praktischen Diskurs besitzt, weil er sich nur auf beschränkte Gesetze, nicht aber auf Moral im Allgemeinen bezieht.[129] Er teilt somit zwar die gleiche formale Struktur von praktischen Diskursen, ist aber von moralischen Diskursen unterschieden. Moralische Argumente sind in juristischen Diskursen nicht zulässig. Die formale Struktur von praktischen Diskursen (Habermas: „Diskursprinzip") kann somit in rechtsförmig institutionalisierte juristische und politische Diskurse einerseits und moralische Diskurse andererseits unterschieden werden.

Nach Habermas beziehen sich „Moralische und juristische Fragen ... gewiß auf dieselben Probleme ... Aber sie beziehen sich auf dieselben Probleme in je verschiedener Weise".[130] Bei der Bezugnahme auf die gleichen sachlichen Probleme in Gestalt von Handlungskonflikten löst die Moral das Problem als ein Wissenssystem, während das Recht „zugleich auf institutioneller Ebene Verbindlichkeit gewinnt".[131] Das Wissenssystem ist universalistisch angelegt, während das Rechtssystem durch seine raumzeitliche Lokalisierung konkreter und so von den weitreichenden Ansprüchen der Moral entlastet ist.[132] Es setzt die Fähigkeit zur Übernahme vernünftiger Handlungsmuster in das Handeln nicht voraus wie die Moral, sondern abstrahiert hiervon und verlangt nur die äußere Regelkonformität. Während Moral nur gilt, weil die Normen um ihrer selbst Willen zu befolgen sind, reicht es dem Recht, dass sie wegen der drohenden Sanktion im Falle der Nichtbefolgung beachtet werden. Aufgrund dieses Unterschieds ist auch der Verfahrensmodus zur Begründung des Rechts ein anderer. Er findet in der institutionalisierten Form des demokratischen Verfahrens statt.[133]

Die besondere Durchsetzbarkeit des Rechts verlangt nach einem besonderen Entstehungsmodus. Der institutionellen Verbindlichkeit korrespondiert die Notwendigkeit der institutionalisierten Begründung des Rechts durch ein demokratisches Verfahren. Der Einzelne soll als privater Bourgeois nur solchen Normen unterworfen sein, denen er als öffentlicher Citoyen hat zustimmen können.

---

126 Habermas 1994, S. 283.
127 Alexy 1995, S. 172 f.
128 Günther 1989, S. 182.
129 Günther 1989, S. 182.
130 Habermas 1994, S. 137.
131 Habermas 1994, S. 137.
132 Habermas 1996, S. 296.
133 Habermas 1994, S. 196 ff.

Im Ergebnis hängt die Einordnung der Diskurstheorie in materiale oder formale Rechtstheorien davon ab, ob sie den Rechtsdiskurs gegenüber moralischen Argumenten öffnet oder nicht. Während dies bei Alexy über den Anspruch auf Richtigkeit geschieht, ist der juristische Diskurs bei Habermas gegenüber dem moralischen abgeschlossen und nur in formaler Weise vom allgemeinen Diskursprinzip geprägt.

II. Was ist Recht? – Der Begriff des Rechts

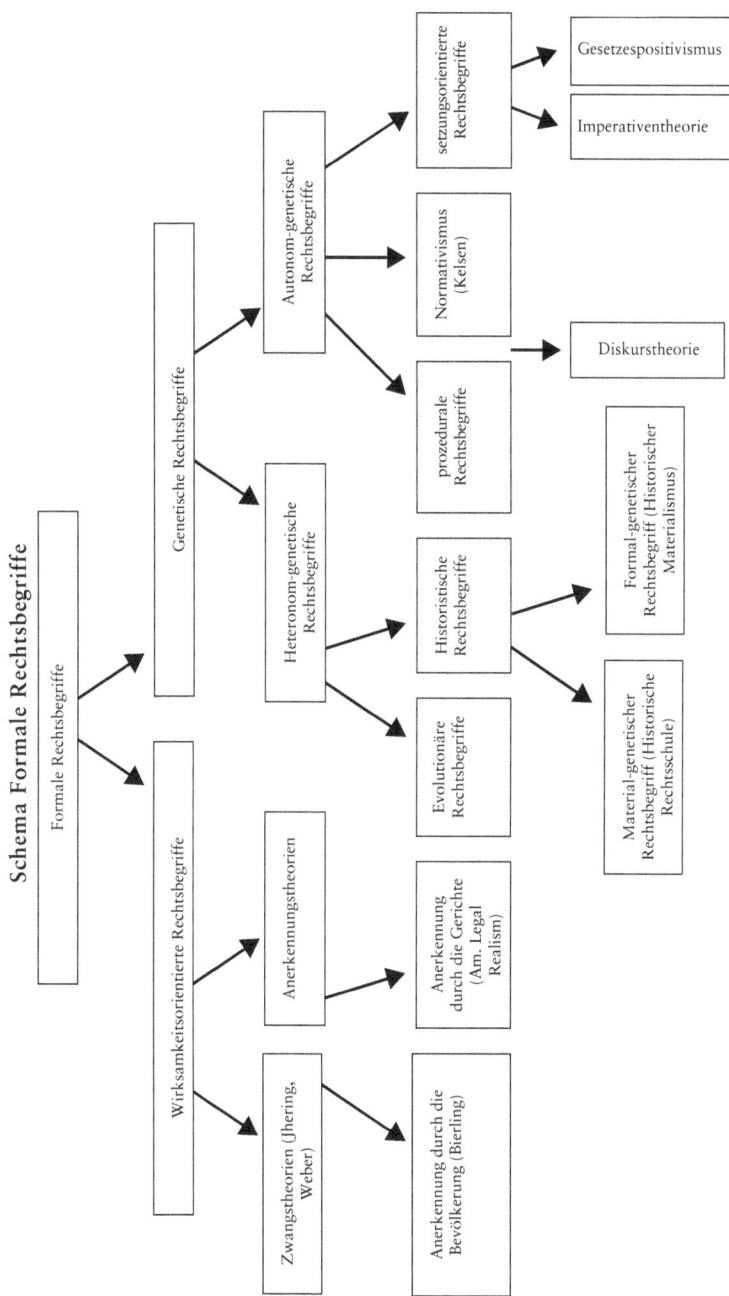

4. Zusammenfassung

Recht verstehe ich damit als eine Norm oder eine Ordnung von Normen. Innerhalb dieser Gattung geht die hauptsächliche Auseinandersetzung darum, welches die Abgrenzungskriterien zu anderen Normen wie der Moral sind. Die materialen Rechtsbegriffe können nicht erklären, warum ihre Forderungen etwa nach Gerechtigkeit oder Sicherheit gerade durch das Recht erfüllt werden sollen und nicht durch die Moral oder einen Diktator. Sie berücksichtigen ferner nicht hinreichend, dass der Rechtsinhalt nicht einfach vorgefunden wird, sondern das Ergebnis von Beratungs- und Entscheidungsprozessen ist. Das sprach für Theorien, die das Recht ohne Rücksicht auf seinen Inhalt durch die Entstehung oder Wirksamkeit erklären wollen. Die dafür angeführten empirischen Kriterien wie Anerkennung oder Zwang sind jedoch ebenfalls nicht in der Lage, die Eigenart des *rechtlichen* Zwanges zu erklären. Sie sind also nicht hinreichend spezifisch. Sie sehen auch nicht, dass modernes Recht gerade dem Zwang Grenzen setzt. So lässt sich sagen, dass weder ein bestimmter Regelungsinhalt, noch seine Wirkungsweise das Recht bestimmt, sondern umgekehrt das Recht selbst über die von ihm geschützte Gerechtigkeit und Art und Umfang seiner Durchsetzung entscheidet.

Angemessen ist danach ein normativer Ansatz, der das Recht durch seine reflexive Struktur erklärt: Rechtsnormen werden gesetzt und vollstreckt. Ihre Entstehung, damit auch die Dauer ihrer „Existenz" und ihre Durchsetzung, sind jedoch selbst durch Normen geregelt. Diese Sekundärnormen begründen und beschränken die Befugnis zur Erzeugung von Recht. Sie setzen den auf das Recht bezogenen Diskursen Grenzen, die diese, wie auch das Recht selbst, von anderen Diskursen abgrenzen.

Insoweit ich noch *Hans Kelsen*. Doch steht dieser vor dem Problem, dass er das Recht ausschließlich normativ, bzw. „normlogisch" erklären kann. Seine Grundnorm vermittelt irgendwelchen rechtsbezogenen Entscheidungen einen unspezifischen normativen Sinn. Der Rechtsbegriff soll jedoch die besondere *rechtliche* Normativität erklären. Dass Recht auf Entscheidung beruht, darf nicht als bloßes Faktum verstanden werden; Recht beruht vielmehr auf einer normativ gebundenen diskursiv legitimierten Entscheidung und wird durch normativ gebundene Entscheidungen durchgesetzt.

Unter Berücksichtigung dieser reflexiven Struktur, bestimme ich Recht als Normen, deren Entstehung und Durchsetzung durch Normen geregelt wird. Nicht, *dass* die Norm tatsächlich gesetzt und durchgesetzt wird, macht sie zu einer Rechtsnorm, sondern dass ihre Setzung und Durchsetzung normativ geregelt ist, begründet ihren Rechtscharakter. Entscheidend ist auch keine „Wirksamkeitschance"; denn auch eine Norm, die tatsächlich nicht durchgesetzt werden kann, ist dennoch Recht, wenn sie in einem rechtlich geordneten Verfahren erzeugt wurde und für ihre Durchsetzung ein rechtlich geordnetes Verfahren vorgesehen ist.

Diese Normen sind nun nicht inhaltsleer. Sie sind Ausdruck etwa von Gerechtigkeitsvorstellungen und verfolgen Ziele wie die Schaffung von Sicherheit, oder kurz: Sie sind selbst Ausdruck von Werten.[134] Blickt man nur auf diese materialen Prinzipien (z. B. Gerechtigkeit, Gemeinwohl), kann der Inhalt von Rechtsnormen und anderen Normen – annähernd – gleich sein. Zumeist sind es auch diese Inhalte, die den Gesetzgeber und den Anwender motivieren. Entscheidend ist jedoch, dass diese inhaltlichen Prinzipien nur in der Rechtsform und nur soweit zu Recht werden, als diese Form es zulässt. Weder gibt es eine Rechtsnorm ohne Inhalt noch einen Regelungsinhalt ohne Rechtsform. Insofern haben auch die materialen Ansätze ihre Bedeutung. Die Rechtsform bringt sowohl in der Art ihrer Setzung (z. B. demokratische Gesetzgebung) und Durchsetzung (z. B. Folterverbot) als auch in ihren Regelungen materiale Prinzipien in eine Rechtsform.

Was in dieser Form, in diesem rechtlichen Verfahren geschieht, kann als „Transformation" bezeichnet werden.[135] Wenn, wie gezeigt, der Rechtsbegriff anhand der Rechtsform bestimmt werden muss, dann bedeutet Rechtsetzung die Überführung von Normen (z. B. Moral) und anderen Vorstellungen (etwa technischen Regeln) in eine rechtliche Form. Da der Inhalt durch die Form geprägt wird, können moralische Gerechtigkeit und rechtliche Gerechtigkeit – bei allen Gemeinsamkeiten – inhaltlich unterschieden werden (s. u.). Da die Form jedoch auf die Ordnung bestimmter Materien zielt, wird auch sie davon beeinflusst.[136] Die Struktur der Form wird jedoch nicht in Frage gestellt.

Transformationsmodell von Recht und Moral

---

134 Summers 1994, S. 68.
135 Kirste 2008a, S. 134 ff.
136 Radbruch 1923/24, S. 343 f. Diese wechselseitige Beeinflussung kommt bei Gustav Radbruch zu kurz.

III. Das Recht als Norm

In diesem Abschnitt sollen Grundstrukturen des Gattungsbegriffs des Rechts („Norm") genauer untersucht werden. Recht wurde bestimmt als diejenige Art von Normen, deren Entstehung und Durchsetzung durch Normen geregelt ist.

1. Normen

a. Der Begriff der Norm

Normen sind Sollensgebote, d. h. in einer gewissen Allgemeinheit ausgedrückte Verpflichtungen. Sie schreiben bevorzugte Handlungsalternativen vor. Der Ausdruck „Norm" kommt aus dem Lateinischen „norma", was so viel wie Richtmaß bedeutet – ein Ausdruck, der letztlich der Architektur entstammt. Später trat noch die Bedeutung von „Normalität" bzw. des Gleichmaßes hinzu. In der Sache war „norma" die Übersetzung des griechischen Ausdrucks „Kanon", der auch heute noch parallel in der Rechtssprache verwendet wird. Er hat jedoch eine spezifische Bedeutung erhalten. Kanon meint einen verbindlichen Zusammenhang von Gesetzen.

(1.) Die Verpflichtung als Sollen

Normen als Sollenssätze müssen von Seins- oder Aussagesätzen unterschieden werden. *David Hume* (1711–1776) und *George E. Moore* (1873–1958) wiesen nach, dass derjenige, der etwas Normatives oder Werthaftes durch einen natürlichen Ausdruck definiere, einen „naturalistischen Fehlschluss" von Tatsachen auf das Sollen begehe.[137] Aus dem Satz „A ist hilfsbereit" folgt also nicht, der Satz „A soll (auch in Zukunft) helfen". Für den Sollenssatz muss vielmehr ein Attribut hinzukommen, dass im Aussagesatz nicht enthalten ist. Dieses Attribut kann aus einem Wert („Caritas") oder einer Pflicht („Du sollst denen, die sich nicht selbst helfen können, beistehen"), nicht aber aus der Erfahrung selbst genommen werden.

Normen setzen *erstens* Handlungsalternativen voraus. Wenn keine Handlungsmöglichkeiten bestehen, weil ein Zustand notwendig eintritt oder das Handeln determiniert ist, würden Normen keinen praktischen, jedenfalls keinen rechtlichen Sinn ergeben. In beiden Fällen könnte die Norm allenfalls die Motive, nicht aber das Handeln selbst verändern. Normen setzen daher sowohl Handlungsfreiheit als auch eine innere Wahlfreiheit voraus.

---

137 Hume (1739/2013, S. 547) stellt in der philosophischen Literatur fest, „daß mir anstatt der üblichen Verbindungen von Worten mit ‚ist' und ‚ist nicht' kein Satz mehr begegnet, in dem nicht ein ‚sollte' oder ‚sollte nicht' sich fände. Dieser Wechsel vollzieht sich unmerklich; aber er ist von größter Wichtigkeit. Dies *sollte* oder *sollte nicht* drückt eine neue Beziehung oder Behauptung aus, muß also notwendigerweise beachtet und erklärt werden"; hierzu auch Paulo/Bublitz 2020, unter 2.2; Moore 1903, S. 10.

Wer wegen einer psychischen Störung nicht in der Lage ist, seine Handlungen zu steuern, kann nicht von den Geboten der Norm betroffen sein. Wer sich hingegen etwa durch Drogen oder Alkohol absichtlich in einen Zustand versetzt, in dem er nicht mehr oder nur noch eingeschränkt handeln kann, der kann ggf. dafür verantwortlich gemacht werden, dass er sich in diesen Zustand versetzt hat (Fälle der „actio libera in causa").

Die Norm schreibt *zweitens* eine Handlungsalternative als vorzugswürdig vor, lässt sie zu oder verbietet eine andere. Welche dies ist, wird in der Norm festgelegt und bedeutet eine Bewertung: Im Hinblick auf den Wert des Lebens soll bei einer faktisch gegebenen Möglichkeit, einen Menschen – etwa bei der aktiven Sterbehilfe – zu töten oder nicht zu töten, der Erhaltung des Lebens der Vorzug eingeräumt werden.

Drittens bezeichnet die Kopula „soll" die eigentliche Verpflichtung. Die Wahl der positiv bewerteten Handlung wird der handelnden Person durch die Norm nicht freigestellt, andererseits wird sie zu ihr aber auch nicht gezwungen. „Sollen" bedeutet mithin weder vollständige Handlungsfreiheit noch Zwang. Das Sollen drückt die Verpflichtung zur Wahl einer der Alternativen und zur Unterlassung einer anderen aus.

Viertens setzen Normen nicht nur Freiheit voraus. Sie bewirken auch Freiheit.[138] Sie verlangen nämlich von demjenigen, der der Norm unterworfen ist, dass er sich nicht seinen vielleicht normwidrigen Neigungen überlässt, sondern die Verantwortung für sein Handeln übernimmt und sich von der Norm motivieren lässt. So erhält der Handelnde ein Motiv, das ihn von der Nötigung durch die Neigungen befreit. Das ist der *Kantische* Gedanke der Pflicht, bzw. der Freiheit als Autonomie: „Das *Sollen* drückt eine Art von Notwendigkeit und Verknüpfung mit Gründen aus, die in der ganzen Natur sonst nicht vorkommt".[139] Damit bringt Kant noch einmal den ganzen Zusammenhang von Sollen und Sein auf den Punkt: Das Sollen stellt den Motiven eine eigene Notwendigkeit vor, die sich von der der Natur unterscheidet, eine „Kausalität aus Freiheit", wie er an anderer Stelle ausführt.[140]

(2.) Kategorische und hypothetische Verpflichtung

Die Verpflichtung kann kategorisch oder hypothetisch sein. Ein kategorisches Sollen enthält keinerlei Beschränkung der Verpflichtung, sondern fordert sie unbedingt: „Handle so, dass die Maxime Deiner Handlung Grundlage einer allgemeinen Gesetzgebung sein könne". Die zweite Form der Verpflichtung besteht darin, das gesollte Verhalten von näher gekennzeichneten Bedingungen abhängig zu machen: Nach § 58 I S. 1 der LBO von

---

138 Zu dieser Wechselbezüglichkeit vgl. Rodriguez-Blanco 2018, S. 4 f.
139 Kant: KrV, S. 498.
140 Kant KrV, S. 506.

3. Kapitel: Die Rechtstheorie

Baden-Württemberg[141] gilt: „Die Baugenehmigung ist zu erteilen, wenn dem genehmigungspflichtigen Vorhaben keine von der Baurechtsbehörde zu prüfenden öffentlich-rechtlichen Vorschriften entgegenstehen." Die Bedingungen sind: 1. Es muss um ein genehmigungspflichtiges Vorhaben handeln – genehmigungsfreie Vorhaben bedürfen keiner Genehmigung; 2. dürfen diesem keine öffentlich-rechtlichen Vorschriften entgegenstehen. Da dies aber auch Normen umfassen würde, die besser von anderen als den Baurechtbehörden untersucht werden, wird die zweite Bedingung eingeschränkt durch 3., Vorschriften, die von der Baurechtsbehörde zu prüfen sind. Wenn diese drei Bedingungen erfüllt sind, besteht die Verpflichtung der Behörde, die Baugenehmigung zu erteilen. Diese Genehmigung hat dann die Wirkung, dass das Bauverbot gegenüber dem Bauherrn aufgehoben wird. Auch dieses Verbot hat die Form eines hypothetischen Imperativs: „Wenn Du für ein genehmigungspflichtiges Vorhaben keine Genehmigung besitzt, darfst Du nicht bauen".

Im Recht hat man es ganz überwiegend mit hypothetischen Sollenssätzen zu tun.[142] Das Recht richtet sich auf das äußere Handeln, das seinerseits unter Bedingungen steht, über die es nicht verfügen kann. Daraus ergibt sich die Grundstruktur vollständiger Rechtsnormen. Den Bedingungssatz nennt man dabei den Tatbestand; die auf sein Vorliegen angeordnete Konsequenz ist die Rechtsfolge. Im Tatbestand werden gewisse Lebensumstände ausgewählt, an deren Eintritt eine Rechtsfolge eintreten soll. In der Rechtsfolgeanordnung können verschiedene Konsequenzen festgesetzt werden. Außerdem kann der Grad der Notwendigkeit des Eintritts der Rechtsfolge (Ermessen oder gebundene Entscheidung) festgelegt werden: Auf die Erteilung der Genehmigung hat der Bauherr einen Anspruch. Die Behörde muss dann die Genehmigung erteilen, wenn die Voraussetzungen gegeben sind. In anderen Fällen besteht ein Entscheidungsspielraum.

Eine Ausnahme davon und mithin ein kategorisches Gebot besteht dann, wenn ein Sollenssatz an keine Bedingungen geknüpft ist, weder an empirische noch an normative, mit denen er abwägbar sein müsste. Ein derartiger Satz ist etwa: „Die Würde des Menschen ist unantastbar. Sie zu achten und zu schützen ist Aufgabe aller staatlichen Gewalt" (Art. 1 I GG; Art. 1 EuGrCh). Nach der Verfassung soll es keinen Umstand geben, der zu einer Bedingung der Menschenwürde dienen könnte – auch nicht die Würde eines anderen. Unantastbarkeit, Achtung und Schutz der Würde des Menschen könnten also als kategorische Verpflichtung der Verfassung verstanden werden.

---

141 Ein österreichisches Beispiel wäre etwa § 56 AVG: „Der Erlassung eines Bescheides hat, wenn es sich nicht um eine Ladung (§ 19) oder einen Bescheid nach § 57 handelt, die Feststellung des maßgebenden Sachverhaltes, soweit er nicht von vornherein klar gegeben ist, nach den §§ 37 und 39 voranzugehen". Hier sind zwei Negativbedingungen formuliert.
142 Moniz Lopes 2017, S. 1f.

Diese Frage ist bei der sog. Rettungsfolter (Aussageerzwingung) bzw. den „ticking bomb"-Fällen zum Problem geworden. Wenn der Staat den Entführer fasst, der aber das Versteck des Opfers nicht preisgeben will, darf ihn der Staat dann foltern? Nach der gängigen Objektformel ist die Folter eine Verletzung der Menschenwürde, weil sie den Gefolterten für das staatliche Aufklärungsinteresse instrumentalisiert und ihn nicht als autonomes Subjekt achtet. Nach dieser Formel macht allerdings auch der Entführer das Opfer zum Objekt für die Erreichung seiner erpresserischen Ziele. Damit stehen sich die vom Entführer verletzte Würde des Opfers und die vom Staat nicht anzutastende Würde des Entführers gegenüber.[143] Wird jetzt die kategorische Verpflichtung zu einer hypothetischen? Darf er den Schutz der Würde des Straftäters davon abhängig machen, dass dieser nicht seinerseits die Würde des Opfers verletzt? Wer die Frage bejaht, schreibt den ersten Satz der deutschen Verfassung/EGRCh um: „Wenn jemand nicht selbst die Würde eines anderen verletzt, darf seine Würde nicht verletzt werden". Die Pflicht zur Nichtverletzung ist eine kategorische Verpflichtung („unantastbar"). Die Schutzpflicht zugunsten des Opfers verlangt jedoch ein Handeln des Staates. Dieses darf wie alles staatliche Handeln nur mit rechtmäßigen Mitteln erfolgen. Ein Mittel, das die Würde verletzt, ist jedoch kein rechtmäßiges Mittel. Mit anderen Worten: Der kategorischen Unterlassungspflicht – „Die Würde des Menschen ist nicht anzutasten" – steht die hypothetische Handlungspflicht gegenüber: „Wenn und soweit der Staat dies mit rechtmäßigen Mitteln tun kann, ist er verpflichtet, die Würde des Opfers zu schützen". Ein Schutz durch Folter ist danach ausgeschlossen.

(3.) Arten des Sollens: Verbot, Gebot, Erlaubnis

Die möglichen Arten des Sollens der Norm sind Verbote, Gebote, Erlaubnisse und Duldungen (deontische Modalitäten). *Verbot* ist die Verpflichtung, eine Handlung nicht vorzunehmen oder einen bestimmten Erfolg nicht eintreten zu lassen. *Gebot* ist die Verpflichtung, eine Handlung vorzunehmen oder einen bestimmten Erfolg herbeizuführen. *Erlaubnis* ist die Zulassung einer Handlung.

(a.) Verhalten, Handlung, Tun und Unterlassen

Bei diesen Modalitäten von Verpflichtungen steht der Begriff der Handlung im Zentrum. Über den Begriff der Handlung gibt es schon in den Rechtswissenschaften sehr unterschiedliche Auffassungen, die sich auch von denen anderer Wissenschaften unterscheiden.

Wenn wir die Ausdrücke so wählen, dass sie auch zu Erkenntnissen anderer, besonders empirischer Wissenschaften (Soziologie und Verhaltensbiologie)

---

143 Brugger 1995, S. 414 u. 446 ff.

passen, können wir so einteilen: *Verhalten* meint ganz generell die Äußerung eines Wesens, sei diese nun determiniert oder geschehe sie aus Freiheit. Ein Schmetterling, der von einer Blüte angezogen wird und sich dort niederlässt, verhält sich wie auch ein Rechtsphilosoph, der darüber nachdenkt, wie er die Begriffe Verhalten und Handlung in ein sinnvolles Verhältnis zueinander setzen kann. Der Unterschied liegt darin, dass der Schmetterling in seinem Verhalten determiniert ist, der Rechtsphilosoph, der es vielleicht auch gerne wäre, um leichter zu Ergebnissen zu kommen, die Begriffe jedoch aus freien Stücken zusammenbringen muss. Er beginnt vielleicht mit einem Vorurteil über das Verhältnis der Begriffe, befreit sich jedoch durch Nachdenken davon, indem er Verständnisalternativen entwickelt. Zwischen diesen muss er sich dann entscheiden. Verhalten, das aus einem gewissen Nachdenken (natürlich nicht notwendig philosophischem) über die Motive des Handelns erfolgt, wollen wir „Handlung" nennen. Handlung ist mit anderen Worten ein Verhalten aus Freiheit.

Handlungen können nun in einem aktiven Tun oder in einem Unterlassen bestehen. Ein aktives *Tun* ist die Realisierung der Wahl einer Handlungsalternative unter Nichtrealisierung der ausgeschlossenen Handlungsalternativen. Ein Rechtsphilosoph mag also etwa entscheiden, über den Begriff der Handlung nachzudenken und ignoriert dabei viele andere attraktive Handlungsweisen, wie etwa, sich ein Eishockeyspiel anzusehen, gute Musik zu hören etc. Ein *Unterlassen* hingegen bedeutet, eine bestimmte Handlungsalternative nicht zu verwirklichen und irgendeine andere auszuführen. Der gedachte Rechtsphilosoph bricht sein Nachdenken über den Begriff der Handlung ab, weil es spät geworden ist und entscheidet sich für irgendeine ablenkende Tätigkeit, damit ihn der Begriff nicht die ganze Nacht über beschäftigt. Der Vergleichsgesichtspunkt von Tun und Unterlassen als Unterformen der Handlung ist die Bestimmtheit der Handlungsalternative: Sie wird beim Tun ausgeführt, beim Unterlassen nicht. Vor diesem Gesichtspunkt unterscheiden sich Tun und Unterlassen: Derjenige, der eine Handlungsalternative aktiv ausführt, lässt die anderen unberücksichtigt. Er muss gar nicht darüber nachdenken, was ihm dabei entgeht. Deshalb liegt kein Unterlassen dieser Alternativen vor. Denn beim Unterlassen kommt es gerade auf die Nichtrealisierung der *bestimmten* Handlungsalternative an. Derjenige, der eine bestimmte Handlungsalternative nicht ausführt, wählt zwar im Ergebnis irgendeine andere und führt sie aus; sein Augenmerk ist jedoch darauf gerichtet, die eine Handlung jedenfalls nicht vorzunehmen. Nur in Bezug auf diese bestimmte Handlungsalternative ist das Tun die Negation der Unterlassung und die Unterlassung die Negation des Tuns: Wer diese Handlungsalternative ausführt, unterlässt sie nicht; wer sie unterlässt, führt sie nicht aus.

(b.) Die Unterscheidung der Modi der Verpflichtung

Dies vorausgeschickt, können wir uns nun den Modi der Verpflichtung, Verbot, Gebot und Erlaubnis widmen. Wir hatten oben ausgeführt, dass eine Norm Handlungsalternativen voraussetzt. Der Normsetzer trifft eine Auswahl unter ihnen, bewertet die ausgewählte Handlungsalternative und legt eine Verpflichtung zur Ausführung der positiv bewerteten oder die Vermeidung der als negativ angesehenen fest.

Das Verbot untersagt die Vornahme einer Handlung. Das Gebot verlangt sie. Das bedeutet zunächst einmal, dass sich in Bezug auf eine und dieselbe Handlungsalternative Verbot und Gebot ausschließen: Eine Handlung kann nur entweder verboten oder geboten sein. Das ergibt sich sowohl aus der Begründung der Verpflichtung als auch aus ihrer Befolgung. Es würde sich widersprechen, wenn die negativ bewertete Handlungsalternative zugleich positiv bewertet würde. Eine Handlung kann nicht zugleich vorgenommen und nicht vorgenommen werden sollen.

(c.) Das Verhältnis der Modi der Verpflichtung zu den Handlungsweisen

Wie ist nun aber das Verhältnis von Verbot und Gebot zu den Handlungsweisen des Tuns und Unterlassens? Ein Verbot kann sowohl eine Handlung in der Weise des Tuns oder des Unterlassens betreffen. Es kann verboten sein, einen anderen Menschen zu töten (§ 212 dStGB; § 75 öStGB). Es kann auch ausdrücklich verboten sein, bei einem Unglücksfall die erforderliche und zumutbare Hilfe nicht zu leisten (§ 323a dStGB; § 95 öStGB). Ein Gebot kann ebenfalls eine Handlung sowohl in der Weise des Tuns oder des Unterlassens betreffen. Es ist der Verwaltung geboten, einen bestimmten gebundenen Verwaltungsakt (z. B. eine Baugenehmigung) zu erteilen, wenn die Voraussetzungen gegeben sind. Entsprechend kann es geboten sein, die Erteilung des Verwaltungsakts zu unterlassen, wenn die Voraussetzungen nicht erfüllt sind.

Verbot und Gebot können ineinander übersetzt werden, weil sich sowohl Tun als auch Unterlassen auf die Ausführung der Wahl einer bestimmten Handlungsalternative beziehen und weil sie in einem sich ausschließenden Verhältnis stehen: Wenn es verboten ist, X zu tun, dann ist es geboten, X zu unterlassen. Wenn es verboten ist, Y zu unterlassen, dann ist es geboten, Y zu tun. Wenn es verboten ist, auf der linken Straßenseite zu fahren, dann ist es geboten, das Fahren auf der linken Straßenseite zu unterlassen. Wenn es verboten ist, sich dem Wehrdienst zu entziehen, dann ist es geboten, die Wehrpflicht zu erfüllen.

Ist es aber im ersten Beispiel auch geboten, auf der rechten Seite zu fahren? Das wäre nur dann der Fall, wenn sich rechts Fahren und links Fahren ebenso ausschlössen, wie Tun und Unterlassen. Während es jedoch bei Tun und Unterlassen keine weitere Alternative gibt, bleiben beim Verbot des

Linksfahrens noch alternative Handlungsweisen übrig: Man könnte rechts fahren oder links laufen oder die Straße gar nicht nutzen. Nur, weil es gegenüber Tun und Unterlassen keine dritte Handlungsmöglichkeit gibt, ist das Verbot des einen das Gebot des anderen. Sobald weitere Alternativen bestehen, wird dieses disjunktive Verhältnis gesprengt.

Nur bei exklusiven Handlungsweisen, die im Verhältnis eines strikten Entweder-Oder stehen, ist also das Verbot der einen das Gebot der anderen. Gibt es mehrere Handlungsalternativen, führt das Verbot der einen nicht zum Gebot einer anderen.

Verbot und Gebot können auch gekoppelt sein. So kann ein Handlungsgebot für den Fall bestehen, dass ein Verbot missachtet[144] wurde. Beispiel: Die Schadensersatzpflicht aus § 823 I BGB: „Wer vorsätzlich oder fahrlässig das Leben, den Körper, die Gesundheit, die Freiheit, das Eigentum oder ein sonstiges Recht eines anderen widerrechtlich verletzt, ist dem anderen zum Ersatz des daraus entstehenden Schadens verpflichtet." Das Verbot ist ein wenig versteckt im Tatbestand der Schadensersatzpflicht enthalten und lautet: „Du sollst ein Recht (Eigentum etc.) eines anderen nicht ohne Rechtfertigungsgrund verletzen". Wer durch seine Handlung das Verbot verletzt, wird vom Handlungsgebot getroffen, Schadensersatz zu leisten.

Verpflichtungen können beschränkt werden. Hierfür kommen sachliche oder zeitliche Beschränkungen in Betracht. Eine zeitliche Beschränkung liegt beispielsweise vor, wenn ein Tun nur vorübergehend verboten wird. Man denke an das *Verbot mit Erlaubnisvorbehalt*. Der Staat verbietet eine bestimmte Verhaltensweise generell, kann aber oder muss ggf. bei Hinzutreten weiterer Umstände an sich verbotene Verhaltensweisen zulassen. Je nach der Art des Verbots kann es sich dabei um ein bloß formelles Verbot handeln, dass der Kontrolle der entsprechenden Verhaltensweisen dient, so dass ein Anspruch auf eine Erlaubnis oder Zulassung besteht, wenn die Voraussetzungen erfüllt sind (*Kontrollvorbehalt*). – Oder es kann eine Tätigkeit generell als unerwünscht angesehen werden – wie etwa das Bauen im Außenbereich, § 35 dBauGB –, bei Eintritt besonderer Bedingungenmuss jedoch eine Ausnahme gemacht werden (z. B. *Verbot mit Ausnahme- oder Dispensvorbehalt*).

---

144 Noch verdeckter sind Verbot und aus seiner Übertretung folgendes Gebot in § 1295 ABGB: „§ 1295. (1) Jedermann ist berechtigt, von dem Beschädiger den Ersatz des Schadens, welchen dieser ihm aus Verschulden zugefügt hat, zu fordern; der Schade mag durch Übertretung einer Vertragspflicht oder ohne Beziehung auf einen Vertrag verursacht worden sein." Ein auch hier wichtiger Unterschied zur deutschen Regelung ist jedoch, dass alle aus der gesamten Rechtsordnung begründeten Schädigungsverbote hier sanktioniert werden. Dem entspricht in Deutschland die Regelung des § 823 II BGB. Dies zeigt die Regelungstechnik, dass die primäre Verpflichtung und die Sanktion bei ihrer Verletzung auch an verschiedenen Stellen der Rechtsordnung zu finden sein können.

(d.) Die Erlaubnis

In dem oben angeführten Straßenverkehrsbeispiel wurde deutlich, dass das Verbot auf der linken Straßenseite zu fahren, nicht bedeutet, dass ein Gebot besteht, auf der rechten Fahrbahn zu fahren. Es gibt vielmehr eine Reihe von Handlungsmöglichkeiten, die nun noch verbleiben. Das lässt sich verallgemeinern: Das Verbot eines Tuns schließt eine bestimmte Handlung aus, lässt aber offen, wie ich im Rahmen sonstiger Verbote handle. Sollen diese Alternativen nicht gewählt werden, müssen sie ebenfalls verboten werden. Die Verpflichtung, nicht zu handeln (sei es Modus eines Verbots zu tun oder eines Gebots zu unterlassen) ist danach für den Normunterworfenen weniger belastend als die Verpflichtung zu handeln (sei es im Modus eines Gebots zu tun oder eines Verbots zu unterlassen).

Dies vorausgeschickt können wir uns nun den Erlaubnissen widmen. Soweit eine Handlungsalternative weder verboten noch geboten ist, darf ich sie ausführen, muss es aber nicht. Wenn ich nicht ausnahmsweise mit einem Fahrverbot belegt wurde, darf ich Auto fahren, muss es aber nicht. Auch das sog. „Rechtsfahrgebot" (§ 2 Abs. 2 StVO/§ 7 Abs. 1 ÖStVO) verlangt nicht zu fahren, sondern gebietet nur, möglichst rechts zu fahren. Erlaubte Handlungen sind also zunächst alle Handlungen, die weder verboten noch geboten sind.

Es würde sich widersprechen, wenn eine Handlung, die der Normunterworfene vornehmen soll, nicht auch erlaubt wäre. Der Bereich der Handlungen, zu denen ich verpflichtet bin, ist also eine Teilmenge der erlaubten Handlungen. *Erlaubte Handlungen* sind alle Handlungen, hinsichtlich derer keine Verpflichtung besteht, nicht zu handeln. Nicht erlaubt sind entsprechend Handlungen, bei denen diese Verpflichtung (Gebot zu unterlassen, Verbot zu tun) besteht. Weil Handlungen Tun und Unterlassen umfassen und weil das Verbot zu tun gleichbedeutend ist mit dem Gebot zu unterlassen, ist es nicht genau genug, wenn man sagt: Erlaubt ist, was nicht verboten ist. Erlaubt ist diejenige Handlungsalternative, deren Tun weder verboten noch deren Unterlassen geboten ist.

Es ist also sinnvoll, die Bereiche des Gebotenen, des Verbotenen und der erlaubten Handlungen zu unterscheiden:

Handlungen (Tun und Unterlassen) hinsichtlich derer keine Verpflichtung besteht, nicht zu handeln: Erlaubte Handlungen		Handlungen, die nicht ausgeführt werden dürfen (Verbot des Tuns, Gebot der Unterlassung)
Gebot des Tuns, Verbot der Unterlassung	Freigestellte Handlungen	

137

(4.) Rechte und Pflichten

Bei der Untersuchung der Normen haben wir bislang vom Subjekt der Norm abgesehen und nur auf das Sollen in seinen Modi des Verbots, Gebots und der Erlaubnis, sowie der Handlungsweisen Tun und Unterlassen konzentriert. Damit deutlich wird, was Rechte und Pflichten sind, kann es dabei nicht bleiben. Wir sehen dabei zunächst davon ab, dass Rechte und Pflichten immer in bestimmten Verfahren begründet und in entsprechenden Verfahren durchgesetzt werden, wie dies dem hier vorgestellten Rechtsbegriff entspricht.

Zwar gibt es Pflichten, denen niemand als Berechtigter gegenübersteht, jedoch keine Rechte ohne einen oder mehrere entsprechend Verpflichtete. Während also Rechte relational sind, können Pflichten auch nicht-relational sein. Nichtrelationale Pflichten können etwa die staatlichen Schutzpflichten sein, soweit sie nur objektive Verpflichtungen des Staates enthalten. Hier besteht keine Relation zwischen der Pflicht des Staates, den Bürger vor bestimmten Gefahren zu schützen und einem Anspruch des Bürgers auf diesen Schutz. Der Bürger ist Begünstigter, aber nicht Berechtigter der Schutzpflicht. Pflichten, denen kein berechtigtes Subjekt korrespondiert, können als „objektive Pflichten" bezeichnet werden. Keine objektiven Pflichten sind Pflichten gegenüber der Allgemeinheit. Ein Beispiel hierfür sind Grundpflichten wie die Wehrpflicht. Hier ist das berechtigte Subjekt nicht nur der Einzelne, sondern die Allgemeinheit. Objektive und subjektive Pflichten gibt es in allen Modi der Verpflichtungen und Handlungsweisen.

Unter einem subjektiven Recht wird allgemein die Erlaubnis verstanden, von einem anderen eine Handlung zu verlangen.[145] Das subjektive Recht ist also ein Anspruch. Nach dem zuvor Gesagten kann sich der Anspruch auf ein Tun oder Unterlassen richten.

Derjenige, an den sich das subjektive Recht richtet, ist der Verpflichtete. Das subjektive Recht setzt wenigstens ein verpflichtetes Subjekt voraus. Je nach dem Kreis der Verpflichteten können subjektive Rechte wiederum unterschieden werden in absolute und relative Rechte. Absolute Rechte sind solche, die gegenüber jedermann wirken. Ein Beispiel ist das Eigentum, wie es in § 903 BGB[146] und § 362 ABGB[147] geregelt ist. Relative Rechte wirken hinge-

---

[145] Wellmann 2017, S. 1 ff. gibt eine gute Übersicht über gegenwärtige Theorien. – Kirste 2020.

[146] „§ 903 Befugnisse des Eigentümers. Der Eigentümer einer Sache kann, soweit nicht das Gesetz oder Rechte Dritter entgegenstehen, mit der Sache nach Belieben verfahren und andere von jeder Einwirkung ausschließen. Der Eigentümer eines Tieres hat bei der Ausübung seiner Befugnisse die besonderen Vorschriften zum Schutz der Tiere zu beachten".

[147] „§ 362. Kraft des Rechtes, frey über sein Eigenthum zu verfügen, kann der vollständige Eigenthümer in der Regel seine Sache nach Willkühr benützen oder unbenützt lassen;

gen nur inter partes. Das sind z. B. vertragliche Ansprüche. Die eingegangenen Verpflichtungen stehen hier zudem in einem Gegenseitigkeitsverhältnis: Die Verschaffensverpflichtung wurde nur eingegangen, weil der Käufer die Verpflichtung zur Zahlung des Kaufpreises übernommen hat („do ut des").

b. Zusammenfassung

Normen enthalten Verpflichtungen in Bezug auf Handlungen. In Gestalt von Sollenssätzen wird die Ausführung bestimmter Handlungsalternativen verboten, geboten oder auch nur erlaubt. Die Handlungen können in einem Tun oder Unterlassen bestehen. Im Recht werden Verpflichtungen zumeist als hypothetische Imperative formuliert, die die Handlung an bestimmte Voraussetzungen knüpfen. Als „Richtschnur" lenken Normen die Handlungsmotive hin zu wertvollen Akten. Weil sie mit den unmittelbar auftretenden, und häufig von egoistischen Leidenschaften, Interessen etc. geprägten Motiven brechen und ein allgemeines Maß aufstellen, ermöglichen sie zugleich die Vermittlung der Handlung mit denen anderer Menschen und tragen zur Freiheit bei.

2. Norm und Wert

Als es um die Wertbegründung des Rechts ging, hatten wir verschiedene Theorien des Wertes diskutiert (s. o. S. 71). Hier gilt es, den Begriff des Wertes von dem der Norm abzugrenzen. Was sind nun Werte?[148]

In klassischer Weise hat *Aristoteles* den Wert als angestrebtes Gut bezeichnet: „Jedes praktische Können (techné) und jede wissenschaftliche Untersuchung (methodos), ebenso jede Handlung (praxis) und jede Entscheidung (proaíresis) strebt nach einem Gut, wie allgemein angenommen wird. Darum die richtige Bestimmung von ‚Gut' als ‚das Ziel, zu dem alles strebt'".[149] Werte sind Sinnstiftungen, die etwas als gut darstellen.[150] Der Wert ist also ein gesetztes Ziel des Handelns. Wie Normen bestehen Werte, indem sie gelten. Die Norm ist demgegenüber ein Mittel, um die Motive des Handelns auf dieses Ziel hinzuordnen. Sie verbindet das Bekenntnis zum Wert mit der Sollensanordnung, diesen Wert („Rechtsgut") auch zu verfolgen (Gebot) oder nicht zu verletzen (Verbot). Häufig können deshalb Werte durch Auslegung von Normen ermittelt werden. Der Wert selbst stellt – jedenfalls in Bezug auf ein bestimmtes Normensystem – einen Endzweck dar. In der Philosophie wird

---

er kann sie vertilgen, ganz oder zum Theile auf Andere übertragen, oder unbedingt sich derselben begeben, das ist, sie verlassen".
148 Eingehend zu Werten im Recht Kirste 2023, S. 83 ff.
149 Aristoteles NE 1094 a 1–5.
150 Alexy 2006, S. 126.

skeptisch beurteilt, ob eine Letztbegründung von Werten und eine darauf begründete Rechtsordnung möglich ist.[151]

Der Verfassunggeber kann eine solche Ordnung jedoch für das Recht festlegen und damit ein inhaltliches Fundament für die Verfassung legen. Während der österreichische Verfassunggeber unter dem Einfluss des Wertrelativismus von *Hans Kelsen* insofern zunächst skeptisch war und Werte erst durch die EMRK und die EGRCh ins Bewusstsein treten, enthält das Grundgesetz insbesondere in den Grundrechten und Staatsstrukturprinzipien eine solche, im Kern sogar nicht änderbare Wertgrundlage (Art. 79 III GG). Für unsere Zwecke reicht es festzuhalten: Normen enthalten Verpflichtungen.

Normen und Werte unterscheiden sich nur in Bezug auf das Sollen, nicht in Bezug auf ihren Inhalt. Werte wie Menschenwürde, Freiheit, Gleichheit, Toleranz, Solidarität, Leistungsbereitschaft können sowohl als Rechts- oder Verfassungsgut als auch als Norm angesehen werden. In der Form des Wertes sind diese Güter häufig in den Präambeln zu Verfassungen oder auch von Rechtserklärungen aufgeführt. Werte werden aber auch im Rechtstext erwähnt. So heißt es in Art. 2 EUV: „Die Werte, auf die sich die Union gründet, sind die Achtung der Menschenwürde, Freiheit, Demokratie, Gleichheit, Rechtsstaatlichkeit und die Wahrung der Menschenrechte einschließlich der Rechte der Personen, die Minderheiten angehören ...". Hiermit wird zunächst die gemeinsame Wertgrundlage der Mitgliedstaaten beschrieben.[152] Als höchster Wert der Europäischen Rechtsordnung gilt die Menschenwürde (Art. 1 EuGrCh). Die „Wahrung der Menschenrechte" wird dann durch die Anerkennung von Unionsgrundrechten (EuGrCh) und Menschenrechten (EMRK) konkretisiert. Die subjektiven Grundrechte sind also Konkretisierungen der Werte. Ferner helfen diese Werte bei der Auslegung des Rechts.

Grundlegende, Wert enthaltende Normen können dann Prinzipien genannt werden. Mit *Robert Alexy* lässt sich unterscheiden: Prinzip ist eine bestimmte Art von Gebot, nämlich ein Optimierungsgebot. Als Gebot ist es ein Sollenssatz und daher dem deontologischen Bereich zugehörig. Werte sind Aussagen über das Gute und gehören zum axiologischen Bereich.[153] Soweit ein Satz als Wert verstanden wird, ist er damit jedoch keine Norm, denn er enthält kein Sollen. Wird umgekehrt ein „Wert" als Verpflichtung interpretiert, dann handelt es sich um ein Prinzip. Dies ist möglich, weil sich Prinzipien und Werte nicht durch ihren Inhalt oder Sinn, sondern durch ihre Funktion unterscheiden: Wert = *Aussage* über das Gute; Prinzip = Optimierungs*gebot*.

---

151 So etwa Kuhlmann 1985; skeptisch Wetzel 1994, S. 117 ff.
152 Das bedeutet nicht, dass die Werte nicht laufend durch eine europäische Öffentlichkeit weiterentwickelt müssten, Kirste 2015, S. 125 f.
153 Alexy 2006, S. 133.

3. Rechtsnormen

Damit haben wir die normativen Komponenten, die wir auch zum Verständnis der Rechtsnormen benötigen, beisammen. Recht ist jede Norm, deren Entstehung und Durchsetzung durch andere Normen geregelt ist. Normen sind Sollenssätze, die im Modus von Verbot, Gebot oder Erlaubnis auf eine Handlung (Tun oder Unterlassen) gerichtet sind. Sehen wir uns einige Arten von Normen etwas näher an.

a. Rechtserzeugungsnormen

Rechtserzeugungsnorm ist eine Norm, die eine Erlaubnis und das Verfahren zur Aufstellung von Normen regelt.

Solche Erlaubnisse zur Aufstellung von Normen können Rechte oder Befugnisse sein. Die Privatautonomie gibt dem Einzelnen das Recht, unabhängig von staatlicher Einflussnahme mit anderen Verträge abzuschließen und so Rechte und Pflichten zu begründen (Privatautonomie). Der Staat hat die Befugnis zur Rechtsetzung hingegen nur, wenn er auch die Kompetenz dazu besitzt. In einem Bundesstaat sind die Kompetenzen dabei zwischen dem Bund und den Ländern aufgeteilt. Bund oder Land müssen dann eine Verbandskompetenz für die entsprechende Rechtsetzung besitzen. Wenn beispielsweise der Bund als Verband die Kompetenz zur Rechtsetzung besitzt, stellt sich noch die Frage, welches Organ dazu befugt ist. Die Organkompetenz zur Gesetzgebung besitzen beispielsweise in der Bundesrepublik Deutschland Bundestag und Bundesrat (Art. 78 GG), in Österreich der Nationalrat gemeinsam mit dem Bundesrat (Art. 24 BVG).

Nicht jede Erklärung, die ein Bürger aufgrund eines Rechts dazu abgibt, und nicht jede Norm, die ein derartiges, kompetentes Organ möglicherweise erlässt, ist damit schon Recht. Willenserklärungen müssen den dafür vorgesehenen Form- und Verfahrensvorschriften genügen. Um ein Haus zu kaufen, reicht es auch für den von der Immobilie spontan begeisterten potentiellen Käufer nicht aus, dem Verkäufer vor Ort zu sagen, er nehme es. Auch wenn der Verkäufer einwilligt, ist doch eine notarielle Beurkundung erforderlich (§ 311b I BGB).[154] Neben der Einhaltung derartiger Formvorschriften, sind aber Verfahrensregeln zu beachten. Im Gesetzgebungsverfahren gibt es bestimmte Rechte zur Gesetzesinitiative (Art. 76 GG; Art. 41 f. BVG).

Die Entstehung modernen Rechts ist also weit davon entfernt, ein Machtspruch im Sinne eines Befehls zu sein (vgl. noch einmal o. S. 89). Die Erzeugung verbindlichen Rechts folgt vielmehr Verfahren, die den vorgängigen Austausch von Argumenten zulassen, um eine rationale Grundlage der verbindlichen Norm zu schaffen. Sie beteiligen die Verpflichteten, damit die

---

154 Zur Vertragsform in Österreich vgl. § 883 ff. ABGB.

verbindliche Entscheidung legitim ist. Damit berücksichtigen sie zugleich Forderungen der Anerkennungstheorien (s. o. S. 43).

b. Durchsetzungsnormen

Damit eine Norm eine Rechtsnorm ist, muss sie nicht nur in einem rechtlich normierten Verfahren gesetzt, sondern ihre eventuell erforderliche Durchsetzung gegenüber drohender oder tatsächlicher Nichtbefolgung ebenfalls normiert sein.

Die Durchsetzung von Normen gegen den Willen eines Verpflichteten, der sie nicht befolgen möchte, ist nicht der Normalfall der Wirksamkeit einer Norm. Die legitimierende Wirkung der Rechtsentstehung trägt vielmehr dazu bei, dass – wenn auch in unterschiedlichen Rechtsbereichen verschieden stark – Rechtsnormen überwiegend akzeptiert und befolgt werden. Zudem können die Sanktionsnormen schon als Drohpotential Wirkung entfalten und die Realisierung der Normen absichern.

Die Durchsetzung der Norm wird zunächst durch Einwirkung gesichert. Verbote, eine Handlung vorzunehmen, werden entweder durch unmittelbaren Zwang unterbunden oder durch die Androhung von Zahlungspflichten im Falle des Zuwiderhandelns durchgesetzt. Verpflichtungen zum Tun können in verschiedener Weise durchgesetzt werden. Der Vertragspartner kann z. B. auf Erfüllung eines Kaufvertrages klagen. Wenn eine öffentlich-rechtliche Verpflichtung in einer vertretbaren Handlung besteht, kann ein anderer sie auf Kosten des Verpflichteten ausführen. Schwieriger ist es mit Handlungen, die nur der Pflichtige vornehmen kann (höchstpersönliche Verpflichtungen). Wenn z. B. ein Zeuge vor Gericht nicht erscheinen oder nicht aussagen will, kann diese Handlung nicht durch einen Dritten ersetzt werden. Hier kann die Androhung von Zwangsgeld, ggf. sogar von Zwangshaft, auf den Zeugen einwirken. Letztlich kann seine Handlungspflicht jedoch nicht durchgesetzt werden.

Sanktionen sind Reaktionen auf die Nichtbeachtung einer Norm. Die Sanktion bestehen in der Zufügung von Nachteilen oder im Entzug von Vorteilen. Sanktionsnormen koppeln eine Verpflichtung mit einem (weiteren) Gebot: Wer z. B. das Eigentum eines anderen verletzt, ist zum Ersatz des daraus entstehenden Schadens verpflichtet. Wer einen Diebstahl begangen hat, ist zu bestrafen (§ 242 dStGB; § 127 öStGB). Besonders im Strafrecht ist die Sanktion nicht nur eine Reaktion auf die Straftat, sondern dient der vorbeugenden Strafbekämpfung (Prävention). Durch die erfolgte Normverletzung unterscheidet sich die Sanktion von anderen Formen der Durchsetzung.

Gerade auch an der Normierung der Normdurchsetzung zeigt sich der Unterschied von Rechtsnormen und anderen Normen: Der Einzelne nimmt nicht als Richter in eigener Sache sein Recht selbst in die Hand, sondern überantwortet es einem Verfahren mit dem Ziel, Willkür bei der Durchsetzung von Normen zu vermeiden, die neuen Unfrieden stiften würde. So erfüllt das Vollstreckungsverfahren die rechtsstaatlichen Funktionen der Herbeiführung von Rechtsfrieden und Rechtssicherheit.

c. Primär- und Sekundärnormen, Handlungs- und Durchsetzungsnormen

Weil Durchsetzungsnormen die drohende oder tatsächliche Nichtbeachtung von Normen voraussetzen, können sie auch zu den Sekundärnormen gerechnet werden. Sie sind in diesem Sinne abhängige Normen, die sich zumeist an den Rechtsstab richten, weil sie Handlungsnormen für RichterInnen und andere hoheitlich Entscheidende festsetzen oder die Entstehung und Änderung von Rechtsnormen regeln.

Die Unterscheidung zwischen primären und sekundären Regeln geht auf den britischen Rechtstheoretiker *H. L. Hart* zurück. In seinem Werk „Concept of Law" unterscheidet er zwischen Primärnormen als Handlungsnormen und Sekundärnormen.[155] Handlungsnormen finden sich als Ordnungsmuster auch in einfachen Gesellschaften. Diese Struktur wird den Bedürfnissen komplexer Ordnungen nicht gerecht. Daher spezifizieren Sekundärregeln die Art und Weise, in der die primären Handlungsnormen festgelegt, in Kraft gesetzt oder aufgehoben, verändert oder durchgesetzt werden.[156] Die wichtigste derartige Anerkennungsregel ist die „rule of recognition", die selbst keine Norm, sondern Ausdruck der regelhaften Befolgung von Normen durch Gerichte ist.[157] Wir sehen hier von dem schillernden Begriff einer nicht-normativen Regel ab.

Der Zusammenhang zwischen Primär- und Sekundärnormen erlaubt eine zutreffende Perspektive auf die reflexive Struktur des Rechts, solange ihr relativer Charakter deutlich bleibt: Sekundärnormen sind immer relativ zu bestimmten Primärnormen: Sie sind sekundär im Verhältnis zu Handlungsnormen. Das Verbot, einen Menschen zu töten, ist eine Handlungsnorm. In § 212 dStGB/§ 75 öStGB ist sie gekoppelt mit der Sanktionsnorm für den Fall der Übertretung der Norm: Staatliche Gerichte sollen den Täter bestrafen. Dies ist relativ zu dem Tötungsverbot die Sekundärnorm; zugleich ist es eine Handlungsnorm des Gerichts. Art. 74 I Nr. 1 GG/Art. 10 I Nr. 6 BVG enthält die Kompetenz des Bundes zur Regelung des Strafrechts und damit Handlungsnormen für den Gesetzgeber.

Anders als häufig angenommen,[158] können Primärnormen und Sekundärnormen nicht anhand ihres Adressaten (Bürger oder Staat) unterschieden wer-

---

155 Hart 1993, S. 91 ff.
156 Hart 1993, S. 249.
157 Hart 1993, S. S. 101; Dajović 2017, S. 1 ff.
158 Hoerster 2013, S. 16.

den. *Primärnormen* sind Normen, die Gebote, Verbote oder Erlaubnisse enthalten. Sie können sich sowohl an den Staat als auch an den Bürger richten. *Sekundärnormen* statuieren Erlaubnisse oder Gebote für die Entstehung oder Durchsetzung von Primärnormen.

d. Regeln und Prinzipien

Was Prinzipien im Unterschied zu Regeln sind, ist insbesondere durch Ronald Dworkin und Robert Alexy in den letzten Jahren deutlich herausgearbeitet worden.[159] Prinzipien waren uns oben schon bei der Begründung des Rechtsbegriffs und in der Abgrenzung von Werten begegnet (s. o. S. 67 u.104). Auch wenn wir dem Prinzipieneinwand gegen die Abgrenzbarkeit von Recht und Moral nicht gefolgt sind, so können wir doch festhalten, dass es Rechtsprinzipien gibt, deren Anwendung einer eigenen Methode folgt, die sich von derjenigen von Regeln unterscheidet.

Regeln, das hatte Dworkin von seinem Oxforder Vorgänger *H. L. A. Hart* übernommen, sind Normen, die in einer – wie er es nennt – „Alles-oder-Nichts-Weise" anzuwenden sind. Gemeint ist damit, dass sie Konditionalprogramme darstellen, die bei Vorliegen des Tatbestandes notwendig zur Anordnung einer Rechtsfolge führen müssen. Die Ausnahmen zu einer Regel seien jedenfalls theoretisch vollständig aufzählbar. Eine vollständige Angabe der Regel würde alle derartigen Ausnahmen mit enthalten.[160]

Anders bei Prinzipien: Ihre gegenläufigen Beispiele sollen nicht abschließend aufzählbar sein. Daraus folgt auch ein anderes Kollisionsverhalten: Während sich zwei kollidierende Regeln gegenseitig ausschalten, so dass nur eine von ihnen anwendbar bleibt, können gegenläufige Prinzipien – man denke z. B. an die Kunstfreiheit des Schriftstellers eines „Schlüsselromans" und das Persönlichkeitsrecht der von ihm dargestellten historischen Persönlichkeit – gewichtet, nämlich insbesondere abgewogen werden. Prinzipien müssen im Fall ihrer Kollision abgewogen werden. Erst dann können sie angewendet werden. Prinzipien sind danach Normen, die gebieten, den in ihnen enthaltenden Wert möglichst optimal zu einer Handlungsnorm zu konkretisieren. Robert Alexy nennt sie daher „Optimierungsgebote". Die Optimierung besteht in einer, bezogen auf die tatsächlichen und rechtlichen Möglichkeiten, möglichst weitgehenden Realisierung des Inhalts eines Prinzips.[161] Beispiele für Prinzipien sind die Grundrechte. Sie enthalten Prima-Facie-Rechte, die erst nach der Abwägung mit gegenläufigen Prinzipien (anderen Grundrechten, legitimen Aufgaben des Staates) zu definitiven Rechten konkretisiert werden.

---

159 Dworkin 1984, S. 42 ff.
160 „logischer Unterschied zu Prinzipien", Dworkin 1984, S. 58 f.
161 Alexy 2006, S. 226.

4. Die Rechtsordnung

Die Normen des Rechts stehen nicht vereinzelt, sondern in einem notwendigen Zusammenhang. Dieser Zusammenhang ist die Rechtsordnung. Notwendig ist der Zusammenhang als Erzeugungszusammenhang. Eine Norm, die nicht in einem Erzeugungszusammenhang mit anderen Normen steht, ist kein Recht.

a. Zwei Dimensionen der Rechtsordnung

(1.) Die formale Rechtsordnung

Ansatzpunkt für die Analyse der Rechtsordnung kann dabei die Struktur der Rechtsnorm sein. Dem hier zugrunde gelegten Rechtsbegriff folgend, ist sie eine Norm deren Erzeugung und Durchsetzung durch andere Normen geregelt ist. Schon diese reflexive Struktur von Rechtsnormen stellt die einzelnen Primärnormen in einen Zusammenhang mit Sekundärnormen. Formal stehen Rechtsnormen in einem Zusammenhang schon dadurch, dass sie aufgrund bestimmter Rechte oder Kompetenzen und in normierten Verfahren geschaffen und in normierten Verfahren durchgesetzt werden. Aufgrund dieser Herleitung gelten dann Rechtsnormen. Dieser Zusammenhang soll „formale Rechtsordnung" genannt werden.

In diesem Sinn hatten vor allem *Adolf Merkl* (1890–1970) und auf ihn aufbauend *Hans Kelsen* (1881–1973) von einem Stufenbau der Rechtsordnung gesprochen. „Eine ‚Ordnung' ist ein System von Normen, deren Einheit dadurch konstituiert wird, dass sie alle denselben Geltungsgrund haben; und der Geltungsgrund einer normativen Ordnung ist ... eine *Grundnorm*, aus der sich die Geltung aller zu der Ordnung gehörigen Normen ableitet".[162] Auch wenn die hypothetische Grundnorm als Erklärungsgrund der Rechtsordnung nicht überzeugt (s. o. S. 92), ist doch das Verständnis der Rechtsordnung, verstanden als ein Erzeugungszusammenhang, ein wichtiges Erklärungsmuster des Zusammenhangs von Rechtsnormen.[163] Ohne diese Einheit der Erzeugung stünden die Normen des Rechts vielleicht in einem inhaltlichen Ableitungszusammenhang. Dieser wäre jedoch nicht von denen anderer Normensysteme, wie etwa denen der Moral, zu unterscheiden. Jede Auseinandersetzung dort würde die Einheit der Rechtsordnung gefährden. Jede Dynamik in den moralischen Grundlagen würde sich in die Dynamik der Rechtsordnung übersetzen. Das formale System der Rechtsordnung entkoppelt die Prozesse der Rechtsveränderung von denen der moralischen und ethischen Entwicklung und ermöglicht so, dass sie in einem bewussten Prozess des Nachdenkens gezielt wieder aufeinander bezogen werden können.

---

162 Kelsen 1960, S. 32.
163 Kelsen 1960, S. 239.

(2.) Die materiale Rechtsordnung

Ein materialer Zusammenhang besteht in Bezug auf den Regelungsgehalt der Rechtnormen oder kann interpretativ entwickelt werden. Diese materiale Rechtsordnung zeigt sich etwa im Zusammenhang von „Allgemeinem Teil" und „Besonderen Teilen" eines Rechtsgebiets wie etwa des bürgerlichen Rechts oder des Sozialrechts. Diese allgemeinen Teile enthalten dann Grundsätze für die verschiedenen besonderen Teile einer Kodifikation, sofern diese nicht speziellere Regelungen enthalten. Sie ziehen also im Wege der Abstraktion gemeinsame Regelungen „vor die Klammer" und sorgen so für einen systematischen Zusammenhang dogmatischer Teile eines Regelungsgebietes.

Ein weiterer Aspekt der materialen Rechtsordnung ist das axiologische System: Rechtsordnungen werden durch grundlegende Wertentscheidungen und Prinzipien geprägt, wie sie etwa in den Grundrechten enthalten sind (s. o.). Rangniedrigere Rechtsnormen verlieren nicht nur ihre Geltung, wenn sie diesen widersprechen; soweit sie Auslegungsspielräume enthalten, sind diese mit Rücksicht auf Prinzipien zu füllen. Anders als man vielleicht erwarten würde, verhindert dieser axiologische Zusammenhang, dass der Interpret bei der Konkretisierung einer Vorschrift auf außerrechtliche – etwa moralische – Wertungen zurückgreifen muss, deren Akzeptanz umstritten sein mag.

(3.) Zum Verhältnis beider Dimensionen

Formale und materiale Dimension der Rechtsordnung können zwar gedanklich unterschieden werden, sie sind aber in der Realität des geltenden Rechts nicht getrennt. Materiale Vorgaben gelten in einer Rechtsordnung nur aufgrund entsprechender formaler Verfahren und Kompetenzen und wirken auf unterrangige Normen nur in diesen Bahnen, z. B. Freiheit, Gleichheit, Menschenwürde als Grundrechte. Umgekehrt gibt es in differenzierten Rechtsordnungen mit Verfassungen keine rein formale Rechtordnung, denn immer wirken Wertentscheidungen auch auf die Rechtserzeugung.

Dennoch kann es Spannungen geben. So können Normen einer niedrigeren Normstufe zwar den formalen Vorgaben für ihre Erzeugung, nicht aber den materialen entsprechen und dennoch gelten. Ein Bescheid, der nicht rechtzeitig mit einem förmlichen Rechtsbehelf angefochten wurde, erwächst in formelle Bestandskraft, auch wenn er inhaltlich rechtswidrig ist. Er ist dann verbindlich, obwohl er im Widerspruch zu höheren Normen steht. Ein Urteil, gegen das nicht rechtzeitig Rechtsmittel eingelegt wurden, wird rechtskräftig. Auch hier besteht eine Übereinstimmung mit den formalen Voraussetzungen seiner Erzeugung, u. U. aber eine Spannung zu den inhaltlichen Maßstäben. In beiden Fällen kann die Rechtssicherheit die Aufrechterhaltung der Entscheidung rechtfertigen. Sie verlangt, dass einem Streit irgendwann ein Ende gesetzt werden muss.

b. Die Bedeutung der Rechtsordnung

Die Rechtsordnung bringt die reflexive Struktur des Rechts zum Ausdruck. Im Mikrobereich zeigt die Rechtsordnung, dass eine Norm, um Recht zu sein, nie vereinzelt ist, sondern, dass sie aus einem durch Normen gesteuerten Verfahren hervorgeht und ggf. ebenso vollzogen wird.

Im Makrobereich steht die Norm im Zusammenhang mit weiteren gesellschaftlichen Kontexten. Dies zeigt sich am sog. „reflexiven Recht". Unter „reflexivem Recht" wird in der Literatur eine bestimmte Art von Recht bezeichnet, nämlich dasjenige, das nicht aus staatlicher Setzung, sondern aus gesellschaftlicher und halbstaatlicher Selbststeuerung durch Verbände, Kirchen etc. hervorgeht.[164] Diese Auffassung unterscheidet also verschiedene Formen des Rechts primär nach ihrer Entstehung und sekundär auch anhand ihrer Durchsetzung. Staatliches Recht ist nicht die einzige Form, in der funktionierende Normensysteme geschaffen werden und operieren. Weite Bereiche des internationalen Rechts, aber auch der gesellschaftlichen Selbstregulierung zeichnen sich durch andere Rechtsformen aus. Das gilt etwa auch für die Rechtsstrukturen in den brasilianischen Armenvierteln, den Favelas oder im autonomen Recht der indigenen Bevölkerung.

Problematisch ist diese Auffassung nur dann, wenn sie als reflexiv nur einen Teilbereich des Rechts ansieht. Es gehört vielmehr in dem geschilderten Sinn zur Struktur von Recht überhaupt, reflexiv zu sein. Normen, die nicht in der geschilderten Weise entstanden sind und durchgesetzt werden, sind kein Recht. Innerhalb des Rechts kann aber nach der Entstehung zwischen staatlichem und sonstigem Recht unterschieden werden.

Geht man von der reflexiven Struktur allen Rechts aus, dann ist die Frage, wie sich reflexiv entstandene gesellschaftliche Normen zu staatlichen verhalten, keine Frage von Nicht-Recht und Recht, sondern eine Frage des Verhältnisses von Rechtsnormen zueinander. Diese auf verschiedene Weise entstandenen Normen können in Konkurrenz zueinander stehen. Es ist nun die Aufgabe des Rechts selbst, derartige Kollisionen zu regeln.

IV. Die Abgrenzung von Rechtsnormen und anderen Normen

1. Einleitung

Ausgehend vom Rechtsbegriff können wir nun Rechtsnormen von anderen unterscheiden. Als Unterscheidungskriterium bietet sich die Entstehungsweise an: Normen können aus autonomen Handlungen hervorgehen oder nicht. Sofern man in Bezug auf Sitte, Brauch, Tradition überhaupt von Normen sprechen kann (s. u.), leben sie davon, von Menschen zwar nicht zielgerichtet geschaffen zu werden, jedoch in Handlungen immer wieder bestätigt zu wer-

---

164 Teubner 1982, S. 13 ff.

den. Moral und auch ein sog. von Natur aus geltendes Recht soll unabhängig von der Befolgung durch Menschen gelten. Zur Veranschaulichung könnte man grob schematisch einteilen:

Normen		
Normierte Normen	Nicht-normierte Normen	
(Positives) Recht	auf menschlichen Handlungen basierende Normen	nicht auf menschlichen Handlungen basierende Normen
	Außerrechtliche Anordnungen oder Vereinbarungen	Moral/Naturrecht

In allen drei Bereichen ist die Möglichkeit willkürlicher Handlungen das Problem, das die Norm als Auswahl unter Entscheidungsmöglichkeiten (Motiven) lösen soll. Sofern diese Norm aber aus einer Entscheidung hervorgeht, entsteht das Problem erneut. Seine Lösung könnte darin bestehen, dass man die Normen, die sich auf menschliche Entscheidungen gründen, durch Normen ordnet, bei denen dies nicht der Fall ist. Da es zum Begriff der Norm nicht notwendig gehört, aus einer menschlichen Handlung hervorzugehen, kann man sich auch einen anderen Ursprung vorstellen. Zwei Alternativen werden vorgeschlagen: (1.) die Vernunft. Sie soll als individuelle oder diskursive Vernunft in einem nicht empirischen Bedingungen unterliegenden Verfahren die richtige Norm finden. (2.) werden Entscheidungen genannt, die nicht menschlich-willkürlich, sondern göttlich sind. Die erste Alternative nutzen Moralphilosophie und rationales Naturrecht. Auf die Möglichkeit einer Entscheidung, deren Willkürlichkeit ausgeschlossen ist, beruht das voluntaristische Naturrecht. Wir sehen uns daher sogleich die drei Bereiche positives Recht (3.), Sitte, Brauch, Gewohnheitsrecht (4.) und schließlich Moral und Naturrecht (5.) näher an.

Bevor wir auf die genannten Normarten eingehen, muss der Begriff der Geltung (2.) näher untersucht werden. Mit seiner Hilfe können wir Verbindung und Trennung von Normen des positiven Rechts, des Gewohnheitsrecht und der Moral beurteilen.

2. Die Geltung und Verbindlichkeit

a. Die juristische Geltung des Rechts

Nicht jede Entscheidung eines Amtsträgers oder die Willenserklärung eines Bürgers existiert schon als Recht. Die Zugehörigkeit zum Recht wird als Geltung des Rechts bezeichnet. *Hans Kelsen* schreibt entsprechend: „Mit dem Worte ‚Geltung' bezeichnen wir die spezifische Existenz einer Norm".[165] Die allgemei-

---

165 Kelsen 1960, S. 9.

nen Kriterien für die Geltung einer Norm ergeben sich aus den Merkmalen des Sinnzusammenhangs innerhalb dessen sie „existieren" soll. Allgemein kann Geltung daher definiert werden als „Zugehörigkeit einer bestimmten Norm zu einer bestimmten Normordnung".[166] Eine Norm, die insofern nicht gilt, gehört dann nicht zu dieser, möglicherweise aber zu einer anderen Normenordnung.

Diesen Sinnzusammenhängen entsprechend kann man verschiedene Formen der Geltung unterscheiden. Eine Rechtsnorm kann danach moralische Geltung haben, wenn sie die Kriterien, die für Moral anerkannt sind, erfüllt. Juristisch gilt eine Rechtsnorm, wenn sie die durch den Rechtsbegriff bestimmten Merkmale des Rechts erfüllt. Sie muss dann aber nicht notwendig moralisch oder sittlich gelten. Da die Geltung jedoch nicht von der Norm selbst, sondern von einem Sinnzusammenhang abhängt, kann eine Norm auch in mehreren Sinnzusammenhängen gelten, wenn sie deren Kriterien erfüllt. Gerechtes Recht z. B. gilt als Recht und als Moral.

Hätten wir nur den Rechtsbegriff in seiner ganz allgemeinen philosophischen Form, würde die betreffende Rechtsnorm aber noch nicht als zu einer bestimmten Rechtsordnung, z. B. zum Recht der Bundesrepublik Deutschland oder der Republik Österreich, gehörig angesehen werden können. Diese Zugehörigkeit wird dadurch hergestellt, dass diese Rechtsordnung Regelungen über die Erzeugung und Durchsetzung von Rechtsnormen schafft, d. h. die Geltungskriterien konkretisiert. Die betreffende Rechtsnorm gilt dann etwa aufgrund der verfassungsrechtlichen Regelungen über das Gesetzgebungsverfahren in der Rechtsordnung des Grundgesetzes oder der Bundesverfassung. Eine Norm, die diese Voraussetzungen erfüllt, hat dann juristische Geltung. Eine Normenordnung gilt sozial, wenn sie im Großen und Ganzen befolgt wird, moralisch, wenn sie einer Moralordnung und rechtlich, wenn sie einer anderen Rechtsordnung zugeordnet werden kann.

b. Die soziale Geltung des Rechts

Von einigen Autoren wird daneben noch der Begriff der „sozialen Geltung" vertreten. Ob eine Norm Recht ist, soll neben der Rechtsgeltung auch von dieser „tatsächliche Geltung" abhängen. Kriterien dieser faktischen Geltung sind je nach genetischem oder wirksamkeitsorientiertem Rechtsbegriff eine hinreichend breite Anerkennung der Norm oder eine hinreichend starke Zwangsgewalt, die die Norm durchsetzt.

(1.) Die faktische Geltung des Rechts

Es bleibt jedoch unklar, was genau mit der sozialen Geltung gemeint ist. Am ehesten leuchtet der Begriff in soziologischer Perspektive ein: Das Recht gilt nach *Theodor Geiger* (1891–1952) faktisch, wenn es tatsächlich den Handlungs-

---

166 Lippold 1988, S. 465. Zum Ganzen auch Kirste 2016, S. 659 ff.

verlauf innerhalb der Gesellschaft beeinflusst. Das ist dann der Fall, wenn es entweder befolgt oder gegen die Verweigerung des Normgehorsams durchgesetzt wird.[167]

Faktische Geltung würde also die Frage beantworten, ob eine Rechtnorm nur gesetzt ist oder auch wirksam ist, oder in den Worten von *Eugen Ehrlich* (1862– 1922), ob sie totes Recht in Büchern oder lebendes Recht darstellt. Zwar hatte sich aus der neukantianisch-dualistischen Perspektive von Wirklichkeit einerseits und Wert andererseits *Heinrich Rickert* (1863–1936) gegen einen derartigen Gebrauch des Wortes „Geltung" gewandt („Etwas, das nur existiert, gilt nie ... Wer sagt, dass ‚Tatsachen' gelten, die nicht Werte sind, redet ungenau, ja, gedankenlos");[168] versteht man jedoch Geltung als Zugehörigkeit einer Bedeutung zu einem spezifischen Sinnzusammenhang, lässt sich dieses Verständnis von sozialer oder tatsächlicher Geltung rechtfertigen. „Faktische Geltung" würde dann bestehen, wenn eine Norm soziale Wirksamkeit besitzt, wenn sie also in einem sozialen Sinnsystem eine Bedeutung hat. Daher ist es hilfreicher von „sozialer Geltung" zu sprechen.

(2.) Wirksamkeit als Geltungsbedingung des Rechts

Unter „faktischer Geltung des Rechts" wird aber auch verstanden, dass eine Norm nur dann *Recht* sei, wenn sie tatsächlich wirksam ist oder jedenfalls eine Wirksamkeitschance besitzt. *Hans Kelsen* glaubt (s. o. S. 92), mit dieser Annahme zwischen zwei Extremen hindurchsegeln zu können: Zwischen der Behauptung, die Geltung einer Norm habe nichts mit ihrer Wirksamkeit zu tun und der Behauptung, die Geltung einer Norm sei identisch mit ihrer Wirksamkeit. Gegen die erste Behauptung führt er an, sie sei „falsch, denn es kann nicht geleugnet werden, dass eine Rechtsordnung als Ganzes ebenso wie eine einzelne Rechtsnorm ihre Geltung verliert, wenn sie aufhört, wirksam zu sein; und dass auch insofern eine Beziehung zwischen dem Sollen der Rechtsnorm und dem Sein der Naturwirklichkeit besteht, als die positive Rechtsnorm, um zu gelten, durch einen Seinsakt gesetzt sein muss".[169]

Eine nichtexistierende Norm wirft jedoch kein Geltungsproblem auf. Ist sie hingegen zwar entstanden, wird jedoch nicht befolgt oder durchgesetzt, so verlangt die Norm gerade, dass sie wirksam gemacht – also: durchgesetzt – wird. Es liegt ein Rechtsproblem vor. Insoweit schreibt *Norbert Hoerster* zu Recht: „Wenn die betreffende Norm nicht bereits zur Rechtsordnung gehörte, hätte der Bürger ... [k]einen Grund sich nach der Norm aus Akzeptanz des Rechts noch aus Furcht vor Sanktionen zu richten ... Was eine Norm zu einer Rechtsnorm

---

167 Geiger 1964, S. 205 u. 207.
168 Rickert 1921, S. 122.
169 Kelsen 1960, S. 215 f.

macht, muss also etwas anderes sein als ihre Wirksamkeit".[170] Anders als Hoerster meint, gilt dieses Kriterium aber auch für die Rechtsordnung insgesamt.

Während somit die Frage, ob eine Rechtsnorm wirksam ist, eine Frage der Soziologie und ihres Geltungsbegriffs ist, ist die Frage, ob eine bestimmte Handlung oder eine tatsächlich gesetzte Norm zum Recht dieser Ordnung gehört, eine Frage der juristischen Geltung des Rechts.[171]

c. Die moralische Geltung des Rechts

Da eine Norm, wie festgestellt, in mehreren Sinnzusammenhängen stehen kann, ist es auch möglich, dass sie in mehrerlei Hinsicht gilt. In der Rechtsphilosophie besteht jedoch Streit darüber, ob eine Norm nur dann Rechtsgeltung besitzt, wenn sie zugleich auch grundlegende moralische Forderungen erfüllt oder ihnen jedenfalls nicht widerspricht.

Ein klares „Ja, eine ungerechte Norm verliert ihre Rechtsgeltung" folgt aus wertbezogenen materialen Rechtsbegriffen. Wenn man beispielsweise mit *Thomas von Aquin* annimmt, das Recht sei ein Ausfluss der Gerechtigkeit als Tugend (vgl. o. S. 70), dann ist eine nach moralischen Maßstäben ungerechte Handlung kein Recht. Die Gerechtigkeit gehört zu wesentlichen Merkmalen des wertbezogenen materialen Rechtsbegriffs. Fehlt sie, ist der Sinnzusammenhang der Handlung mit dem Recht getrennt. *Robert Alexy* spricht insofern von einer starken Verbindungsthese zwischen Recht und Moral bzw. zwischen rechtlicher und moralischer Geltung.[172]

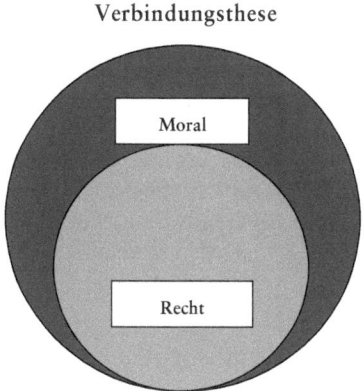

Verbindungsthese

---

170 Hoerster 2013, S. 51.
171 Kirste 2016, S. 672 ff.
172 Alexy 1992, S. 39 f.

3. Kapitel: Die Rechtstheorie

Ein klares „Nein, eine ungerechte Norm verliert ihre Rechtsgeltung nicht" folgt aus den formalen Rechtsbegriffen. Weder ist die Entstehung des Rechts aus einem Befehl oder einem normativ geregelten Verfahren von der Beachtung der Gerechtigkeit abhängig, wenn nicht die Verfahrensregeln Elemente der Gerechtigkeit enthalten, noch nimmt die zwangsmäßige Durchsetzung auf sie Bezug, wenn nicht das Vollstreckungsrecht entsprechende Gehalte inkorporiert hat. Hier kann man von einer Trennungsthese zwischen Recht und Moral sprechen.

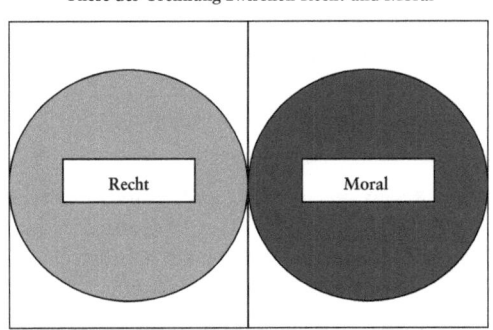

These der Trennung zwischen Recht und Moral

Müssen Rechtsnormen nicht jedenfalls den Anspruch auf ein Minimum an moralischer Geltung erheben, wie wir das bereits bei Radbruch gesehen haben? In diesem Sinne spricht Alexy von einer „schwachen Verbindungsthese" zwischen Recht und Moral.[173] Wenn mit der Aufstellung oder Durchsetzung der Rechtsnorm gar nicht mehr der Anspruch erhoben würde, der Gerechtigkeit zu dienen, verlöre sie ihre Geltung auch als Recht.[174] Auch die Einzelnorm bedarf eines Minimums an moralischer Rechtfertigungsfähigkeit. Den normstrukturellen Hintergrund dieser These hatten wir oben (S. 67) erwähnt: Der Richter erhebe notwendig einen Anspruch auf Richtigkeit, den er mit Argumenten aus Prinzipien einlöse. Diese seien jedoch nicht durch ihre Rechtsform beschränkt, sondern öffneten sich zur Moral. Beispiele sind etwa „Freiheit" (Art. 2 I GG; BVG über den Schutz der persönlichen Freiheit, Art. 5 EMRK; Art. 6 EGrCh), „Treu und Glauben" (§ 242 BGB) oder "gute Sitten" (§ 879 ABGB).

---

173 Alexy 1992, S. 127 f.
174 Alexy 1992, S. 148.

IV. Die Abgrenzung von Rechtsnormen und anderen Normen

Schwache Verbindungsthese

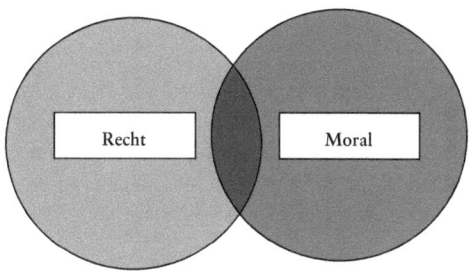

Gegen das Prinzipienargument hatten wir bereits vorgebracht, dass Prinzipien bei ihrer Inkorporation aus der Moral ins Recht transformiert und so in einen spezifisch rechtlichen Sinnzusammenhang gestellt werden, der sie beschränkt. Wenn nun aus einer Norm nicht auf ihre Geltung geschlossen werden kann; wenn sich ferner die Geltung einer Norm aus ihrer Zuordnung zu einem Sinnzusammenhang ergibt; wenn eine Norm also moralisch gilt, weil sie die Geltungskriterien der Moral erfüllt und rechtlich gilt, weil sie die Geltungskriterien des Rechts erfüllt; dann folgt aus der Normstruktur des Prinzips nicht, dass es rechtlich oder moralisch gilt. Das Prinzipienargument, wie es von Alexy und anderen formuliert wird, setzt die Erfüllung dieser Geltungskriterien voraus, nicht folgt umgekehrt die (schwache) Verbindung von Recht und Moral aus diesem.

Ob Rechtsnormen auch moralisch gelten, ist also eine Frage, deren Antwort sich aus der Moral ergibt. Weil der Widerspruch zur Moral aber eine Belastung für das Recht darstellt, geht das moderne Recht immer stärker dazu über, inhaltlich moralische Mindestanforderungen in Recht zu transformieren. Die Grundrechtskataloge und auch die Menschenrechtserklärungen sind deutliche Zeugnisse dafür, dass das Recht die Kriterien der Geltung von Normen als Recht aus sich selbst heraus verschärft hat.

d. Geltung und Verbindlichkeit des Rechts

Geltendes Recht ist verbindlich. Es soll also befolgt werden. Die Verbindlichkeit selbst folgt jedoch nicht aus der Geltung, sondern aus der geltenden Norm. Sie gebietet, verbietet oder erlaubt. Nun gibt es aber keine Verbindlichkeit schlechthin, sondern immer eine bestimmte sittliche, moralische oder rechtliche Verbindlichkeit. Diese bestimmte Verbindlichkeit ergibt sich aus dem Sinnzusammenhang, in dem die Norm beispielsweise in der Moral steht. Das bedeutet, dass die Norm im Beispiel als Moral gelten muss, damit sie moralische Verbindlichkeit besitzt. Entsprechend besitzt eine Norm rechtliche Verbindlichkeit nur, wenn sie als Recht gilt. Die moralische Geltung ist danach nicht Voraussetzung der Rechtsverbindlichkeit einer Norm.

3. Positives Recht

Während „Geltung" die Zugehörigkeit einer Norm zu einem Sinnzusammenhang meint und „Verbindlichkeit" ihr Befolgungsgebot, bezieht sich „Positivität" auf eine bestimmte Art der Erzeugung der Norm. „Positiv" meint dabei, dass die Rechtsnormen durch menschliche Entscheidungen hervorgebracht wurden und nicht etwa „von Natur" aus bestehen.

Die Positivierung ist das oben bei der Darstellung des formalen Rechtsbegriffs bezeichnete tatsächliche Element des Rechts. Sie wird durch den Willensakt eines oder mehrerer Menschen mit dem Inhalt, dass eine Norm gelten soll, hervorgebracht. Das kann z. B. ein Akt der Gesetzgebung der Legislative, aber auch der Erlass einer Rechtsverordnung oder eines Verwaltungsakts durch die Exekutive sein. Auch im Urteilsspruch wird danach Recht gesetzt. Der Willensakt lässt die Norm, die Grundlage der Verbindlichkeit ist, entstehen und beansprucht als Rechtsetzungsakt rechtliche Gültigkeit. Umfasst sind also grundsätzlich auch das Gewohnheits- und das Richterrecht. Welche Entscheidungen als rechtsbegründend für das Recht gelten, ist wiederum eine Frage, die vom Recht selbst zu regeln ist.

Aus der Positivität folgt nicht die Geltung. Eine Rechtsnorm gilt also auch nicht „aufgrund" ihrer Setzung oder Positivierung.[175] Die gesetzte und daher positivierte Norm gilt nur dann als Recht, wenn sie den für ihre Geltung bestehenden normativen Kriterien genügt. Positives Recht meint danach Normen, die unter Beachtung der dafür bestehenden Normen gesetzt wurden.

4. Gewohnheit, Rechtsgewohnheit, Gewohnheitsrecht

Nicht alle Ordnungsmuster für menschliches Verhalten sind allerdings Normen. Auch tatsächliche Ordnungen können Entscheidungsalternativen so weit einschränken, dass die gewünschte Handlung vorgenommen wird. Bestimmte Handlungen, die sich als erfolgreich, sinnvoll oder auch wertvoll erwiesen haben, werden durch ggf. auch rhythmische Wiederholung soweit eingeübt, dass sie gewissermaßen als selbstverständlich und alternativlos erscheinen. Das ist mit Unterschieden im Einzelnen, die uns hier nicht näher beschäftigen können, bei bestimmten Sitten, Konventionen, Bräuchen, Gewohnheiten und Traditionen der Fall. Sie werden nicht befolgt, weil sie befolgt werden *sollen*, sondern weil sie schon immer befolgt wurden. Häufig stiften sie die unhinterfragte Identität einer Gruppe.

---

175 So aber Luhmann 1981, S. 122: Als *positiv* wird Recht bezeichnet, das gesetzt worden ist und kraft Entscheidung gilt".

Das gilt auch für früh-mittelalterliche ortsbezogene, mündliche Rechtsgewohnheiten. Mit ihnen kann man eingeübte Entscheidungsmuster von Rechtsfällen bezeichnen.[176] Rechtsgewohnheit ist eine im Gedächtnis einer Gruppe fortgetragene Entscheidungspraxis, ohne das Bewusstsein davon, dass man in Zukunft einmal anders entscheiden könnte.

Hiervon unterscheidet sich das Gewohnheitsrecht durch die Überzeugung, dass man von einem bestimmten Brauch oder einer Sitte auch abweichen *kann*, aber nicht abweichen *soll*. Entsprechend besteht das Gewohnheitsrecht aus zwei Elementen: die dauerhafte Übung und die Annahme ihrer Verbindlichkeit. Schon die Römische Rechtslehre hatte dafür die Begriffe: „longa consuetudo et opinio necessitatis". Wie lange die Übung andauern musste, war und ist nicht geklärt. Auf wessen Verhalten es ankommen soll, ist ebenfalls umstritten. Sollte die Gewohnheit der Bevölkerung oder der betroffenen Geschäftskreise maßgeblich sein oder die der Richter, die eine bestimmte Gewohnheit als Entscheidungsgrundlage anerkannten und auch als Maßstab für zukünftige Entscheidungen verstanden.

Sowohl die andauernde Übung als auch die Überzeugung sind keine formalisierten Setzungen, sondern gehen aus dem Verhalten der Bürger hervor. Heteronome genetische Theorien, wie etwa die der historischen Schule des *Friedrich Carl von Savigny* (s. o. S. 87), sehen konsequent Gewohnheitsrecht als bevorzugte Entstehungsart des Rechts an: „Die Summe dieser Ansicht also ist, dass alles Recht auf die Weise entsteht, welche der herrschende, nicht ganz passende, Sprachgebrauch als Gewohnheitsrecht bezeichnet, d. h. dass es erst durch Sitte und Volksglaube, dann durch Jurisprudenz erzeugt wird, überall also durch innere, stillwirkende Kräfte, nicht durch die Willkür eines Gesetzgebers".[177] Auch wirksamkeitsorientierte Theorien, insbesondere wenn sie auf die Akzeptanz als Wirksamkeitsfaktor abstellen, haben kein Problem damit, Gewohnheitsrecht als Recht zu begreifen. Kein Wunder also, dass aus ihrem Kreis die sog. „Eigenständigkeitstheoretiker" des Gewohnheitsrechts stammen. Sie nehmen an, dass die beiden Momente langdauernde Übung und Überzeugung von der rechtlichen Verbindlichkeit durch die Bürger die hinreichenden Kriterien für das Bestehen einer Gewohnheit als Recht darstellen. Ebenso bezeichnend ist es, dass die Vertreter eines autonom-genetischen Rechtsbegriffs dies nicht akzeptieren und – wie etwa *J. Austin* – eine staatliche Duldung, Erlaubnis oder Anerkennung von Gewohnheitsrecht fordern. Nach diesen „Abhängigkeitstheorien" ist die Geltung von Gewohnheitsrecht von einer gerichtlichen oder gesetzgeberischen Anerkennung abhängig. Gewohnheitsrecht ist dann nicht Recht aus eigener Kraft, sondern kraft staatlicher Entscheidung.

---

176 Dilcher 1992, S. 147.
177 Savigny Beruf, S. 105.

Dass die letztgenannte Ansicht für das moderne Recht zutreffend ist, zeigt sich auch daran, dass sich bei einer Kollision von Gewohnheitsrecht und Gesetzesrecht das letztere durchsetzt. Höhere demokratische Legitimation verbindet sich hier mit der ausgefeilten Formalität des Gesetzgebungsverfahrens. An die Stelle der Gewährleistung der Rationalität des Rechts durch die lang andauernde Bewährung der Gewohnheit als Grundlage ihres Rechtscharakters ist die Rationalität des Verfahrens zu seiner Setzung in verschiedenen Lesungen und unter Beteiligung des Sachverstandes verschiedener Staatsorgane getreten.

Diese Diskussion ist keineswegs rein akademisch. Unter dem Apartheitsregime in Südafrika wurden jahrzehntelang traditionelle Gewohnheiten der schwarzen Bevölkerung und auf diese gegründete Normen unterdrückt. Die neue Verfassung sollte dies nicht fortsetzen. Deshalb enthält Sec. 211 Abs. 3 die Verpflichtung der Gerichte unter bestimmten Voraussetzungen das traditionelle Gewohnheitsrecht anzuwenden: „The courts must apply customary law when that law is applicable, subject to the Constitution and any legislation that specifically deals with customary law." Dennoch stellen derartige durch Gewohnheit begründete Normen einen Fremdkörper in der Verfassung dar. Was soll etwa passieren, wenn sie Frauen diskriminieren, wie dies etwa mit dem traditionellen Familien- und Erbrecht der Fall war? Das würde das Gleichheitsrecht der Frauen aus der Verfassung verletzen (Sec. 9). Sec. 39 versucht dieses Problem zu lösen, indem es die Gerichte einerseits bei der Interpretation der Verfassung auf die Grundrechte verpflichtet, die im „Bill of Rights" genannten Teil der Verfassung enthalten sind und auf der anderen Seite noch einmal auch insofern die gewohnheitsrechtlich entstandenen Rechte anerkennt: „When interpreting any legislation, and when developing the common law or customary law, every court, tribunal or forum must promote the spirit, purport and objects of the Bill of Rights. The Bill of Rights does not deny the existence of any other rights or freedoms that are recognised or conferred by common law, customary law or legislation, to the extent that they are consistent with the Bill." Hier spielen sicherlich auch unterschiedliche Gerechtigkeitsvorstellungen von traditionalem und modernem Recht eine Rolle. Man nennt dies auch das „Paradoxon der multikulturellen Verwundbarkeit" (*Ayelet Shachar*).[178] Sie führen aber zu einem Geltungskonflikt, wenn die für ihre Anerkennung als Recht maßgeblichen Verfassungsnormen sowohl traditionale, Ungleichheit begünstigende, als auch egalitäre Normen als Recht gelten lassen. Der Konflikt muss dann durch eine Vorrangregel in der Verfassung selbst gelöst werden. Der Umfang, in dem sich dann eine Gewohnheitsnorm durchsetzen kann, wird von der

---

178 Shachar 2000, S. 65: „well-meaning accommodations by the state may leave certain group members vulnerable to maltreatment within the group, and may, in effect, work to reinforce some of the most hierarchical elements of a culture. I call this phenomenon the paradox of multicultural vulnerability".

Verfassung selbst normiert: In diesem Umfang ist die in ihrem Inhalt durch die Gewohnheit begründete Norm dann zu Recht, zu Gewohnheitsrecht geworden. In unserer Unterscheidung: Ihre Positivität hat diese Norm durch das gewohnheitsmäßige menschliche Verhalten und die Überzeugung der Verbindlichkeit bekommen. Ihre Geltung als staatliches Recht aber hängt von der Verfassung ab.

5. Naturrecht

a. Die Bedeutung des Naturrechts

Die Vorstellung, dass das positive Recht in eine Hierarchie von Rechtsnormen eingebunden ist, die der Mensch nicht hergestellt hat, sondern bei hinreichender Einsicht bereits vorfindet, ist sehr alt. Je stärker der Glaube war, dass der Mensch in eine Welt hineingestellt ist, die von höheren Kräften geschaffen und geordnet war – sei das nun die Natur oder ein Gott –, desto stärker war auch die Vorstellung, dass mit dieser Schaffung zugleich die Prinzipien der Ordnung dieser Welt gegeben seien.

Erst als in der griechischen Antike das Bewusstsein der Herstellbarkeit und der Verbesserung dieser Ordnung auftrat,[179] bereitete sich auch die Vorstellung eines Rechts vor, das dem Naturrecht gegenübertreten könne. In der *Sophistik* (5. Jh. v. Chr.) trat dann erstmals der Gegensatz zwischen positivem und Naturrecht deutlich ins Bewusstsein.[180] *Aristoteles* konnte dann schon ganz selbstverständlich feststellen: „Das Polisrecht ist teils Natur-, teils Gesetzesrecht. Das Naturrecht hat überall dieselbe Kraft der Geltung und ist unabhängig von Zustimmung oder Nichtzustimmung (der Menschen)."[181] In der christlichen Philosophie des Mittelalters wurde diese Naturrechtslehre noch stärker ausgeformt. Hier gab es dann die Vorstellung eines ewigen Rechts, das die Grundprinzipien der Ordnung der Welt enthalten sollte und seinem Abbild in den Erkenntniskräften des Menschen in Gestalt des Naturrechts. Auf der untersten Stufe war dann das positive Recht angeordnet, das seine Geltung verlieren sollte, wenn es den höheren Stufen des Rechts widersprach. Optimistische Philosophien erkannten in der Vernunft des Menschen eine Fähigkeit, die richtige Ordnung in ihnen, wie man in der *Aufklärung* des 18. Jahrhunderts meinte, zeitlosen Prinzipien zu erkennen. Auf diese sollte dann die soziale Ordnung durch das positive Recht gebaut werden. *Hegel* sah die Französische Revolution als das Ereignis an, bei dem der Versuch unternommen worden sei, die Welt auf den Kopf, das heißt auf die Vernunft zu gründen. Damit hatten dann aber auch die Naturrechtsnormen ihren

---

179 Meier 1980, S. 427 f.
180 Vgl. die verschiedenen Beiträge in Kirste/Waechter/Walther 2002.
181 Aristoteles, NE V, 10, 1134 b 18 f.; zu Aristoteles' Rechts- und Sozialphilosophie Böckenförde 2006, S. 100 ff.; Jagannathan 2019, S. 2 f. u. hinten.

Weg ins positive Recht gefunden. Die Virginia Bill of Rights, die US Verfassung, die Französische Menschen- und Bürgerrechtserklärung von 1789 und so weiter sind nicht nur Ausdruck des Naturrecht, stimmen nicht nur mit ihm überein, sondern transformieren es in positives Recht. Das konnte dann auch die Philosophie des Rechts nicht unverändert lassen. War sie bis dorthin im wesentlichen Naturrechtslehre, wird sie jetzt, d. h. bei Gustav Hugo (1764-1844) und Georg Wilhelm Friedrich Hegel, „Philosophie des Rechts", so dass das Naturrecht nur noch in eingeordneter Form als Untertitel ihrer Bücher zur Rechtsphilosophie auftaucht. Genau deshalb konnte Hegel auch schreiben: „Das *was ist* zu begreifen, ist die Aufgabe der Philosophie, denn das *was ist*, ist die Vernunft."[182] Das Naturrecht war in seiner Zeit mit allen Schwierigkeiten der Abstraktheit seiner Inhalte zum wirklichen positiven Recht geworden. Trotz mehrfacher Renaissancen naturrechtlichen Denkens in Deutschland im 20. Jahrhundert ist seither rechtlich gesehen das Naturrecht auf eine Lückenbüßerfunktion herabgesunken, auf die man sich immer dann besinnt, wenn das positive Recht seine Gerechtigkeitsgehalte verliert: in Umbruchsituationen und in und nach diktatorischen Regimen wie dem „Dritten Reich" und der DDR. – Wir müssen es bei dieser kurzen Skizze belassen.

So unterschiedlich die Naturrechtstheorien sind, über eines besteht jedoch Einigkeit: Naturrecht ist eine Form nicht-positiver Normen.[183] Wie die Moral sollen diese Normen menschliche Entscheidungen binden ohne aus ihnen hervorzugehen. Sie sollen kraft ihrer Vernünftigkeit (rationales Naturrecht) oder kraft eines göttlichen Willens gelten, der nicht willkürlich sein kann, sondern notwendig das Gute will (voluntaristisches Naturrecht). „Von Natur aus" heißt dann, keinem willkürlichen menschlichen Akt entsprungen zu sein. Sie bezeichnen dann das Urtümliche, den „reinen" Ursprung einer Ordnung wie er in Vorstellungen der Rechtsmythologie ausgebildet wird. Im Zusammenhang damit stehen Auffassungen, die die „natura naturans", das Kontinuierliche dieser Ordnungsmuster, ihre Resistenz gegenüber abrupten Änderungen betonen und auf den Charakter ihrer allmählichen Entwicklung im Sinne eines evolutiven Wachstums abstellen.

b. Die Form des Naturrechts

Ist dieses Naturrecht nun aber Recht in dem von uns bestimmten Sinn? Häufig wird das Naturrecht durch seinen Inhalt bestimmt (s. u.): Es enthält diejenigen Normen, die die Gerechtigkeit des positiven Rechts sichern sollen. Dieses Kriterium grenzt es jedoch nicht hinreichend deutlich vom positiven Recht ab. Denn auch das positive Recht hat mit Gerechtigkeit zu tun.

---

182 Hegel: Grundlinien, Vorwort.
183 Zum Unterschied zwischen Naturrecht und positivem Recht vgl. Viola 2017a, S. 1 ff.

Sinnvoller ist es auch hier, die Abgrenzung anhand der Form vorzunehmen. Versuche, in der Theorie auf dieser Basis zu einer Bestimmung des Naturrechts zu gelangen, gehen häufig negativ vor: Sie nehmen ihren Ausgangspunkt beim positiven Recht und geben dann an, welche Merkmale das Naturrecht nicht besitzt. Danach geht es nicht aus Entscheidungen oder Diskursen hervor, ist nicht zwangsbewährt und soll einen unbestimmteren Inhalt besitzen als das gesetzte Recht. Es setzt dem positiven Recht Maßstäbe und soll so verhindern, dass das positive Recht zum bloßen Machtspruch oder einer willkürlichen Entscheidung verkommt. Da seine Setzung und Durchsetzung jedoch nicht normiert sind, ist das Naturrecht kein Recht.

c. Naturrecht und Moral

Wenn Normen des „Naturrechts" kein Recht sind, so können sie doch als Unterform der Moral verstanden werden. Naturrecht ist der Teil der Moralnormen, die sich auf das rechtliche Handeln beziehen. Die Moral bezeichnet Normen richtigen Verhaltens. Naturrecht würde danach einen gegenständlichen Teilbereich der Moral bezeichnen.

So versteht es etwa *Ralf Dreier* (1931–2018). In Kantischer Tradition sieht er als Naturrecht denjenigen Teil der Moralnormen an, die sich auf „äußeres Verhalten, d. h. die Legalität des Handelns, richten". Hiervon sind „Moralnormen i. e. S." unterschieden, „deren Gegenstand der innere Freiheitsgebrauch, d. h. die Moralität des Wollens, ist".[184] Danach können moralische Normen anhand ihres Regelungsgegenstandes durch das Kriterium von Innerlichkeit und Äußerlichkeit unterschieden werden. Diese Unterscheidung ist sinnvoll, da in der Tat das Naturrecht, auch wenn es als im Gewissen auftretend verstanden wurde, das äußere Verhalten betreffen sollte.

Von Natur"recht" zu sprechen hat seinen Sinn daher, dass sich die entsprechenden Moralnormen auf das rechtliche Verhalten beziehen. „Recht" ist danach das Naturrecht nicht, weil es unter den Rechtsbegriff fällt, sondern weil es Normen betrifft, die auf rechtliches Verhalten, sei es innerlich verbindlich oder sei es orientierend und kritisch, bezogen ist. Ihr *Inhalt* ist also Recht, nicht ihre Form. Ob diese Normen gelten, richtet sich damit auch nicht nach rechtlichen, sondern nach moralischen Geltungskriterien.

Naturrecht oder Moral bezeichnet Normen, die keine Positivität in dem oben genannten Sinne besitzen. Da schließlich Rechtsgeltung und moralische Geltung unterschieden werden müssen und die Rechtsgeltung nicht von der moralischen Geltung von Normen abhängig ist, führt eine Verletzung von Naturrechtsnormen der Moral nicht zum rechtlichen Geltungsverlust.

---

184   Dreier 1987 2/370.

d. Bedeutungsgehalte von Naturrecht

Nun ist damit freilich nicht das letzte Wort über das Naturrecht gesprochen – auch rechtsphilosophisch nicht. Man darf aus dem Umstand, dass die moralische Verbindlichkeit naturrechtlicher Normen nicht mehr so stark empfunden wird und die Begründung allgemeiner höchster Prinzipien zweifelhaft geworden ist, nicht auf ein Versagen des Naturrechtsgedankens schließen. Die Pluralität der Naturrechtsauffassungen schließt zwar zwingende Vorgaben für den Gesetzgeber weitgehend aus – obwohl er sich beim Absinken unter ein bestimmtes Niveau moralisch diskreditiert – erweist sich aber als ein gedankliches Experimentierfeld für Wertungs- und Regelungsalternativen. Dabei haben sich immer wieder konsensfähige Grundsätze herausgebildet, die dann vom Gesetzgeber übernommen wurden. Mit einer gewissen Vergröberung lässt sich daher sagen, dass zunächst die formalen Gehalte der Naturrechtslehre im Rechtsstaat der konstitutionellen Monarchie im 19. Jahrhundert aufgenommen wurden: Rechtssicherheit in Gestalt von Erwartungs- und Durchsetzungssicherheit. Hierauf stützte sich der juristische Positivismus, der skeptisch gegenüber materialen Werten, die Aufgabe des Rechts in der Sicherstellung rechtlicher Erwartungen durch allgemeine, öffentlich bekanntgemachte Gesetze, in öffentlichen Prozessen ermittelte und mit geordneter staatlicher Zwangsgewalt sanktioniere Rechtsverstöße erfüllt ansah. Erst das 20. Jahrhundert führte durch die zahlreichen Verletzungen fundamentaler moralischer Rechte des Menschen in Deutschland zu einem Konsens über die moralischen Kernprinzipien des Rechts, der dann in der Weimarer Reichsverfassung, dem Grundgesetz und verschiedenen Menschenrechtspakten in positives Recht transformiert wurde.[185] Während die „Spielregelverfassung" der Republik Österreichs unter dem Einfluss Hans Kelsens zurückhaltend gegenüber der Transformation von moralischen Gehalten war, stand das ABGB von 1811 unter starkem Einfluss des Naturrechts.[186]

e. Zusammenfassung

Als Naturrecht können danach Normen der Moral verstanden werden, die sich auf das rechtliche Handeln des Menschen beziehen. Ihren Ursprung können sie in einem Gott (seiner Vernunft oder seinem Willen) oder der menschlichen Vernunft oder seiner Natur haben. Sie sind insofern über-positive Normen, als sie nicht aus einem menschlichen Setzungsakt hervorgehen. Ihnen kommt keine rechtliche Geltung zu, da das Verfahren zu ihrer Setzung und – soweit man überhaupt davon sprechen kann – Durchsetzung nicht seinerseits durch Normen geregelt ist. Naturrecht hat Bedeutung für das positive Recht als Ideengeber. Seine Kerngehalte sind in modernen Rechtsordnungen, insbesondere in den Verfassungen, in positives Recht transformiert worden.

---

185 Kirste 2015a, S. 108 f.
186 Fijal/Ellerbrock 1988, S. 519 ff.

V. Zusammenfassung zur Rechtstheorie

Normen sind Recht, wenn ihre Setzung und Durchsetzung normativ geregelt sind. Naturrecht ist danach kein Recht, sondern gehört zur Moral. Nicht erforderlich ist es, dass Recht geschrieben ist oder vom Staat gesetzt oder durchgesetzt wird. Globalisierter, krimineller und indigener Rechtspluralismus sind daher möglich. Hier kann autonom Recht geschaffen werden, das sich häufig im Differenzierungsgrad und in der Durchsetzbarkeit, aber nicht im Begriff von anderen Formen des Rechts unterscheidet. Auch Gewohnheitsrecht wird Recht, wenn die Gewohnheit in einem geordneten Verfahren als verbindlich anerkannt wird. Das ist häufig erst im Gerichtsverfahren oder aufgrund von entsprechenden Verweisen im positiven Recht der Fall. Positiv ist Recht, das gesetzt und durchgesetzt wird. Nicht *weil* eine Norm gesetzt und durchgesetzt wird, ist sie Recht, sondern weil ihre Setzung und Durchsetzung normiert ist. Sie gilt auch nicht aufgrund ihrer Positivität und ist nicht deshalb verbindlich. Vielmehr meint Geltung die Zuordnung einer Norm zu einer Normenordnung als einem Sinnsystem. Dies ist zunächst einmal eine Rechtsordnung (juristische Geltung). Moralische Geltung besitzt eine Rechtsnorm, wenn sie einem Moralsystem zugeordnet werden kann. Soziale Geltung hat sie, wenn sie auch tatsächlich von einem relevanten Teil der Bevölkerung praktiziert wird. Juristische Geltung ist Voraussetzung für die rechtliche Verbindlichkeit der Rechtsnorm, moralische Geltung für ihre moralische Verbindlichkeit. Eine moralisch nicht verbindliche, rechtlich geltende Rechtsnorm kann moralisch gerechtfertigten, faktischen Widerstand erzeugen. Recht wird hier also sowohl begrifflich als auch geltungstheoretisch sowohl von anderen Formen von Normen als auch von Tatsachen unterschieden. Sowohl andere Normen als auch Tatsachen müssen ins Recht transformiert werden, um rechtliche Relevanz zu erlangen.

4. Kapitel: Die Rechtsethik

I. Einleitung

1. Rückblick

Rechtsphilosophie verstehe ich also als wissenschaftliche Reflexion über das juristische Denken. Als Wissenschaft sucht sie nach Erkenntnissen. Über Recht wird zunächst in der Rechtspraxis und in der Rechtswissenschaft nachgedacht. Die Rechtsphilosophie ist insofern (zumindest) Theorie der Rechtswissenschaft. Die Rechtswissenschaft arbeitet mit Begriffen vom Recht. Diese führt die Rechtsphilosophie auf einen gemeinsamen Begriff des Rechts zurück und grenzt so Recht von anderen sozialen Ordnungen ab. Im Kapitel über die Rechtstheorie waren wir vom Begriff der Norm ausgegangen und hatten Recht als reflexive Norm bestimmt: Eine Norm ist Recht, wenn ihre Setzung und Durchsetzung normiert ist. Auf dieser Basis können Recht und Moral begrifflich und in ihrer Geltung voneinander unterschieden werden.

Moral und Naturrecht erfüllen nicht das Kriterium der reflexiven Normentstehung und -durchsetzung. Dadurch ist das Naturrecht – ebenso wie die Moral – inhaltlich nicht bedeutungslos für das Recht. In der Geschichte wurden vielmehr laufend Prinzipien, die als Naturrecht philosophisch durchdacht wurden, in positives Recht transformiert. Auch wenn die Naturrechtslehre heute nicht mehr der einheitliche Ort für die Diskussion der überpositiven Anforderungen an das Recht ist, ist doch zu erwarten, dass von der Moralphilosophie weiterhin Impulse für diesen Transformationsprozess ausgehen.

An diesem Transformationsprozess hatten wir im letzten Kapitel die Form betrachtet. Dabei hatten wir materiale Rechtstheorien, die das Recht durch die Wertverwirklichung, seine Funktion etc. bestimmen wollten, abgewiesen. Zu Recht zeigen diese Begriffe jedoch, dass das Recht in seiner reflexiven Struktur Funktionen erfüllt und inhaltlich richtig sein soll. Damit beschäftigt sich die Rechtsethik.

2. Überblick über die Rechtsethik

Zunächst stelle ich diese Unterdisziplin der Rechtsphilosophie kurz vor (II.). Anschließend widmen wir uns dem Begriff, der den Anspruch auf inhaltliche Richtigkeit des Rechts bündelt: Die Gerechtigkeit (III.). Auch die Gerechtigkeit ließe sich wieder in einen formalen Aspekt der Verfahrensgerechtigkeit und in eine materielle Gerechtigkeit unterscheiden. Wir konzentrieren uns hier auf die materiale Gerechtigkeit. Sie bedeutet ein Verhältnis zwischen Freiheit und Gleichheit, wobei seit der Antike bis in die Gegenwart umstritten ist, wie das Verhältnis bestimmt werden kann. Schon Protagoras hatte vorgeschlagen, den Menschen als Maß der Dinge zu begreifen.[1] Ich möchte die Würde des Menschen als das maßgebende Kriterium für das Verhältnis zwischen Freiheit und Gleichheit in der Gerechtigkeit verstehen. Entsprechend gliedern sich die weiteren Teile des 4. Kapitels in: IV. Menschenwürde, V. Freiheit, VI. Gleichheit. Die Einheit einer Rechtsordnung, in der die Sphären des Einzelnen und der Gemeinschaft geordnet sind, wird seit der Antike mit dem Begriff des Gemeinwohls bezeichnet (VII.).

II. Was ist Rechtsethik?

Die Rechtsethik ist die rechtsphilosophische Lehre vom richtigen Recht. Sie ist also, wie im 1. Kapitel (IV., 3.) ausgeführt, ein notwendiger Teil der Rechtsphilosophie, aber nicht die ganze Rechtsphilosophie. Weil sie zur Rechtsphilosophie gehört und nicht zur Moralphilosophie, geht es ihr nicht so sehr darum – vielleicht berechtigte – Forderungen an das Recht zu stellen. Sie ist aber auf der anderen Seite nicht an die Entscheidungen des Gesetzgebers gebunden. Vielmehr bildet sie Erkenntnisse über die im Recht enthaltenen Aussagen zu seiner Richtigkeit.[2] Die Rechtsethik ist die Reflexionsdisziplin der Richtigkeit des Rechts. Diese bringt sie auf Grundsätze und systematisiert sie. Auf diese Weise bereitet sie diese Grundprinzipien für eine Beurteilung durch andere Normwissenschaften vor. Ihre Frage ist also: Was tut das Recht für die Gerechtigkeit – als Grundlage der weiteren Frage: und was sollte es noch weiter dafür tun?

Würden wir die Untersuchung mit der Rechtstheorie abschließen, hätten wir die Wissenschaft vom juristischen Denken noch nicht zu Ende geführt: Denn die Rechtswissenschaft denkt gerade auch über den Inhalt des Rechts nach und unterstellt dabei dessen Richtigkeit. Die Rechtsethik im vorliegenden Verständnis setzt somit die rechtstheoretische Bestimmung des Rechts voraus. Sie enthält keine klassifikatorischen Aussagen über das Recht, sondern qualifizierende: Unrichtiges Recht kann ungerecht und daher „Unrecht" sein und damit Recht sein. Jedes Recht macht in seinen Regelungen Aussagen über Richtigkeit und Gerechtigkeit. Diese können auch moralisch oder anders kritisiert werden. Diese Kritik ändert aber am Rechtscharakter der kritisierten Normen nichts.

---

1 Kirste 2014, S. 7 ff.
2 *Insofern* teile ich hier die Position von von der Pfordten (2013, S. 66 f.), dass es sich bei der Ethik um eine Reflexionsdisziplin über Normen handelt. Ihr Augenmerk ist auf die im Recht enthaltene Moral gerichtet. Die Kritik des Rechts mag daraus folgen. Hier weichen wir voneinander ab.

Gegenüber normativen Perspektiven der Rechtsethik[3] und ihrer engen Verbindung zum Naturrecht[4] unterscheidet sich die vorliegende Rechtsethik in zweifacher Hinsicht:

Erstens versteht sich Rechtsethik als Wissenschaft, die Erkenntnisse über Recht hervorbringt. Sie macht Aussagen darüber, wie Recht (inhaltlich) ist, nicht in erster Linie, wie es sein soll. Insofern knüpft die Rechtsethik an das neukantianische Projekt einer theoretischen Rechtsphilosophie im Sinne der Marburger Schule (Cohen, Natorp, Stammler, Cassirer) an: Sie findet sich nicht einfach mit dem positiven Recht ab, sondern rekonstruiert dessen Richtigkeitsansprüche aus allgemeinen Prinzipien der Gerechtigkeit. *Ernst Cassirer* (1874–1945) sah darin die kritische Funktion des Naturrechts in der Rechtserkenntnis.[5]

Zweitens erfolgt bei normativen Rechtsethiken die Antwort auf die angesprochene Frage, wie Recht sein soll, aufgrund von Normen, die selbst nicht die Kriterien des Begriffs und der Geltung des Rechts erfüllen. Es sind die rechtsbezogenen Normen der Moral, nach denen der oben genannte Ansatz sucht. Unterscheidet man, wie hier zwischen Recht und Moral, ist diese Perspektive zwar möglich; sie ist jedoch eine der Moralphilosophie und nicht der Rechtsphilosophie.

Der formale Charakter der Unterscheidung verhindert zwar, dass moralische Normen rechtlich verbindlich sind, nicht jedoch, dass rechtliche Normen inhaltlich jedenfalls ähnlich mit moralischen Normen sein können und dass Recht daher im Rahmen seiner rechtssystematischen Grenzen Anregungen aus der Moral erfährt. Um die Transformation von moralischen in rechtliche Normen zu untersuchen, kann es wichtig sein, auch ihre moralische Bedeutung zu kennen. Eine Verbindung dieser beiden Bereiche besteht ferner insofern, als sich jemand als moralisch verpflichtet ansehen mag, eine moralische in eine rechtliche Norm gemäß den dafür vorgesehenen Verfahren zu transformieren. Ebenfalls kann es moralisch geboten sein, unmoralische Normen nicht zu befolgen oder auch moralische Normen zu befolgen. Das ist aber von einer rechtlichen Verpflichtung zu unterscheiden.

---

3 Z. B. von der Pfordten 2011; auch von der Pfordten 2005; Übersicht bei Hollerbach 1985, Sp. 692 ff.
4 Bydlinski 1988, S. 8 f. u. 22 f., 115.
5 Er versteht das Naturrecht mit Cohen als eine Art Mathematik des Rechts, Prinzipien anhand deren das Recht rekonstruiert und ggf. kritisiert werden kann, Cassirer 2004, S. 207; Cassirer 2005, S. 101: „Wie die theoretische Philosophie die Bedingungen der Möglichkeit von Erfahrung zu untersuchen hat, so hat es die praktische Philosophie mit den Bedingungen der Möglichkeit von Rechtserfahrungen und der sozialen Erfahrung zu tun".

Allgemeines Ziel der Rechtsethik ist es also, den Gerechtigkeitsgehalt des positiven Rechts in seinen Grundstrukturen zu erkennen. Insofern kann man dann auch von „rechtsethischen Prinzipien" sprechen.[6]

III. Gerechtigkeit

1. Einleitung

Seit der Antike bezieht sich „Gerechtigkeit" nicht nur auf tugendhaftes Handeln, sondern auch auf richtiges Recht als Ausdruck dieses Handelns und auf Institutionen, in denen gehandelt wird.[7] Sie ist ein Zentralbegriff der Naturrechtstradition. Was Gerechtigkeit bedeutet, ist dabei bis auf wenige Kerngehalte umstritten. Standen zunächst inhaltliche Annahmen im Zentrum der Gerechtigkeitsdebatten, wird die Möglichkeit derartiger Bestimmungen seit einiger Zeit immer stärker in Frage gestellt: Muss nicht eine Gemeinschaft, eine Gesellschaft, ein Staat selbst für sich entscheiden, was gerecht ist?[8] Damit verlagert sich das Problem der Gerechtigkeit von einer inhaltlichen Bestimmung – „gerecht ist ..." – hin zur Bestimmung der Bedingungen an Verfahren, in denen eine Gesellschaft zu gerechten Ergebnissen kommen kann.

Nach dem im vorigen Abschnitt vorgestellten Ansatz in der Rechtsethik wird es nun darum gehen, einen Begriff der rechtlichen Gerechtigkeit zu entwickeln. Schon auf den ersten Blick zeigt sich, dass sich moderne Rechtsordnungen weder auf eine Vorstellung von prozeduraler noch von materialer Gerechtigkeit verlassen, sondern beides kombinieren. Demokratien sind dadurch gekennzeichnet, dass sie über Verfahren zu gerechten Normen kommen wollen. Dazu gehört auch, dass sich das Volk als verfassunggebende Gewalt in rechtsstaatlichen Demokratien selbst beschränkt und Grundrechte und andere Grenzen der politischen Gestaltung aufstellt. Wir werden also zusehen müssen, ob sich ein Ergänzungsverhältnis von prozeduralem und materialem Rechtsbegriff denken lässt.

2. Rechtliche Gerechtigkeit

Nicht selten wird die Frage der Gerechtigkeit des Handelns ohne Rücksicht auf die Art der Handlungen diskutiert. Es geht dann darum, was Gerechtigkeit im Allgemeinen bedeutet. Auch wenn es einen allgemeinen Begriff der Gerechtigkeit gibt, ist seine Bedeutung jedoch unterschiedlich, wenn es um Fragen der Moral zwischenmenschlichen Handelns oder um Fragen des Rechts geht. Auch wird legitimer Weise im Zusammenhang von Literatur

---

[6] Larenz 1979, S. 23 f.
[7] Sehr gute Übersicht mit Quellentexten bei Horn 2003; Höffe 2004.
[8] So lässt sich durchaus von einer „Europäischen Gerechtigkeit" sprechen, Kirste 2015, S. 1011 ff.

und Recht von „poetischer Gerechtigkeit" gesprochen. Sie soll gerade auch in der juristischen Ausbildung dazu dienen, auf die nicht nur rechtlichen Folgen des rechtlichen Handelns aufmerksam zu machen, indem in Erzählungen lasterhaftes Verhalten schicksalhaft oder ironisch bestraft wird.[9] Gerechtigkeit ist danach ein Begriff, der mehrere Formen annehmen kann: Sie kann zur Moral gehören oder eben zum Recht.

Wir haben im ersten Teil Recht von anderen Normen unterschieden. Also werden wir auch jetzt die spezifische Frage stellen müssen, was Gerechtigkeit in Bezug auf das Recht bedeutet.[10] Wir suchen dabei einen Begriff von Gerechtigkeit, mit dem wir die im positiven Recht enthaltenen Elemente von Gerechtigkeit verstehen können. Hier gilt Gerechtigkeit, wenn sie den Kriterien rechtlicher Geltung genügt, d. h. unter Beachtung der dafür einschlägigen Normen gesetzt worden ist. Ihre moralische Geltung besitzt Gerechtigkeit hingegen aufgrund ihrer Richtigkeit.[11]

Neben diesem Unterschied des Erkenntnisinteresses zwischen einem rechtsethischen und einem moralischen Begriff der Gerechtigkeit gibt es aber auch einen inhaltlichen. Als Beispiel kann die Strafgerechtigkeit dienen. Zwar gilt hier nicht einfach das strikte Vergeltungsprinzip „Auge um Auge, Zahn um Zahn" (Exodus 21, 14; Leviticus 24, 20; Deuteronomium 19,21). Dem Sinn staatlichen Strafens und der Schutzpflicht des Staates würde es jedoch auch nicht entsprechen, wenn er sich dem Gebot christlicher Liebesethik verpflichtet fühlte und sich an die Worte Christi in der Bergpredigt halten wollte: „Ihr habt gehört, dass da gesagt ist: ‚Auge um Auge, Zahn um Zahn'. Ich aber sage euch, dass ihr nicht widerstreben sollt dem Übel; sondern, wenn dir jemand einen Streich gibt auf deine rechte Backe, dem biete die andere auch dar" (Matthäus 5, 38 f.). Ausgleich für Unrecht und Schuld gegenüber dem Geschädigten, Besserung, Abschreckung, Sicherheit sind Zwecke staatlichen Strafens, nicht aber der leitende Gesichtspunkt einer christlich-mitmenschlichen Lebensführung. Dabei können Amnestie und sonstige Formen des Verzichts auf Bestrafung auch im Staat vorkommen; sie dienen dann jedoch einem als höher angesehenen konkreten politischen Ziel wie etwa dem sozialen Frieden oder der Aufklärung der Wahrheit über die Vergangenheit.[12] So hat man in Südafrika auf die Bestrafung bestimmter Verbrechen des Apartheitsregimes verzichtet, wenn die Täter die Wahrheitskommissionen umfassend über ihr vergangenes Verhalten informiert haben.[13]

---

9 Nussbaum 1995, S. 26 f.: Es kann ein kathartischer, reinigender Prozess entstehen, wenn wir Ungerechtigkeiten, die Helden von Romanen erleiden oder die sie bewirken, miterleben, zum Ganzen auch Kirste 2017, S. 322 ff.
10 Hierzu auch Holzleithner 2009, S. 85 ff.
11 Tschentscher 2000, S. 75.
12 Kirste 2021a, S. 32 f.
13 Kirste 2008, S. 47 ff.

Rechtliche Gerechtigkeit ist also ein Begriff zur Erkenntnis der Richtigkeit des positiven Rechts. Es geht hier mithin nicht um einen absoluten Begriff der Gerechtigkeit,[14] sondern um einen aus dem Recht entwickelten, man könnte sagen „idealtypischen" Begriff, der Kernelemente entsprechender rechtlicher Aussagen des Rechts zu seiner Richtigkeit auf den Begriff bringt. Der Begriff der „Gerechtigkeit" wird nicht in allen Rechtsordnungen als selbständiges Prinzip erwähnt. Im Völkerrecht taucht er etwa in der Präambel und in Art. 1, Nr. 1 der VN-Charta, der Präambel und verschiedenen Artikeln der AEMR und der EMRK auf. Art. 2 EUV nennt „Gerechtigkeit" als einen Standard, der sich in den Gesellschaften der Europäischen Union etabliert und weiterentwickelt.[15] Während die Weimarer Reichsverfassung noch in ihrer Präambel von einer Erneuerung des Reiches „in Freiheit und Gerechtigkeit" sprach, enthält die Präambel des deutschen GG keine derartige Formulierung. Allerdings äußert Art. 1 II GG im Grundrechtsteil umso kraftvoller: „Das Deutsche Volk bekennt sich darum zu unverletzlichen und unveräußerlichen Menschenrechten als Grundlage jeder menschlichen Gemeinschaft, des Friedens und der Gerechtigkeit in der Welt." Unter dem Einfluss des Vernunftrechts verfolgt das österreichische ABGB „allgemeine Grundsätze der Gerechtigkeit" und nennt sie schon in der Präambel. Insofern geprägt vom Relativismus ihres wichtigsten Autors, *Hans Kelsen*, ist die Bundesverfassung skeptisch gegenüber der Gerechtigkeit und erwähnt sie nur bei den Erziehungszielen (Art. 14 Va BVG).[16] Auch in Landesverfassungen Deutschlands (Präambel Brem., BW, RPf., Sachs., Thür.: „soziale Gerechtigkeit"; Sachs., Thür.: „Generationengerechtigkeit") und Österreichs ist von „sozialer Gerechtigkeit" (Art. 10 II, S. 1 Sbg-LV) oder einer „gerechten Gesellschaft" (Art. 1 II Burg-LV) die Rede. Die Verwendung des Wortes „Gerechtigkeit" in den Präambeln deutet ein Ideal an, dem sich diese Verfassungsautoren verpflichtet fühlen und das auch bei der Ausgestaltung der Verfassung und des einfachen Rechts zu beachten ist. Rationale Kriterien für diese Ausgestaltung zu entwickeln, ist auch Aufgabe der Rechtsethik.

3. Einteilungsgesichtspunkte der Gerechtigkeitstheorien

Da hoch umstritten ist, was unter Gerechtigkeit zu verstehen ist, müssen wir uns zunächst mit einigen Theorien auseinandersetzen. Die Gerechtigkeitstheorien können in materiale und prozedurale Theorien grob gegliedert werden. Die materialen Theorien versuchen aufgrund rationaler Überlegungen bestimmte inhaltliche Annahmen als gerecht zu bestimmen. Prozedurale

---

14 Kritisch zur Möglichkeit eines solchen absoluten Begriffs Kelsen 1975, S. 43, der ihn einen „schönen Traum der Menschheit" nennt.
15 Kirste 2015, S. 1016 ff.
16 Kirste 2020a, S. 178 f. u. 185 ff.

Theorien hingegen sehen Gerechtigkeit als das Ergebnis bestimmter Verfahren an.[17]

Innerhalb der material-rationalen Theorien kann nun nach den inhaltlichen Auffassungen über Gerechtigkeit oder nach der Art der Begründung differenziert werden. In der letztgenannten Perspektive unterscheidet etwa *Ralf Dreier*:[18] Analytische Gerechtigkeitstheorien, die den Gerechtigkeitsbegriff sprachanalytisch oder logisch untersuchen,[19] von empirischen Gerechtigkeitstheorien, die auf die tatsächlichen Gerechtigkeitsvorstellungen in einer Gesellschaft abstellen, und normativen Theorien, die nach einer ethischen Rechtfertigung von Gerechtigkeit suchen. Diese Unterscheidung ist dann sinnvoll, wenn nach einer Methode zur Begründung von Gerechtigkeit gefragt wird.[20]

4. Entwicklungslinien des Gerechtigkeitsgedankens

Dass eine systematische Rechtsphilosophie nicht ohne ideengeschichtliche Bezüge möglich ist, zeigt sich gerade am Begriff der Gerechtigkeit. Die nachfolgende Skizze soll die These belegen, dass die rechtsphilosophische Diskussion eines inhaltlichen Gerechtigkeitsbegriffs um drei Prinzipien kreist. Diese sind: Würde des Menschen, Freiheit und Gleichheit. Ihre Entfaltung ist die Grundlage des Gemeinwohls. Die ausgewählten Stationen der Ideengeschichte belegen zugleich den großen Einfluss, den das naturrechtliche Denken auf den Rechtsbegriff der Gerechtigkeit hat.[21]

Diese drei Prinzipien klingen bereits beim römischen Rechtsgelehrten *Ulpian* (170–223) an, der seinerseits die Erkenntnisse der antiken Diskussion vor ihm aufgreift und damit zugleich den Begriffsrahmen der Gerechtigkeitsdebatten bis ins 20. Jahrhundert absteckt. Es sind die Prinzipien der Rechtschaffenheit, des Schädigungsverbotes und des Verteilungsprinzips: Jedem das Seine zu gewähren („Juris praecepta sunt haec: Honeste vivere; alterum non laedere; suum cuique tribuere", „Iustitia est constans et perpetua voluntas ius summ cuique tribuens", „Die Prinzipien des Rechts sind folgende: ehrenhaft leben, den anderen nicht verletzen, jedem das Seine gewähren").[22] *Rechtschaffenheit* bedeutet würdiges Verhalten. Sie ist das erste Prinzip der Gerechtigkeit. Der Mensch besitzt eine besondere Würde. Die Anerkennung dieser Würde im Recht ist die Grundlage seiner rechtlichen Freiheit. Die rechtliche *Freiheit* besteht zunächst darin, sich gegen Schädigungen durch andere Bür-

---

17 Tschentscher 2000, S. 45 f. u. 118 f.
18 Dreier 1991/1, S. 19 ff.
19 Jansen 1998.
20 Dies näher auszuführen würde in der vorliegenden Abhandlung jedoch zu weit führen. Näher Tschentscher 2000.
21 Zu einer Geschichte der Gerechtigkeit vgl. auch Holzleithner 2009, S. 19 ff.; kommentierte Quellentexte bei Horn 2003.
22 Ulpian, Inst. 1, 1pr., u. Ulpian D 1, 1, 20 pr.; dazu Manthe 1997, S. 12.

ger oder den Staat aufgrund von negativen subjektiven (Abwehr-)Rechten verteidigen zu dürfen. Indem die Grenze der Freiheit der legitime Freiheitsgebrauch der anderen ist, in den nicht schädigend eingegriffen werden darf, hat die rechtliche Freiheit einen *Gleichheitsaspekt*. Rechtliche Freiheit ist danach gleiche Freiheit. Nun scheint aber Ulpian mit der Formel: „Jedem das Seine zuteilen" gerade auf die Ungleichheit abzustellen. Was das Meine ist, unterscheidet sich von dem der anderen. Weil der moderne Rechtsstaat auf dem Gedanken der in der Menschenwürde begründeten gleichen Freiheit wurzelt, kann aber „das Seine zuteilen" nicht ein beliebiger Individualismus sein. Gemeint ist vielmehr, dass sachliche Kriterien Differenzierungen und Abweichungen von der allgemeinen Gleichheit rechtfertigen können. Die beiden Aspekte der Gleichheit – arithmetische Gleichheit des Austauschs und proportionale Gleichheit der Verteilung – stehen also in einem engen Verhältnis. Schließlich fällt aber auf, dass Ulpian Würde, Freiheit und Gleichheit nicht als Rechte formuliert, wie wir sie in den Grundrechten finden, sondern als Pflichten. Er betrachtet die Gerechtigkeit somit aus der Perspektive des Gemeinwohls: Es wird am besten gefördert, wenn sich jeder würdig verhält und von seiner Freiheit im Rahmen der gleichen Freiheit aller Gebrauch macht. Sehen wir uns einige Stationen der Diskussion dieser Elemente der Gerechtigkeit an.

a. Die Sophisten

Die von Ulpian angeführten drei Begründungselemente: Der Mensch, die Freiheit, die Gleichheit standen schon vor ihm im Zentrum der Gerechtigkeitsdiskussion. Das daraus sich ergebende Spektrum der Möglichkeiten, Gerechtigkeit zu denken, wird erstmals von den Sophisten eröffnet. Schon der Sophist *Protagoras* (490–411 v. Chr.) schreibt: „Der Mensch ist das Maß aller Dinge, der seienden, dass sie (es) sind, der nicht seienden, dass sie (es) nicht sind".[23] Sieht man genauer hin, wie Platon den Satz versteht, kommen darin schon die Aspekte des materialen und formalen Gerechtigkeitsbegriffs zum Ausdruck: Erstens ist der Mensch als Mensch und seine Bedürfnisse die Norm für das Gerechte. Zweitens ist der Mensch nicht nur der Gemessene, sondern auch der Messende: Auf seine subjektiven Empfindungen und Vorstellungen von Gerechtigkeit kommt es an.[24] Der Philosoph hat hier nicht die Aufgabe, den Einzelnen von der „wahren" Gerechtigkeit zu überzeugen, sondern ihn so zu bilden, dass er ein Bewusstsein seiner Vorverständnisse und ein eigenes Urteil über die Gerechtigkeit bilden kann. Schließlich kommt es drittens für die rechtliche Realisierung der Gerechtigkeit auf spezielle Fähigkeiten, Verfahren und Institutionen an. So wie der Arzt der Experte für Gesundheit sei, sei der Rhetor derjenige für Gerechtigkeit: Er verfügt über

---

23 Protagoras Fragment B4 bei Diels/Kranz; dazu: Hoffmann 2002, S. 16 ff.
24 Hoffmann 2002, S. 21.

die vor Gericht und in der Volksversammlung erforderlichen professionellen Fähigkeiten, rational für eine gerechte Lösung argumentieren zu können.[25] Der Mensch ist danach nicht nur die Norm für Gerechtigkeit, jeder Mensch kann sich ihrer bewusst werden, auch wenn es zu ihrer rechtlichen Realisierung einer professionellen Argumentation bedarf.[26]

Protagoras berichtet nun aber in einem Mythos von der Bedeutung der Gerechtigkeit für das Recht.[27] Darin heißt es, dass die sanguinische Gestalt Epimetheus bei der Schöpfung einem jeden Wesen seine Fähigkeiten austeilt, dabei jedoch so verschwenderisch ist, dass für den Menschen nichts mehr übrigbleibt, das ihn zur Anpassung an seine Umwelt befähigen würde. Mit dem von Prometheus gestohlenen Erkenntnisvermögen und dem Feuer können Menschen zwar überleben, aber nicht zusammenleben: Sie befinden sich vielmehr im Naturzustand der Vereinzelung und der wechselseitigen Schadenszufügung und nicht in einem politischen Zustand. Zeus schickt daraufhin den Götterboten Hermes, der den Menschen sittliche Erkenntnis und Gerechtigkeit bringt, und zwar nicht wie die Eigenschaften der übrigen Natur unterschiedlich verteilt, sondern so, dass jeder Anteil an der Gerechtigkeit besitzt. Nur durch die sittliche Einsicht und die Gerechtigkeit, die alle Menschen gleich besitzen, scheint danach das Überleben der Menschen gesichert zu sein.[28] Der Mensch bedarf der Gerechtigkeit, um als Mensch überleben zu können, und er bedarf ihrer in gleicher Weise. In ihm hat sie ihr Maß.

Die Auffassungen der Sophisten über den Begriff der Gerechtigkeit gehen aber in der Folgezeit weit auseinander und messen das Feld der Positionen ab: *Antiphon* (480–411 v. Chr.) sieht alle Menschen – ausdrücklich nicht eingeschränkt auf die Mitglieder eines politischen Gemeinwesens, wie es etwa bei Aristoteles später der Fall sein sollte – von Natur als gleich und frei an. Dabei geht er von der konkreten Natur des Menschen und seinen Bedürfnissen aus: In seinem Wesen liegen Freiheit und Gleichheit begründet.[29] *Alkidamas* († 375) folgert daraus für seine Zeit mutig: „Als Freie hat Gott alle entsandt, niemanden hat die Natur als Sklaven geschaffen".[30] Für eine starke soziale Umverteilung im Interesse der Gleichheit treten etwa *Phaleas von Chalkedon* und *Hippodamos* ein. Rechtsstaatliche Gleichheit ist nach *Lykophron* Folge der Gesetzesherrschaft.

Diesen eher an der Gleichheit orientierten Sophisten stehen andere entgegen, die Gleichheit negativ und Ungleichheit positiv ansehen. Hierzu gehört an-

---

25 Theätet 178 D ff., S. 88 f.
26 Zum Ganzen Kirste 2014, S. 7 ff.
27 Platon: Protagoras 320 C ff., S. 54 ff.
28 Sattler 2002, S. 32 ff.
29 Walther 2002, S. 41 ff.; Unruh 2002, S. 59 ff.
30 Aristoteles: Rhetorik I 13, 1373b 18.

satzweise *Thrasymachos*, der die freie Entfaltung der Kräfte des Menschen propagiert und folglich Gerechtigkeit als das dem Stärkeren Nützliche ansieht. Der Sophist *Glaukon* pflichtet ihm bei und sieht in der Gerechtigkeit ein Ordnungsprinzip, mit dem sich die Schwachen begnügen und – erfolglos – versuchen den Starken Zügel anzulegen. *Kallikles* meint, die Schwachen würden nur deshalb die allgemeine Gleichheit fordern, um sich auf Kosten der Starken, die das Gemeinwesen bei freiem Spiel der Kräfte voranbringen könnten, besser zu stellen, als sie es verdienen.[31] Die späten Sophisten schließlich misstrauen der allgemeinen Gerechtigkeit und meinen, dass sie sich nur im Einzelfall als Billigkeit (Aequitas) aufgrund der Künste des Rhetors im Prozess erzielen lasse. Der Mensch, der bei Protagoras das Maß der Gerechtigkeit ist, wird als Rhetor zu ihrem Garanten. So schließt sich im Kanon der sophistischen Argumente bereits im fünften vorchristlichen Jahrhundert der Kreis der Argumente zur Gerechtigkeitsdiskussion: Die Würde im Menschen als Maß, die Freiheit des Stärkeren oder die Gleichheit von Natur und die Bestimmung der Gerechtigkeit in Verfahren – das sind die Kriterien der Gerechtigkeit, die die Sophistik in die philosophische Diskussion einführen.

b. Platon

Im Zentrum des Gerechtigkeitsgedankens steht auch bei *Platon* der Mensch. Gerechtigkeit ist zunächst die „Tüchtigkeit der Seele und Ungerechtigkeit dagegen ihre Schlechtigkeit".[32] Die Seele gliedert sich in die drei Fähigkeiten Begehren – Wille – Vernunft, denen die drei Tugenden Besonnenheit – Mut – Weisheit jeweils zugeordnet sind. Gerechtigkeit ist die übergeordnete Tugend, die alle drei in einem harmonischen Verhältnis erhält und entwickelt.

Diese Struktur wird nun als politische Gerechtigkeit auf das Gemeinwesen ausgeweitet. Dabei entsprechen den Fähigkeiten bestimmte soziale Stände: dem Begehren die Gewerbetreibenden, dem Willen die Wächter und der Vernunft die politische Führung. Bei ihnen kommt es darauf an, dass der jeweilige Seelenteil beherrschend ist: In der politischen Führung soll dies die Vernunft sein. Da sie bei den Philosophen am stärksten durch die Tugend der Weisheit ausgebildet ist, sollen sie die Könige in den Gemeinwesen sein. Gerechtigkeit herrscht, wenn jeder das Seine tut und die Gesellschaft ihm den ihm dadurch zukommenden Platz garantiert. Das Seine tun oder in seinem Tun bei sich selbst sein, ist Freiheit. Jeder ist insofern gleich zu behandeln, als ihm das Seine gemäß seiner Würde zuzumessen ist. Würde entspringt mithin nicht der Leistung der Person, sondern resultiert aus den Anlagen, die einen bestimmten Stand auszeichnen. Ihr fehlt aber noch das Kennzeichen der Gleichheit.

---

31 Waechter 2002, S. 104 f.
32 Platon: Politeia, 353e; zum Folgenden auch Böckenförde 2006, S. 79 ff.

Als natürlich vorgegebene, ideale Qualität soll die Gerechtigkeit Vorbild für die Stellung des Menschen im Recht sein. Da sie aber am Seelenteil bzw. am Stand und nicht am Menschen als Ganzem orientiert ist, führt sie nicht zur Gleichheit. Sie liegt ferner als Ideal dem Recht zugrunde und ist nicht das Ergebnis eines Verfahrens. Platon vertritt somit einen materialen Gerechtigkeitsbegriff.

c. Aristoteles

Auch beim zweiten Klassiker der Gerechtigkeitstheorie, bei *Aristoteles*, spielt der Mensch eine wichtige Rolle bei der Bestimmung der Gerechtigkeit.[33] Die Einteilungen der Prinzipien der Gerechtigkeit haben die Diskussion bis in die Gegenwart bestimmt.

Allgemeine Gerechtigkeit ist die auf andere Menschen bezogene vollkommene Tugend.[34] Aristoteles Gerechtigkeitskonzeption ist also anders als die psychische Gerechtigkeit bei Platon von vornherein intersubjektiv angelegt. Tugend bedeutet bei Aristoteles: Maßhalten durch Anstreben der Mitte zwischen einem Zuviel und Zuwenig. Ausdruck dieses Maßes, das jedem weder zu viel noch zu wenig zuteilt und somit Gleichheit schafft, ist das Gesetz[35] – wobei zu berücksichtigen ist, dass Aristoteles hierunter nicht nur das positive, geschriebene, sondern auch das ungeschriebene, von alters her geltende Recht versteht.[36] Das Gesetz verbürgt ein Gleichmaß in der Behandlung der Bürger.

Diese allgemeine Gerechtigkeit kann nun weiter untergliedert werden nach der Art der menschlichen Beziehungen, die sie betrifft. Aristoteles nennt sie dann besondere Gerechtigkeit. Sie gilt für hierarchische Beziehungen, wie es beispielsweise zwischen Staat und Bürgern grundsätzlich besteht, und Gleichordnungsbeziehungen zwischen Bürgern. Das Gerechte ist in beiden Fällen nicht etwa identisch. Im Über-und-Unterordnungsverhältnis geht es vielmehr um die Verteilung von Gütern und Lasten. Gerecht erscheint Aristoteles bei der austeilenden Gerechtigkeit das Kriterium der Proportionalität: Jedem ist nach seiner Würdigkeit zuzuteilen. Gleiche Güter- und Lastenverteilung bei ungleichen Personen würde nach Aristoteles zu Ungerechtigkeit führen.

Im Verhältnis der Bürger untereinander kommt es hingegen nicht auf ihre Würdigkeit, sondern auf ihre Handlungen an: „Es trägt ja nichts aus, ob ein guter Mann einen schlechten beraubt oder ein schlechter einen guten ...".[37] Hier gilt die ausgleichende Gerechtigkeit, die eine genaue arithmetische Gleichheit von Leistung und Gegenleistung, von Unrecht und Ersatz fordert. Elemente von beiden hat die korrektive oder wiedervergeltende Gerechtigkeit. Mit der austeilenden Gerechtigkeit hat sie gemein, dass hier das Kriterium der Würdig-

---

33 Böckenförde 2006, S. 115 ff.
34 Aristoteles NE V, 3, 1129b 28.
35 Aristoteles NE V, 2, 1129a 33.
36 Aristoteles NE V, 10, 1134b 18.
37 Aristoteles NE V, 7, 1132a 3.

keit eine Rolle spielt. Mit der ausgleichenden Gerechtigkeit verbindet die korrektive oder wiedervergeltende Gerechtigkeit, dass es um Austauschbeziehungen geht. Von der ersteren unterscheidet sie sich jedoch dadurch, dass diese zuteilt, bevor ein Unrecht geschehen ist, von der letzteren hingegen durch die Proportionalität ihrer Gleichheit. Schließlich greift Aristoteles auch die sophistische Billigkeitstheorie auf. Sie soll eine gerechte Lösung auch dort sicherstellen, wo das Gesetz lückenhaft ist oder dem Einzelfall nicht gerecht wird.

Auch bei Aristoteles ist die Gerechtigkeit ein materiales Prinzip, das der Gesellschaft und ihren Entscheidungsverfahren vorgegeben ist. Stärker als Platon berücksichtigt Aristoteles jedoch, dass der gleiche Gerechtigkeitsbegriff in unterschiedlichen sozialen Verhältnissen angewendet wird, zu Ungerechtigkeiten führen kann. Deshalb differenziert er seinen Gerechtigkeitsbegriff nach verschieden Sozialbeziehungen. Dass jemandem überhaupt eine Würde zukommt, und dass er überhaupt vertragliche Beziehungen eingehen kann, ist keine Forderung der Gerechtigkeit. Daher kann es bei ihm Sklaven – sogar von Natur! – geben, die keine Würde besitzen und deshalb nicht an den Wohltaten der Gerechtigkeit teilhaben.

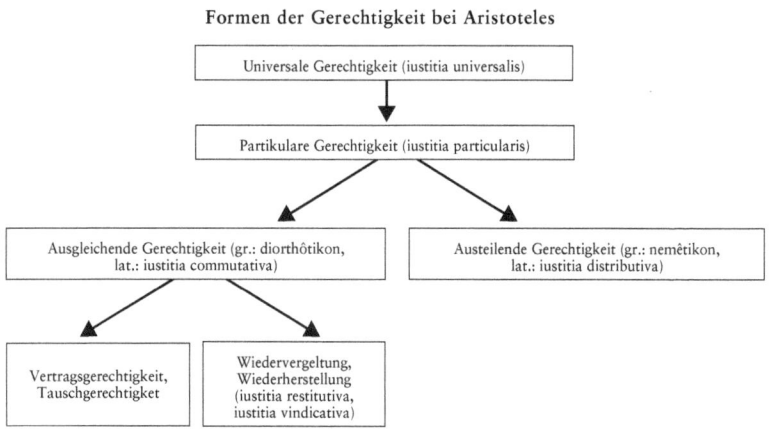

Formen der Gerechtigkeit bei Aristoteles

d. Thomas von Aquin

Der mittelalterliche Aristoteliker *Thomas von Aquin* greift die Unterscheidung von austeilender und ausgleichender Gerechtigkeit auf. Er verrechtlicht die Gerechtigkeit jedoch stärker als seine Vorgänger: „Denn, wie Isidor sagt, ‚heißt der Gerechte so, weil er das Recht behütet'".[38]

---

38 Thomas S. Th. II-II, Q. 58, 1.

Vor allem aber ergänzt er die aristotelische austeilende Gerechtigkeit um den Aspekt Gesetzesgerechtigkeit.[39] Hierzu greift Thomas auf die Unterscheidung zwischen Teil und Ganzem zurück: Die Einzelperson verhält sich zum Gemeinwesen wie der Teil zum Ganzen. Eine Ordnung muss sowohl hergestellt werden im Verhältnis der Einzelpersonen als Teile zueinander als auch der Privatpersonen zum Gemeinwesen selbst. Das Ordnungsprinzip der Gerechtigkeit im Verhältnis der Einzelnen zueinander ist die ausgleichende Gerechtigkeit. Das Ordnungsprinzip im Verhältnis der Einzelnen zum Gemeinwesen hingegen ist die austeilende Gerechtigkeit. Das Verhältnis des Einzelnen zum Gemeinwesen ist insofern wechselseitig als in der ersten Form der austeilenden Gerechtigkeit den Einzelpersonen aus den Gemeinschaftsgütern etwas zuzuteilen ist. Thomas nennt diesen Aspekt der austeilenden Gerechtigkeit „Einzelgerechtigkeit" („justitia particularis"). Für sich genommen, würde sie zu einer Atomisierung der Gesellschaft führen. Daher nimmt er als zweite Form der austeilenden Gerechtigkeit eine an, die die Einzelnen wieder auf das Ganze, nämlich auf das Gemeinwohl ausrichtet. Das ist die Gesetzesgerechtigkeit („iustitia legalis"). Diese Ordnung der Einzelperson auf das Ganze durch die Gesetzesgerechtigkeit kann in der Austeilung von Pflichten gegenüber dem Gemeinwesen, aber auch von Betätigungsmöglichkeiten für das Gemeinwesen bestehen. Die Gerechtigkeit bleibt also auf das Wohl des Ganzen bezogen.

Gerechtigkeit bei Thomas von Aquin

e. Thomas Hobbes

Bei Thomas Hobbes dreht sich das Verhältnis zwischen der natürlichen Gerechtigkeit und dem positiven Recht um. Hobbes ist ein dezidierter Ver-

---

39 Thomas S. Th. II-II, Q. 58, 4.

treter der rechtlichen Gerechtigkeit. Er unterscheidet eine (hypothetische) Form des Zusammenlebens der Menschen ohne Recht (Naturzustand) von einem aufgrund eines Gesellschaftsvertrags aller Menschen untereinander gebildeten gesellschaftlichen Zustand. Nur im gesellschaftlichen Zustand hat die Gerechtigkeit ihren Platz. „Wo keine öffentliche Macht ist, gibt es kein Gesetz, wo kein Gesetz ist, gibt es keine Ungerechtigkeit" – und keine Gerechtigkeit. In einem Naturzustand ohne Staat hat jeder das Recht auf alles, was er zum Überleben benötigt. Ein Ordnungsprinzip zur Güterverteilung oder Regelung des Austauschs gibt es nicht. Gerechtigkeit ist für Hobbes erst sinnvoll, wenn eine souveräne Gewalt etabliert ist, die in der Lage ist, sie auch durchzusetzen. „Aber wenn ein Vertrag geschlossen ist, dann ist es ungerecht, ihn zu brechen; und die Definition der Ungerechtigkeit ist nichts anderes als die Nichterfüllung von Verträgen. Und was nicht ungerecht ist, ist gerecht".[40] Der Grund der Gerechtigkeit ist also die vertragliche Rechtsübertragung. Rechtliche Gerechtigkeit kann sich nicht auf außerrechtliche Grundsätze stützen, weil sie radikal verschieden sind von den Legitimationsmustern, die das Recht etabliert. Rechtliche Gerechtigkeit muss reflexiv und aus den inneren Zusammenhängen des Rechts selbst entwickelt werden.

Thomas Hobbes macht also den entscheidenden Schritt von der natürlichen zur rechtlichen und formalen Gerechtigkeit. Das positive Recht als solches verbürgt Gerechtigkeit. Zugleich tritt bei ihm das Verfahren stärker in den Vordergrund.[41] Gerecht ist alles, was aus diesen rechtlichen Verfahren hervorgeht. Gerechtigkeit ist so – mit der Ausnahme des Ziels von Frieden und Sicherheit – dem Souverän überantwortet. Hobbes positivistischem Rechtsbegriff fehlt das Element der Transformation, das begreifen lässt, dass mit der Schaffung von rechtlicher Gerechtigkeit eine Umformung vor-rechtlicher Gerechtigkeit stattfindet. Er zeigt aber deutlich, dass im Streit um die Frage, was gerecht ist, nicht mehr auf eine natürliche Gerechtigkeit zurückgegriffen werden kann, sondern dass ein Verfahren gefunden werden muss, durch das man das, was gerecht ist, bestimmen kann. Diesen Ansatz greift auch *John Austin* (1790–1859) auf, wenn er schreibt: *„just* or *unjust,* justice or unjustice, are terms of relative and warying import. Whenever it is uttered with a determinate meaning, it is uttered with relation to a determinate law which the speaker assumes as a standard of comparison".[42]

f. Immanuel Kant

In unserer kurzen Skizze einiger Stationen des Gerechtigkeitsdenkens springen wir zu Immanuel Kant. Auch er denkt sich die Begründung des Staates aus einem Naturzustand mit unvollkommener Freiheit. Anders als bei

---

40 Hobbes: Leviathan XV S. 120.
41 Tschentscher 2000, S. 23 f.
42 Austin: Jurisprudence I, S. 276. Zu ihm auch unten der Steckbrief.

Hobbes gibt es aber im Naturzustand bereits Gerechtigkeit, und zwar ausgleichende Gerechtigkeit. Er ist ein privatrechtlicher Zustand der Gesellschaft unter Absehung des öffentlichen Rechts. Erst das öffentliche Recht enthält die austeilende Gerechtigkeit, die jedem eine Rechtsposition einräumt, die mit derjenigen aller vereinbar ist. „Der nicht-rechtliche Zustand, d. i. derjenige, in welchem keine austeilende Gerechtigkeit ist, heißt der natürliche Zustand (status naturalis). Ihm wird nicht der *gesellschaftliche* Zustand ..., der ein künstlicher (status artificialis) heißen könnte, sondern der *bürgerliche* (status civilis) einer unter einer distributiven Gerechtigkeit stehenden Gesellschaft entgegen gesetzt ... Man kann den ersteren und zweiten Zustand den des *Privatrechts*, den letzteren und dritten aber den des *öffentlichen Rechts* nennen".[43] Weil ein privatrechtlicher Zustand, der nur durch die ausgleichende Gerechtigkeit geprägt wird, unvollständig ist, ist es ein Gebot, diesen Zustand zu verlassen und in einen Zustand allgemeiner distributiver Gerechtigkeit einzutreten.

Dieser öffentlich-rechtliche Zustand steht unter dem Einfluss der regulativen – in der Geschichte immer zu verfolgenden, nie ganz realisierbaren – Idee des Gesellschaftsvertrages. Diese „Idee des Gesellschaftsvertrages" bedeutet, dass der jeweilige Herrscher bei seiner Gesetzgebung so handeln soll, dass jeder seine Zustimmung geben könne. Kant stellt sich diesen Vertrag als einen „ursprünglichen", also nicht-empirischen Vertrag vor. Unter seiner Herrschaft wird die Zumessung und Abgrenzung gleicher Freiheitssphären durch eine für alle gleich wirkende allgemeine Gewalt gesichert. Dies geschieht durch eine allgemeine Gesetzgebung, durch die Anwendung dieser Gesetze im Einzelfall durch die Verwaltung und schließlich die Überprüfung der Einhaltung der Gesetze im Nachhinein durch die Rechtsprechung.

Mit Hobbes teilt Kant die Auffassung, dass ein Zustand ohne öffentliches Recht ein Gerechtigkeitsdefizit besitzt. Während Hobbes diesem Naturzustand jedoch keine Bedeutung für die Gerechtigkeit zumisst, ist er für Kant lediglich durch eine Teilgerechtigkeit, nämlich die ausgleichende gekennzeichnet. Deutlicher als Aristoteles ordnet Kant die unterschiedlichen Formen der Gerechtigkeit unterschiedlichen Rechtsbereichen zu. Kants Verdienst ist es, auf prinzipiell unterschiedliche Gerechtigkeitsanforderungen der Regime des privaten und öffentlichen Rechts hingewiesen zu haben. Erst die öffentlich-rechtliche Gerechtigkeit bringt zusammen, was im vorstaatlichen Zustand noch getrennt ist: ausgleichende und austeilende Gerechtigkeit. Der „bürgerliche" im Gegensatz zum Naturzustand ist somit der Zustand der realisierten Gerechtigkeit. Nur dieser Zustand ist ein vernünftiger Zustand, der ganz auf durchdachte Rechtsprinzipien gebaut ist. Deshalb wird in diesem auch „republikanisch" genannten Zustand der Einzelne nicht nur im vertraglichen Verhältnis zum Anderen als Rechtssubjekt behandelt, son-

---

43 Kant: MS, S. 423.

dern auch im Verhältnis zum Gemeinwesen. Er ist Glied einer vernünftigen Welt, die durch Gerechtigkeit bestimmt ist.

Weil sie das Konstitutionsprinzip der vernünftigen Welt des Rechts ist, muss der Einzelne bis zu seinem oder dem Ende der Gesellschaft nach Grundsätzen der Gerechtigkeit behandelt werden: „Fiat iustitia, pereat mundus*Fiat iustitia, pereat mundus*, das heißt zu Deutsch: ‚es herrsche Gerechtigkeit, die Schelme in der Welt mögen auch insgesamt darüber zu Grunde gehen'".[44] Das führt Kant auch zur Anerkennung der Todesstrafe an.[45] Sie sei bei einem Mord der Würde des Täters geschuldet: Der Mörder erhält, was seine Tat wert ist. Er hat ein Unrecht gesetzt und wird nun nicht im Sinne irgendwelcher anderen gesellschaftlichen Interessen bestraft, sondern als autonome Person in die Grenzen seiner Autonomie gewiesen. Man nehme an: eine Gruppe von Seeleuten ist auf einer Insel gestrandet. Sie leben dort zusammen, bis die Lebensmittel, die auf dieser Insel zu finden sind, aufgebraucht sind. Nun beschließen sie, dass jeder alleine mit einem Boot losfährt. Einer aber ermordet einen anderen, um an dessen letzte Vorräte zu gelangen. Dann müsste dieser nach Kant hingerichtet werden, obwohl sich alle nie wieder treffen.[46] Gerecht ist die Strafe also nicht zur Prävention (relative Theorie), sondern zur Abgeltung der individuellen Schuld (absolute Theorie).

Bei Kant wird in rationaler Form die bildliche Verheißung des Mythos des Protagoras eingelöst: Der Rechtszustand ist ein Zustand allseitiger Gerechtigkeit. Diese Gerechtigkeit herrscht nicht von Natur, sondern wirkt als regulative Idee im Handeln der Menschen. Sie ist nicht vorrechtlich, sondern realisiert sich gerade im Recht. Kant anerkennt also die Notwendigkeit, dass die Gerechtigkeit in eine Rechtsform gegossen wird. Anders als bei Hobbes geht aus dieser Form aber nicht der ganze Inhalt der Gerechtigkeit hervor. Bei Kant tritt vielmehr der Gedanke der Transformation in sein Recht: die unsichere, vorstaatliche, ausgleichende Gerechtigkeit wird in den durch die austeilende Gerechtigkeit zugleich gesicherten staatlichen Zustand überführt. Erst in diesem Staat ist auch die gesicherte Anerkennung der gleichen Würde der Menschen und eines Freiraums zu ihrer Verwirklichung möglich. Mit dieser Gerechtigkeitskonzeption kann er zugleich an Ulpian anknüpfen:

> „1) *Sei ein rechtlicher Mensch* (honeste vive). Die *rechtliche Ehrbarkeit* (honestas iuridica) besteht darin: im Verhältnis zu anderen seinen Wert als den eines Menschen zu behaupten, welche Pflicht durch den Satz ausgedrückt wird: ‚mache dich anderen nicht zum bloßen Mittel, sondern sei für sie zugleich Zweck'". In der Selbstzwecklichkeit aber liegt die Würde des Menschen begründet. „2) *Tue niemanden Unrecht* (nemi-

---

44 Kant: Frieden, S. 241.
45 Kant: MS, S. 455.
46 Kant: MS, S. 455: „Selbst, wenn sich die bürgerliche Gesellschaft mit aller Glieder Einstimmung auflösete müßte der letzte im Gefängnis befindliche Mörder vorher hingerichtet werden, damit jedermann das widerfahre, was seine Taten wert sind".

nem laede). 3) *Tritt* (wenn du das letztere nicht vermeiden kannst) in eine Gesellschaft mit andern, in welcher jedem das Seine erhalten werden kann (suum cuique tribue) ... *Tritt* in einen Zustand, worin jedermann das Seine gegen jeden anderen gesichert sein kann (lex iustitiae)".[47]

Im rechtlichen Gerechtigkeitsbegriff kommt die Etablierung der austeilenden Gerechtigkeit zuerst, die dann die vorrechtliche Würde in die Form eines Rechtsprinzips oder eines subjektiven Rechts gießt und dafür sorgt, dass jeder die gleichen Grenzen des rechtmäßigen Freiheitsgebrauchs einhält und andere nicht schädigt.

g. Utilitaristische Gerechtigkeit

In einem Spannungsverhältnis zur Menschenwürde stehen *utilitaristische Gerechtigkeitskonzeptionen*. Im klassischen Utilitarismus besteht die Auffassung, „that action is best, which procures the greatest Happiness for the greatest Numbers; and that, worst, which, in like manner, occasions Misery".[48] Gut ist eine Handlung dann, wenn sie das Wohlergehen zur Konsequenz hat. Das Wohlergehen aller ist jedoch nicht notwendig gut für jeden Einzelnen: Es besteht die Gefahr, den Wert des Einzelnen dem Nutzen für das Ganze unterzuordnen.

Jeremy Bentham (1748–1832) greift Hutchesons Gedanken auf und auch *John Stuart Mill* (1806–1873) begründet auf der Basis des Gerechtigkeitsgefühls eher öffentliche Güter und damit Gemeinwohl als individuelle Gerechtigkeit. Dieses Gefühl entfacht sich an Unrechtserfahrungen, etwa wenn jemand seiner Freiheit oder seines Eigentums beraubt wird und dringt auf Vergeltung.[49] Die Empörung des Gerechtigkeitsgefühls ist für Mill gleichwohl philosophisch gesehen nicht das letzte Wort zur Frage, was Gerechtigkeit ist. Aufgrund der Etymologie des Wortes „Gerechtigkeit" sieht er als Kernsatz an: „Alle Menschen haben ein Recht auf gleiche Behandlung, außer dann, wenn ein anerkanntes Gemeinschaftsinteresse das Gegenteil erfordert".[50] Gerechtigkeit steht mithin unter einem Gemeinwohlvorbehalt. Sicherheit, Bestrafung und weitere Ziele werden im objektiven Interesse aller, nicht des Einzelnen verfolgt.

Den Unterschied zwischen der utilitaristisch-konsequentialistischen Gerechtigkeitstheorie und deontologischen Theorie Kants kann man sich gut am Weichensteller-Fall/Trolley-Problem klarmachen:[51] „Auf einer steilen Gebirgsstrecke hat sich ein Güterwagen gelöst und saust mit voller Wucht ins

---

47 Kant: MS, S. 344.
48 Hutcheson: Inquiry, S. 125.
49 Mill: Utilitarismus, S. 126.
50 Mill: Utilitarismus, S. 189.
51 Welzel 1951, S. 51 f.; ohne Kenntnis dieser Quelle später auch von Thomson (1985, S. 1395 ff.) populär gemacht.

Tal auf einen kleinen Bahnhof zu, auf dem gerade ein Personenzug steht. Würde der Güterwagen auf dem bisherigen Gleise weiterrasen, so würde er auf den Personenzug stoßen und eine große Anzahl von Menschen töten." Soll ein Bahnbediensteter die Weiche, an der er steht, so umlenken, dass „sie den Güterwagen auf das einzige Nebengleis lenkt, auf dem gerade einige Arbeiter einen Güterwagen entladen". Kant würde dies ablehnen, da auch eine kleine Anzahl von Arbeitern nicht der größeren Zahl der Passagiere geopfert werden dürfe, denn das verletzte ihre Würde als Menschen. Der Utilitarismus würde die Folgen vergleichen und hinsichtlich des Nutzens bewerten, so dass die Aufopferung der wenigen Arbeiter zur Rettung vieler gerecht wäre.[52] Diese Fragen spielen in der Gegenwart eine immer größere Rolle – nicht nur in den dramatischen Problemen der Terrorismusbekämpfung, sondern auch in den alltäglichen, wie etwa ein selbstfahrendes Auto programmiert werden soll, damit in schwierigen Verkehrssituationen die richtige Lösung gefunden wird.[53]

5. Aspekte des gegenwärtigen Gerechtigkeitsdiskurses

a. John Rawls

Diese Probleme der subjektiven Rechte und des Minderheitenschutzes versucht *John Rawls* (1921–2002) in seinem bahnbrechenden Werk „A Theory of Justice" zu bewältigen.[54] Er stellt sich die Frage, wie ausgehend von einem hypothetischen Urzustand der Gleichheit („original position"), tatsächlich bestehende ungleiche Güterverteilung in einer Gesellschaft gerechtfertigt werden kann. Um dabei Zufälligkeiten zu beseitigen, die zur Ungleichheit führen, entwickelt Rawls den Gedanken eines Schleiers des Nichtwissens („veil of ignorance"). Dahinter wissen die Menschen „nicht, wie sich die verschiedenen Möglichkeiten auf ihre Interessen auswirken würden, und müssen Grundsätze allein unter allgemeinen Gesichtspunkten beurteilen … Vor allem kennt niemand seinen Platz in der Gesellschaft, seine Klasse oder seinen Status; ebensowenig seine natürlichen Gaben, seine Intelligenz, Körperkraft" und weitere selbstbezogenen Informationen.[55] Wissen über die eigene Gesellschaft soll ebenso verschleiert werden, wie Informationen darüber, wie groß sie ist, wie wohlhabend und zu welcher Zeit man in ihr leben

---

52 Einen Mittelweg versucht Kamm (1989, S. 227 ff.): „minimizing rights violations by violating the rights of one person" – es ist jedoch die Frage, ob dieser Ansatz die Bedenken beiseite räumen kann, da immer noch die Aufopferung der Rechte einer Person und damit die Verletzung ihrer Würde zum Zweck der Sicherung der Rechte vieler erfolgt. Es geht also nicht nur darum, ob man einen Rechtsansatz oder einen konsequentialistischen Ansatz vertritt, sondern darum, dass es innerhalb dieser Rechte welche mit höherem, ja absolutem Gewicht geben mag, die nicht hinter noch so vielen anderen Rechten zurückstehen müssen, eingehend jetzt auch Kamm 2015.
53 Kirste 2018, S. 92 f.
54 Zur Einführung auch Reidy 2019, S. 1 ff., vgl. auch den Steckbrief unten.
55 Rawls 1979, S. 159 f.

wird. Menschen im Urzustand besitzen einen zweckrationalen Egoismus, der jedoch durch geringe Risikobereitschaft geprägt ist.

Rawls greift die alte Diskussion, wie das Verhältnis von Freiheit und Gleichheit im Prinzip der Gerechtigkeit ist, auf. Tatsächliche soziale Vor- und Nachteile sollen danach nur insoweit gerechtfertigt sein, als durch den Vorteil des Bessergestellten auch die Lage des Schlechtestgestellten in der Gesellschaft verbessert wird.[56] Die Rechtfertigung sozialer Ungleichheit setzt dann die Berücksichtigung zweier Grundsätze *zwei Grundsätze* voraus: „1. Jedermann soll ein gleiches Recht auf das umfangreichste System gleicher Grundfreiheiten haben, das mit dem gleichen System für alle anderen verträglich ist. 2. Soziale und wirtschaftliche Ungleichheiten sind so zu gestalten, dass (a) vernünftigerweise zu erwarten ist, dass sie zu jedermanns Vorteil dienen, und (b) sie mit Positionen und Ämtern verbunden sind, die jedem offen stehen".[57] Grundlage ist die Garantie eines Systems gleicher Grundfreiheiten. Hierzu zählen neben den abwehrrechtlichen Positionen der Eigentumsfreiheit, der Unverletzlichkeit der Person, der Versammlungsfreiheit und dem Rederecht auch die aktive Wahlfreiheit als Möglichkeit des Einzelnen, vom Staat nicht nur in Ruhe gelassen zu werden, sondern auch Einfluss auf ihn nehmen zu können. Der zweite Gerechtigkeitsgrundsatz („Differenzprinzip") stellt zwei rationale Voraussetzungen für Ungleichbehandlungen auf, die beide vorliegen müssen. Zunächst müssen sie zu jedermanns Vorteil sein. Das klingt nach einem utilitaristischen Argument. Gemeint ist jedoch eine Optimierung nach der „Maximin-Regel": Optimal ist eine Maßnahme dann, wenn sie auch für die gesellschaftlich am schlechtesten Gestellten vorteilhaft ist. Ferner wären soziale Ungleichheiten, ohne die gleiche Chance aller Menschen sie zu überwinden, nicht gerechtfertigt. Zwischen beiden Grundsätzen besteht ein Vorrangverhältnis dergestalt, dass der erste Grundsatz nur unter den Voraussetzungen des zweiten eingeschränkt werden darf. Die Optimierung der Freiheiten bleibt also das höchste Ziel. Unterschiedliche Freiheiten können nicht, wie der klassische Utilitarismus meinte, im Gesamtinteresse gerechtfertigt werden. Sie sind vielmehr nur dann zu vertreten, wenn die Gesamtfreiheit verbessert oder jedenfalls die Stellung des sozial Schwächsten nicht verschlechtert wird.

Rawls unterscheidet sich so von einer rein freiheitsorientierten Konzeption der Gerechtigkeit, indem er ein gewisses Maß an Umverteilung zulässt. Zugleich unterscheidet er sich von utilitaristischen Konzeptionen dadurch, dass er am Vorrang der Freiheit festhält. Durch die Rückbindung der Umverteilung an die Freiheit des Einzelnen, vermeidet Rawls seine Instrumentalisierung. Durch die Möglichkeit der Umverteilung kann er aber zugleich auch die Förderung derjenigen menschenwürdigen Daseinsvoraussetzungen

---

56 Rawls 1979, S. 122.
57 Rawls 1979, S. 81.

rechtfertigen, die den Einzelnen erst in die Lage versetzen, von seiner Freiheit Gebrauch zu machen.

Bedeutend ist Rawls aber ebenso wegen seiner Konzeption der Verfahrensgerechtigkeit geworden. Je nach dem, wie stark das Verfahren selbst das Ergebnis sozialer Prozesse bestimmt, spricht Rawls von reiner oder lediglich quasi-reiner prozeduraler Gerechtigkeit.[58] Abhängig davon, ob das (unabhängig angenommene) gerechte Ergebnis mit Sicherheit durch das Verfahren erreicht wird, setzt Rawls dann noch die Begriffe der reinen und der quasi-reinen Gerechtigkeit mit denen der Vollkommenheit oder Unvollkommenheit ins Verhältnis. Vollkommene prozedurale Gerechtigkeit soll danach mit Sicherheit rein durch das Verfahren selbst erreicht werden können, während dies der unvollkommenen Form nicht mit Sicherheit gelingt.

Wenn die reine prozedurale Gerechtigkeit nur durch das Verfahren erreicht wird, dann ist sie die juristische Gerechtigkeit, die dem hier vertretenen Begriff entspricht. Sie wird in verfassungsmäßigen Verfahren erzeugt. Auch die rechtliche Gerechtigkeit der Verfassung selbst ist eine prozedurale Gerechtigkeit, weil sie im Verfahren der Verfassunggebung hergestellt wird. Rawls unterscheidet entsprechend bei den Verfahren mehrere Konkretisierungsstufen. Die erste besteht in der Wahl der Gerechtigkeitsgrundsätze, die zweite in der Verfassungsgebung, die dritte in der Gesetzgebung und die vierte in der Rechtsanwendung. Auf jeder Stufe wird der angesprochene Schleier ein wenig weiter gelüftet.[59]

Rawls gelingt es – auch wenn er selbst kaum von ihr spricht – Menschenwürde als prinzipiell gleiche Fähigkeit der Menschen zu freier Selbstbestimmung mit der Freiheit in der Realisierung dieser Möglichkeiten und einer Gleichheitskonzeption, die Umverteilung zulässt, in ein überzeugendes Verhältnis zu bringen.[60] Es ist für die Rekonstruktion des positiven Rechts deshalb besonders attraktiv, weil es der Verfahrensgerechtigkeit eine besondere Bedeutung beimisst.

b. Ronald Dworkin

Die von Rawls angestoßene Gerechtigkeitsdiskussion der Gegenwart betont mal mehr die Freiheit und mal mehr die Gleichheit.[61] Zu den Gleichheitstheoretikern gehört *Ronald Dworkin*.[62] „Equality is the endangered species of political ideals" beginnt sein Hauptwerk zu Fragen der politischen Gerech-

---

58 Rawls 1979, S. 107 f.
59 Rawls 1979, S. 223 f.
60 Seine Theorie hatte wesentlichen Einfluss auf den Fähigkeitenansatz von Amartya Senn und Martha Nussbaum, Neuhäuser 2018, S. 2 f.; Ilea 2017, S. 3.
61 Krebs 2000, S. 10 ff.
62 Eingehend zu seiner Theorie der Gerechtigkeit Reeves 2017a, S. 1 ff.

tigkeit, „Sovereign Virtue".[63] Er fährt fort: „Equal concern is the sovereign virtue of political community – without it government is only tyranny – and when a nation's wealth is unequally distributed, as the wealth of even very prosperous nations now is, then its equal concern is suspect." „Equal concern and respect" – diese beiden Momente machen die Gerechtigkeit bei ihm aus. Dabei steht „equal concern" für Gleichheit und Respekt wird der Freiheit des Einzelnen gezollt. In Bezug auf die Gleichheit geht es Dworkin nicht nur um Gleichheit der Rechte, sondern um tatsächliche Gleichheit, aber um Gleichheit durch Recht. Dies könnte auf ein sozialistisches Konzept hinauslaufen. Das hat Dworkin jedoch nicht im Sinn. Er zielt auf eine Gleichheit der Ressourcen oder der Bedingungen des Handelns. Diese Ressourcen möglichst optimal zu entfalten, ist das höchste Ziel menschlichen Lebens; aber – und hier liegt der entscheidende Unterschied zu sozialistischen Theorien – diese Entfaltung liegt in der eigenen Verantwortung eines jeden Menschen. Diese Verantwortung reicht weit, und da Verantwortung Freiheit voraussetzt, hat diese auch in Dworkins Theorie einen bedeutenden Platz.

Dies zeigt sich am Verteilungsmodus der Güter. Dworkin wendet ein idealisiertes Marktmodell („auction") an, das auf eine Güterverteilung zielt, bei der am Ende keiner mehr eifersüchtig auf den anderen ist („envy test"), weil er weiß, dass er die gleiche Chance wie die anderen beim Erwerb der Güter hatte.[64] In der Idealisierung zeigt sich die Ressourcengleichheit: Jeder wird so gestellt, als habe er die gleiche Ausgangssumme für die Teilnahme am Markt und jeder tritt unter gleichen Wettbewerbsbedingungen an. Diese Idealisierung verlangt viel, denn jeder besitzt eine unterschiedliche natürliche Ausstattung an Fähigkeiten („brute luck") und selbst wenn diese ausgeglichen wären, würde doch jeder sie mit unterschiedlichem Mut zum Risiko einsetzen („option luck"). Entscheidend für den Umfang der Idealisierung ist das Maß an möglicher Verantwortlichkeit: Soweit der Einzelne seine ungünstige Lage nicht herbeigeführt hat, kann sie ausgeglichen werden. Doch schränkt Dworkin zur Sicherung der Bedeutung frei verantwortbarer Entscheidungen den Kreis dieser Bedingungen stark ein: Eigentlich bleiben nur solche Risiken übrig, gegen die man sich nicht versichern kann. Soweit eine Versicherung möglich ist, steht die Wahrnehmung dieser Möglichkeit in der Verantwortung des Einzelnen. *Ressourcengleichheit* ist also die Bedingung, die freie Betätigung auf dem Markt das Mittel und die Freiheit von Eifersucht hinsichtlich der erreichten Güterverteilung das Ziel der Gerechtigkeit. Nur bei angeborenen Beeinträchtigungen kommt danach ein Ausgleich in Betracht.

Umgekehrt zollt seine Konzeption auch unterschiedlichen Lebenszielen und daraus resultierenden Ungleichheiten Respekt, ist also "ambition-sensitive ".

---
63 Dworkin 2002, S. 1.
64 Dworkin 2000, S. 67.

Wer die ihm zur Verfügung stehenden Ressourcen risikofreudig einsetzt und dadurch aufgrund von Leistung oder Glück bzw. Pech mehr oder weniger besitzt als andere, ist nicht von einem Ausgleich betroffen. "Liberty is crucial to political justice because a community that does not protect the liberty of its members does not – cannot – treat them with equal concern on the best understanding of what that means."[65] Insofern wird das Freiheitsprinzip berücksichtigt.

Freiheit steht im Dienst der Gleichheit. Eine Gesellschaft, die Freiheit nicht garantiert, kann nicht jedermann mit gleichem Respekt behandeln. Daher gilt: „Any genuine conflict between liberty and equality – any conflict between liberty and the requirements of the best conception of the abstract egalitarian principle – is a contest that liberty must lose".[66] Gemäß dem "principle of victimization " ist eine Einschränkung der Freiheit jedoch nur dann gerechtfertigt, wenn der Träger der Freiheit kein ungerechtfertigtes Opfer erbringen muss. Dieses liegt vor, wenn die Freiheit durch eine gesetzliche Regelung geringer ist als die unbegrenzte Freiheit im Falle einer gerechten Regelung. Jeder hat also nur so viel Freiheit, wie es einer gerechten, und das heißt: gleichen Verteilung entspricht.

c. Der strenge Egalitarismus Thomas Nagels

Der Gleichheitsaspekt wird weiter verstärkt durch den strengen Egalitarismus, wie er etwa in einer psychologischen Variante von *Thomas Nagel* (*1937) vertreten wird.[67] Seine ebenso radikale wie anspruchslose Konzeption empfiehlt eine unparteiliche Einstellung als Schlüssel zur Gerechtigkeit. Gerechtigkeit sei immer schon egalitär.[68] Nagel ergreift zugunsten der schlechter gestellten Partei, ohne nach dem Grund ihrer Schlechterstellung zu fragen. Ziel Nagels ist nicht nur eine Ressourcengleichheit, sondern das gelungene Leben, also *Ergebnisgleichheit*. Bedingung dafür, dass dies erreicht werden kann, ist die Unparteilichkeit der Entscheidungsträger. Voraussetzung dafür ist die Möglichkeit wertfreier Erkenntnis. Außerdem fordert er eine Art imaginativer Identifikation, durch die der Einzelne die Standpunkte aller anderen einnehmen soll. Um die „beträchtlichen Veränderungen im menschlichen Motivationshaushalt" zu bewerkstelligen, setzt er auf Institutionen, die den Menschen entsprechend beeinflussen.[69]

Problematisch an dieser Gleichheitstheorie ist, dass sie den Menschen in Bereichen, in denen eine Schlechterstellung auf ihr freiwillig eingegangenes

---

[65] Dworkin 2000, S. 181.
[66] Dworkin 2002, S. 130.
[67] Zu ihm und anderen Egalitaristen vgl. Holzleithner 2009, S. 51 ff.; Quellen, Kritik und Gegenkritik des Egalitarismus bei Krebs 2000.
[68] Nagel 1991, S. 63 f.
[69] Nagel 1991, S. 96 ff.

Risiko zurückzuführen ist, gleichstellen wollen. Hierdurch bevormunden sie ihn, handeln also paternalistisch. Damit verletzen sie nicht nur seine freie Entscheidung für das Risiko, sondern verletzen zugleich seine Würde.[70] An die Stelle individueller Selbstbestimmung tritt die Vorstellung der Herrschaftsträger vom guten Leben.

Diese problematische Ansicht Nagels zeigt, dass Ergebnisgleichheit, wenn sie auf tatsächliche Gleichheit zielt, mit Würde und Selbstbestimmung des Menschen nicht vereinbar ist. Hier kommt, wie Dworkin nachgewiesen hat, nur Chancengleichheit in Betracht.[71] Ergebnisgleichheit, also Herstellung gleicher Zustände, ist hingegen bei der Rechtsstellung des Menschen erforderlich: Die Menschenwürde ist nicht nur dann verletzt, wenn dem Einzelnen etwas gegen seinen Willen gewährt wird (Paternalismus), sondern auch dann, wenn er nicht als Rechtssubjekt behandelt wird. Nur das, aber auch alles das, was der Einzelne zu verantworten hat, rechtfertigt eine Ungleichheit. Dazu gehört nicht seine Rechtsfähigkeit. Behandelt man ihn gleich, obwohl er aufgrund seiner Freiheit mehr erreicht hat als andere, greift man in seine Freiheit ein. Stellt man ihn gleich, obwohl er sich dank seiner Freiheit selbst helfen kann, verletzt man seine Würde.

d. Die libertäre Gerechtigkeitstheorie

Klare Gegenpositionen zu egalitären Gerechtigkeitstheorien beziehen die Libertären. Freiheit ist für sie bestimmendes Merkmal der Gerechtigkeit. „Im Mittelpunkt der Gerechtigkeitstheorie des *libertarianism* steht die maximale Handlungsfreiheit, die am besten durch den klassischen Anspruch auf den ungeschmälerten Besitz der direkten und indirekten Früchte der eigenen Arbeit, eigener Anstrengungen ausgedrückt wird ...".[72]

Der nach Friedrich August Wilhelm von Hayek (1899–1992)[73] prägnanteste Vertreter dieser Richtung ist *Robert Nozick* (1938–2002).[74] Weil er einen dezidierten Vorrang der Freiheit vor der Gleichheit postuliert, wird seine Auffassung auch nicht nur als liberal, sondern als libertär bezeichnet. Verteilungsgerechtigkeit geht danach auch nicht von einem den Individuen übergeordneten Staat aus, sondern von den Individuen selbst, die in freiwillige Austauschbeziehungen eintreten. An die Stelle eines organisierten kollektiven Akteurs tritt beim ihm wie auch bei *Friedrich August von Hayek* (1899–1992) der Markt. Nozick ist der Ansicht, dass der marktmäßige Austausch von Gü-

---

70 Anderson bei Krebs 2000, S. 141.
71 Arneson 1989, S. 84.
72 Kersting 2000, S. 48 f.
73 Er versteht jede Verteilungsgerechtigkeit als Illusion, Hayek 1996, S. 93, die zur „Vernichtung unseres Wohlstandes, der persönlichen Freiheit und der ganzen modernen Zivilisation" führe, a. a. O., S. 185.
74 Coffee 2017, S. 1 ff.

tern zu einer gerechten Verteilung führt, wenn der Besitz eines Gegenstandes gerecht angeeignet und gerecht übertragen wird.

Der Staat beschränkt sich auf die Garantie der formal verstandenen Rechtsgleichheit. Er ist ein reiner Schutzstaat ohne Umverteilungsfunktion zum Zweck der Gleichheit (Minimalstaat). Hayek geht insofern darüber hinaus, als er den Markt weder als gerecht noch als ungerecht ansieht: Nur menschliches Verhalten kann hinsichtlich seiner Ergebnisse als gerecht oder ungerecht beurteilt werden. Die Ergebnisse des Marktes stellten sich hingegen als nicht beabsichtigte Folgen des Handelns dar. Immerhin anerkennt Hayek über Nozick hinaus die Möglichkeit der Gewährung eines Existenzminimums als Ausgleich für das zufällige Pech, das den Einzelnen in der Ressourcenausstattung treffen kann, und das dem Einzelnen in Gestalt eines Mindesteinkommens zusteht.[75] Die Konsequenz, diesen Anspruch aus der Menschenwürde zu begründen, zieht von Hayek jedoch nicht.

e. Kontextualistische Gerechtigkeitskonzeptionen

Kommunitaristen kontextualisieren Gerechtigkeit: Was Gerechtigkeit ist, kann nicht für alle Menschen und Gemeinwesen einheitlich angegeben werden. Es richtet sich vielmehr nach der Konzeption des Guten, die die jeweilige Gemeinschaft besitzt, also nach ihren höchsten Werten: „Eine bestehende Gesellschaft ist dann eine gerechte Gesellschaft, wenn sie ihr Leben in einer bestimmten Weise lebt – in einer Weise, die den gemeinsamen Vorstellungen ihrer Mitglieder entspricht."[76] In kaum reflektierter Verbundenheit mit dem Historismus des 19. Jahrhunderts gehen also kommunistische Theorien davon aus, dass die Vorstellungen von Gerechtigkeit durch die konkrete Geschichte und Kultur der betreffenden Gemeinschaft geprägt sind. Dies ist eine wesentliche Weichenstellung auch für die Bestimmung des Verhältnisses von Freiheit und Gleichheit innerhalb der Gerechtigkeitskonzeption: Ausgangspunkt ist die kollektive Selbstbestimmung einer Gemeinschaft. Dies bedeutet, dass die objektive, positive Freiheit oder Selbstbestimmung einen Vorrang genießt.

Ziel kommunitaristischer Gerechtigkeit ist nicht absolute Gleichheit, sondern – wie es etwa *Michael Walzer* (*1935)[77] formuliert – ein „Zustand gleichmäßig verteilter Ungleichheiten, die sich weder ineinander überführen, noch in eine Wertigkeitshierarchie bringen lassen, die alle Sphären umgreift."[78] Dies nennt er auch „komplexe Gleichheit". Zur näheren Bestimmung der Gerechtigkeit, bei der es um die Verteilung von Gütern geht, treten bei Walzer an die Stelle

---

75 Hayek 1981, S. 122.
76 Walzer 2006, S. 441.
77 Zu seiner Gerechtigkeitstheorie Kocsis 2017, S. 1 ff.
78 Seibert Politische Philosophie, S. 209 f.

abstrakter Gleichheitsprinzipien konkrete Zugehörigkeitskriterien: Solidarität, Verwandtschaft, schädigendes Vorverhalten („Verletzerprinzip"). Bemerkenswert ist, dass hierbei die Steigerung der Anerkennung und Selbstachtung oder „Selbstschätzung" als höchstrangiger Wert angesehen wird. Sie sind Ausdruck der Anerkennung der konkreten Betätigung des Gemeinschaftsmitglieds und können bei unterschiedlichen sozialen Schichten durchaus gleich hoch sein. Ohne dies explizit zu tun, knüpft Walzer damit doch wieder an den überkommenen, leistungsbezogenen Würdebegriff – „Selbstbeherrschung" ist eine Voraussetzung für die Achtung durch andere[79] – an, der die soziale Stellung des Menschen in einer Gesellschaft bezeichnet. Würde in diesem Sinn genießt das Individuum in seinem sozialen Kontext und durch diesen. Auch wenn sie einen höchsten Wert darstellt, ist doch offensichtlich, dass sie optimiert werden kann: Es kann ein Mehr oder Weniger an sozialer Anerkennung bestehen.

6. Skepsis gegenüber der materialen Gerechtigkeit

Skeptisch gegenüber derartigen inhaltlichen Ansätzen des Gerechtigkeitsbegriffs, geht *Chaim Perelman* (1912-1984) genau den umgekehrten Weg. Getragen von einem Wertrelativismus, der auch gegenüber einem absoluten Wert „Gerechtigkeit" skeptisch ist, versucht er über partikulare Ausgestaltungen hinweg Gerechtigkeit als ein allgemeines, wenn auch formales Prinzip, als den grundlegendsten Begriff der Gesellschaft zu verstehen.[80] Sein Ziel ist es, die Form zu finden, die allen besonderen Gerechtigkeitskonzeptionen zugrunde liegt.

Der so ermittelte Kern der Gerechtigkeit ist für ihn die Gleichheit.[81] Der Gattung nach ist Gerechtigkeit ein Handlungsprinzip – nicht das Prinzip einer Institution, wie es etwa Rawls versteht. Das Subjekt dieses Prinzips ist vielmehr offen. Dies kann ein Mensch, eine Organisation etc. sein. Auch das Objekt des Handelns kann unterschiedlich sein: Es kann ein Mensch, eine Gruppe von Menschen oder auch eine Einrichtung sein. Eine Spezifikation findet lediglich hinsichtlich der Handlungsweise statt: „Wesen derselben Wesenskategorie [müssen] auf dieselbe Art und Weise behandelt werden".[82]

Das ist abstrakt und sehr offen. Zu konkreten Aussagen über Gerechtigkeit („*politische Gerechtigkeit*") gelangt Perelman über eine Argumentationstheorie. An die Stelle der Deduktion aus einem obersten materialen Begriff der Gerechtigkeit tritt die mit Mitteln der Rhetorik den jeweiligen Adressatenkreis (Gesetzgeber – Öffentlichkeit, Richter – Parteien etc.) überzeugende

---

79 Walzer 2006, S. 396.
80 Perelman 1967, S. 14 f.
81 Perelman 1967, S. 22.
82 Perelman 1967, S. 28.

4. Kapitel: Die Rechtsethik

Argumentation.[83] Aus dem formalen Begriff der Gerechtigkeit als Erkenntnisprinzip resultiert also nicht die normative Verbindlichkeit von gerechten Regeln als Recht. Diese entstammt vielmehr erst der konkreten Willensentscheidung der Gesetzgebung und des Rechtsanwenders. Dieser nicht-normative Begriff der Gerechtigkeit macht Perelmans Theorie der Gerechtigkeit interessant für eine deskriptive Ethik. Er zeigt, dass eine Gesellschaft sich ihre Gerechtigkeit nicht vorschreiben lässt, sondern selbst finden muss. Gerechtigkeit einer Gesellschaft ist danach prozedural zu begründende Gerechtigkeit.

Anderen Prämissen folgend, ist auch *Hans Kelsen* der Auffassung, dass es notwendig ist, dass eine Gesellschaft in einem pluralen Prozess selbst darüber entscheidet, was sie für gerecht hält. Auf der anderen Seite ist dazu jedoch nicht jede Form von Entscheidungsprozess, jedes Verfahren geeignet und in diesem Verfahren ist nicht jedes Argument gleich überzeugend. Einen absoluten Begriff der Gerechtigkeit könne es nicht geben; sie sei letztlich subjektiv.[84] Ein Streit zwischen verschiedenen als höchste angenommenen Werten sei folglich rational nicht entscheidbar[85].

Niklas Luhmann bestreitet nicht einfach die Möglichkeit der Idee der Gerechtigkeit. Er konstatiert vielmehr in soziologischer Perspektive, dass im Recht mit dem Begriff operiert wird und fragt sich nach dessen Funktion. Sie kann freilich nach dem von ihm angenommenen Ende des Naturrechts nicht einfach in der Einführung feststehender, unverrückbarer Gehalte in das Recht und für das Recht bestehen. Ihre Unbestimmtheit und inhaltliche Umstrittenheit dient ihm jedoch auch nicht als Beleg für ihre Nutzlosigkeit, sondern positiv als Grundlage ihrer Verwendung. Gerade weil sie inhaltlich unbestimmt ist („*Kontingenzformel*"), kann sie viele Erwartungen bündeln und so als einheitsbildender Faktor im Rechtssystem bestehen.[86]

Perelman, Kelsen und Luhmann ist die Annahme gemeinsam, dass es einen Staat und Gesellschaft vorgeordneten, absoluten Begriff der Gerechtigkeit nicht gibt und dass allenfalls ein relativer, auf eine bestimmte Gesellschaft bezogener vorstellbar ist. Gerechtigkeit ist damit auch für eine die Gesellschaft beobachtende Rechtstheorie nicht verzichtbar. Sie besitzt eine Funktion, muss aber von jeder Gesellschaft selbst konkretisiert werden.

---

83 Perelman 1965, S. 207.
84 Kelsen 1975, S. 43; Kelsen 1960, S. 69: „Eine relativistische Wertlehre bedeutet nicht ..., dass es keine Werte und insbesondere keine Gerechtigkeit gebe, sondern nur, dass es keine absoluten, dass es nur relative Werte, keine absolute, sondern nur eine relative Gerechtigkeit gibt".
85 Kelsen 1975, S. 16 f.
86 Luhmann 1993, S. 214 ff.

7. Prozedurale Gerechtigkeitstheorien

Die gerade erwähnten skeptischen Einwände, aber auch die neueren mehr inhaltlich ausgerichteten Theorien haben gezeigt, dass rechtliche Gerechtigkeit nicht als Ergebnis einer Theorie einfach in das Recht umgesetzt werden kann. Vielmehr kommt es auf einen *pluralen Prozess* der Diskussion alternativer Gerechtigkeitskonzeptionen an. Erst eine Gerechtigkeit, zu der jeder von ihr Betroffene seine Zustimmung mindestens hätte geben können, wie Kant annimmt, ist rechtlich verbindlich. Selbst die vernünftigste vorstellbare Gerechtigkeit würde die Freiheit des Einzelnen, unvernünftig handeln zu können, verletzen, wenn sie ohne seinen Willen für ihn verbindlich wäre. Die verfahrensmäßige Begründung der Gerechtigkeit ist also eine notwendige Bedingung rechtlicher Gerechtigkeit.

Aber nicht jedes Verfahren sichert Gerechtigkeit; ein Verfahren, in dem die Beteiligten unzureichend gehört werden, in dem Fristen zu kurz bemessen sind, bei dem Beweismittel willkürlich ausgeschlossen werden können, gewährleistet nicht, dass gerechte Entscheidungen getroffen werden. Sichern nur gerechte Verfahren gerechte Ergebnisse? Rechtliche Gerechtigkeit geht genau von dieser Annahme aus. Rechtliche Verfahren, die auf gerechte Entscheidungen zielen, sind selbst Normen unterworfen, die Anforderungen der Gerechtigkeit an dieses Verfahren richten. Eine Ausnahme ist nur das Verfahren der Verfassunggebung.

Als gerechtigkeitsbegründende Prozeduren werden insbesondere (Gesellschafts-)Verträge und Diskurse vorgeschlagen. *Hobbes* hatte den Gesellschaftsvertrag als eine derartige Grundlage angesehen und auch *Kants* kategorischer Imperativ (s.o. 116) kann als eine solche Prozedur, nämlich als ein Verallgemeinerungstest verstanden werden. Entsprechend könnte dann auch *Rawls*' „Schleier des Nichtwissens" als solches Verfahrenskriterium verstanden werden, würde er selbst die Bedeutung dieser Metapher nicht auf die eines Darstellungsmittels beschränken.[87]

Nun gibt es aber Verfahren, die Gerechtigkeit hervorbringen, und andere, bei denen dies nicht der Fall ist. Also bedarf es eines Kriteriums, um beide zu unterscheiden. So geschieht es etwa in Habermas' idealem *Diskurs*, der die Grundlage dafür umschreibt, dass in anderen Diskursen Gerechtigkeit erzeugt werden kann. Ein idealer praktischer Diskurs ist danach einer, bei dem „unter den Bedingungen unbegrenzter Zeit, unbegrenzter Teilnehmerschaft und vollkommener Zwanglosigkeit im Wege der Herstellung vollkommener sprachlicher-begrifflicher Klarheit, vollkommener empirischer Informiertheit, vollkommener Fähigkeit und Bereitschaft zum Rollentausch und vollkommener Vorurteilsfreiheit die Antwort auf eine praktische Frage ge-

---

87 Tschentscher S. 170 f., 83 f., 124 f.

sucht wird".[88] Das ist die Bedingung, unter der er gerecht genannt werden kann. Für die Ergebnisse des Diskurses bedeutet das: „Gültig sind genau die Handlungsnormen, denen alle möglicherweise Betroffenen als Teilnehmer an rationalen Diskursen zustimmen können".[89]

Als solche Verfahrenskriterien können genannt werden: Rechtsstaatlichkeit im Sinne der Bindung der rechtsetzenden Gewalten an höherrangiges Recht, demokratische Legitimation im Sinne der kollektiven Selbstbestimmung eines Volkes, Publizität der Entscheidungen, Anhörungsrechte und weitere Grundsätze des „fair trial", in Gerichtsverfahren:

- Unabhängigkeit der Richterinnen und Richter,
- gleiche Einflussmöglichkeit der Betroffenen auf die Entscheidung,
- „Auch die andere Seite ist zu hören" („audiatur et altera pars"),
- niemand darf Richter in eigener Sache sein („nemo iudex in causa sua").

Daraus ergibt sich das Ergebnis, dass prozedurale Gerechtigkeit immer nur Gerechtigkeit des Verfahrens ist. Ferner kann festgehalten werden, dass gerechte Verfahren gerechte Ergebnisse hervorbringen können. Schließlich wird man, wenn man Gerechtigkeit als ein menschenwürdiges Verhältnis von Freiheit und Gleichheit und Freiheit auch als positive Freiheit der Selbstbestimmung ansieht, annehmen können, dass gerechtes Recht *nur* aus gerechten Verfahren hervorgehen kann. Möglich bleibt aber, dass Aussagen darüber, was Gerechtigkeit ist und wie sie hervorgebracht werden kann, nicht das Ergebnis von Verfahren sind, sondern auch Ergebnis von Erkenntnis sein können. Diese Erkenntnisse sind dann die Grundlage für Verfahrensgestaltungen, aus denen gerechte Ergebnisse hervorgehen können.

8. Zusammenfassung

Moderne Rechtsordnungen zielen darauf ab, Gerechtigkeit prozedural hervorzubringen. Von der in der Verfassunggebung erfolgenden Anerkennung gleicher Grundrechte des Menschen über die demokratisch legitimierte und durch Grundrechte beschränkte Gesetzgebung bis hin zur Anwendung sollen Verfahren Anforderungen prozeduraler Gerechtigkeit erfüllen. Dass das Recht sich an prozeduraler Gerechtigkeit orientiert und auf die Hervorbringung prozeduraler Gerechtigkeit hin angelegt wird, schließt nicht aus, dass sich über die Jahrhunderte alte philosophische Diskussion der Gerechtigkeit ein minimaler Konsens über Kriterien der Gerechtigkeit herausgebildet hat. Unser kleiner Überblick hat dabei ergeben, dass Gerechtigkeit ein bestimmtes Verhältnis zwischen Freiheit und Gleichheit bedeutet. Wie dies genau zu bestimmen ist, ist umstritten. Es bietet sich an, hierbei auf das Kriteri-

---

88 Alexy 1979, S. 412.
89 Habermas 1994, S. 138.

um der Menschenwürde zurückzugreifen: Weder darf die Freiheit noch die Gleichheit soweit eingeschränkt werden, dass hierdurch die Menschenwürde verletzt wird.

Als Grundaussage über die Richtigkeit des Rechts müsste Gerechtigkeit in allen seinen Teilbereichen untersucht werden: Im Verhältnis der Rechtssubjekte untereinander, in ihrem Verhältnis zu öffentlichen Hoheitsträgern und im Verhältnis der Staaten zueinander und zu vielgestaltigen Rechtssubjekten in internationalen Rechtsverhältnissen. Das kann hier nicht geleistet werden.[90] Nur stichwortartig weise ich daher auf die Vertragsgerechtigkeit, die soziale Gerechtigkeit gegenüber Bedürftigen,[91] die Strafgerechtigkeit, die internationale Gerechtigkeit und globale Gerechtigkeit,[92] die Geschlechtergerechtigkeit[93] und die intergenerationelle Gerechtigkeit hin. – *Vertragsgerechtigkeit* als Vertragsabschluss- und als Vertragsinhaltsgerechtigkeit soll die gleiche Freiheit bei der Eingehung von Verträgen und jedenfalls in Extremfällen auch ein gerechtes Verhältnis von Leistung und Gegenleistung sicherstellen. Sie gleicht keineswegs nur Asymmetrien aus, sondern berücksichtigt dabei auch die Freiheit der stärkeren Partei, die nur soweit eingeschränkt werden darf, als dies zum Schutz der schwächeren erforderlich ist. – Wer auf seine physische Existenz reduziert ist, weil er um sein Überleben kämpfen muss, dem fehlt die Möglichkeit zur Teilnahme an Sozialsystemen, ihm fehlt die Möglichkeit freier Selbstbestimmung und der gleichen Teilnahme an der Ausbildung politischer Gemeinschaften. Das widerspricht der *sozialen Gerechtigkeit*. Eine Exklusion des Menschen aus den Sozialsystemen verletzt seine Würde als Kommunikationspartner. Sie ist zugleich die größte Ungerechtigkeit, die ihm angetan werden kann. – Auch der schlimmste Verbrecher verdient noch eine *gerechte Strafe*, bei der berücksichtigt werden muss, dass er jedenfalls implizit durch seine Tat etwas als Recht behauptet, das von der übrigen Rechtsordnung als Unrecht angesehen wird. Auch ein gefürchteter Terrorist darf nicht „wie ein Hund" (Donald Trump) hingerichtet werden. – *Internationale Gerechtigkeit* betrifft längst nicht mehr nur das Verhältnis der Staaten zueinander, das etwa aufgrund des Gedankenexperiments des Schleiers des

---

90 Eine erste Übersicht gibt Holzleithner 2009, S. 59 ff.
91 Marx Gothaer Programms, S. 21. Darum bemüht sich in einer modernen, liberalen Fassung der Fähigkeitenansatz von Amartya Sen auf stärker ökonomischer und Martha Nussbaum auf Rawls'scher Grundlage, Kirste 2014, S. 32 ff.; Ilea 2017, S. 2 f.
92 Anderheiden/Huster/Kirste 2001.
93 Holzleithner 2009, S. 75 ff.

Nichtwissens geordnet werden könnte.[94] Vielmehr ist gerade auch in einer globalisierten Ethik die einzelne Person ins Zentrum zu stellen.[95]

Bei alledem darf nicht vergessen werden, dass rechtliche Gerechtigkeit eine gewisse generalisierende Gerechtigkeit ist. Was aber im Allgemeinen gerecht ist, kann im Einzelfall die größte Ungerechtigkeit bedeuten.[96] Insofern tritt an die Seite der Gerechtigkeit die Billigkeit.[97] Als Einzelfallgerechtigkeit kann sie (1.) Ausnahmen vom allgemeinen Gesetz fordern. Als korrigierende Billigkeit kann sie (2.) bei konkurrierenden Rechten zu Korrekturen wie in der Equity-Rechtsprechung des englischen Königs, später des Court of Chancery im Common Law führen. Sie kann (3.) als ergänzende Billigkeit die Schließung von Lücken im Einzelfall fordern. Schließlich können (4.) aus billigen Einzelfallentscheidungen gemeinsame Rationalitäten entwickelt werden, die dann wiederum im Rahmen der Gesetzgebung zu Normen verdichtet werden können.

IV. Menschenwürde

1. Der Begriff der Würde

Auch die Menschenwürde gehört zu den Grundbegriffen der rechtsphilosophischen Tradition seit der ausgehenden Antike.[98] Das ist freilich heute nicht unumstritten. In Teilen der Anglo-Amerikanischen Rechtsphilosophie wird

---

94 Rawls 2011, S. 36: „Sowohl die Parteien als Vertreter als auch die Völker, die sie vertreten, befinden sich in symmetrischen und deshalb fairen Positionen zueinander. Auch werden die Völker als rational modelliert, da die Parteien bei ihrer Auswahl unter den vorliegenden Grundsätzen für ein Recht der Völker von den grundlegenden Interessen demokratischer Gesellschaften geleitet werden [...]. Schließlich befinden sich die Parteien hinter einem Schleier der Unwissenheit, der den Besonderheiten des vorliegenden Falles angepasst ist: So kennen sie zum Beispiel weder die Größe des Territoriums oder der Bevölkerung noch die relative Stärke der Völker, deren grundlegende Interessen sie vertreten".

95 Thomas Pogge fasst die Forderungen einer globalisierten individualistischen Ethik zusammen: "First, individualism: the ultimate units of concern are human beings, or persons – rather than, say, family lines, tribes, ethnic, cultural, or religious communities, nations, or states. The latter may be units of concern only indirectly, in virtue of their individual members or citizens. Second, universality: the status of ultimate unit of concern attaches to every living human being equally – not merely to some subset, such as men, aristocrats, Aryans, whites, or Muslims. Third, generality: this special status has global force. Persons are ultimate units of concern for everyone – not only for their compatriots, fellow religionists, or suchlike", Pogge 1992, S. 169; Kreide 2001, S. 121 ff.

96 Cicero De officiis, I, 33, S. 32 f.: „Es kommen auch oft Ungerechtigkeiten vor durch eine Rechtsverdrehung, d. h. durch allzu spitzfindige, aber böswillige Auslegung des Rechtes. Daraus ist jenes schon abgegriffene Sprichwort ‚höchstes Recht ist höchste Ungerechtigkeit' [summum ius, summa iniuria, SK] entstanden".

97 Aristoteles NE, V, 1137b32: „das ist die Natur des Billigen: es ist eine Korrektur des Gesetzes, da wo dasselbe wegen seiner allgemeinen Fassung mangelhaft bleibt".

98 Über viele Fragen informiert Gröschner/Kapust/Lembcke 2013 und Gröschner/Kirste/Lembcke 2023.

sie für entbehrlich gehalten.[99] Ihre Bedeutung als Rechtsbegriff ist erst seit dem 2. Weltkrieg sprunghaft angestiegen. Gerade ihre Verrechtlichung hat auch zur Ausdifferenzierung und Klärung ihrer Begriffsgehalte geführt. *Kurt Seelmann* (*1947) hebt zu Recht hervor, dass es sich rechtsphilosophisch gesehen um einen „neuen Schlüsselbegriff" handelt.[100] Die Vielfalt der Auffassungen von seiner Bedeutung kann hier nicht annähernd wiedergegeben werden.[101] Im Zentrum steht, dass dem Menschen aufgrund besonderer Eigenschaften gegenüber allem anderen Seienden in einem bestimmten Zusammenhang eine hervorgehobene Stellung zukommen soll.

Der Begriff der Würde bezeichnet einen bestimmten Status des Trägers dieser Würde, eine bestimmte Stellung oder Position. So kann man etwa von kirchlichen Würdenträgern, als Personen, die ein bestimmtes kirchliches Amt bekleiden, sprechen. Sie werden als Amtsträger in einer besonderen Weise anerkannt, die sie von der Anerkennung aller Bürger unterscheidet.

Samuel Pufendorf (1632–1694) vertrat die Ansicht, dass die Würde des Menschen darin bestünde, dass er ein „ens morale" sei, ein moralisches Wesen.[102] Die Würde ergibt sich hier aus der Zugehörigkeit des Menschen zu einer moralischen Welt, deren Pflichten und Rechte sich an ihn richten. Die Gemeinsamkeit der beiden Vorstellungen von Würde besteht dann darin, dass sie die Stellung des Menschen in einem bestimmten Sinnzusammenhang bezeichnet: Einmal die Stellung als Amtsträger in Kirche oder Staat und im anderen Fall in der Moral.

Die Begründung dieser Würde, kann nun sehr unterschiedlich sein. Pufendorf geht davon aus, dass sie dem Menschen als Menschen und somit angeboren ist – heute spricht man auch von „Mitgifttheorie".[103] Die Amtswürde hingegen beruht teilweise auf Leistung, die der Amtsträger zeigen musste, damit ihm das betreffende Amt verliehen wurde. Niemand erhält ein Amt jedoch ausschließlich aufgrund von Leistung; zugleich muss diese Leistung von denjenigen, die das Amt zu verleihen haben, anerkannt werden. Das kann sich in einem Akt der (Beamten-)Ernennung oder auch in einem Wahlakt zeigen. Auch die Würde des moralischen Wesens muss jedoch, damit sie sozial wirksam wird, von anderen anerkannt werden. Damit können wir jedenfalls für eine rechtliche Würde sagen: Würde bezeichnet die Stellung

---

99 Vgl. etwa das einflussreiche Werk von Beauchamp und Childress zur Bioethik Beauchamp/Childress 2013, S. 65; auch verschiedene Beiträge in Brandhorst/Weber-Guskar 2017. Kritisch dazu wiederum die Beiträge in von der Pfordten/Gisbertz-Astolfi 2022.
100 Seelmann/Demko 2019, § 12 Rn. 1.
101 Vgl. dazu von der Pfordten 2016; Tiedemann 2007, S. 109 ff.; einführend auch: Starck 1995, Sp. 1118–1121.
102 Über Pufendorf Maeda 2019, S. 1 ff. und unten der Steckbrief.
103 Hofmann 1993, S. 358.

eines Seienden in einem bestimmten Sinnzusammenhang aufgrund sozialer Anerkennung.[104]

2. Die Würde des Menschen

Schwieriger ist die Begründung der Besonderheit der *menschlichen* Würde. Auch wenn inzwischen von der Würde von Tieren gesprochen wird,[105] soll sich diese doch von der menschlichen Würde unterscheiden. Seine Würde sollte den Menschen seit Beginn der philosophischen Tradition gegenüber allen anderen Wesen hervorheben.[106] Welches könnte die entscheidende Eigenschaft sein, die ihm und nur ihm zukommt?[107]

Drei wichtige Auffassungen von der Besonderheit des Menschen, die Grundlage seiner Würde sind, sollen herausgegriffen werden. Die erste ist diejenige von seiner Gottebenbildlichkeit. In der Genesis heißt es, dass Gott den Menschen – und zwar jeden – nach seinem Bilde geschaffen habe (1 Moses 1, 27). Das erhebt ihn über die Tiere. Worin genau diese Ebenbildlichkeit besteht, wird unterschiedlich gesehen. Jedenfalls die Anlage zu Vernunft und zu Freiheit gehört dazu.

Das war unter den Philosophen des christlichen Abendlandes bis in die Renaissance hinein praktisch unumstritten. Angesichts zahlreicher Erfindungen und Entdeckungen, neuer wissenschaftlicher Methoden und politischer Umbrüche, geriet diese feste Stellung des Menschen im wohlgeordneten, natürlichen und sozialen Universum mit der Renaissance, besonders in den damaligen italienischen Stadtstaaten ins Wanken. Der genial begabte und umfassend gebildete *Giovanni Pico della Mirandola* (1463–1494) konnte danach eine Stellung des Menschen in der Welt, die durch eine Gottebenbildlichkeit geprägt gewesen wäre, nur noch schwer anerkennen. Er verstand den Menschen vielmehr als ein Wesen, das keinen festen Platz in der Welt erhalten hat, sondern ihn sich erst geben musste.[108] Diese Notwendigkeit jedoch, sich selbst zu dem zu machen, der er sein will, zeichnet den Menschen gegenüber allen anderen Wesen aus. Der Mensch ist danach, wie es *Rolf Gröschner* (*1947) in der Gegenwart formuliert hat, gekennzeichnet durch sein „Entwurfsvermögen".[109] Zu seiner Eigenart gehört die Fähigkeit so sein zu können, wie es seinen Vorstellungen entspricht. Diese Fähigkeit als solche gehört notwendig zum Menschen und geht auch dann nicht verloren, wenn er sie aufgrund einer Behinderung nicht ausbilden kann.

---

104 Vgl. insofern auch Luhmann 1999, S. 69.
105 Von der Pfordten 2003, S. 105 ff.
106 Das mag man auch Speziesismus nennen. Es gibt aber gute Gründe, dass die Einwände gegen einen Speziesismus nicht überzeugen, Kegal 2016, S. 1 ff.
107 Übersicht bei Brugger 2008, S. 195 ff.
108 Vgl. dazu die verschiedenen Beiträge des Sammelbandes von Gröschner/Kirste/Lembcke 2008.
109 Gröschner 2005, S. 27 f.

Mit *Immanuel Kant* mag man vielleicht an Vernunft und die daraus resultierende Autonomie als den Menschen auszeichnende Eigenschaft denken.[110] Soll dann aber ein psychisch kranker Mensch oder ein Neugeborener – zu schweigen von einem Embryo – die besondere Würde nicht besitzen? In der abendländischen Ideengeschichte hat sich immer stärker die Vorstellung ausgebildet, dass Wesen mit der Anlage zum Menschsein, auch wenn bestimmte menschliche Fähigkeiten bei ihnen nicht ausgebildet sind oder sie sie nicht ausdrücken können, Mensch sind und eine entsprechende Würde besitzen. Dann liegt aber die Würde des Menschen nicht in der Verwirklichung der genannten Fähigkeiten. Ein Embryo, ein psychisch kranker Mensch, ein Mensch, der z. B. an Anenzephalie (Fehlbildung des Gehirns) leidet, hat dann trotz möglicherweise gleicher kognitiver Fähigkeiten wie ein Tier dennoch die besondere Würde des Menschen.

Bei *Kant* reicht in der Tat die Möglichkeit, sich den Menschen als ein vernunftfähiges Wesen vorzustellen. Aufgrund dieser Fähigkeit unterscheidet Wesen, die einen Zweck an sich selbst sind von anderen Wesen, die sich auf ein anderes beziehen. Selbstzwecklichkeit kennzeichnet den Menschen als Vernunftwesen. Der Mensch muss nicht einem anderen dienen, sondern kann den selbstgegebenen Gesetzen seiner Vernunft folgen – auch wenn ihn die tatsächlichen Verhältnisse oft daran hindern mögen. Während sich der Wert der anderen Seienden in einem Preis ausdrücken lässt, kommt dem Menschen kraft dieser Selbstzwecklichkeit eine „unbezahlbare" Würde zu.

Als theoretische Möglichkeiten lässt sich Menschenwürde sowohl als Gottebenbildlichkeit, Selbstzwecklichkeit oder als Entwurfsvermögen denken. Wer jedoch den christlichen Glauben nicht teilt, wird sich mit der sozialen Anerkennung der Gottebenbildlichkeit des Menschen als Grundlage seiner Würde schwer tun. Ebenso hat der Materialist Schwierigkeiten mit dem kantischen Begriff der Menschenwürde. In einem religiös- und weltanschaulich neutralen Staat, wird man daher diese beiden Begründungsstränge nur sehr vorsichtig heranziehen können. Anders ist es mit der Menschenwürde aufgrund des Entwurfsvermögens. Sie ist zwar von Pico hauptsächlich entwickelt worden, ist jedoch nicht auf seine Philosophie beschränkt. Es liegt daher nahe, sie zur Grundlage des Rechtsbegriffs der Würde zu machen. Als soziales Prinzip ist Menschenwürde danach die soziale Anerkennung der Fähigkeit des Menschen, sich zu dem zu machen, der er sein will, auch wenn er diese Fähigkeit aktuell nicht realisieren kann.

3. Die Würde des Menschen im Recht

Die Würde des Menschen ist heute in nahezu allen europäischen und vielen internationalen Rechtsordnungen im Verfassungstext oder im Richterrecht

---

[110] Kant: Grundlegung, S. 59.

geschützt. Großbritannien ist insofern eine Ausnahme. Beginnend mit der Weimarer Reichsverfassung von 1919 über die irische Verfassung wurde das Prinzip Menschenwürde im 20. Jahrhundert mit Erfolg auch in viele nicht-europäischen Verfassungen[111] und in zahlreiche internationale Menschenrechtserklärungen aufgenommen.[112]

Nicht immer ist dabei die Menschenwürde so umfassend garantiert wie in Art. 1 EuGrCh: „Die Würde des Menschen ist unantastbar. Sie ist zu achten und zu schützen." Häufig findet sich der Schutz vor einzelnen, als besonders wichtig angesehenen Würdeverletzungen, wie etwa dem Schutz vor Folter, vor willkürlicher Verhaftung oder vor unwürdigen Strafen, nicht aber vom Prinzip als solchem (Art. 3 EMRK; Amendm. XIII der US-Verfassung). Daneben wird auf das Ziel eines „menschenwürdigen Daseins[s]" verwiesen, das der Staat zu ermöglichen habe (Art. 6, 3 der Portugiesischen Verfassung). Auch ist der Schutz nicht immer so apodiktisch formuliert, wie in Satz 1 der Grundrechtecharta oder des deutschen Grundgesetzes. Andere Verfassungen sehen die Würde als einschränkbar an.

Auch inhaltlich sind die den Regelungen zugrundeliegenden Vorstellungen von Menschenwürde sehr unterschiedlich. Während einige Verfassungen schon ausweislich der Präambel dezidiert christlich geprägt sind (Irland, Polen), wird der Begriff auch in islamischen Verfassungen und weltanschaulich neutralen verwendet. Unterschiede ergeben sich dabei nicht nur aus den Vorstellungen der Verfassungsväter, sondern auch aus dem systematischen Zusammenhang der Würde mit anderen Verfassungswerten. Ob danach beispielsweise eine verbrauchende Embryonenforschung rechtlich zulässig ist oder gegen die Würde des Embryos verstößt, wird sehr unterschiedlich beurteilt, je nach besonderen Regelungen, die diese Forschung ordnen, oder auch dem Zusammenhang mit dem Lebensschutz.[113]

4. Die rechtliche Würde des Menschen als Schutz seiner Personalität

Vor diesem Hintergrund stellt sich die Frage: welche Kernaussage kann der Rechtsbegriff der Menschenwürde sinnvollerweise haben?

a. Der Rechtsbegriff der Menschenwürde

Würde hatten wir als Anerkennung oder Geltung innerhalb eines Sinnsystems bestimmt, hier also rechtliche Anerkennung. „Mensch" bezeichnete den Grund der Anerkennung, der den Menschen von anderen abhebt. Der

---

111 Etwa auch in vielfältigen Formulierungen in die Verfassung von Brasilien, Kirste/Gonzaga de Souza/Sarlet 2018.
112 Zu den internationalen Entwicklungen der Menschenwürde auch Kirste 2010, S. 175 ff. und Kirste 2023, S. 161 ff.
113 Zum Recht auf Leben: Anderheiden 2001, S. 353 ff.; Kirste 2023b, S. 155 ff.

Grund kann in einem weltanschaulich neutralen Staat mit dem „Entwurfsvermögen" oder der Freiheits*fähigkeit* des Menschen angegeben werden. Rechtliche Freiheit zu haben, bedeutet, wie wir sogleich noch zeigen werden, subjektive Rechte zu besitzen. Freiheitsfähigkeit ist danach die Fähigkeit, Träger subjektiver Rechte zu sein. Träger dieser Rechte ist dann das Rechtssubjekt oder die Rechtsperson. Der Schutz der Menschenwürde bedeutet danach das Recht auf Anerkennung als Rechtsperson.[114] – Das ist ein ungewohntes Verständnis des Begriffs der Menschenwürde.

b. Die Rechtsperson

Der Begriff der Person leitet sich von dem antiken Begriff für Maske (πρόσωπον, prosopon) ab.[115] Die Person als Maske vorgestellt, meint einerseits den Menschen, so wie er von den Zuschauern gesehen wird, andererseits aber, wie er durch die Öffnungen der Maske die Zuschauer, bzw. die Gesellschaft sieht. Weniger bildlich ausgedrückt bezeichnet die Person den Menschen, wie er sozial agiert und wie er sozial anerkannt wird: die soziale Rolle.[116]

Der Vorteil einer sozialen Rolle ist ihr Freiheitsmoment: Sie wird dem Menschen zugeschrieben und man spielt sie. Die Rolle kommt einem nicht von Natur aus und notwendig zu. Mensch zu sein, ist dem Menschen nicht verfügbar; seine Rollen schon. Rollenzuschreibung bedeutet dann, dass man bestimmte und unterschiedliche Erwartungen an die Rolle richten kann –an den Familienvater andere als an den Professor, an den Käufer andere als an den Vermieter usw.

Samuel Pufendorf sah den Menschen als moralische Person („persona moralis") an, die zu einer moralischen Welt gehört. Er war eine moralische Person nur, insofern er durch die Normen dieser moralischen Welt verpflichtet wurde. Übrigens war schon bei ihm der Mensch nicht die einzige Art von moralischen Personen. Neben diesen moralischen Einzelpersonen gab es weitere „moralische Personen", die aus einer Vielzahl von Menschen bestehen konnten. So war dann auch die Familie oder eine Gemeinde Adressat von moralischen Pflichten. Wieder war es *Immanuel Kant*, der diesen Gedanken auf einen klaren Begriff gebracht hat. Er nannte Person einen Menschen, insofern er Träger von Rechten und Pflichten ist. Zwar hat er diesen Begriff nicht auf andere soziale Gebilde ausgedehnt; er war jedoch so klar gefasst, dass Juristen ihn technisch verwenden konnten.

So spricht dann *Friedrich Carl von Savigny* davon, dass der Mensch als Subjekt von Rechten und Pflichten Person ist: „Alles Recht ist vorhanden um

---

114 Eingehend dazu Kirste 2021, S. 123 ff.
115 Zum Folgenden: Kirste 2001, S. 319 ff.
116 Kirste 2015a, S. 345 ff.

der sittlichen, jedem einzelnen Menschen inwohnenden Freyheit willen ... Darum muss der ursprüngliche Begriff der Person oder des Rechtssubjects zusammenfallen mit dem Begriff des Menschen ... Jeder einzelne Mensch, und nur der einzelne Mensch, ist rechtsfähig".[117] Diese Eigenschaft könne man in ähnlicher Weise auch auf andere Zweckgebilde wie etwa Kapitalgesellschaften übertragen. Neben dem Menschen als natürlicher Person konnte die Rechtsordnung auch derartigen Gebilden Rechte und Pflichten verleihen und sie damit zu juristischen Personen machen. Solche Gebilde werden dadurch neben den in ihnen und für sie tätigen Menschen zu Rechtsträgern. Unter dem Einfluss des Positivismus verbreitete sich am Ende des 19. Jahrhunderts die Auffassung, dass auch der Mensch nicht von selbst Rechtssubjekt sei, sondern diese Fähigkeit ebenso wie juristische Personen durch die Rechtsordnung verliehen bekäme. Das war vom Standpunkt des Positivismus (s. o.) konsequent, zugleich aber gefährlich, wie gleich gezeigt werden wird.

Damit wurde in der Rechtsperson der juristische Begriff dafür gefunden, dass etwas oder jemand ein Subjekt von Rechten und Pflichten ist. Diese Fähigkeit konnte dann nach vernünftigen Kriterien zugeteilt, aber auch entzogen werden. 1837 verstand erstmals der Göttinger Öffentlichrechtler *Wilhelm Eduard Albrecht* (1800–1876) den Staat selbst als juristische Person. Das war ein wesentlicher Schritt zum Rechtsstaat, denn als Subjekt von Rechten und Pflichten konnte der Staat Rechtsverhältnisse – und nicht nur tatsächliche Untertanenverhältnisse – zu seinen Bürgern eingehen und – jedenfalls theoretisch – von ihnen wegen einer Verletzung dieser Rechte und Pflichten verklagt werden. Rechtsverhältnisse sind nur zwischen Rechtsträgern möglich.

Der Rechtsperson, die selbst Träger von Rechten und Pflichten ist und der zudem juristische Handlungsfähigkeit in Gestalt von Geschäftsfähigkeit und Prozessfähigkeit verliehen werden kann, stehen die Rechtsobjekte gegenüber. Sie sind nicht Träger von Rechten und Pflichten, sondern Gegenstände von Rechten und Pflichten. Sie werden vermietet, gemietet etc., können aber nicht selbst ein Mietverhältnis eingehen. Lange gab es zwischen den beiden Kategorien nichts Drittes. Inzwischen gilt für Tiere in Deutschland und Österreich etwas anderes. § 90a BGB/§ 285a ABGB bestimmen wortgleich: „Tiere sind keine Sachen. Sie werden durch besondere Gesetze geschützt". Die Vorschriften über Sachen sind für sie nur insofern anzuwenden als keine abweichenden Regelungen bestehen. Tiere sind danach weder Rechtssubjekte noch Rechtsobjekte.

c. Menschenwürde und Rechtsperson

Mit der Erkenntnis, dass die Frage, wer Rechtsperson ist, vom Recht selbst zu klären ist, trat auch die Möglichkeit der willkürlichen Zuteilung der

---

[117] Savigny 1840/II, S. 2.

Rechtsfähigkeit ins Bewusstsein. Dabei ging es nicht nur um das altbekannte Problem der weitgehend rechtlosen Sklaven, die wie Sachen behandelt werden konnten. In dem unsäglichen und daher für den amerikanischen Bürgerkrieg mitverantwortlichen Urteil Dred Scott v. Sandford (vgl. bereits o. S. 62 f.) hatte der für den US-Supreme Court berichtende Richter Taney ohne Umschweife Sklaven als Handelsgegenstände bezeichnet.

Hängt die Möglichkeit, Rechtssubjekt zu sein von der Anerkennung durch die Rechtsordnung ab, kann beliebigen Gruppen von Menschen die Anerkennung als Rechtssubjekte versagt werden. Dies geschah im Dritten Reich hinsichtlich der Juden und anderer Verfolgter des Nationalsozialismus. Im Parteiprogramm der NSDAP hieß es „4. Staatsbürger kann nur sein, wer Volksgenosse ist. Volksgenosse kann nur sein, wer deutschen Blutes ist, ohne Rücksichtnahme auf Konfession. Kein Jude kann daher Volksgenosse sein. 5. Wer nicht Staatsbürger ist, soll nur als Gast in Deutschland leben können und muss unter Fremdengesetzgebung stehen. 6. Das Recht, über Führung und Gesetze des Staates zu bestimmen, darf nur dem Staatsbürger zustehen." Das war zwar kein unmittelbar geltendes Recht, wurde jedoch als Auslegungsmaxime herangezogen. *Karl Larenz* (1903-1993) definierte entsprechend die Rechtsfähigkeit in § 1 BGB[118] um: „Rechtsgenosse ist nur, wer Volksgenosse ist: Volksgenosse ist, wer deutschen Blutes ist".[119]

Wollte man nach diesen Erfahrungen sicherstellen, dass jeder Mensch als Rechtsperson anzuerkennen ist und daher als Träger von Rechten und Pflichten Rechtsverhältnisse eingehen kann, musste man ein Recht auf Anerkennung als Rechtsperson und eine entsprechende Verpflichtung des Staates schaffen. Das geschah durch die Transformation der Menschenwürde von einem Moral- in ein Rechtsprinzip. Weil es seine Würde verletzten würde, wenn der Mensch nicht als Rechtssubjekt anerkannt, sondern zum Rechtsobjekt gemacht wird, verpflichtet der Schutz der Menschenwürde dazu, ihn als Rechtssubjekt anzuerkennen. Niemand darf davon ausgeschlossen werden.[120]

In diesem Rechtsanspruch auf Anerkennung als Rechtsperson liegt die Grundbedeutung des Satzes: „Die Würde des Menschen ist unantastbar". Damit löst sich auch das Problem, dass er als Aussagesatz formuliert ist. Es bestand darin, dass tatsächlich die Menschenwürde antastbar ist, z. B. wenn

---

118 Bemerkenswert ist hier § 16 des österreichischen ABGB von 1811: „§ 16. Jeder Mensch hat angeborne, schon durch die Vernunft einleuchtende Rechte, und ist daher als eine Person zu betrachten. Sclaverey oder Leibeigenschaft, und die Ausübung einer darauf sich beziehenden Macht, wird in diesen Ländern nicht gestattet", zur Menschenwürde in der österreichischen Verfassung vgl. Traunwieser 2018, S. 199 ff.
119 Larenz 1935, S. 241.
120 Ausführlich Kirste 2017a, S. 41 f.

Menschen wie Sklaven gehandelt werden.[121] Versteht man den Satz als Norm (Sollenssatz): Die Würde des Menschen ist zwar antastbar, soll aber nicht angetastet werden; versteht man ferner diesen Sollenssatz als ein *subjektives Recht* auf Anerkennung als Rechtsperson; und geht man schließlich davon aus, dass Rechtsperson ist, wer Träger von Rechten und Pflichten ist, dann wird hier der Anspruch auf Anerkennung zugleich aufgestellt und erfüllt. Jedem Menschen wird ein Recht auf Anerkennung als Rechtsperson gewährt; indem ihm die EuGrCh/GG dieses Recht gewährt, wird er zugleich auch als Rechtsperson anerkannt.

Der Menschenwürde im Recht kommt dann eine Funktion für die rechtliche Gerechtigkeit zu: Damit überhaupt durch das Recht Gerechtigkeit herrschen kann und Freiheit und Rechtsgleichheit der Einzelnen rechtlich geschützt sind, müssen alle Menschen Rechtspersonen sein. Das ist historisch gesehen keineswegs selbstverständlich; solange sich Würde auf den Stand bezog, gab es politische Gleichheit nur zwischen den Angehörigen eines Standes. Nur wenn die Würde auf den Menschen als solchen bezogen wird, garantiert sie auch seine Gleichheit.

Der Mensch hat also kraft der Anerkennung seiner Würde einen Status als Rechtssubjekt (status subjectionis). Dieser Status wird hier abweichend von Jellinek als ein Status der Unterwerfung unter das – über die aktive Teilhabe – selbst mitbestimmte Recht und nicht unter einen dem Recht vorausliegenden Staatswillen verstanden.[122] Wegen der reflexiven Struktur des Rechts muss eine entsprechende Fähigkeit auch in den Verfahren zur Setzung und Durchsetzung des Rechts bestehen. Das ist etwa die Beteiligtenfähigkeit im Verfahren der Verwaltungsbehörden und die Beteiligten- bzw. Prozessfähigkeit im Gerichtsverfahren.

d. Achtungs- und Schutzanspruch der Menschenwürde

So wenig das Skelett jedoch der ganze Mensch ist, so wenig ist das Rechtssubjekt schon die ganze Rechtsperson. Wenn die Personalität des Menschen im Recht auch in der weiteren Rechtsordnung geachtet und gegenüber Gefahren geschützt werden soll (Art. 1 S. 2 EuGrCh; Art. 1 I S. 2 GG), so bringt dies zum Ausdruck, dass der Mensch sowohl in Bezug auf den Staat als auch die Gesellschaft rechtlich als Wesen zu achten ist, das in der Lage ist, sich selbst zu dem machen zu können, das es sein will. Die weitere „Bekleidung" der Rechtsperson mit rechtlicher Freiheit und sachlich gerechtfertigter Verteilung von Gleichheit und Ungleichheit kann dann durch entsprechende Grundrechte geschehen.

---

121 Vgl. etwa die UN-Konvention zur Unterbindung des Menschenhandels und der Ausnutzung der Prostitution Anderer v. 2.12.1949 oder die Konvention des Europarates gegen den Handel von Menschen v. 16.5.2005.
122 Kirste 2017b, S. 177 f.

Diese Achtung, die nicht in allen Rechtsordnungen in der Allgemeinheit formuliert wurde wie im GG, bezieht sich damit nicht nur auf die rechtliche Anerkennung der Stellung des Menschen als Rechtsperson, sondern auf die weiterer, Freiheitsfähigkeit angemessener Eigenschaften. Hierzu kann auf die Statuslehre von *Georg Jellinek* (1851–1911) zurückgegriffen werden.[123] Auf der Grundlage des Anspruchs auf Anerkennung als Rechtssubjekt, ist der Mensch danach in seinen subjektiven Rechten zu achten und besitzt insofern eine Abwehrstellung gegenüber Eingriffen Dritter, inklusive des Staates (status negativus).[124] Er darf also insbesondere nicht gefoltert oder unmenschlicher Strafe unterworfen werden (Art. 3 EMRK).

Er hat einen Anspruch darauf, so leben zu können, dass er seine subjektiven Rechte auch wirklich wahrnehmen und seine Freiheit realisieren kann (status positivus).[125] Dies ist ein im weitesten Sinn „berechtigender Status" und kann zu sozialen Rechten führen.[126] Grundlegend ist der Anspruch mit weiteren Rechten, wie etwa einer Staatsangehörigkeit ausgestattet zu werden (Art. 15 AEMR). Er ist aber auch gegenüber gesellschaftlichen und schicksalshaften Gefährdungen der Realisierungsmöglichkeit seiner Freiheit durch den Staat zu schützen. Aber auch elementare Leistungen für sein Leben, zu deren Erbringung er aus den verschiedensten Gründen nicht in der Lage ist, setzen hier an (Existenzminimum).[127] Gerechtigkeit kann, sofern der Einzelne nicht selbst dazu in der Lage ist, nur dadurch verwirklicht werden, dass der Staat im Interesse der Würde des Menschen Freiheitsvoraussetzungen schafft. Schutz verdienen gerade auch diejenigen Menschen, die sich noch nicht (Embryonen), vorübergehend nicht (Kranke) oder nicht mehr (z. B. wegen Demenz) selbst schützen können. Diese Dimension spielt gerade in der Medizinethik eine wichtige Rolle. Wichtig ist aber auch beim Schutz, dass die Würde als ein subjektives Recht verstanden wird, damit sich der Schutz nicht gegen den Menschen richtet: Wer sich aus Sicht vieler *freiwillig* „unwürdig" verhalten möchte, darf daran nicht mit Rücksicht auf einen „objektiven Wert" der Würde gehindert werden; denn dadurch würde seine Freiheit als Grundfähigkeit seiner Würde gerade missachtet. Wer sich also als Kleinwüchsiger werfen lassen will („Zwergenweitwurffälle") oder sich verdinglichen will („Peepshow"), ist, sofern dies freiwillig geschieht (!), in diesem Willen zu achten.

---

123 Jellinek 1905, S. 94 ff.
124 Jellinek 1905, S. 94 f.
125 Jellinek 1905, S. 114 f.
126 Endo 2018, S. 1 ff.
127 Die Vorstellung, dass der Staat nicht nur die Pflicht hat, jedem Menschen eine würdevolle Existenz zu sichern, sondern jeder Mensch auch ein Recht darauf besitzt, hat sich im 19. Jahrhundert allmählich in der Philosophie entwickelt, Kirste/Sarlet 2023, S. 33-44.

4. Kapitel: Die Rechtsethik

Schwierigkeiten ergeben sich, wenn Achtungsanspruch aus der Würde und Schutzanspruch kollidieren, wie dies im Frankfurter Entführungsfall, „ticking bomb"-Fällen und im deutschen Luftsicherheitsgesetz zum Problem wurde. Darf die Würde des Entführten dadurch geschützt werden, dass die Würde des Entführers durch Folter verletzt wird, um das Versteck des Opfers herauszufinden?[128] Darf das Leben (und auch die Würde?) der Menschen in einem Hochhaus dadurch geschützt werden, dass das den entführten Passagieren, das in dieses Hochhaus gestürzt werden soll, abgeschossen wird?[129] In beiden Fällen darf der Staat seine Schutzpflicht nur mit Mitteln erfüllen, die ihrerseits die Würde des Menschen achten. Bei Folter und beim Abschuss wäre das nicht der Fall, da Entführer und Passagiere zum Schutz der Würde anderer instrumentalisiert würden.

Wegen der reflexiven Struktur des Rechts benötigt der Einzelne jedoch nicht nur einfach Rechte, sondern auch die Berechtigung dazu, bei der Begründung und Durchsetzung seiner Rechte und Pflichten als Subjekt beteiligt sein zu können (status activus).[130] Gerade darin, dass dem Menschen nicht nur großzügig Rechte gewährt oder er durch fremde Macht aufgestellten Pflichten unterworfen ist, sondern selbst an ihrer Aufstellung mitwirken kann, unterscheidet er sich vom bloßen Untertanen. Diese Dimension ist insbesondere von den italienischen Renaissancephilosophen als wesentlicher Bestandteil der Menschenwürde herausgearbeitet worden.[131] In der Gegenwart schreibt *Robert Brandom* (*1950) treffend, „unsere Würde als Vernunftwesen besteht gerade darin, dass wir uns nur Regeln unterwerfen, die wir billigen, die wir frei gewählt haben (wie Odysseus angesichts der Sirenen), uns selbst zu binden".[132] Es widerspräche seiner Würde, wenn man dem Menschen zwar in paternalistischer Manier Rechte gewähren würde, er über Art und Umfang dieser Rechte jedoch nicht mitentscheiden könnte. Insofern sind Demokratie, funktionale Selbstverwaltung und Beteiligungsrechte in Gerichts- und Verwaltungsverfahren in der Menschenwürde verankert.

Auch hinsichtlich dieser drei weiteren Status gilt, dass die Würde nur die Stellung als solche schützt; die konkrete Ausgestaltung hängt von weiteren Rechten ab, die dem Menschen gewährt werden. Gerade so ist die Menschenwürde die Grundlage der Menschenrechte.[133]

---

128 Zur Diskussion etwa Wittreck 2003, S. 873 ff.
129 BVerfGE 115, S. 118 ff. (153 f.) – Luftsicherheitsgesetz und die daran anknüpfende Diskussion.
130 Jellinek 1905, S. 136 ff.
131 Kirste 2008, S. 187 ff.
132 Brandom 2000, S. 99. Deshalb lässt sich auch ein Menschenrecht auf Demokratie begründen, das seine Grundlage in der Menschenwürde besitzt, Kirste 2018, S. 470 ff.
133 Präambeln der beiden Pakte von 1966 (IPbpR u. IPwskR): „In der Erkenntnis, dass sich diese Rechte aus der dem Menschen innewohnenden Würde herleiten". Dazu auch Kirste 2013, S. 119 ff.

V. Rechtliche Freiheit

Eine Rechtsperson ist zwar in ihrem Status als Rechtssubjekt durch die Menschenwürde geschützt; dieses rechtliche Potential kann von ihr jedoch nur genutzt werden, wenn diese Rechtsstellung auch durch konkrete Freiheitsrechte ausgefüllt wird. Im Folgenden soll zunächst die Form rechtlicher Freiheit untersucht (1.), bevor dann einige Dimensionen dieser Freiheit aufgezeigt (2.) und auf die Status der Rechtsperson bezogen werden (3.).

1. Rechtliche Freiheit und subjektive Rechte

Die Freiheit des Menschen ist eine fundamentale Voraussetzung des Rechts: Die Gesetze und Verträge werden als Ausdruck der politischen Freiheit einzelner oder aller (Demokratie) verstanden. Recht ist so „Dasein des freien Willens", wie *Hegel* es nennt.[134] Wir hatten beim Rechtsbegriff bereits darauf hingewiesen, wie das Recht Freiheit schon durch seine reflexive Struktur fördert. Subjektive Rechte wie Menschen- oder Grundrechte räumen dem Einzelnen eine rechtlich beachtliche Handlungsmacht zur Durchsetzung seiner Interessen ein. In ihrem Rahmen kann er Handlungen anderer oder des Staates, die diese Freiheit beeinträchtigen, abwehren. Schafft der Staat sozialstaatliche Grundlagen der Entwicklung und Betätigung der Freiheit, kann der Einzelne daran teilhaben oder ihre Bereitstellung ausnahmsweise sogar verlangen. Das Recht gründet also auf der Freiheit. Zugleich setzt es die natürliche oder moralische Freiheitsfähigkeit des Menschen voraus. Es kann sie fördern, indem es die Freiräume eröffnet, die notwendig sind, damit sich der Mensch moralisch entfalten kann (Immanuel Kant); schaffen kann es sie nicht.[135]

Es baut auf ihr auf, wenn es einen Schuldvorwurf erhebt. Entsprechend geht das Recht auch von der grundsätzlichen Verantwortlichkeit des Menschen für seine Handlungen aus und sieht wie bei der zivilrechtlichen Geschäftsunfähigkeit oder der strafrechtlichen Schuldunfähigkeit die Unfreiheit als Ausnahmefall an. Angesichts der Libet'schen Experimente zur hirnphysiologischen Determiniertheit des Menschen kommen viele Naturwissenschaftler (wenn auch nicht *Libet* selbst) zum Schluss, dass die Willensfreiheit eine bloße Fiktion sei – freilich eine staatsnotwendige.[136] Libet hatte darin gezeigt, dass dem Zeitpunkt, in dem Menschen eine Willensentscheidung empfinden, bereits Erregungen des für solche Entscheidungen zuständigen Hirnareals vorausgehen.[137] Es spricht aber auch viel dafür, dass diese Experimente den

---

134 Hegel: Grundlinien, § 29.
135 Böckenförde/Enders 1995, Sp. 704 f.
136 So schon Kohlrausch (1910, S. 26) zum Problem des Determinismus.
137 Libet 2005, S. 174 mit den Schlussfolgerungen, vgl. Lampe/Pauen/Roth 2008; Singer 2006, S. 65; dazu auch Hochhuth 2005, S. 745 ff.

wesentlichen Punkt der Freiheit, das Handeln aus reflektierten Motiven nicht hinreichend berücksichtigen.[138]

Das positive Recht transformiert die „natürliche Freiheit und ein unbegrenztes Recht auf alles", wonach dem Menschen ohne Gesetze der Sinn stehen mag, in „die bürgerliche Freiheit und das Eigentum an allem, was er besitzt", beschreibt *Jean-Jacques Rousseau* den Unterschied zwischen beiden Freiheitsformen. Er weist damit darauf hin, dass die rechtliche Freiheit eine „durch den Gemeinwillen" in der Gestalt des Gesetzes beschränkte, aber auch anerkannte und gesicherte Freiheit ist.[139] Durch seine Gesetztheit sollte das Recht die überkommenen „Freiheiten" (Privilegien) ablösen; durch seine Allgemeinheit allen die eine, gleiche rechtliche Freiheit einräumen; und beides zusammen sollte Ausdruck der sich selbst bestimmenden Freiheit des Volkes sein. Dies geschieht durch die Gewährung rechtsverbindlicher Willensmacht in Gestalt subjektiver Rechte.[140] Diese subjektiven Rechte werden von den Verfassungen als Grundrechte und in internationalen Verträgen als Menschenrechte geschützt.[141] Als solche verpflichten sie nicht nur den Staat zu ihrer Beachtung, sondern können bei einer Verletzung dieser Pflicht auch eingeklagt werden.

2. Dimensionen rechtlicher Freiheit

Freiheit kann unterschieden werden in negative, positive, subjektive und objektive Freiheit (s. o.).[142]

Negative Freiheit meint die Freiheit *von* Fremdbestimmung.[143] Gegenüber dem Staat ist sie rechtlich durch die Grundrechte als Abwehrrechte geschützt. Insofern ist sie auch subjektive Freiheit. Der Einzelne bestimmt selbst, inwiefern er von seiner Freiheit Gebrauch machen will. Sie ist die überkommene liberale Freiheit, mit der dem Einzelnen ein Freiraum zur Entfaltung seiner Erwerbsinteressen gewährt wird. Dieser Freiraum ist gegenüber der Einflussnahme durch Dritte ebenso geschützt, wie sie umgekehrt durch den rechtmäßigen Freiheitsgebrauch des anderen beschränkt wird. Klassisch ist die Formulierung des Art. 4 der Französischen Menschen- und Bürgerrechtserklärung von 1789: „Die Freiheit besteht darin, alles tun zu können, was einem anderen nicht schadet. So hat die Ausübung der natürlichen Rechte eines jeden Menschen nur die Grenzen, die den anderen Gliedern der Gesellschaft den Genuß der gleichen Rechte sichern. Diese Grenzen können allein durch Gesetz festgelegt werden." Die Koordination der Freiheitssphären erfolgt innerhalb der gesetzlichen Grenzen durch freie Vereinbarungen der Bürger.

---

138 Kritisch zu diesen Ansätzen Hillenkamp 2015, S. 10 ff.; auch Kirste 2017c, S. 213 ff.
139 Rousseau: Gesellschaftsvertrag, I, 8, S. 22 f.
140 Kirste 2020, S. 161 ff.
141 Kirste 2012, Rn. 4 f.
142 Eliasz/Zaluski 2017, S. 1 ff.
143 Böckenförde/Enders 1995, Sp. 705 f.; Berlin 1995, S. 201 ff. zu ihm auch Smaw 2019, S. 1 ff.

V. Rechtliche Freiheit

Hegel hat diese Indifferenz der negativen Freiheit gegenüber Inhalt und Zielen der Freiheit als formalistisch kritisiert.[144] Recht schütze nicht nur Freiräume, sondern sei zugleich Ausdruck der Freiheit. Damit meint er den positiven Gebrauch der Freiheit. Positive Freiheit ist die Freiheit *zu* etwas. Hier wird die Freiheit betrachtet in Bezug auf das Ziel, das der Handelnde erreichen will. Sie kann sowohl die Wahl des Ziels als auch die Freiheit des Willens bei der Verwirklichung des Ziels betreffen.

Nicht selten wird angenommen, dass positive Freiheit immer objektive Freiheit sei, weil das „Wozu" oder „Worum-Willen" der Freiheit ein objektives Gemeinschaftsziel sei. Dabei wird eine aristotelische Konzeption der Freiheit zugrunde gelegt. *Aristoteles* verstand so Freiheit als „Bei-sich-Selbst-Sein" des Menschen.[145] Das Selbst ruhte in der Polis als der sozialen Gemeinschaft. Sie alleine ermöglichte dem Menschen die Entfaltung seiner Fähigkeiten und damit die Beseitigung der Beschränkungen seines Handelns. Die Tradition, positive Freiheit als objektive Freiheit zu verstehen, hat sich über die Scholastik eines *Thomas von Aquin* bis in die Neuzeit und darüber hinaus gehalten. *Jean-Jacques Rousseaus* Idee der volonté générale greift den Gedanken auf: Die Einzelwillen auch in ihrer Form als Gesamtwillen (volonté de tous) sind immer an den Egoismus der Einzelnen rückgebunden.[146] Erst der Gemeinwille überwindet diese Einseitigkeiten und kann daher unparteiisch und gemeinwohlorientiert Grundlage des für alle geltenden Gesetzes sein. Auch der kantische Gedanke der Verallgemeinerbarkeit des Willens ist ein Versuch, die positive Freiheit durch ihre Verobjektivierung zu ordnen. Insbesondere *Georg Wilhelm Friedrich Hegel* sieht die positive Freiheit zwar zunächst als subjektive Freiheit. Diese Freiheit des Einzelnen, die sich in äußeren Gegenständen „ein Dasein gibt", ist eine Freiheit dazu, alles Natürliche zu einem Eigenen zu machen. Sie eignet sich die äußeren Gegenstände an, arbeitet sie um und realisiert dieses Eigentum in vertraglichen Beziehungen mit anderen. Diese subjektive Freiheit ist aber nur dann stabil, wenn sie nicht der objektiven Freiheit der Rechtsordnung widerspricht. Hegel erhebt jedoch den Anspruch, dass die subjektive Freiheit, die sich in der konsequenten Verfolgung ihrer egoistischen Ziele in der bürgerlichen Gesellschaft verwirklicht, eben dadurch positive objektive Effekte erzielt. So bringt sie – ähnlich der invisible Hand des Marktes bei *Adam Smith* (1723–1790)[147] – eine objektive Freiheit hervor, auch wenn sie das nicht direkt beabsichtigt. Diese wird vom Staat aufgegriffen und geordnet. Hegel setzt dabei jedoch statt auf Demokratie darauf, dass die Beamten als „Stand des Allgemeinen" die gesellschaftlichen Leistungen der Freiheit aufgreifen und in den Staat integrieren. Eine derartige Vermittlung von subjektiver Freiheit und objektiver Freiheit widerspricht

---

144 Hegel: Grundlinien, § 29.
145 Aristoteles: NE X, 7, 1177a 12 f., S. 248 f.
146 Zu Rousseau der Steckbrief unten.
147 Zu ihm Bryan/Coffee 2019, S. 1 ff.

der freien Selbstbestimmung. Die positive Freiheit ist jedoch nicht notwendig mit der objektiven Freiheit verbunden. Im Gegenteil führt eine derartige Verbindung nur allzu leicht zu einem totalitären Staatsverständnis. Ergibt sich die objektive Freiheit aber aus der politischen Selbstbestimmung aller in der Demokratie, wird sie zu einer objektiven Freiheitsordnung.

Dimensionen der Freiheit	
Negative Freiheit	Positive Freiheit
(Freiheit von)	(Freiheit zu)
Subjektive Freiheit	Objektive Freiheit

3. Die Rechtsstatus und Freiheit

Positive und negative, subjektive und objektive Freiheit lassen sich den verschiedenen Rechtsstatus (o. S. 157) nicht genau zuordnen. Vielmehr kann die Entfaltung des jeweiligen Status durch jede der vier Freiheitsdimensionen geschehen.

Das gilt notwendig für den Status der Rechtsperson als Rechtssubjekt. Solange dem Einzelnen nur überhaupt ein subjektives Recht zusteht, das seine Freiheit oder Gleichheit schützt, wird er als Rechtsperson rechtlich anerkannt.

Auf den status negativus beziehen sich die Abwehrrechte des Bürgers. Insofern schützen sie ihn unmittelbar in seiner subjektiven negativen Freiheit vor staatlichen Eingriffen. Subjektive Rechte als Erlaubnisse (s.o. 118 f.) schützen ihn aber auch vor Eingriffen in seine Freiheit durch andere Bürger, sei es, dass sie dem Eigentümer Abwehransprüche gegen Störungen geben oder die Beraubung der äußeren Freiheit unter Strafe stellt (§ 239 dStGB/ § 99 öStGB). Eine hier nicht aufzählbare Fülle von Vorschriften der verschiedensten Rechtsgebiete schützt den Bürger in der Bildung und Äußerung seiner rechtlichen Freiheit und ermöglicht dadurch seine tatsächliche Freiheit. Was der Bürger jedoch positiv mit seiner Freiheit anfängt, entzieht sich der rechtlichen Bestimmung. Von der Privatautonomie über die Berufsfreiheit und die Eigentumsfreiheit wird hier die Freiheit vor staatlichen Eingriffen geschützt, aber zugleich die Freiheit der Selbstbestimmung und der objektiven Freiheit in diesem Bereich. Apotheken dienen z. B. nicht nur der Entfaltung des Apothekers in seinem Beruf, sondern durch den Inhalt seiner Tätigkeit zugleich der „Sicherstellung einer ordnungsgemäßen Arzneimittelversorgung der Bevölkerung".[148]

Der status positivus wird durch Leistungs- und Teilhabeansprüche des Bürgers gegenüber dem Staat geschützt. Insofern ermöglichen sie in erster Linie

---

148 § 1 I dApothekengesetz, BVerfGE 7, 377 ff.

den positiven Freiheitsgebrauch. Allerdings kann der Staat hier sehr leicht bevormundend („paternalistisch") sein.[149] Ein Handeln des Staates, das nur auf den Schutz des Einzelnen zielt, aber gegen dessen Willen erfolgt, ist danach nicht zu rechtfertigen.[150] Entsprechende Leistungen des Staates müssen jedenfalls auch einem Gemeinwohlziel dienen. Nichtraucherschutzgesetze sind danach zugunsten nicht rauchender Restaurantgäste und der Beschäftigten gerechtfertigt, gegenüber Rauchern und Gastwirten, die ihre Gesundheit freiwillig gefährden, hingegen nicht. Insofern handelte der Staat auch im Beispiel des „Zwergenweitwurfs" (s. o. S. 157 f.) paternalistisch. Eine Impfpflicht kann ausnahmsweise zur Verhinderung von ethisch nicht lösbaren Triage-Situationen, nicht aber zum Schutz des Einzelnen vor sich selbst vorgesehen werden.[151] Der status positivus ist also sozusagen von innen her beschränkt auf Leistungen, die der Einzelne nicht selbst erbringen kann. Geht er darüber hinaus, ist er nicht mehr freiheitsförderlich, sondern – ohne dass dies zu rechtfertigen wäre – freiheitsbeschränkend.

Der status activus wird in besonderer Weise durch die positive Freiheit entfaltet. Die hier geschützten Freiheiten sollen die Mitwirkung des bei der Begründung und Durchsetzung seiner Rechte und Pflichten schützen. In Bezug auf den Staat dienen sie seiner Selbstbestimmung in politischer Hinsicht. Auch die „republikanische Freiheit" ist nicht, wie einige (Pettit, Skinner) meinen, eine negative Freiheit gegenüber willkürlicher Herrschaft, sondern die positive Freiheit zu politischer Mitbestimmung.[152] Die Freiheit der Wahl schützt seine Entschließungsfreiheit zu wählen oder nicht. Die Unmittelbarkeit sichert, dass der freie Wille des Wählers ohne das Dazwischentreten eines Wahlmannes Einfluss auf das Wahlergebnis erlangen kann, dient also seiner positiven Freiheit. Flankierend sichert die Geheimheit der Wahl, dass er dabei nicht vom Staat überwacht wird. Hinzu tritt der freie Zugang zu öffentlichen Ämtern, der dem Bürger einen Einfluss auf die Ausführung der Staatsgewalt einräumt. Im status activus wird also die rechtliche und politische Partizipation des Bürgers durch Grundrechte geschützt. Das zeigt, dass es keine Demokratie und die rechtsstaatliche Absicherung von Rechten gibt. Populisten, die mehr Demokratie versprechen, indem sie Verfassungsgerichte kritisieren und beschränken wollen, bringen daher tatsächlich weniger Demokratie. Denn die Verfassungsgerichte sollen gerade die Grundrechte als Voraussetzung von Demokratie schützen.[153]

Zusammenfassend können wir festhalten: In der rechtlichen Freiheit realisiert sich das Selbstbestimmungspotential des Menschen in Handlungen,

---

149 Heinig 2006, S. 157 ff.; Kirste 2006, S. 29 f. u. 49 f.
150 Kirste 2011, S. 805 ff.
151 Die Freiheit zur Selbstgefährdung des Einzelnen findet ihre Grenze an der Selbstbestimmung der anderen, Kirste 2022, S. 236 ff. (auch zur Selbstbestimmung in der Pandemie).
152 Kirste 2023a (im Erscheinen).
153 Kirste 2019, S. 155 ff., vgl. auch die Beiträge des Sammelbandes Kirste/Paulo 2021.

deren Grenzen gegenüber den freien Handlungen anderer rechtlich gesichert sind, deren Voraussetzungen vom Staat insoweit gefördert werden, als sie der Einzelne nicht selbst erbringen kann und deren rechtliche Anerkennung durch ein Recht erfolgt, dessen Hervorbringung der Einzelne aktiv mitbestimmen oder wenigstens beeinflussen kann.

VI. Rechtliche Gleichheit

1. Einleitung

Gerechtigkeit wurde und wird in der rechtsphilosophischen Diskussion häufig durch Gleichheit definiert.[154] In der aristotelischen Tradition wird sie in austeilende und ausgleichende Gerechtigkeit unterschieden. Die erste ist verhältnismäßig (proportional), die zweite arithmetisch.[155] Die letztgenannte Gleichheit betraf danach vor allem Rechtsverhältnisse zwischen gleichrangigen Rechtssubjekten, bei denen sich Leistung und Gegenleistung genau entsprechen. Die proportional zu bestimmende austeilende Gerechtigkeit bezog sich hingegen auf das Rechtsverhältnis in einem Über- und Unterordnungsverhältnis wie insbesondere zwischen Staat und Bürger.

2. Aspekte der Rechtsgleichheit

a. Menschenwürde als Grund der Gleichheit

Der Grund rechtlicher Gleichheit ist die in der Würde ruhende gleiche Rechtsfähigkeit aller Menschen. Sie ist auch Grundlage der Freiheit. Rechtliche Freiheit und rechtliche Gleichheit stellen insofern keinen Gegensatz dar.[156] Anders steht es aber mit der natürlichen Freiheit und der natürlichen Gleichheit. *Georg Wilhelm Friedrich Hegel* weist zu Recht darauf hin, dass insofern gerade keine Gleichheit herrscht. Die Gleichheit liege vielmehr in der Person: „Dass aber diese Gleichheit vorhanden, dass es der Mensch ist – und nicht wie in Griechenland, Rom usf. nur einige Menschen –, welcher als Person anerkannt ist und gesetzlich gilt, dies ist so wenig von Natur, dass es vielmehr nur Produkt und Resultat von dem Bewußtsein des tiefsten Prinzips des Geistes und von der Allgemeinheit und Ausbildung dieses Bewußtseins ist".[157] Ebenso wie bei der Freiheit ist die Schaffung rechtlicher Gleichheit nicht durch natürliche Werte bereits festgelegt, sondern eine Entscheidung des Rechts selbst.

---

154 Krebs 2000; Radbruch 2011, S. 35: „Gerechtigkeit in solchem Sinne bedeutet Gleichheit".
155 Aristoteles NE 1129b ff.; Bien S. 145 ff.
156 Huster 2006, Sp. 856.
157 Enzyklopädie, § 539 A, S. 332.

b. Gleichberechtigung

Genau umgekehrt dachten diejenigen Sozialtheoretiker der Neuzeit, die das Recht auf einen Gesellschaftsvertrag stützen wollten. Er erschien ihnen das Mittel, um aus einem natürlichen Zustand in einen Rechtszustand der Sicherheit (*Thomas Hobbes*) bzw. der gesicherten Freiheit (*John Locke*) überzutreten. Dabei mussten sie für den Vertragsabschluss die Gleichheit aller Menschen als Vertragspartner unterstellen. Wenn Hobbes diese Gleichheit in den Naturzustand verlängerte,[158] war das sicher eine konsequente Durchführung seiner Theorie. Wie in der Naturwissenschaft wollte er die sozialen Tatsachen auf ihre kleinsten Teilchen zurückführen. Als „Atome" der Gesellschaft erschienen ihm dann die gleich befähigten Menschen – in Wirklichkeit die reine Abstraktion von bestehender Ungleichheit. Locke meinte dann sogar, dass die Menschen mit dem Gesellschaftsvertrag diese natürliche Gleichheit aufgäben.[159] Tatsächlich ist die gleiche Rechtsfähigkeit Voraussetzung auch für den Abschluss des Gesellschaftsvertrages. Sie besteht aber gerade nicht von Natur, sondern kraft sozialer Anerkennung. *Montesquieu* (1689–1755) bringt beide Gedanken zusammen: „Im Naturzustand werden die Menschen zwar in der Gleichheit geboren, sie können aber nicht darin verharren. Die Gesellschaft lässt sie die Gleichheit verlieren, und nur durch die Gesetze werden sie wieder gleich".[160] Auch für *Jean-Jacques Rousseau* ist die volonté générale des Gesetzes der Weg, um die Korruption der natürlichen Gleichheit durch die Gesellschaft zu korrigieren.[161] Gleichheit ist also im genauen Sinn Gleich-Berechtigung.

Erst das Recht selbst ist in der Lage einen verbindlichen Vergleichsgesichtspunkt festzulegen, an dem dann Gleichheit und Ungleichheit gemessen werden können. Natürliche und historisch gewachsene Ungleichheit wird daher als eine besondere Belastung angesehen. Das Recht verlangt eine Rechtfertigung für Ungleichbehandlungen und schließt bestimmte, natürliche oder geschichtliche Ungleichheiten als rechtfertigende Argumente aus.[162]

---

158 Hobbes: Leviathan I, § 15, S. 118.
159 Locke: Abhandlung, § 131, S. 281, zu Locke auch unten in den Steckbriefen.
160 Montesquieu: Gesetze, VIII, 3, S. 159.
161 Rousseau: Gesellschaftsvertrag I, 6, S. 16 f.
162 Art. 3 III des deutschen GG lautet: „Niemand darf wegen seines Geschlechtes, seiner Abstammung, seiner Rasse, seiner Sprache, seiner Heimat und Herkunft, seines Glaubens, seiner religiösen oder politischen Anschauungen benachteiligt oder bevorzugt werden. Niemand darf wegen seiner Behinderung benachteiligt werden." In Österreich ergibt sich die rechtliche Gleichheit aus Art. 2 StGG und Art. 7 BVG: „Alle Staatsbürger sind vor dem Gesetz gleich. Vorrechte der Geburt, des Geschlechtes, des Standes, der Klasse und des Bekenntnisses sind ausgeschlossen. Niemand darf wegen seiner Behinderung benachteiligt werden. Die Republik (Bund, Länder und Gemeinden) bekennt sich dazu, die Gleichbehandlung von behinderten und nichtbehinderten Menschen in allen Bereichen des täglichen Lebens zu gewährleisten". Hinzu kommen weitere Bestimmungen in anderen Normen wie dem Staatsvertrag von St. Germain.

Diejenigen Gerechtigkeitstheoretiker, die einen unbedingten Vorrang der natürlichen Freiheit annehmen, sind daher seit der Antike Verfechter einer hinzunehmenden Ungleichheit. Das Recht schützt dann, wenn es nur Eingriffe abwehren soll, wie schon der Sophist *Thrasymachos* wusste, die Freiheit des Stärkeren: „Das Gerechte ist nichts anderes als der Vorteil des Stärkeren".[163] Lässt man seiner Freiheit ungehinderten Lauf, entstehen gesellschaftliche Ungleichgewichte je nach den Fähigkeiten und Vermögen der Einzelnen; verhindert das Recht hingegen jede Asymmetrie, vernichtet es zugleich die Äußerung der Freiheit, nämlich die unterschiedliche Bereitschaft und Initiative der Menschen, ihre Kräfte und Fähigkeiten auch einzusetzen. Rechtliche Gleichheit versucht zwischen beiden Extremen einen Mittelweg zu finden.

Ihr Kernanliegen ist seit den Revolutionsverfassungen des ausgehenden 18. Jahrhunderts die Gleichheit an Rechten. Die Einleitung der Virginia Bill of Rights von 1776 aufgreifend lautet auch Art. 1 der Erklärung der Menschen- und Bürgerrechte von 1789: „Die Menschen sind und bleiben von Geburt frei und gleich an Rechten." Die Erklärung setzt aber in dem bezeichnenden Satz 2 hinzu: „Soziale Unterschiede dürfen nur im gemeinen Nutzen begründet sein" – und schafft anders als die Bill eine Reihe von besonderen Gleichheitsrechten. Soziale Unterschiede sind von der rechtlichen Gleichheit somit nicht ausgeschlossen; sie bedürfen aber einer Rechtfertigung durch das Gemeinwohl. Rechte sind aber wie oben gezeigt Freiheitschancen, die der Einzelne ergreifen kann oder nicht. Also ist diese Gleichheit Chancengleichheit und keine Ergebnisgleichheit.

Weil es um diese Gleichheit an Rechten geht, gibt es keine Gleichheit im Unrecht: Die durch eine rechtswidrige staatliche Maßnahme erfolgte Begünstigung des Einen rechtfertigt nicht die Forderung eines Anderen diese Begünstigung zu erhalten. Allenfalls kann die Rückgängigmachung der rechtswidrigen Begünstigung erreicht werden, um so wieder die Gleichheit des Rechts herzustellen.

c. Arithmetische und proportionale Gleichheit

Das Recht geht also wertend mit natürlicher Ungleichheit um. Es bestimmt die Kriterien, anhand deren es Gleichheit beurteilt und legt selbst die Grenzen fest, innerhalb derer es Ungleichheit toleriert. Nach *Aristoteles* gilt dies schon für die arithmetische Gleichheit von Leistung und Gegenleistung in Vertragsbeziehungen. So lässt er sich nicht von mathematischen, sondern von wertenden Gesichtspunkten leiten. Bei der Beurteilung der Gleichheit ist auch das Prinzip der Vertragsfreiheit zu berücksichtigen, das den Parteien auch die Freiheit garantiert, sich auf objektiv unsinnige Vereinbarungen einzulassen – „volenti non fit iniuria" (dem Einwilligenden geschieht kein Unrecht).

---

163 In: Diels/Kranz II, 85 B 6a.

Auch im Bereich der proportionalen Gleichheit der austeilenden Gerechtigkeit bestimmt das Recht selbst, was es als „das Seine" ansieht, das jemandem zu gewähren ist. Das kann aufgrund der Leistung bestimmt sein, aufgrund der Bedürftigkeit oder anderer Kriterien. Allerdings ist auch die Stellung als Rechtsperson das Ergebnis der austeilenden Gerechtigkeit. Deshalb gibt es auch eine austeilende Gerechtigkeit, die – durch das Prinzip Menschenwürde – für alle gleich ist. Bei der Rechtfertigung von Ungleichheit kann im Bereich der Verteilungsgerechtigkeit die Freiwilligkeit eine Rolle spielen. Ein Nachteil, dessen Abwendung der Einzelne freiwillig unterlassen hat, rechtfertigt – wie *Ronald Dworkin* gezeigt hat[164] – keine Umverteilungsmaßnahmen. *Gerald A. Cohen* (1941-2009) sieht es deshalb zu Recht als Ziel der Gleichheit an "to eliminate involuntary disadvantage, by which I ... mean disadvantage for which the sufferer cannot be held responsible, since it does not appropriately reflect choices that he has made or is making or would make".[165]

3. Zur Struktur der Rechtsgleichheit

Gleichheit bezeichnet die Mitte zwischen Identität und Verschiedenheit. Identität ist z. B. in Bezug auf mein Ich gegeben, auch wenn ich mich in meiner Persönlichkeit nach einigen Jahren von meinem jetzigen Zustand unterscheiden werde. In demjenigen, zu dem nur ich und kein anderer „Ich" sagen kann, bin ich derselbe trotz dieser Entwicklung. Verschiedenheit liegt hingegen vor, wenn die unterscheidenden Merkmale überwiegen. Auch dann muss aber ein Merkmal gleich bleiben, um die unterscheidbaren Einheiten vergleichen zu können. Ich unterscheide mich von einem anderen Ich. Insofern sind wir verschieden. Wir sind aber beide Individuen. Gleich sind wir, obwohl wir verschiedene Individuen sind, weil und insofern es gewisse übereinstimmende Merkmale gibt.

Bezogen auf das Recht bedeutet das: Gleichheit von Rechtsfällen liegt vor, wenn diese Fälle einerseits verschieden sind – etwa weil jeweils andere Personen beteiligt sind – sie aber eine Gemeinsamkeit besitzen und diese vom Recht für maßgeblich angesehen wird. In dem letzten Punkt unterscheidet sich die rechtliche Gleichheit von anderen. Der Vergleichsgesichtspunkt („tertium comparationis") ist ein gemeinsamer Oberbegriff („genus proximum"). Der liegt nicht von Natur aus fest, sondern ist Ausdruck einer rechtlichen Wertung oder, wie *Arthur Kaufmann* (1923–2001) sagt, der „Gleichsetzung".[166] Wenn Männer und Frauen gleich zu behandeln sind, dann ist der Vergleichsgesichtspunkt „Geschlecht" vom Recht für wesentlich angesehen worden. Obwohl Norweger und Deutsche selbstverständlich Menschen sind, genießen dennoch Norweger in Deutschland nicht das Recht der Demons-

---

164 Dworkin 2000, S. 320 ff.
165 Cohen 1989, S. 916.
166 Kaufmann 1994, S. 143 f.

trationsfreiheit aus Art. 8 I GG.[167] Sie dürfen nur unter den engeren Voraussetzungen des Art. 2 I GG versammeln. Das Vergleichsmerkmal „Mensch" wurde vom Grundgesetz in Bezug auf Demonstrationen nicht für wesentlich angesehen. Demonstrieren oder Versammeln ist also der gemeinsame Oberbegriff. Hinsichtlich dieses Oberbegriffs behandelt dann das GG Norweger und Deutsche unterschiedlich. Unter den möglichen Unterscheidungskriterien („differentia specifica") stellt es also insofern nicht auf „friedlich und unfriedlich" ab, sondern auf die Staatsangehörigkeit. Jetzt sind die Elemente des Vergleichs beisammen: Benötigt wird ein wertend zu ermittelnder Oberbegriff als Vergleichsgesichtspunkt und die unterscheidenden Merkmale als Grundlage der Verschiedenheit. Es ist also durch die Rechtsgleichheit nicht ausgeschlossen, dass überhaupt differenziert wird. Auch die Wahl der Unterscheidungskriterien ist grundsätzlich frei, kann aber rechtlich beschränkt werden: Auch Belgier und Deutsche haben eine unterschiedliche Staatsangehörigkeit. Anders als Norwegen gehört Belgien aber zur EU. Art. 20/21 des EGrCh/Art. 18 AEUV verbieten eine Diskriminierung von Angehörigen der Mitgliedsstaaten aus Gründen der Staatsangehörigkeit. Liegen danach rechtlich wesentliche Unterscheidungskriterien vor, darf ein Rechtsfall nicht gleich behandelt werden, liegen sie nicht vor, soll er gleich behandelt werden. Auf eine kurze Formel gebracht: Rechtsgleichheit bedeutet, dass Gleiches gleich, Ungleiches aber entsprechend seiner Ungleichheit zu behandeln ist.

Zusammenfassend können wir festhalten, dass ein Verstoß gegen die Rechtsgleichheit vorliegt, wenn

- Ungleiches gleich, Gleiches aber ungleich behandelt wird,
- ohne dass dies aus anderen rechtlichen Gründen gerechtfertigt werden kann.
- Die Bestimmung des Vergleichsgesichtspunkts und auch der Differenzierungskriterien ist dabei wertend anhand rechtlicher Prinzipien selbst vorzunehmen.

4. Das Gesetz als Instrument der Gleichheit

Das wichtigste Instrument für die Durchsetzung der Gleichheit ist das Gesetz. In der Demokratie erfüllt bereits seine Entstehung Forderungen nach Gleichheit. In Art. 6 S. 1 u. 2. der Französischen Menschen- und Bürgerrechtserklärung von 1789 heißt es im Anschluss an *Jean-Jacques Rousseau*: „Das Gesetz ist der Ausdruck des allgemeinen Willens. Alle Bürger haben das Recht, persönlich oder durch ihre Vertreter an seiner Formung mitzuwirken." Wenn alle Bürger dem Gesetz unterworfen sein sollen und ggf. von ihm

---

167 Österreich: Art. 12 StGG, Pkt. 3 des Beschlusses der Prov. Nationalversammlung, StGBl. 3/1918 u. Art. 11 EMRK, der die Berechtigung von Ausländern gewährleistet, Berka 2012, Rn. 1498.

auch belastet werden, dann müssen sie auch einen gleichen Einfluss auf seine Entstehung haben. Das Parlamentsgesetz ist somit auch der Ausdruck des gleichen Einflusses der Bürger auf die Ordnung einer Gesellschaft.

Das Gesetz soll nicht nur ein Ausdruck der Gleichheit des „allgemeinen Willens" sein; es soll auch Gleichheit zur Folge haben. Wiederum in Art. 6 der Erklärung von 1789 lautet Satz 3: das Gesetz „soll für alle gleich sein, mag es beschützen, mag es bestrafen." Vor dem Gesetz sind alle Bürger gleich. Es darf also nicht für gleiche Sachverhaltstypen unterschiedliche Rechtsfolgen festlegen, ohne dass dies durch höherrangiges Recht gerechtfertigt werden könnte.

5. Gleichheit und Rechtsstatus

Ohne Differenzierung gleich ist die Rechtsperson als Rechtssubjekt. Insofern kann man auch von einer basalen Statusgleichheit sprechen.[168] Hinsichtlich der rechtlichen Handlungsfähigkeit sind sachliche Differenzierungen möglich. Nicht zuletzt im Interesse des Einzelnen wird die Fähigkeit, Rechtsgeschäfte abzuschließen von einer bestimmten Altersgrenze abhängig gemacht (§§ 104 ff. BGB/§ 865 i. V. m. §§ 170 ff. ABGB), sie gilt entsprechend auch für die Fähigkeit Verfahrens- oder Prozesshandlungen (§ 12 VwVfG, § 62 VwGO; § 51 ZPO/§ 9 AVG, § 1 öZPO).

Im status negativus (s. o. S. 145) bedeutet die Gleichheit die Abwehr willkürlicher Ungleichbehandlung. Der Einzelne soll verhindern können, dass er ohne sachlichen Grund anders behandelt wird als andere. Der Sicherung des status negativus dient auch die Rechtsanwendungsgleichheit, die „ohne Ansehen der Person" erfolgen soll.

Ist vor diesem Hintergrund eine Umverteilung gesellschaftlichen Wohlstands, die auf wirtschaftliche und soziale Gleichheit aller Menschen zielen würde, zu vertreten? Tatsächlich sind sozialistische Experimente mit dem Ziel vollständiger Gleichheit – man denke etwa an den Steinzeitkommunismus Pol Pots in Kambodscha – gescheitert. Letztlich ist dies ist eine Frage der sozialen Gleichheit. Ob hier Ansprüche im Sinne eines *status positivus* formuliert werden können, ist zwischen den oben erwähnten Egalitaristen und Anti-Egalitaristen umstritten.

Für Egalitaristen ist nur ein staatliche Ausgleich aller unverdienten Vor- und Nachteile wie etwa der Ausstattung mit unterschiedlichen Fähigkeiten und Talenten gerecht. Nach dem weiter oben zur Verteilungsgerechtigkeit Gesagten, ist der Gegenstand der Verteilung der Nachteil, den der Einzelne unverschuldet erleidet. Anti-Egalitaristen stellen hingegen die dafür notwendigen objektiven Standards in Frage und plädieren für die Ermöglichung

---

168 Huster 2006, Sp. 856.

eines sinnvollen Lebens. Da dabei auch auf die Präferenzen des Begünstigten abgestellt wird, vermeiden diese Philosophen eine Bevormundung und damit einen Freiheitsverlust. Gleichbehandlung garantiert dem Einzelnen menschenwürdige Lebensbedingungen. Maßstab kann hier eine gewichtete Bedürftigkeit sein. Es geht also nicht darum, den Nachteil des Einzelnen auszugleichen, weil es anderen besser geht, sondern weil er ihn unverschuldet erleidet.[169]

Im status activus wird die Gleichheit besonders wichtig. Zwar entspringt der Einsatz der Bürger für Gesellschaft und Staat der freien Initiative zur Selbstbestimmung; da aus dem Staat allgemeinverbindliche Entscheidungen für alle Bürger hervorgehen, muss auch gesichert sein, dass der Einfluss aller Bürger auf den Staat gleich ist. Dabei ruht der gleiche demokratische Einfluss aller Bürger auf einem Mindestmaß an gesellschaftlicher Gleichheit, wie *Alexis de Tocqueville* (1805-1859) Anfang des 19. Jahrhunderts aus Amerika in die Alte Welt zurückmeldete.[170]

Während der status activus hinsichtlich der Freiheit durch das Recht der freien Wahl und der Geheimheit der Wahl ausgeformt wird (s. o.), ist dies hinsichtlich der Gleichheit durch die Allgemeinheit und die Wahlrechtsgleichheit der Fall. Aufgrund der Allgemeinheit der Wahl darf kein Staatsbürger von der Wahl ausgeschlossen werden. Ein Mindestalter des aktiven Wahlrechts ist vor diesem Hintergrund eine Einschränkung. Die Wahlrechtsgleichheit verlangt – mit Besonderheiten, die sich aus verschiedenen Wahlrechtssystemen ergeben –, dass die Stimme eines jeden Bürgers gleich zählt.

Schließlich muss auch jeder den gleichen Zugang zu öffentlichen Ämtern haben und für das Gemeinwohl wirken können. Nochmals Art. 6 der Menschen- und Bürgerrechtserklärung von 1789, jetzt S. 4: „Da alle Bürger in seinen Augen gleich sind, sind sie gleicherweise zu allen Würden, Stellungen und Beamtungen nach ihrer Fähigkeit zugelassen ohne einen anderen Unterschied als den ihrer Tugenden und ihrer Talente." Die Gleichheit ist hier allerdings eine proportionale: Sie darf nach unterschiedlichen Leistungen differenzieren.

Zusammenfassend können wir festhalten: Strikte rechtliche Gleichheit besteht in der Würde aller Menschen und der darin begründeten Rechtssubjektivität. Ungleichheit kann gerechtfertigt sein, wenn sie aus der Freiheit der Menschen resultiert. Soziale Umverteilung zur Herstellung von Gleichheit ist gerechtfertigt, wenn sie unverschuldete Ungleichheit oder Diskriminierung beseitigen soll. Umverteilung aus Gleichheitsgründen ist auch dann und soweit gerechtfertigt, wenn sie zur Beseitigung von unwürdigen Situationen dient, in die sich der Mensch aus Freiheit gebracht hat, aus denen er sich

---

169 Krebs 2000, S. 18.
170 Tocqueville 1985, S. 15, 19, 215, 364.

aber nicht mehr selbst befreien kann. Das sind Extremfälle selbstverschuldeter Armut.

VII. Das Gemeinwohl des Rechts

1. Einleitung

Im Gegensatz zur häufigen Verwendung des Begriffs in Verfassungen und Gesetzen führte das Gemeinwohlprinzip längere Zeit eher ein Schattendasein in der rechtsphilosophischen Diskussion.[171] Nach der Pervertierung des Gedankens im Nationalsozialismus durch die Formel „Gemeinnutz vor Eigennutz"[172] hatte er nach dem Krieg zunächst nur in den Naturrechtsdebatten rechtsphilosophische Bedeutung. Erst in den letzten Jahren wurde die Bedeutung des Gemeinwohls als eines Prinzips der Einheit aller Interessen in einer Gemeinschaft wiederentdeckt. Es hat dabei eine gegenüber der naturrechtlichen Tradition, der es dennoch inhaltlich viel verdankt, neue Form erhalten (2.). Da die Einzelinteressen im Spannungsverhältnis zum Gesamtinteresse stehen, kann der Inhalt des Wohls des Ganzen nicht einfach aus dem Interesse des Einzelnen oder dem des Staates bestimmt werden, sondern besteht in einer Vermittlung von beiden. Gemeinwohl ist danach das ausgewogene Verhältnis zwischen legitimen Einzelinteressen und dem Interesse der Gesamtrechtsordnung (3.). Auf dieser Grundlage ist abschließend das Verhältnis von Gemeinwohl und Gerechtigkeit zu bestimmen (4.).

2. Das rechtliche Gemeinwohl

Seit der Antike ist es eine zentrale Forderung des Naturrechtsdenkens, dass Recht auf das Gemeinwohl ziele. *Aristoteles* unterschied die guten Regierungsformen der Monarchie, Aristokratie und Politie von den schlechten der Demokratie, der Oligarchie und der Tyrannis danach, ob sie dem Gemeinwohl dienten oder nur den Gruppeninteressen. *Marcus Tullius Cicero* (106–43 v. Chr.) nennt das Gemeinwohl das höchste Gesetz („salus publicae suprema lex esto").[173] Seither hat der Begriff die naturrechtliche Tradition nicht mehr verlassen.[174]

Aber auch eine deskriptive Rechtsethik hat sich des Themas anzunehmen. Die Lösung des Problems der grundverschiedenen Auffassungen von Gemeinwohl liegt darin, es den rechtlichen Verfahren von der Verfassungge-

---

171 Ladwig 2002, S. 71 f.
172 Punkt 24 des Parteiprogramms der NSDAP von 1920, Rosenberg 1922, S. 18; dazu: Stolleis 1974.
173 *Marcus Tullius Cicero*: De legibus, III 3, 8.
174 Anderheiden 2006, S. 5 ff.

4. Kapitel: Die Rechtsethik

bung bis zu Anwendung des Rechts zu überlassen, das öffentliche Interesse zu bestimmen.[175] Die Rechtsethik bringt dann dieses Ergebnis auf den Begriff.

Das positive Recht sieht das Prinzip des Gemeinwohls selbst als Maßstab seiner Richtigkeit vor. Zwar ist es jedenfalls in Deutschland nicht in gleicher Weise zu einem Grundprinzip geworden wie die Menschenwürde; in einer Reihe von Regelungen wird jedoch darauf Bezug genommen. So heißt es in Art. 14 III S. 1 u. 3 GG, dass eine Enteignung „nur zum Wohle der Allgemeinheit" vorgenommen werden darf und die dafür festzusetzende Entschädigung „unter gerechter Abwägung der Interessen der Allgemeinheit und der Beteiligten zu bestimmen" ist.[176] Das Gemeinwohl spielt aber etwa auch im Europäischen Recht (Art. 285, 304 IV AEUV: „allgemeines Wohl der Union"; Art. 52 I der EGrCh) eine Rolle.[177] Auch das Völkerrecht nimmt auf das Gemeinwohl Bezug.[178] Viele europäische und internationale Verfassungen greifen aber auf den Begriff des Gemeinwohls als Ausdruck der Gesamtinteressen des Staates zurück (Art. 162 VI der Belgischen Verfassung). Oft werden dabei Freiheit und Gerechtigkeit dem Gemeinwohl gegenübergestellt (Art. 41 der Italienischen Verfassung). Insbesondere erscheint das Gemeinwohl als ein Grund für die Beschränkung von Freiheitsrechten, wie gerade schon am Eigentum gezeigt. Die Irische Verfassung stellt einen Zusammenhang zwischen Gerechtigkeit, Gemeinwohl, Würde und Freiheit her. In ihrer Präambel heißt es, „in dem Bestreben, unter gebührender Beachtung von Klugheit, Gerechtigkeit und Barmherzigkeit das allgemeine Wohl zu fördern, auf dass die Würde und Freiheit des Individuums gewährleistet, eine gerechte soziale Ordnung erreicht". Gerechtigkeit wird hier in der alten naturrechtlichen Tradition als Tugend verstanden, die neben der Klugheit und der Barmherzigkeit auf das Gemeinwohl ausgerichtet ist. So soll dann die Würde, die von der ebenfalls erstrebten Freiheit abgegrenzt wird, als Basis einer gerechten Sozialordnung geschützt werden. Gerechtigkeit ist danach dem Gemeinwohl nicht entgegengesetzt, sondern eingegliedert.

Damit ist *Peter Häberle* (*1934) Recht zu geben: „Das Gemeinwohl wird also nicht extra-konstitutionell bestimmt, vielmehr wird es von vornherein von der Verfassung her konkretisiert – es steht ihr nicht etwa gegenüber – und es wird sehr differenziert ermittelt".[179]

---

175 Häberle 1970, S. 101.
176 Vgl. für Österreich Art. 5 StGG: „Das Eigentum ist unverletzlich. Eine Enteignung gegen den Willen des Eigentümers kann nur in den Fällen und in der Art eintreten, welche das Gesetz bestimmt." Eingriffe ins Eigentum müssen freilich auch ein öffentliches Interesse verfolgen, Berka 2012, Rn. 1550.
177 Dazu eingehend Calliess 2002, S. 173 ff.
178 Oeter 2002, S. 233 f.
179 Häberle 1970, S. 90.

3. Einzelinteresse – öffentliches Interesse – Gemeinwohl

a. Das Spannungsverhältnis zwischen Einzelinteresse und öffentlichem Interesse

Träger des Gemeinwohls können verschiedene überindividuelle soziale Einheiten sein. Neben den gerade schon genannten Beispielen sei die Präambel der Polnischen Verfassung genannt, die zunächst von einem „Wohl der Menschheitsfamilie" und dann von einem „Wohl der Republik" spricht. Aber auch kleineren politischen Einheiten wird ein eigenes Wohl zugebilligt: So ist in Gemeindeordnungen auch vom Wohl der kommunalen Gebietskörperschaften die Rede. Auch Religionsgemeinschaften und Familien haben ihr Wohl.[180] Weil es hier besonders ausdifferenziert ist, konzentrieren wir uns auf das staatliche Gemeinwohl.

Häufig wird das Gemeinwohl den in Freiheitsrechten geschützten Einzelinteressen entgegengesetzt. Das zeigt sich etwa, wenn vorgesehen ist, dass Grundrechte nur aus Gründen des Gemeinwohls eingeschränkt werden dürfen oder wenn es neben objektiven Staatszielen wie der Einheit des Staates, der Sicherheit und dem Frieden (Präambel der Verfassung von Argentinien) genannt wird. Teilweise wird auch ausdrücklich eine Unterscheidung zwischen Gemeinschaftsgütern („common goods") und Individualgütern („private goods") vorgenommen. Zu derartigen Gemeinschaftsgütern gehören auch das Meer, der Luftraum, natürliche Ressourcen, weitere Teile der Natur von besonderer kultureller, historischer, wirtschaftlicher oder ökologischer Bedeutung (Art. 52 I der Kroatischen Verfassung). Wenn öffentliches Interesse und Einzelinteressen aber entgegengesetzt sind, dann kann das Gemeinwohl nicht als Summe der Einzelinteressen verstanden werden.

Teilweise wird auch ein harmonisches Zusammenwirken zwischen Einzelinteresse und öffentlichen Interesse angenommen. Immer wieder heben Verfassungstexte hervor, dass das Gemeinwohl auf den Freiheitsrechten ruht (Verfassung von Bosnien-Herzegovina von 1995). Es geht aus der Betätigung der Freiheiten der Bürger hervor und ist nicht denkbar ohne ihre Sicherung. In diesem Verhältnis zwischen der geschützten Freiheit, die eigenen Interessen zu verfolgen und dem Gemeinwohl drückt sich auch ein Wirtschaftsmodell aus. In einer Marktwirtschaft wird man jedenfalls eher die subjektiven Rechte schützen und Gemeinwohlbelange allenfalls als Gründe für ihre verhältnismäßige Beschränkung ansehen. In gelenkten Wirtschaften hingegen wird der Umfang der Freiheit von vorneherein auf ihre Dienlichkeit für das Gemeinwohl beschränkt. Eine völlige Unterordnung des Einzelinteresses unter das Gemeinwohl würde jedoch die subjektive Freiheit der Bürger vernichten. Auch utilitaristische Rechtstheorien sprechen daher nicht mehr

---

180 Brugger 2002, S. 18.

wie der klassische Utilitarismus *Benthams* einfach davon, dass Gerechtigkeit im größten Glück des Ganzen besteht („this fundamental axiom, it is the greatest happiness of the greatest number that is the measure of right and wrong"[181]), sondern sehen es durch die subjektiven Rechte der Einzelnen als eingeschränkt an.

b. Gemeinwohl als angemessener Ausgleich zwischen Einzelinteresse und öffentlichem Interesse

Darüber hinaus ist es aber durchaus fraglich, ob mit einer Entgegensetzung von Gemeinwohl und subjektiver Freiheit schon die richtige Ordnung des Ganzen bezeichnet sein kann. Erstens finden Interessen – sowohl das Einzelinteresse als auch eine Staatsraison – nicht unmittelbar Eingang in die Rechtsordnung. Vielmehr werden sie nur in ihrer Rechtsform als subjektives Recht und als staatliche Aufgabe etwa in der Form der Staatszielbestimmungen der Verfassung rechtlich relevant. Bei der Festsetzung von subjektiven Rechten und Staatszielbestimmung gehen aber Verfassung und Gesetzgeber wertend vor. Sie wählen die rechtlich relevanten Interessen aus und haben dabei die Ordnung des Ganzen im Blick. Wenn dann der Träger des Interesses „sein" Interesse gerichtlich durchsetzt, dann realisiert er zugleich die Ordnung des Ganzen: Die durch die Zumessung von subjektiven Rechten angelegte Abgrenzung der Freiheitssphären wird gerichtlich bestätigt. Zweitens ist das Verhältnis zwischen individuellen Interessen und öffentlichen Interessen immer wieder neu und häufig nur in typisierter Weise auszugleichen und zu harmonisieren. Gerade der Verhältnismäßigkeitsgrundsatz ist dafür ein wichtiges Mittel. Als Übermaßverbot fordert er in Bezug auf den status negativus, dass die Freiheit des Einzelnen nicht weiter eingeschränkt wird, als notwendig und unter der Würdigung der objektiven Bedeutung der Freiheit auch angemessen. Ist nun aber die richtige Ordnung weder die Durchsetzung der Einzelinteressen noch deren Unterordnung unter die Verfolgung gewisser Kollektivgüter wie Sicherheit, Frieden, Natur- und auch Landschaftsschutz, sondern im verhältnismäßigen Ausgleich dieser beiden Interessen, dann muss auch das *Gemeinwohl* verstanden werden als angemessener Ausgleich zwischen Einzelinteresse und öffentlichem Interesse. Das Gemeinwohl ist dann das Prinzip für die richtige Koordinierung der Rechte und Pflichten. Das bedeutet auch, dass der Anspruch des Menschen überhaupt Rechte und Pflichten haben zu dürfen und daher Rechtssubjekt sein zu können – die Menschenwürde – dem Gemeinwohl vorausliegt.

Im Blick auf das Gemeinwohl wird die Gerechtigkeit in die Gesamtrechtsordnung integriert. Treffend schreibt *Thomas von Aquin*: „Deshalb ist es Sache der Gesetzesgerechtigkeit das, was den Privatpersonen gehört, auszurichten

---

181 *Bentham*: „A Fragment on Government", S. 3.

auf das Gemeinwohl; aber umgekehrt: das Gemeinwohl durch die Zuteilung auszurichten auf die Einzelperson ist Sache der Einzelgerechtigkeit".[182] Wie dieser Ausgleich konkret aussieht und durch wen er hergestellt wird, liegt dabei nicht im Voraus fest. Diese Aufgabe kommt zwar in besonderer Weise dem Staat zu. In einer pluralistischen Gesellschaft kann aber jeder zum Wohl des Ganzen beitragen. Wer seine Grundrechte ausübt, erfüllt insofern „Verfassungserwartungen" (*Paul Kirchhof*). Eine Verpflichtung Privater auf das Gemeinwohl gibt es heute[183] jedoch bis auf wenige Grundpflichten in freiheitlichen Staaten nicht. In Vereinen kann der Einzelne freiwillig gemeinnützig für die Gesellschaft zum Gemeinwohl beitragen. Die Parteien widmen sich dem Gemeinwohl aus ihrer Perspektive. Die Selbstverwaltungsträger (berufsständische Kammern, öffentliche Genossenschaften, Gebietskörperschaften) erfüllen unter Bürgerbeteiligung Aufgaben für das Gemeinwohl. So wird das Gemeinwohl nicht nur durch den Staat, sondern durch eine Vielzahl von Verbänden hervorgebracht.[184]

Individualinteresse, Öffentliches Interesse, Gemeinwohl

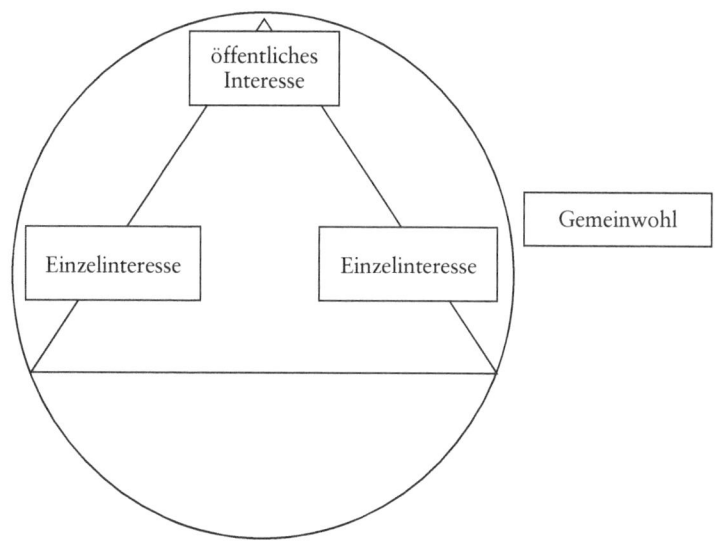

---

182 Thomas von Aquin, S.-Th. II-II, Q. 1, ad 4.
183 Vgl. aber § 73 Einl. ALR: „§ 73 Einl. Ein jedes Mitglied des Staats ist, das Wohl und die Sicherheit des gemeinen Wesens, nach dem Verhältniß seines Standes und Vermögens, zu unterstützen verpflichtet."
184 Kirste 2002, S. 327 ff.

4. Der Inhalt des Gemeinwohls

Das Gemeinwohl soll die subjektiven Rechte der Einzelnen untereinander und im Verhältnis zum Staat koordinieren. Damit spiegelt das Gemeinwohl auf der inhaltlichen Eben die reflexive Struktur des Rechts auf der formalen Ebene: Ähnlich wie Recht Normen bezeichnet, deren Entstehung und Durchsetzung durch Normen geregelt ist, ordnet das Gemeinwohl die im Einzelinteresse bestehende Gerechtigkeit in die Gesamtrechtsordnung ein. Ordnung der Rechtssphären des Einzelnen und Verpflichtung des Staates auf diese sind – bei allem Unterschied im Verständnis des Begriffs – zentrale Funktionen des Gemeinwohls. Das deutsche GG bringt sie im Begriff der „freiheitlichen Ordnung" (Art. 18, 21 II GG) zum Ausdruck. Hier sollen Freiheit und Ordnung miteinander vermittelt und der Staat als „Republik" darauf verpflichtet werden.[185]

Das Gemeinwohl als Koordinationsprinzip zwischen den öffentlichen und den Einzelinteressen erreicht diese Zuordnung jedoch nicht nur durch die Beschränkung des Staates, sondern auch der Einzelnen. Grundrechte stehen unter Gesetzesvorbehalt. Der Gesetzgeber kann dadurch die Grundrechte aus Gründen des Gemeinwohls oder des Schutzes der Rechte anderer beschränken. Die Gesetzesvorbehalte der Grundrechte sind die Schnittstelle für die Einwirkung des Gemeinwohls auf die Abgrenzung der Freiheitssphären der Bürger und ihrer Vereinigungen untereinander und gegenüber dem Staat.

a. Gemeinwohl und status negativus

Zu den objektiven Zielen des Staates gehören die sog. öffentlichen Güter.[186] Die Einzelnen sollen miteinander und gegenüber dem Staat in der Sicherheit ihrer Rechte leben können. In diesem Interesse trifft der Staat Vereinbarungen mit anderen, tritt internationalen Organisationen bei und sorgt alleine und gemeinsam mit ihnen für Frieden. Der Staat soll in die Rechte nur unter Wahrung der rechtlichen Grenzen, verhältnismäßig und insgesamt in rechtlich geordneter Weise eingreifen können. Der *status negativus* wird hier zum Rechtsstaatsprinzip. Der Staat verliert seinen Charakter als freiheitlicher Staat, wenn er es nicht mehr als seine Aufgabe ansieht, die Freiheiten seiner Bürger zu schützen. Die Meinungsfreiheit ist insofern nicht nur als ein subjektives Recht zu verstehen, durch das die kommunikative Entfaltung des Einzelnen geschützt ist; eine Pluralität von Meinungen stärkt zugleich den Staat, bedeutet die öffentliche Diskussion von Politikalternativen auch als Vorbereitung der eigentlichen parlamentarischen Debatten und Entscheidungen. Die sogenannte objektive Dimension der Grundrechte als Wertentscheidungen ist somit auch von ihrer Gemeinwohldienlichkeit zu verstehen.

---

185 Gröschner/Dierksmeier/Henkel/Wiehart 2013, S. 207; Anderheiden 2006, S. 218 ff.; Berka 2012, Rn. 152.
186 Anderheiden 2002, S. 400 f.

Zum Gemeinwohl gehören auch die potentiellen individuellen Interessen und Gemeinschaftsgüter. *Georg Jellinek* hat diese Funktion des Gemeinwohls für potentielle individuelle Interessen angesprochen: „Das Gemeininteresse geht vor allem hinaus über das Interesse der momentan den Staat bildenden Menschen, es umfasst ebenso das Interesse der noch ungeborenen Generationen, es erstreckt sich in die fernste Zukunft. Das Gemeininteresse erfordert daher oft individuelle Leistungen, deren Resultat weder den Leistenden noch notwendigerweise den Zeitgenossen überhaupt zugute kommt".[187] Das schließt den Schutz zukünftiger Generationen und die Umwelt mit ein.

Das Gemeinwohl ist hier Rechtsstaatsprinzip.

b. Gemeinwohl und status activus

Da alle Bürger von den die Rechtssicherheit gewährenden Gesetzen und anderen Normen (potentiell) betroffen sind, müssen sie auch als Volk über den Inhalt dieser Normen und die Ausführung ihrer Durchsetzung entscheiden können. Demokratisch müssen daher die Gesetzgebungsorgane bestimmt werden und demokratisch verantwortlich muss die Ausführung und Durchsetzung der Normen erfolgen.

Das Wahlrecht ist einerseits eine Einflussmöglichkeit des Bürgers auf den Staat im status activus; auf der anderen Seite ist es Ausdruck des Demokratieprinzips und dient der Herstellung eines Staatswillens. Der Einzelne handelt hier als Teil des Volkes, von dem die staatliche Herrschaft ausgeht.

Der Staat ist bei der Durchsetzung seiner Ziele durch die Verwaltung immer stärker auf die Mitwirkung der Bürger angewiesen. Verschiedene öffentliche Aufgaben nimmt er nicht mehr selbst wahr, sondern privatisiert sie. Aber auch dann, wenn dies nicht der Fall ist, macht die Einbindung des Bürgers in die Verwaltung zur Förderung sachnaher Entscheidungen und der Akzeptanz ihrer Umsetzung Sinn. Das geschieht in der kommunalen und der funktionalen Selbstverwaltung durch die öffentlich-rechtlichen Körperschaften wie Kammern, Realverbände und Sozialversicherungsträger. Gerade in Bezug auf den status activus zeigt sich, dass das Gemeinwohl keine feststehende Größe ist, sondern in Verfahren und Institutionen der Vermittlung der Einzelinteressen mit dem Gesamtinteresse hervorgebracht werden muss.

Das Gemeinwohl ist hier Demokratie und Selbstverwaltung.

c. Gemeinwohl und status positivus

In der Perspektive der distributiven Gerechtigkeit ist das Gemeinwohl ein Maßstab für die Verteilung gemeinschaftlicher Güter.[188] Jedoch kommt dabei

---

187 Jellinek 1905, S. 69.
188 Von der Pfordten 2001, S. 258.

nicht nur das individuelle Interesse, sondern zugleich das öffentliche Interesse in Betracht. Die Gewährung von subjektiven Rechten kann nicht nur aus der Sicht des Einzelnen als Einräumung rechtlicher Handlungsmacht verstanden werden, sondern zugleich im Interesse der Rechtsordnung insgesamt als geordnete Abgrenzung von Freiheitssphären und damit als Beitrag zur Rechtssicherheit im öffentlichen Interesse.

Bildung und ein gewisses Mindestmaß an Wohlstand sind, wie schon Aristoteles wusste, Voraussetzung für einen funktionierenden Staat. Dass der Einzelne im status activus eine Teilhabe an staatlichen Leistungen oder auch deren Gewährung verlangen kann, ist die subjektive Seite dieses Sozialstaatsprinzips. Die Schutzpflichten des Staates können hier genannt werden.[189]

Das Gemeinwohl ist hier das Sozialstaatsprinzip.

5. Gemeinwohl und Gerechtigkeit

So wird man zusammenfassend den Theorien der aristotelisch-thomistischen Tradition Recht geben können: Das Gemeinwohl vollendet die Gerechtigkeit. Dies geschieht, indem die freien und gleichen Rechtspersonen ihre Interessen untereinander und im Verhältnis zum öffentlichen Interesse koordinieren. Sicherung der Rechte der Einzelnen und des Gesamtinteresses auf der Basis von Rechtsstaatlichkeit, Sozialstaatlichkeit als Grundlage der Rechtsverwirklichung aller und beide auf der Grundlage einer breiten Partizipation aller an der Artikulation ihrer und der gemeinsamen Interessen in verschiedenen Ebenen politischer Organisationen, ist die Grundlage eines republikanischen Gemeinwohlverständnisses. Es vermittelt Gerechtigkeit und Gesamtinteresse.

---

189 Anderheiden 2006, S. 424 ff.

Schluss

Reflexion spielt in Recht und *Rechtsphilosophie* eine zentrale Rolle. Rechtsphilosophie ist die philosophische Wissenschaft vom Denken des Rechts. Sie bezieht also das allgemeine Verständnis der Philosophie als Nachdenken über das Denken auf das juristische Denken. Als Wissenschaft richtet sich die Rechtsphilosophie methodengeleitet auf das juristische Denken. Die Reflexion des Denkens über sich schafft sich einen Freiraum, in dem jeder Gedanke eine eigene Setzung des Denkens selbst ist. In der Reflexion werden auch Assoziationen, Intuitionen, andere Theorien über das Recht ihrer unmittelbar auftretenden Form beraubt, kritisiert und in unsere eigene gedankliche Form gebracht und angeeignet. Das Ergebnis ist Freiheit im Umgang mit diesen Gedankeninhalten.

Juristisches Denken erfolgt in der Rechtspraxis und der Rechtswissenschaft. Die Rechtswissenschaft reflektiert methodisch über die Tätigkeit der Rechtspraxis von Gesetzgebern, Gerichten, Verwaltungen und Privaten bei der Setzung und Umsetzung des Rechts. Auch die Rechtspraxis bringt ihren Gegenstand – das Recht – methodisch hervor und enthält in den Verfahren der Rechtsanwendung Reflexionsmöglichkeiten. Hierdurch setzt sie Urteile an die Stelle von Vorurteilen bei der Konkretisierung des Rechts. Jedenfalls haben es Rechtswissenschaft und Rechtspraxis mit dem Recht zu tun.

Auch das Recht selbst ist reflexiv. Es stellt nicht einfach nur Gebote, Verbote und Erlaubnisse auf, sondern regelt zugleich die Verfahren zu ihrer Setzung und Durchsetzung. Als Instrument für diese Reflexion nutzt es jedoch nicht das Denken, sondern die Normen: Das Recht ist normiertes Normieren. Seine Normen sind nicht rechtlich vorgegeben oder aufgegeben, sondern selbstgegeben. Sie sind autonom. Hierdurch schafft das Recht nicht nur ein Bewusstsein von den verbindlichen Ordnungsgrundlagen einer Gesellschaft, sondern zugleich die Legitimation für ihre Verbindlichkeit. Dies war das Thema der Rechtstheorie.

Auch der Inhalt des Rechts, seine Regelungen sind reflexiv. Die *Rechtsethik* zeigt, wie es auf Gerechtigkeit in Harmonie mit dem Gemeinwohl zielt. Hierdurch beraubt es die Einzel- oder Partikularinteressen ihrer unmittelbar hegemonialen Kraft und vermittelt sie mit dem Interesse an öffentlichen Gütern zu gemeinverträglichen Regelungen.

Auf der Ebene der verbindlichen Ordnung wiederholt das Recht als normiertes Normieren das Denken des Denkens in der Philosophie. Während die Philosophie jedoch trotz aller Folgerichtigkeit ihrer Gedanken die Anerkennung der Reflexionen jedem Denkenden freistellt, fordert das Recht Befolgung, ist verbindlich und bedarf deshalb einer besonderen Legitimation. Reflexion in der Form des Denkens und Reflexion in der Form verbindlichen Rechts, das ist der Gedanke, den diese Einführung in die Rechtsphilosophie vorlegen wollte. Eine recht idealistische Konzeption – eine Idee eben, kein Dogma.

Rechtsphilosophische Steckbriefe

Glossar zu wichtigen Philosophen und Rechtsphilosophen, die in der Einführung erwähnt werden.

Aarnio, Aulis Arvi *1937

Der finnische Jurist und Philosoph Aarnio ist einer der bedeutenden Rechtslogiker und Argumentationstheoretiker der Rechtstheorie. Er verwendet insbesondere formallogische Argumentationsformen der analytischen Philosophie.

Hauptwerke: The Rational as reasonable: A Treatise on Legal Justification, Dordrecht 1987. - Philosophical Perspectives in Jurisprudence, Helsinki 1983. - Denkweisen der Rechtswissenschaft. Wien u. a. 1979. - Wegen Recht und Billigkeit: Vorträge und Aufsätze aus 10 Jahren, Berlin 1988.

Alexy, Robert *1945

Der deutsche Jurist und Philosoph Alexy ist der wichtigste deutsche und weltweit einer der einflussreichsten Rechtsphilosophen der Gegenwart. Sein Denken ist von philosophischer Seite geprägt durch Immanuel Kant, Gottlob Frege, Ludwig Wittgenstein und Jürgen Habermas und auf rechtsphilosophischer Seite durch Hans Kelsen, Gustav Radbruch, H. L. A. Hart, Ronald Dworkin und seinen akademischen Lehrer Ralf Dreier. Seine in mehreren Auflagen erscheinenden Werke leisten einen wesentlichen Beitrag zur juristischen Argumentationstheorie, zur Abwägungslehre der Grundrechte auf der Basis der Unterscheidung zwischen Regeln und Prinzipien und zur Klärung des Verhältnisses von Recht und Moral.

Hauptwerke: Theorie der juristischen Argumentation, Frankfurt/Main 1979. - Theorie der Grundrechte, Frankfurt/Main 1986. - Begriff und Geltung des Rechts, Freiburg/München 1992. Recht, Vernunft, Diskurs, Frankfurt/Main 1995.

Weiterführende Literatur: Law, Rights and Discourse. The Legal Philosophy of Robert Alexy. Hrsg. v. George Pavlakos. Oxford 2007. - Goodrich: Alexy ad Iniustum. In: Social and Legal Studies 1 (2008), S. 105 ff. (hierzu: Alexy: A reply. In: Social and Legal Studies 2008, S. 115 ff.) – Seoane: Three ways of approaching unjust laws: Aquinas, Radbruch and Alexy. In: Rechtstheorie 37 (2006), S. 307 ff. – Wesche: Robert Alexys diskurstheoretische Menschenrechtsbegründung. In: Rechtstheorie 30 (1999), S. 79 ff. – Grill: Alexys Version einer transzendental-pragmatischen Begründung der Diskursregeln im Unterschied zu Habermas. In: ARSP 83 (1997), S. 206 ff.

Albert, Hans *1921

Albert ist Vertreter des Kritischen Rationalismus Karl Poppers in Deutschland. Für die Rechtsphilosophie wesentlich zeigt er, dass Versuche einer Letztbegründung der Werte zu einem „Münchhausen-Trilemma" führen: Jeder Versuch einer Letztbegründung müsse entweder in einem infiniten Regress zu immer höheren Werten, einem Zirkelschluss, bei dem ein Wert aus einem anderen begründet wird, die ihrerseits begründungsbedürftig sind oder in dem willkürlichen Abbruch der Begründung von Werten enden. Auch die Rechtswissenschaft müsse daher formale Sozialtechnologie sein.

Hauptwerke: Traktat über kritische Vernunft, Tübingen 1968. - Traktat über rationale Praxis, Tübingen 1978. - Der Positivismusstreit in der deutschen Soziologie. Gem. mit Th. W. Adorno, R. Dahrendorf, J. Habermas u. K. Popper, Neuwied & Berlin 1969.
Weiterführende Literatur: Eric Hilgendorf: Hans Albert zur Einführung. Hamburg 1997.

Aristoteles 384–322 v. Chr.

Neben →Platon sowohl wegen der Breite seines Werkes als auch wegen seiner logischen Fundierung ist Aristoteles der wichtigste Philosoph der Antike, dessen prägende Wirkung über den arabischen Raum und die mittelalterliche Scholastik bis in die Gegenwart reicht. Für die Rechtsphilosophie sind seine Erkenntnisse von zentraler Bedeutung, dass der Mensch ein soziales Wesen sei (zoon politikon), dessen Handeln auf das Glück gerichtet ist, dass das in der Gemeinschaft geltende Recht aus einem von Natur geltenden und einem gesetzten bestehe, sowie seine Gerechtigkeitslehre. Er wirkte jedoch nicht nur theoretisch in der Platonischen Akademie, sondern auch praktisch etwa als Erzieher des späteren attischen Herrschers Alexander III. der Große.

Hauptwerke für die Rechtsphilosophie: Topik. - Nikomachische Ethik. - Große Ethik (Magna Moralia). - Eudemische Ethik. - Politik. - Rhetorik.
Weiterführende Literatur: Böckenförde: Geschichte der Rechts- und Staatsphilosophie, § 5. - Jagannathan, Dhananjay (2017): Aristotle's Legal and Social Philosophy. In: Mortimer Sellers und Stephan Kirste (Hg.): Encyclopedia of the Philosophy of Law and Social Philosophy. Dordrecht, S. 1–5. – Schlieffen, Katharina von; Nolting, Jenny (2018): Rechtsphilosophie. Grundlagen für das Jurastudium Paderborn, S. 65 ff.

Bentham, Jeremy 1748–1832

Bentham wurde beeinflusst u. a. von Frances Hutcheson (1694–1746) und David Hume (1711–1776) ist der Jurist, Philosoph und Sozialreformer Begründer des klassischen Utilitarismus. Er hält eine Handlung dann für gut, wenn sie auf das größte Glück der größten Zahl von Menschen gerichtet ist. Glück ist die Abwesenheit von Schmerz und das Vergnügen. Daneben regte er Straf- und Wahlrechtsreformen und Maßnahmen zur Bekämpfung der Armut an. Sein Einfluss auf die anglo-amerikanische Rechts- und Sozialphilosophie, besonders zunächst auf →Austin und →Mill, kann kaum überschätzt werden.

Rechtsphilosophisches Hauptwerk: The Introduction to the Principles of Morals and Legislation, 1789.
Weiterführende Literatur: Cornides: Jeremy Benthams Theorie von der Struktur der Rechtsordnung. In: Rechtstheorie 1976, S. 196–212.

Bloch, Ernst 1885–1977

Der Philosoph Ernst Bloch wurde für die Rechtsphilosophie insbesondere durch eine humanistisch-neo-marxistische Konzeption des Naturrechts bedeutsam. Sein Hauptwerk ist jedoch das „Prinzip Hoffnung", in dem er die Notwendigkeit konkreter Utopien begründet.

Rechtsphilosophisches Hauptwerk: Naturrecht und menschliche Würde, Frankfurt/Main. - Prinzip Hoffnung, Frankfurt/Main 1961.
Weiterführende Literatur: Hartmut Wagner: Utopie, Menschenrechte, Naturrecht. Zur Rechtsphilosophie Ernst Blochs. Baden-Baden 1995.

Böckenförde, Ernst-Wolfgang 1930–2019

Anliegen des Staatstheoretikers und Rechtsphilosophen Böckenförde ist die Klärung des Verhältnisses zwischen Staat und positivem Recht einerseits und seinen ethischen Grundlagen andererseits. Der freiheitliche Staat sei auf diese Voraussetzungen angewiesen, ohne sie selbst garantieren zu können, wolle er nicht seine Freiheitlichkeit verlieren („Böckenfördesche Formel"). Ein absoluter Schutz der Menschenwürde, die Notwendigkeit demokratischer Legitimation von Herrschaftsgewalt und die Sicherung vorstaatlicher Freiheit waren zentrale Elemente seiner Verfassungstheorie. Geprägt durch Joachim Ritter, Carl Schmitt, G. W. F. Hegel und die Scholastik, wirkte Böckenförde nicht nur publizistisch, sondern auch als Richter am Bundesverfassungsgericht.

Hauptwerke: Der Staat als sittlicher Staat, Berlin 1978. Recht, Staat, Freiheit, Frankfurt/Main 1991. Staat, Verfassung, Demokratie – Studien zur Verfassungstheorie und zum Verfassungsrecht, Frankfurt/Main 1991. - Geschichte der Rechts- und Staatsphilosophie. 2. Aufl. Tübingen 2006.
Weiterführende Literatur: Norbert Manterfeld: Die Grenzen der Verfassung, Berlin 1999. - Christoph Möllers: Römischer Konziliarismus und politische Reform. Ernst-Wolfgang Böckenförde zum 80. Geburtstag. In: Zeitschrift für Ideengeschichte 4 (2010), S. 107–114.

Cassirer, Ernst 1874–1945

Cassirer ist ein bislang kaum als Rechtsphilosoph wahrgenommener neukantianisch beeinflusster Philosoph der Kultur als Welt der symbolischen Formen. Diese sind vom menschlichen Geist frei geschaffene sinnliche Zeichen, die ein Bedeutungssystem des Weltverstehens und -entwerfens ergeben. Neben der Sprache, der Technik, der Erkenntnis und anderen ist auch das Recht eine symbolische Form. Sie alle sind Gestalten der zunehmenden – wenn auch wie der Nationalsozialismus zeigt: nicht unumkehrbaren – Selbstbefreiung des Menschen.

Rechtsphilosophische Hauptwerke: Axel Hägerström: Eine Studie zur Schwedischen Philosophie der Gegenwart. 1939. - Der Mythos des Staates. Engl. 1946.
Weiterführende Literatur: Coskun, Deniz: Law as symbolic form. Ernst Cassirer and the anthropocentric view of law. 2007. – Kirste: Ernst Cassirers Ansätze zu einer Theorie des Rechts als symbolische Form". In: „Rechtswissenschaft als Kulturwissenschaft". Beiträge der Jahrestagung der Schweizerischen Vereinigung für Rechts- und Sozialphilosophie 2007. Hrsg. v. M. Senn u. D. Puskás. Stuttgart (ARSP-Beiheft 115) 2007, S. 177–189.

Dworkin, Ronald 1931–2013

Mit seiner anti-positivistischen, interpretativen Theorie des Rechts, der Unterscheidung von Regeln und Prinzipien und einer gemäßigt egalitaristischen Theorie der Gerechtigkeit ist Ronald Dworkin der bedeutendste Vertreter der englischsprachigen Rechtsphilosophie der Gegenwart. Während Regeln nach dem Wenn-Dann-Schema geordnete Normen sind, stellen Prinzipien Abwägungsanweisungen dar, die unter Berücksichtigung der konkreten Umstände und des Anspruchs auf bestmögliche Entscheidung noch zu einer anwendbaren Norm konkretisiert werden müssen. Als Gerechtigkeitstheoretiker geht es ihm um Ressourcengleichheit. In seinem letzten Werk „Gerechtigkeit für Igel" unternimmt er es noch einmal von Grundwerten der Moral her das Recht zu erklären und zu orientieren.

Hauptwerke: Taking Rights Seriously. 1977. – A Matter of Principle. 1985. Law's Empire. 1986. – Freedom's Law. 1996. – Sovereign Virtue. 2000. – Gerechtigkeit für Igel. Frankfurt 2012.

Weiterführende Literatur: Rahm: Recht und Demokratie bei Jürgen Habermas und Ronald Dworkin. 2005. - Romanus: Soziale Gerechtigkeit, Verantwortung und Würde: der egalitäre Liberalismus nach John Rawls und Ronald Dworkin. 2008. – Paulo, Norbert: Taking Rights Seriously. In: RPhZ 2015, S. 117–136.

Ehrlich, Eugen 1862–1922

Neben E. Durkheim u. →M. Weber ist Ehrlich Mitbegründer der Rechtssoziologie, verstand er das Recht als beobachtbares, soziales Phänomen und richtete entsprechend seine Aufmerksamkeit auf das wirklich lebende, gesellschaftliche und nicht auf das in Büchern enthaltene, staatliche und von der überkommenen Dogmatik gelehrte Gesetzesrecht. Praktisch bedeutete dies ein Plädoyer für eine freie richterliche Rechtsfindung (Hauptvertreter der „Freirechtsschule").

Hauptwerke: Freie Rechtsfindung und freie Rechtswissenschaft. 1903. Die Erforschung des lebenden Rechts 1911. – Grundlegung der Soziologie des Rechts. 1913.

Weiterführende Literatur: Rehbinder: Die Begründung der Rechtssoziologie durch Eugen Ehrlich. 1986. – Vogl: Soziale Gesetzgebungspolitik, freie Rechtsfindung und soziologische Rechtswissenschaft bei Eugen Ehrlich. 2003. – Maliska, Marcos (2019): Die Rechtssoziologie Eugen Ehrlichs und das Verfassungsrecht. In: ARSP 105 (2019), S. 340 ff.

Engisch, Karl 1899–1990

Engisch ist ein von Schopenhauer beeinflusster facettenreicher Strafrechtstheoretiker und Rechtsphilosoph. Im Zentrum des Werkes stehen Fragen der Willensfreiheit im Strafrecht und der Methodenlehre der Rechtswissenschaft. Im Spätwerk entwickelt Engisch einen eigenständigen Ansatz zum Gerechtigkeitsproblem.

Rechtsphilosophische Hauptwerke: Die Einheit der Rechtsordnung. 1935. – Logische Studien zur Gesetzesanwendung. 1943. – Die Idee der Konkretisierung in Recht und Rechtswissenschaft unserer Zeit. 1953. – Einführung in das juristische Denken. 1956 (^{10}2005). – Auf der Suche nach Gerechtigkeit. 1971.
Weiterführende Literatur: Maschke: Gerechtigkeit durch Methode: Zu Karl Engischs Theorie des juristischen Denkens. 1993.

Gadamer, Hans-Georg 1900–2002

Indem er im Anschluss an Martin Heidegger das sprachliche Verstehen als grundlegenden Seinsvollzug des Menschen ansieht, gelingt es Gadamer, die Hermeneutik Schleiermachers und Diltheys neu zu begründen. Dabei würdigt er die produktive Funktion des Vorteils als Ausgangspunkt des Verstehens. Paradigmatisch für bestimmte Formen des Verstehens war ihm die Jurisprudenz.

Hauptwerk: Wahrheit und Methode. 1960.
Weiterführende Literatur: Grondin: Hans-Georg Gadamer. Eine Biographie. 1999. – Stelmach: Die hermeneutische Auffassung der Rechtsphilosophie. 1991.

*Habermas, Jürgen *1929*

Durch die Begründung der Theorie des kommunikativen Handelns und ihrer Ausarbeitung für eine Vielzahl von Anwendungsfeldern ist Habermas der wichtigste deutsche Gegenwartsphilosoph. Für die Rechtsphilosophie sind besonders seine Diskurstheorie und die Begründung des Fundierungszusammenhangs zwischen Rechtsstaat und Demokratie einflussreich geworden. Rechtsdiskurse müssen so angelegt sein, dass sie der dem Recht eigentümlichen Spannung zwischen Faktizität rechtlicher Kommunikation und ihren Geltungsansprüchen Rechnung tragen. Bürgern werden nicht nur paternalistisch Rechte verliehen; legitimes Recht setzt vielmehr voraus, dass sie sich zugleich als Autoren ihrer Rechte verstehen.

Rechtsphilosophische Hauptwerke: Erläuterungen zur Diskursethik. 1991. – Faktizität und Geltung. 1992. – Die Einbeziehung des Anderen. 1996. – Die postnationale Konstellation. 1998.
Weiterführende Literatur: Huang: Verhältnis von moralischem Diskurs und rechtlichem Diskurs bei Jürgen Habermas. 2007. – *Koller:* Recht als Kategorie der Vermittlung zwischen Faktizität und Geltung. In: Jürgen Habermas: Faktizität und Geltung. Hrsg. v. P. Koller u. Chr. Hiebaum. Berlin 2016, S. 21 ff.

Hart, Herbert Lionel Adolphus 1907–1992

Hart ist bedeutend geworden durch die Einführung der analytischen Sprachphilosophie Austins und Wittgensteins in die Rechtstheorie. Sie führt ihn zu einer Trennung von Recht und Moral, der Identifikation von Rechtsnormen nicht anhand ihrer Richtigkeit, sondern anhand einer die sprachliche Konvention feststellenden „Rule of Recognition" und der Analyse des Rechts als eines Systems von primären Handlungs- und sekundären Rechtserzeugungsnormen.

Hauptwerk: The Concept of Law. 1961 (²1994). – Law, Liberty and Morality. 1963.
Weiterführende Literatur: Hoerster: Einleitung. In: H. L. A. Hart: Recht und Moral. 1971, S. 5–13. – Schmidt: Primäre und sekundäre Regeln bei H. L. A. Hart. In: Zeitschrift für Rechtsphilosophie, 2007, S. 44 ff. – Eckmann: Rechtspositivismus und sprachanalytische Philosophie. Der Begriff des Rechts in der Rechtstheorie H. L. A. Harts. 1969. – Bix, Brian H. (2018): Hart, H. L. A. In: Mortimer Sellers und Stephan Kirste (Hg.): Encyclopedia of the Philosophy of Law and Social Philosophy, Bd. 52. Dordrecht, S. 1–4.

Heck, Philipp 1858–1943

Heck ist Zivilrechtler und Rechtstheoretiker, der die Zweckjurisprudenz des späten R. v. Jhering fortführt zur Interessenjurisprudenz: Er sieht Interessen nicht nur als Ursache des Rechts an („genetische Interessentheorie"), sondern will durch ihre Abwägung insbesondere zur Lückenfüllung neue Gebote gewinnen („produktive Interessentheorie"). Entscheidend bei der Gesetzesauslegung seien die Interessen des Gesetzgebers. Heck ist also ein Hauptvertreter der subjektiven Auslegungstheorie. Ohne NSDAP-Mitglied zu sein, versuchte er doch seine Methode den NS-Rechtsideologen nahezubringen.

Rechtstheoretische Hauptwerke: Das Problem der Rechtsgewinnung. 1912. – Gesetzesauslegung und Interessenjurisprudenz. In: AcP 112 (1914), S. 1–318. – Begriffsbildung und Interessenjurisprudenz. 1932. – Interessenjurisprudenz. 1933.
Weiterführende Literatur: Schoppmeyer: Juristische Methode als Lebensaufgabe. Leben, Werk und Wirkungsgeschichte Philipp Hecks. 2001. – Petersen, Jens: Von der Interessenjurisprudenz zur Wertungsjurisprudenz. Dargestellt an Beispielen aus dem deutschen Privatrecht. 2001. – Dorndorf: Zu den theoretischen Grundlagen der Interessenjurisprudenz – Die Beziehungen von Philipp Hecks allgemeiner Auslegungstheorie zu Max Weber und Heinrich Rickert. In: ARSP 81 (1995), S. 542 ff. – Krawietz, Werner: Interessenjurisprudenz. In: HWbPh IV (1976), Sp. 494–514. – Schröder, Jan (2017): Philipp Heck (1858–1943). In: Kleinheyer, Gerd/Schröder, Jan (Hrsg.): Deutsche und Europäische Juristen aus neun Jahrhunderten. 6. Aufl. Wien u. a. 2017, S. 194 ff.

Hegel, Georg Wilhelm Friedrich 1770–1831

Nach Kant und von diesem geprägt, ist hegel der einflussreichste Vertreter des deutschen Idealismus. In seinem System ist Recht das Dasein des Willens und so objektiver, sich äußernder Geist und Ausdruck von Freiheit. Auf der Stufe des „abstrakten Rechts" erhält der Wille ein äußeres Dasein etwa in Besitz und Eigentum. In der „Moralität" zeigen sich Spannungen zwischen den inneren Absichten, auch dem Gewissen und dem äußeren Recht. Schließlich werden in den Institutionen der „Sittlichkeit" diese Spannungen in der elementaren Einheit der Familie, der atomisierten erwerbswirtschaftlichen bürgerlichen Gesellschaft und schließlich im sittlichen Staat ausgetragen und vermittelt. Hegel war von kaum zu überschätzendem Einfluss auf die gesamte Philosophie des 19. Jh. und hat die Staatsrechtslehre (z. B. H. Heller), die finale Handlungslehre der Strafrechtslehre (H. Welzel) und die Zivilrechtslehre (K. Larenz) auch im 20. Jh. geprägt. Dabei ist gerade Hegels Rechtsphilosophie von Anfang an umstritten gewesen, was aber teilweise durch die mangelnde Berücksichtigung seiner Logik bei ihrer Interpretation zu erklären ist.

Rechtsphilosophische Hauptwerke: Über die verschiedenen Behandlungsarten des Naturrechts, seine Stelle in der praktischen Philosophie und sein Verhältnis zu den positiven Wissenschaften. – Grundlinien der Philosophie des Rechts oder Naturrecht und Staatswissenschaft im Grundrisse 1821. – Enzyklopädie der Philosophischen Wissenschaften. 1830.

Weiterführende Literatur: Fulda: Das Recht der Philosophie in Hegels Philosophie des Rechts. 1968. – Schild: Rechtswissenschaft oder Jurisprudenz. Bemerkungen zu den Schwierigkeiten der Juristen mit Hegels Rechtsphilosophie. In: Rechts- und Sozialphilosophie in Deutschland heute. Beiträge zur Standortbestimmung. Hrsg. v. R. Alexy, R. Dreier, U. Neumann, (ARSP, Bh. 44) 1991, S. 328–336. – Siep: Philosophische Begründung des Rechts bei Fichte und Hegel (1983). In: ders.: Praktische Philosophie des Deutschen Idealismus. Frankfurt/Main 1992, S. 65–80. – Kirste: „Hegels Freiheitsphilosophie zwischen Stuttgart und Berlin". NJW-Ausgabe zum Deutschen Juristentag 2006. - 200 Jahre Grundlinien der Philosophie des Rechts – eine interdisziplinäre Debatte. Hrsg. v. Eichenhofer, Kirste, Pawlik, Vieweg, Zabel. Berlin (Recht und Philosophie) 2022.

Hobbes, Thomas 1588–1679

Hobbes ist englischer Sozialphilosoph, der neben seiner Methode, die Phänomene zunächst in ihre kleinsten Bestandteile zu zerlegen, um sie dann more geometrico nach rationalen Prinzipien zu rekonstruieren, besonders als Gesellschaftsvertragstheoretiker von Bedeutung ist. Danach leben die Menschen, wenn man sich den Staat hypothetisch wegdenkt und ein pessimistisches Menschenbild („homo homini lupus est") zugrundelegt, in einem Naturzustand, der unter den Bedingungen knapper Ressourcen durch den Kampf aller gegen alle („bellum omnium contra omnes") und damit allseitige Furcht gekennzeichnet ist. Diesen können sie nur dadurch überwinden, dass sie sich vertraglich zu einem Staat als machtvollen Friedenseinheit zusammenschließen und ihm unterwerfen, der unabhängig von der Bindung an natürliche Rechte souverän ist. Nach seiner positivistischen Auffassung des Rechts sind die Gesetze dieses Staates zugleich das Maß der Gerechtigkeit („auctoritas non veritas facit legem").

Rechtsphilosophische Hauptwerke: De Cive. 1642.– Leviathan, or the matter, form and power of a commonwealth, ecclesiastical and civil. 1651. – De homine. 1658. – Behemoth: The History of the Causes of the Civil Wars of England, and the Counsels and Artifices by Which They Were Carried on from the Year 1640 to the Year 1660. – A Dialogue between a philosopher and a student of Common Law of England, 1681.

Weiterführende Literatur: Brandt: Rechtsverzicht und Herrschaft in Hobbes' Staatsverträgen. In: Philosophisches Jahrbuch 87 (1980), S. 41–56. – Böckenförde: Sicherheit und Selbsterhaltung vor Gerechtigkeit. Der Paradigmenwechsel und Übergang von einer naturrechtlichen zur positiv-rechtlichen Grundlegung des Rechtssystems bei Thomas Hobbes (Jacob Burckhardt-Gespräche auf Castelen 18) 2004. – Meinken: Staatslegitimation durch Autorisierung. Der Gesellschaftsvertrag in Thomas Hobbes Leviathan. In: ARSP 86 (2000), S. 455 ff. – Kersting: Rechtsverbindlichkeit und Gerechtigkeit bei Thomas Hobbes. In: ARSP 84 (1998), S. 354 ff.

Jellinek, Georg 1851–1911

Jellinek ist für die Staatstheorie durch seine sozialwissenschaftliche Erkenntnisse berücksichtigende und damit den staatsrechtlichen Positivismus korrigierende soziale Staatslehre mit ihrer Definition des Staates als Einheit aus Staatsgebiet, Staatsvolk und Staatsgewalt von Bedeutung. In der Rechtsphilosophie ist seine einem reinen Normativismus entgegenstehende Vorstellung von der „normativen Kraft des Faktischen", das Verständnis des Rechts als „ethisches Minimum" sowie seine Statuslehre hervorzuheben. Schließlich wird seine Überzeugung von der Entstehung der Grundrechte aus den religiösen Auseinandersetzungen bis heute kontrovers diskutiert.

Rechtsphilosophische Hauptwerke: System des subjektiven öffentlichen Rechts. 1892. – Die Erklärung der Menschen- und Bürgerrechte. 1895. – Allgemeine Staatslehre. 1900.
Weiterführende Literatur: Anter: Die normative Kraft des Faktischen. 2004. – Kersten: Georg Jellinek und die klassische Staatslehre. 2000. – Paulson/Schulte: Georg Jellinek. Beiträge zu Leben und Werk. 2000. – Fijal/Weingärtner: Georg Jellinek – Universalgelehrter und Jurist. In: JuS 1987, S. 97 ff. – Hollerbach: Georg Jellinek. In: NDB X (1974), S. 391 f.

Jhering, Rudolf von 1818–1892

In der ersten Hälfte seines beruflichen Lebens entwickelte Jehring die theoretische Grundlage der Begriffsjurisprudenz, um dieselbe ab 1861 mit beißender Kritik zu überziehen und seine Zweckjurisprudenz zu entwickeln. Ausgehend vom romanistischen Zweig der historischen Rechtsschule (→von Savigny, →Puchta), wollte er zunächst den überzeitlich-vernünftige Kern des überkommenen römischen Rechts in seinen Grundbausteinen analysieren, zu allgemeinen Begriffen konzentrieren und schließlich als systematische Einheit konstruieren. Das Hauptwerk dieses spekulativen Konstruktivismus blieb aber unvollendet, weil sich Jhering einer soziologischen Jurisprudenz unter dem Stichwort der „Zweck im Recht" zuwandte, die das ganze Recht aus seinen sozialen Funktionen her verstand. Recht erschien ihm jetzt weniger als eine Norm denn als eine zweckhafte soziale Ordnung, die aus dem Kampf (im Parlament, vor Gericht) hervorgeht und in ihm bestätigt wird.

Rechtstheoretische Hauptwerke: Geist des römischen Rechts auf den verschiedenen Stufen seiner Entwicklung. 1852–1865. – Vertrauliche Briefe eines Unbekannten an die Herausgeber der Preußischen Gerichtszeitung. 1861–66. – Der Kampf ums Recht. 1872. – Der Zweck im Recht. 1877–1883. – Scherz und Ernst in der Jurisprudenz. 1884.

Weiterführende Literatur: Gromitsaris: Theorie der Rechtsnorm bei Rudolph von Jhering. 1989. – Behrends (Hrsg.): Jherings Rechtsdenken. Theorie und Pragmatik im Dienste evolutionärer Rechtsethik. 1996. – Dreier: Jhering als Rechtstheoretiker. In: A. Aarnio (Hrsg.): Rechtsnorm und Rechtswirklichkeit. Festschr. f. W. Krawietz z. 60. Geburtstag. 1993, S. 233 ff. – Janzarik: Der Rechtsdenker Rudolf von Jhering. In: JA 2005, S. 316 ff. – Wieacker: Rudolf von Jhering. In: ZRG GA 86 (1969), S. 1–36. – Schröder, Jan (2017): Rudolf von Jhering (1818–1892). In: Kleinheyer, Gerd/Schröder, Jan (Hrsg.): Deutsche und Europäische Juristen aus neun Jahrhunderten. 6. Aufl. Wien u. a. 2017, S. 233 ff.

Kant, Immanuel 1724–1804

Kant ist durch seine kritische Philosophie der Aufklärung einer der wichtigsten Philosophen der Neuzeit und von großer aktueller Bedeutung. Seiner „kopernikanischen Wende" in der „Kritik der reinen Vernunft" von einer naiven, unmittelbaren Naturerkenntnis zu einer jeder Erkenntnis notwendig vorausliegenden Kritik des Erkenntnisvermögens des Subjekts entspricht in der Rechtsphilosophie die „Kritik der praktischen Vernunft" als Grundlage der Erkenntnis der Vernunftprinzipien auch des Rechts. Hier kommt es darauf an, dass sich das Handeln nur aus der Vernunft bestimmen lässt, was der kategorische, nicht an empirische Bedingungen geknüpfte Imperativ sicherstellen soll. Soweit dies gelingt, ist der Wille nicht natürlich determiniert, sondern frei bzw. autonom. Die Rechtsphilosophie hat es mit diesen Vernunftprinzipien (Naturrecht) einer jeden positiven, empirischen Gesetzgebung zu tun. Ihr Grundbegriff, das Recht, bezieht sich auf die Abgrenzung der äußeren Freiheitssphären durch ein allgemeines Gesetz der Freiheit. Diese Abgrenzung muss in einem Zustand der ausgleichenden Gerechtigkeit (Privatrecht) und austeilenden Gerechtigkeit (öffentliches Recht) in einem vertragstheoretisch rekonstruierten bürgerlichen Zustand (Staat) und im Verhältnis der Staaten zueinander durch Völkerrecht (Völkerbund) gesichert sein. Kant ist bis in die Gegenwart hinein für eine normative Rechtsphilosophie von außerordentlicher Bedeutung geblieben.

Rechtsphilosophische Hauptwerke: Idee zu einer allgemeinen Geschichte in weltbürgerlicher Absicht. 1784. – Grundlegung der Metaphysik der Sitten. 1785. – Kritik der praktischen Vernunft. 1788. – Über den Gemeinspruch: Das mag in der Theorie richtig sein, taugt aber nicht für die Praxis. 1793. – Zum ewigen Frieden. Ein philosophischer Entwurf. 1795. – Metaphysische Anfangsgründe der Rechtslehre. 1797. – Der Streit der Fakultäten. 1798.

Weiterführende Literatur: Kersting, Wolfgang: Wohlgeordnete Freiheit. Immanuel Kants Rechts- und Staatsphilosophie. 2007. – Dreier: Rechtsbegriff und Rechtsidee. Kants Rechtsbegriff und seine Bedeutung für die gegenwärtige Diskussion. 1986. – Brugger, Winfried: Grundlinien der Kantischen Rechtsphilosophie. In: JZ 1991, S. 893 ff. – Auer: Subjektive Rechte bei Pufendorf und Kant. In: AcP 208 (2008), S. 584 ff.

Kantorowicz, Hermann Ulrich 1877–1940

Neben →Ehrlich ist Kantorowicz wichtigster Vertreter der Freirechtsbewegung und wie dieser nicht nur Rechtstheoretiker, sondern auch Rechtssoziologe und darüber hinaus Wissenschafts- und Rechtshistoriker. Freie Rechtsfindung ist für ihn ein weniger methoden- und vernunfts-, als vielmehr gefühls- und willensgeleiteter Vorgang, der wegen der unvermeidlichen Lückenhaftigkeit der Rechtsordnung notwendig ist. Durch eine trialistische Auffassung der Rechtswissenschaft (Rechtsphilosophie = Wert-, Rechtsdogmatik = Sinn-, Rechtssoziologie = Wirklichkeitswissenschaft) lehnt er einen ungefilterten Rückgriff auf soziologische Erkenntnisse zur Lückenfüllung jedoch ab.

Rechtstheoretische Hauptwerke: (Pseudonym: Gnaeus Flavius) Kampf um die Rechtswissenschaft. 1906. – Die Epochen der Rechtswissenschaft. 1914. Repr. in Hermann Kantorowicz, Rechtshistorische Schriften, Hrsg. v. Coing u. Immel. 1970, S. 3 ff. – The Definition of Law. 1958. – Rechtswissenschaft und Soziologie. 1962.
Weiterführende Literatur: Muscheler: Hermann Ulrich Kantorowicz. Eine Biographie. 1984. – Muscheler: Ein Klassiker der Jurisprudenz: „Der Kampf um die Rechtswissenschaft" von Hermann Kantorowicz. In: NJW 2006, S. 565 ff. – Schröder, Jan (2017): Hermann Kantorowicz (1877–1940). In: Kleinheyer, Gerd/Schröder, Jan (Hrsg.): Deutsche und Europäische Juristen aus neun Jahrhunderten. 6. Aufl. Wien u. a. 2017, S. 240 ff.

Kaufmann, Arthur 1923–2001

Kaufmann war ein stark von →G. Radbruch, dessen Gesamtausgabe er verantwortete, beeinflusster Rechtsphilosoph und Strafrechtler. Auf breitester philosophischer Grundlage – von der Hermeneutik und Existenzphilosophie über Anthropologie und analytische Philosophie – entwickelte K. mit verschiedenen Begründungen eine Rechtsphilosophie des dritten Weges jenseits von Rechtspositivismus und Naturrecht. Das zeigt sich in der Wahl seiner Themen (z. B. „Geschichtlichkeit", „Natur der Sache", „Relationalität des Rechts"), aber auch in seiner Betonung der Fundierung der Rechtsdogmatik in der Rechtsphilosophie.

Rechtsphilosophische Hauptwerke: Naturrecht und Geschichtlichkeit. 1957. – Analogie und Natur der Sache. 1965. – Grundprobleme der zeitgenössischen Rechtsphilosophie und Rechtstheorie. 1971. – Rechtsphilosophie im Wandel. 1972. – Einführung in Rechtsphilosophie und Rechtstheorie der Gegenwart. 1977 (7. Aufl. 2004) – Gerechtigkeit – der vergessene Weg zum Frieden. 1986. – Gustav Radbruch. Rechtsdenker, Philosoph, Sozialdemokrat. 1987. – Prozedurale Theorien der Gerechtigkeit. 1989. – Rechtsphilosophie der Nach-Neuzeit. 1990. – Über Gerechtigkeit. 1993. – Negativer Utilitarismus: ein Versuch über das bonum commune. 1994. – Rechtsphilosophie. 1997. – Das Verfahren der Rechtsgewinnung. 1999.
Weiterführende Literatur: Grote: Auf der Suche nach einem „dritten Weg": die Rechtsphilosophie Arthur Kaufmanns. 2006.

Kelsen, Hans 1881–1973

Kelsen ist ein neukantianisch beeinflusster, durch seinen konsequenten Normativismus, der jede Rückführung von Normen auf Tatsachen ablehnt, wichtigster deutschsprachiger Rechtstheoretiker des 20. Jh. Statt aus Entscheidungen oder aus inhaltlichen Naturrechtsnormen muss die Geltung einer Rechtsordnung auf eine formale Grundnorm zurückgeführt werden, die als logische Voraussetzung des Rechts, nicht jedoch selbst als Recht verstanden wird. Folge dieses Ansatzes ist die Trennung von juristischer und soziologischer Betrachtung des Rechts und die Trennung von Recht und Moral (Reinheit der Rechtslehre). So vertritt er einen kritischen Rechtspositivismus. Da der Staat nur die Personifikation der Rechtsordnung darstellt, ist eine Verfassungsgerichtsbarkeit – die in Österreich auf K. zurückgeht – die notwendige Konsequenz.

Rechtsphilosophische Hauptwerke: Hauptprobleme der Staatsrechtslehre. 1911. – Die philosophischen Grundlagen der Naturrechtslehre und des Rechtspositivismus. 1928. – Reine Rechtslehre. 1934. General Theory of Law and State. 1945. – Allgemeine Theorie der Normen. 1979. – Sammlung mit Aufsätzen u. a. von Kelsen: Die Wiener rechtstheoretische Schule. Hrsg. v. Klecatsky u. a. 1968.

Weiterführende Literatur: Dreier: Rechtslehre, Staatssoziologie und Demokratietheorie bei Hans Kelsen. ²1990. – Walter: Hans Kelsens Reine Rechtslehre. Würzburger Vorträge zur Rechtsphilosophie, Rechtstheorie, Rechtssoziologie. Bd. 22, 1999. – Jestaedt: Hans Kelsens Reine Rechtslehre. Eine Einführung. In: Kelsen: Reine Rechtslehre. Studienausgabe d. 1. Aufl. 1934, hrsg. v. M. Jestaedt. 2008. – Kelsen: Autobiographie (1947). In: Hans Kelsen Werke, Bd. 1 (2007), S. 29–91. – Paulson, Stanley: Der Normativismus Hans Kelsens. In: JZ 2006, S. 529 ff. – Jestaedt, Matthias (2017): Hans Kelsen (1881–1973). In: Kleinheyer, Gerd/Schröder, Jan (Hrsg.): Deutsche und Europäische Juristen aus neun Jahrhunderten. 6. Aufl. Wien u. a. 2017, S. 244 ff.

Locke, John 1632–1704

Während Locke in der theoretischen Philosophie als empirischer Erkenntnistheoretiker hervorgetreten ist, liegt seine Bedeutung in der Rechts- und Staatsphilosophie in seiner Theorie des Gesellschaftsvertrages und der Menschenrechte. Anders als →Hobbes ist für ihn der – als historisch wirklich angenommene – Gesellschaftsvertrag eine Transformation der natürlichen Rechte des Einzelnen in eine insbes. durch Gerichtsbarkeit abgesicherte gesellschaftliche Form. Die vertraglich vom Volk einer Regierung übertragene Herrschaft ist somit als Treuhänderschaft zur Sicherung von Leben, Freiheit und Eigentum und zur Verfolgung des Gemeinwohls zu verstehen. Sein rechtsstaatliches Denken führt ihn zu Ansätzen der Gewaltenteilung. L. beeinflusste damit sowohl die Theorie als auch die Praxis des modernen demokratischen und liberalen Rechtsstaats.

Rechtsphilosophische Hauptwerke: Essay concerning Toleration. 1667. – Letters on Toleration. 1689/90. – Two Treatises of Government. 1690.

Weiterführende Literatur: Euchner: Naturrecht und Politik bei John Locke. 1969. – Macpherson: Die politische Theorie des Besitzindividualismus. 1967. – Brandt: der Leviathan und das liberale Commonwealth. Staatsrecht und Strafrecht bei Hobbes und Locke. In: Deutsche Zeitschrift für Philosophie 56 (2008), S. 205 ff. – Golembek: John Locke (1632-1704). In: Aufklärung 18 (2006), S. 237 ff. – Schlieffen, Katharina von; Nolting, Jenny (2018): Rechtsphilosophie. Grundlagen für das Jurastudium Paderborn, S. 191 ff. – Siep, Ludwig (2017): Locke John. In: Mortimer Sellers und Stephan Kirste (Hg.): Encyclopedia of the Philosophy of Law and Social Philosophy, Bd. 122. Dordrecht, S. 1-8. DOI 10.1007/978-94-007-6730-0_437-1.

Luhmann, Niklas 1927-1998

Luhmann ist durch die Ausarbeitung einer Systemtheorie nach →Weber der wichtigste Soziologe des 20. Jh. Er versteht die Gesellschaft nicht als Einheit von Menschen, sondern als funktional gegliedertes Kommunikationssystem. Die Teilsysteme sind zwar offen für Irritationen aus anderen Teilsystemen, schließen sich jedoch insofern ihnen gegenüber ab, als sie sich nur aus der gelingenden Verknüpfung mit systemeigenen Kommunikationen reproduzieren („autopoietische Systeme"), also z. B. das Rechtssystem nur aus rechtlichen Kommunikationen. Die funktionale Differenzierung in Teilsysteme ergibt sich durch die Orientierung an einem (binären) Code. Das Recht umfasst danach alle Kommunikationen, die am Code Recht/Unrecht orientiert sind. Dieser Code wird durch Programme – im Fall des Rechts etwa: Gesetze – bestimmten Kommunikationen zugeordnet. Recht ist nur das, was in diesen Kommunikationen auftritt. Es ist also nur als positives Recht und nicht als Naturrecht. Inhaltlich bezeichnet Recht eine normative Verhaltenserwartung: Während kognitive Verhaltenserwartungen bei einem abweichenden Verhalten korrigiert werden müssen, kann die Erwartung beim Recht aufrechterhalten werden, weil zugleich erwartet werden kann, dass das abweichende Verhalten selbst korrigiert wird. Insbesondere in Bezug auf seinen nicht-normativen Charakter ist das Werk umstritten.

Rechtstheoretische Hauptwerke: Grundrechte als Institution. 1965. – Legitimation durch Verfahren. 1969. – Rechtssoziologie. 1972. – Rechtssystem und Rechtsdogmatik. 1974. – Ausdifferenzierung des Rechts. 1981 – Die soziologische Beobachtung des Rechts. 1986. – Das Recht der Gesellschaft. 1993.
Weiterführende Literatur: Huber: Systemtheorie des Rechts. 2007. – Horster: Niklas Luhmann. 1997. – Dreier: Luhmanns Rechtsbegriff. In: ARSP 88 (2002), S. 305 ff. – Roellecke: Das Recht von außen und innen betrachtet. In: JZ 1999, S. 213 ff.

Marx, Karl 1818-1883

Auf der Grundlage einer breiten sozialwissenschaftlichen Kritik versteht Marx das Recht als ideologischen Überbau der die soziale Wirklichkeit bestimmenden Produktionsverhältnisse. Über diese verfügt nur die durch ihre egoistischen Interessen gekennzeichnete besitzende Klasse, während das Proletariat nur noch fremdnützige, geistlose Arbeit leistet und daher in einem entfremdeten und unwürdigen Verhältnis zur Arbeit steht. Diese in der bürgerlichen Gesellschaft bestehenden antagonistischen Klasseninteressen treiben aber in einem dialektischen Prozess den Zustand des Kommunismus der klassenlosen Gesellschaft hervor, in dem die Entfremdung überwunden ist. In dieser Gesellschaft sterben dann Recht und Staat ab. M.s Ansatz war nicht nur Grundlage der Rechtstheorie in den sozialistischen Staaten, sondern hat auch im Westen eine sozialkritische Rechtstheorie angeregt.

Rechtstheoretische Hauptwerke (tw. mit Engels verfasst): Einleitung zur Kritik der Hegelschen Rechtsphilosophie. 1844. – Zur Judenfrage. 1844. – Die deutsche Ideologie. Ab 1844. – Thesen über Feuerbach. 1845. – Manifest der kommunistischen Partei. 1848. – Das Kapital. I (1867), II (1885), III (1895).

Weiterführende Literatur: Maihofer: Das Recht bei Marx. 1992. – Haney: Gerechtigkeit bei Marx. In: ARSP-Beiheft 56 (1994), S. 190–207. – Rottleuthner: Gerechtigkeit bei Marx. In: ARSP-Beiheft 56 (1994), S. 208–222. – Klenner: Der Rechtsphilosophische Denk-Einsatz von Karl Marx. In: Demokratie und Recht. 1984, S. 47 ff. – Brugger: Marx und das Rechtsverständnis in der DDR. In: ROW 1978, S. 101 ff. – Müller: Staatslehre und Anthropologie bei Karl Marx. In: AöR 95 (1970), S. 513 ff. – Easton: Marx, Karl. In: Mortimer Sellers und Stephan Kirste (Hg.): Encyclopedia of the Philosophy of Law and Social Philosophy, Bd. 17. Dordrecht, S. 1–8. DOI 10.1007/978-94-007-6730-0_630-1.

Mill, John Stuart 1806–1873

ist neben →Bentham einer der wichtigsten Vertreter des klassischen Utilitarismus und einer liberalen Theorie von Recht, Staat und Wirtschaft. Seine Sozialtheorie geht nicht von Menschenrechten, sondern von der Nützlichkeit aus. Sie besteht für ihn in der Vermeidung von Unglück/Schmerz und der Beförderung von Glück/Lust. Freiheit und Gleichheit stehen unter Gemeinwohlvorbehalt. Freilich darf in die Handlungsfreiheit nur zum Schutz von anderen, nicht zur Vermeidung von Selbstgefährdung des Handelnden eingegriffen werden („Harm principle", Anti-Paternalismus). Gemeinsam mit seiner Frau Harriet setzte er sich früh für Frauenrechte ein.

Rechtsphilosophische Hauptwerke: Über die Freiheit (1859). Stuttgart 2008. – Utilitarianism/Utilitarismus (1861). Stuttgart 2008. – Die Hörigkeit der Frau. Nebst einem Vorbericht. Übersetzt von Jenny Hirsch, Berggold, Berlin, 2. Auflage 1872.
Weiterführende Literatur: Rinderle: John Stuart Mill. München 2000. – Priddat: Nonkonformität und Öffentlichkeit. John Stuart Mills Sozialphilosophie, reconsidered. In: ARSP 86 (2000), S. 518–536.

Montesquieu, Charles-Louis de Secondat, Baron de la Brède et de 1689–1750

Durch seine Ideen zum Gesetzesbegriff und seine Theorie der Gewaltenteilung ist Montesquieu einer der wichtigsten politischen Philosophen der französischen Aufklärung. Das Gesetz ist eine Ordnung, deren Inhalt sich aus der vernünftigen Erkenntnis der zu regelnden Sachverhalte, also aus der Natur der Sache, ergibt. So ist es notwendig auf ein bestimmtes Volk bezogen, meint M. aufgrund eines kulturwissenschaftlich-geschichtlichen, aber auch natürliche Bedingtheiten berücksichtigenden philosophischen Ansatzes. Aufgrund der Analyse der römischen Republik und einer Idealisierung der englischen politischen Strukturen unterscheidet er theoretisch zwischen legislativer, exekutiver und judikativer Funktion der Staatsgewalt, sieht die Freiheit aber nur als gesichert an, wenn die Gewalten auch organisatorisch getrennt sind. Prägend ist dabei der Gedanke der Balancierung, Kontrolle und Mäßigung der Staatsgewalt, wobei die Rechtsprechung wegen der strikten Gesetzesbindung eine untergeordnete Rolle spielt.

Rechtsphilosophisches Hauptwerk: Montesquieu, Charles-Louis de Secondat, Baron de la Brède et de: Vom Geist der Gesetze 1 u. 2 (1748). Übersetzt u. hrsgg. v. E. Forsthoff. 2. Aufl. Tübingen.

Weiterführende Literatur: Hidalgo; Herb (Hrsg.): Die Natur des Staates. Montesquieu zwischen Macht und Recht. 2009 – Schlosser: Montesquieu: Der aristokratische Geist der Aufklärung. 1990. – Weber-Fas: Freiheit durch Gewaltenteilung – Montesquieu und der moderne Verfassungsstaat. In: JuS 2005, S. 882 ff. – Rolin: Recht, Gesetz und Gesetzgebung bei Montesquieu. In: Aufklärung 15 (2003), S. 239 ff. – Seil: Der mißverstandene Montesquieu: Gewaltenbalance, nicht Gewaltentrennung. In: Neuere Zeitschrift für Rechtsgeschichte 2000, S. 149 ff. – Kondylis: Montesquieu: Naturrecht und Gesetz. In: Der Staat 33 (1997), S. 351 ff. – Brühlmeier: Verfassungstheorie und Grundrechtsdenken bei Montesquieu. In: ARSP 67 (1981), S. 233 ff. – Schlieffen, Katharina von; Nolting, Jenny (2018): Rechtsphilosophie. Grundlagen für das Jurastudium Paderborn, S. 221 ff.

*Müller, Friedrich *1938*

Müller hat auf rechtslinguistischer Basis eine innovative, konstruktivistische Methodik und Rechtstheorie entwickelt. Ausgangspunkt ist eine realistische, nicht-spekulative Analyse der Praxis der „Rechtsarbeit" der Interpretation. Ihr liegt der Sinn der Lebenssachverhalte ebenso wenig vor wie derjenige juristischer Texte, die auf sie bezogen werden sollen. Sinn und Normativität sind vielmehr durch die von verfassungsrechtlichen methodischen Vorgaben geleitete Rechtsarbeit und im Streit über Bedeutungsbehauptungen erst herzustellen. Grundlage dieser Analyse ist eine „Strukturierende Rechtslehre", die Normen nicht als isolierte Phänomene, sondern immer in ihrem sprachlichen und sozialen Kontext betrachtet.

Rechtstheoretische Hauptwerke: Normstruktur und Normativität. 1966. – Juristische Methodik. 1971 (Bd. 1 ^{9}2004, Bd. 2 ^{2}2007). – Recht, Sprache, Gewalt. 1975. – Strukturierende Rechtslehre. 1984. – Untersuchungen zur Rechtslinguistik. Interdisziplinäre Studien zu praktischer Semantik und Strukturierender Rechtslehre in Grundfragen der juristischen Methodik (Hrsg.). 1989.

Weiterführende Literatur: Rechtstheorie in rechtspraktischer Absicht. Hrsg. v. R. Christensen u. B. Pieroth. 2008. – Christensen/Sokolowski: Theorie und Praxis aus Sicht der strukturierenden Rechtslehre. In: Rechtstheorie 2001, S. 327 ff.

Pico della Mirandola, Giovanni 1463–1494

Der italienische Renaissancehumanist ist vor allem durch seine „Oratio de dignitate hominis" als Einleitung zu 900 Thesen, aufgrund deren er Gelehrte aus ganz Europa zusammenrufen wollte, bekanntgeworden. In diesen Thesen versuchte er nicht nur aristotelische, platonische und jüdisch-kabbalistische Philosophie, sondern auch christliche, jüdische und islamische Theologie zu vereinen. Der Selbständigkeit dieses Ansatzes korrespondiert die Vorstellung, die Würde des Menschen bestehe darin, dass Gott dem Menschen nicht eine bestimmte Natur gegeben habe, sondern er sich zu dem entwerfen und schaffen muss, der er sein will.

Hauptwerk: Oratio de dignitate hominis. 1486 (deutsch: Über die Würde des Menschen. Hamburg 1990).
Weiterführende Literatur: Lembcke: Die Würde des Menschen frei zu sein. In: Des Menschen Würde: (wieder)entdeckt oder erfunden im Humanismus der italienischen Renaissance? Hrsg. v. R. Gröschner, S. Kirste, O. Lembcke. 2008, S. 159 ff. – Gröschner/Dierksmeier/Henkel/Wiehart 2013 , S. 136 ff.

Platon 427–348/7 v. Chr.

Zusammen mit seinem Schüler →Aristoteles ist Platon der bedeutendste antike Philosoph auch für die gesamte seitherige Philosophiegeschichte. Seine Bedeutung für die Rechtsphilosophie liegt in der in dialogischer Form dargestellten Gerechtigkeitslehre und der Theorie des Gesetzes sowie des Gesetzesgehorsams. Die in den Dialogen angewandte Dialektik führt den Leser selbst zum Nachdenken über die Berechtigung der vorgetragenen Argumente und zum Begriff. Die Gerechtigkeitslehre geht von drei Vermögen der menschlichen Seele – Vernunft, Mut und sinnlichem Begehren – aus, die in einer gerechten Ordnung als wechselbezügliche Harmonie stehen, wenn jeder Mensch seine Tugend – Weisheit, Tapferkeit, Besonnenheit – verwirklicht. Analog herrscht Gerechtigkeit im Staat, wenn hier die drei von ihm angenommenen Stände – 1) die politische Führung der Philosophen, 2) die Wächter sowie 3) die Gewerbetreibenden und Bauern ihre Natur realisieren. Während Platon in seinen frühen Schriften die Verantwortung für die Gerechtigkeit dem Philosophenkönig anvertraut, wird er später skeptisch und betont stärker die eine durchschnittliche Gerechtigkeit garantierenden Gesetze.

Rechtsphilosophische Hauptwerke: Politikos. – Politeia. – Nomoi. Dt. Übers. bei Meiner, dtv, Reclam, WBG.
Weiterführende Literatur: Seubert: Polis und Nomos. Untersuchungen zu Platons Rechtslehre. 2005. – Platon über das Gute und die Gerechtigkeit. Hrsg. Barbaric. 2005: – Böckenförde: Geschichte der Rechts- und Staatsphilosophie, § 4. Gröschner et al.: Rechts- und Staatsphilosophie. Ein dogmenphilosophischer Dialog. 2000, § 1. – Schlieffen, Katharina von; Nolting, Jenny (2018): Rechtsphilosophie. Grundlagen für das Jurastudium Paderborn, S. 35 ff.

Puchta, Georg Friedrich 1798–1846

Nach →von Savigny ist Puchta Hauptvertreter des romanistischen Zweigs der historischen Rechtsschule und ihres Ziels der Abstrahierung und Systematisierung des gewohnheitsrechtlich geltenden römischen Rechts (Pandektistik). Als Verfeinerer ihrer Methode vertritt er zugleich eine – durch →von Jhering karikierte – Begriffsjurisprudenz, die die Rechtswissenschaft selbst als Rechtsquelle ansieht. Die Rechtsbegriffe, die sie hervorbringt, haben eine von ihrem sozialen Entstehungsgrund losgelöste Existenz und können so in einer logischen Begriffspyramide mit den allgemeinsten Prinzipien an der Spitze geordnet werden.

Rechtstheoretische Hauptwerke: Das Gewohnheitsrecht. 1. Teil 1828, 2. Teil 1837. – Lehrbuch der Pandekten. 1838. – Cursus der Institutionen, 2. Bde. 1841/2.

Weiterführende Literatur: Mecke: Begriff und System des Rechts bei Puchta. 2008. – Haferkamp: Georg Puchta und die „Begriffsjurisprudenz". 2004. – Ders.: Begriffsjurisprudenz. In: Enzyklopädie zur Rechtsphilosophie, online: http://www.enzyklopaedie-rechtsphilosophie.net/inhaltsverzeichnis/19-beitraege/96-begriffsjurisprudenz – Ders.: Puchta, Georg Friedrich. In: Enzyklopädie zur Rechtsphilosophie, online: http://www.enzyklopaedie-rechtsphilosophie.net/inhaltsverzeichnis/19-beitraege/103-puchta.

Pufendorf, Samuel von 1632–1694

Pufendorf ist der Begründer eines aufgeklärten, säkularen Naturrechts als Vernunftrecht. Grundlage des Naturrechts ist anders als bei Grotius oder auch →Hobbes nicht eine Rechte-, sondern eine Pflichtenlehre. Zwar geht er wie Hobbes von der Schwäche (imbecillitas) und dem Selbsterhaltungstrieb des Menschen (amor proprius) im Naturzustand aus, begründet daraus jedoch eine Pflicht zur gemeinschaftlichen Zusammenarbeit (socialitas). Aus dieser folgt auch eine Pflicht zur Selbsterhaltung und darüber hinaus zur Selbstvervollkommnung des Menschen. Die unsicheren moralischen Pflichten werden durch Verträge zu rechtlich verbindlichen Pflichten. Auch der Staat entsteht durch 1. einen Staatsgründungsvertrag und 2. einen Unterwerfungsvertrag als Grundlage der Verpflichtungen des Einzelnen ihm gegenüber.

Rechtsphilosophische Hauptwerke: Elementa iurisprudentiae universalis. 1660. – De statu imperii Germanici. 1767. – De iure naturae et gentium libri octo. 1672. – De officio hominis et civis. 1673.

Weiterführende Literatur: Behme: Samuel Pufendorf – Naturrecht und Staat. 1995. – Denzer: Moralphilosophie und Naturrecht bei Pufendorf. 1972. – Auer: Subjektive Rechte bei Pufendorf und Kant. In: AcP 208 (2008), S. 584 ff. Schmidt: Samuel von Pufendorf – Wegbereiter des Gleichheitssatzes? – Zwischen Menschenwürde und Staatsklugheit. In: Zeitschrift für Rechtsphilosophie 2005, S. 111 ff. – Wiegand: Naturrechtsdenken zu Beginn der Aufklärung. In: JURA 1994, S. 458 ff. – Maeda, Toshifumi (2017): Pufendorf, Samuel. In: Mortimer Sellers und Stephan Kirste (Hg.): Encyclopedia of the Philosophy of Law and Social Philosophy. Dordrecht, S. 1–4. DOI 10.1007/978-94-007-6730-0_451-1.

Radbruch, Gustav 1878–1949

Der wegen seiner Wertlehre und der „Radbruchschen Formel" wichtigste deutsche Rechtsphilosoph des 20. Jh. Vom südwestdeutschen, werttheoretischen Neukantianismus beeinflusst, trennt er in seinem Frühwerk scharf zwischen Sein und Sollen. So versteht er die Rechtswissenschaft im Unterschied zur wertblinden Naturwissenschaft, der bewertenden Ethik und der wertüberwindenden Religion als wertbeziehende Wissenschaft. Der Wert des Rechts ist die Rechtsidee. Ihre Elemente sind Gerechtigkeit, Zweckmäßigkeit und Rechtssicherheit. Deren Einheit ist jedoch spannungsreich. Grundsätzlich hat im Konfliktfall die Rechtssicherheit den Vorrang gegenüber Gerechtigkeit und Zweckmäßigkeit. Grenze dafür ist jedoch ein „unerträgliches Maß" an Ungerechtigkeit des Gesetzes, was etwa bei Verstoß gegen elementare Menschenrechte erreicht ist (Unrecht, Unerträglichkeitsformel). Bezieht sich das positive Gesetz hingegen überhaupt nicht auf den Wert der Gerechtigkeit, liegt kein Recht vor (Nicht-Recht, Verleugnungsformel), weil eine Anordnung nur durch ihren Bezug auf die Rechtsidee der Gerechtigkeit als Recht verstanden werden kann. Das deutsche BVerfG hat sich diese Formel u. a. im Mauerschützenbeschluss (BVerfGE 95, S. 96 ff.) zu eigen gemacht. Im Spätwerk entdeckt er in der „Natur der Sache" eine Denkform zur Überwindung des Dualismus von Sein und Sollen.

Rechtsphilosophische Hauptwerke: Einführung in die Rechtswissenschaft. 1910. – Grundzüge der Rechtsphilosophie. 1914. – Der Mensch im Recht. 1927. – Rechtsphilosophie. 1932. – Vorschule der Rechtsphilosophie. 1947.
Weiterführende Literatur: Paulson: Ein ewiger Mythos: Gustav Radbruch als Rechtspositivist – Teil I. In: JZ 2008, S. 105 ff. – Kaufmann: Gustav Radbruch. Leben und Werk. In: Gustav Radbruch. Gesamtausgabe, Bd. 1, 1987, S. 7 ff. – Adomeit: Der Rechtspositivismus im Denken von Hans Kelsen und Gustav Radbruch. In: JZ 2003, S. 161 ff. – Dreier: Gustav Radbruchs rechtsphilosophische Parteieinlehre. In: ARSP 85 (1999), S. 497 ff. – Kirste, Stephan: Rechtsidee und Elemente der Gerechtigkeit bei Gustav Radbruch. In: Rechts- und Staatsphilosophie des Relativismus. Pluralismus, Demokratie und Rechtsgeltung bei Gustav Radbruch. Hrsg. v. W. Pauly. Baden-Baden (Staatsverständnisse, Bd. 38) 2011, S. 57–83. – Borowski, Martin/Paulson, Stanley: Die Natur des Rechts bei Gustav Radbruch. Tübingen 2015.

Rawls, John 1921–2002

Rawls ist mit seiner liberalen, anti-utilitaristischen Gerechtigkeitstheorie einer der wichtigsten Sozialphilosophen des 20. Jh. R. entwickelt eine Theorie sozialer Gerechtigkeit als Tugend von Institutionen in modernen, pluralistischen Gesellschaften. Leitend ist dabei die Frage, ob und inwieweit soziale Unterschiede zu rechtfertigen sind. Hierzu bedient er sich folgender zentraler Theoriebausteine: In einem hypothetischen Urzustand, in dem den freien und vernünftigen Menschen ein „Schleier des Nichtwissens" zwar ihre individuelle soziale Stellung und Fähigkeiten verdeckt, nicht jedoch allgemeine Kenntnisse über gesellschaftliche Zusammenhänge und Grundgüter, einigen sie sich auf bestimmte Grundsätze. Diese sind in lexikalischer Ordnung 1. ein Freiheitsgrundsatz: „Jede Person hat das gleiche Recht auf das umfassendste System gleicher Grundfreiheiten, das mit einem ähnlichen System von Freiheiten für alle vereinbar ist"; 2. ein Grundsatz, der das Differenzprinzip und den Grundsatz fairer Chancengleichheit enthält: „Soziale und ökonomische Ungleichheiten sind zulässig, wenn sie (a) zum größten zu erwartenden Vorteil für die am wenigsten Begünstigten und (b) mit Ämtern und Positionen verbunden sind, die allen unter Bedingungen fairer Chancengleichheit offenstehen". Mit seiner Verhältnisbestimmung von Freiheit und Gleichheit beeinflusst er die nicht-utilitaristische Gerechtigkeitsdiskussion bis in die Gegenwart. Rawls wendet dieses Konzept einer politischen – nicht moralischen, wie er später betont – Gerechtigkeit nicht in gleicher Weise auf das Völkerrecht an. Hier gilt das Differenzprinzip vorbehaltlich der Selbstorganisation der Völker.

Rechtsphilosophische Hauptwerke: A Theory of Justice. 1971. – Political Liberalism. 1993. – The Law of the Peoples. 1999. – Justice as Fairness: A Restatement. 2001.
Weiterführende Literatur: Kersting: Gerechtigkeit und öffentliche Vernunft. 2006. – Hinsch (Hrsg.): Zur Idee des politischen Liberalismus. 1997. – Schwill: John Rawls' Theorie der Gerechtigkeit. In: JA 2002, S. 433 ff. – Nida-Rümelin: Die beiden zentralen Intentionen der Gerechtigkeit als Fairness von John Rawls. In: ARSP 76 (1990), S. 457 ff. – Reidy, David A. (2017): Rawls, John. In: Mortimer Sellers und Stephan Kirste (Hg.): Encyclopedia of the Philosophy of Law and Social Philosophy. Dordrecht, S. 1–40. DOI 10.1007/978–94–007–6730–0_237–1.

Ross, Alf 1899–1979

Zunächst von →Kelsen beeinflusst, ist Ross später neben Axel Hägerström und Karl Olivecrona Hauptvertreter des metaphysikkritischen skandinavischen Rechtsrealismus. Aus dieser Kritik resultiert die Ablehnung von moralischen oder naturrechtlichen Maßstäben des Rechts. Sie ist nicht wie bei Kelsen normativ begründet, sondern erkenntnistheoretisch. Wissenschaft sei nur von wahrnehmbaren Tatsachen möglich; und so müsse sich auch die Rechtswissenschaft nicht auf die Rechtsnormen, sondern auf die sie verwirklichenden Entscheidungen z. B. von Richtern beziehen. Auch Naturrecht sei nur eine nachträgliche ideologische Verschleierung von Interessen. Chaim Perelman folgend hat Gerechtigkeit für R. nur die formale Bedeutung einer Anweisung zur logisch korrekten Anwendung der Rechtsnorm. R. ist Vertreter eines wirksamkeitsbezogenen Begriffs des Rechts.

Rechtsphilosophische Hauptwerke: Theorie der Rechtsquellen. 1929. – Kritik der sogenannten praktischen Erkenntnis. Zugleich Prolegomena zu einer Kritik der Rechtswissenschaft. 1933. – Towards a Realistic Jurisprudence. A Criticism of the Dualism in Law. 1946 – Tû-Tû. 1957 (wieder in: Harvard Law Review 1957/8, S. 812 ff. – Om Reg og Retfærdighed. 1953 (übers.: On Law and Justice. 1958) – Directives and Norms. 1968.
Weiterführende Literatur: Bjarup: Skandinavischer Rechtsrealismus. 1978. – Duxbury: Law and Prediction in Realistic Jurisprudence. In: ARSP 87 (2001), S. 402 ff. – Jordi: Die Kompetenznormen in der Rechtstheorie von Alf Ross: Eines oder mehrere Modelle? In: Rechtstheorie 27 (1996), S. 539 ff.

Rousseau, Jean Jacques 1712–1778

Der Autodidakt wurde als Schriftsteller von Bildungsromanen und als rationalistischer, aber auch utopischer politischer Philosoph bekannt. Sein Frühwerk ist geprägt von einer Kritik der dekadenten gesellschaftlichen Verhältnisse des 18. Jh. in Frankreich und einem Plädoyer für ein naturnahes Leben und für einfache, demokratische Verbände. Eine Bildung der natürlichen Anlagen sollte die korrumpierten anti-sozialen Verhaltensweisen der Menschen überwinden. Ist die Ungleichheit das gesellschaftliche Hauptproblem, so erscheint ihm ein Sozialvertrag als Legitimationsgrundlage sozialer Herrschaft die Lösung zu bringen, den alle Bürger als Gleiche abschließen und aus dem bzw. aus den auf seiner Grundlage erlassenen Gesetzen sich für alle gleiche Rechte und Pflichten ableiten. Mit der Annahme der so gebildeten „volonté générale" als allgemeinem Willen der Bürger ist Rousseau Theoretiker sowohl der Bedeutung des Gesetzes für die Gleichheit als auch der demokratischen Anerkennung als Grundlage der Legitimation von Recht und Staat. Mit diesen Erkenntnissen hat sich seither politische und Rechtsphilosophie auseinanderzusetzen.

Rechtsphilosophische Hauptwerke: Disours sur l'origine et les fondements de l'inégalité parmi les hommes. 1755 (dt. Diskurs über die Ungleichheit) – Du Contrat Social. 1762. (dt. Über den Gesellschaftsvertrag).
Weiterführende Literatur: Durand: Rousseau. 2008. – Starobinski: Rousseau. 1988. – Hinterdobler: Zur personalen Struktur des Rechts. 1996. – Gröschner et al.: Rechts- und Staatsphilosophie. Ein dogmenphilosophischer Dialog. 2000, § 9. – Schulz-Schäfer: Rousseau und das Problem der Volkssouveränität. In: NJW 2007, S. 643 ff. – Asbach: Internationale Rechtsgemeinschaft oder Autarkie kleiner Republiken? In: Politisches Denken 1999, S. 105 ff. – Schlieffen, Katharina von; Nolting, Jenny (2018): Rechtsphilosophie. Grundlagen für das Jurastudium Paderborn, S. 249 ff. – Kelly, Christopher (2017): Rousseau, Jean-Jacques: Law. In: Mortimer Sellers und Stephan Kirste (Hg.): Encyclopedia of the Philosophy of Law and Social Philosophy, Bd. 82. Dordrecht, S. 1–6. DOI 10.1007/978–94–007–6730–0_454–1.

Savigny, Friedrich Carl von 1779–1861

Als Gründer der historischen Rechtsschule und Kopf ihres römisch-rechtlichen Zweiges war Savigny einer der prägenden Rechtshistoriker, Methodenlehrer, Rechtstheoretiker und Zivilrechtslehrer des 19. Jh. Abgesehen von seinen rechtsdogmatischen Leistungen, gründet sich seine Bedeutung auf die Systematisierung der Auslegungsmethoden, die Erforschung der Geschichtlichkeit des Rechts und die Skepsis gegenüber Kodifizierungen des Rechts. Recht entwickele sich organisch aus den „Volksüberzeugungen", aus Sprache, Sitte und Verfassung. Es wird durch die systematisierende Interpretationsarbeit der Juristen immer neu in Form gebracht. Recht hat also den Charakter von Gewohnheitsrecht. Daraus folgt die Ablehnung – im Spätwerk jedenfalls: Skepsis – gegenüber einer naturrechtlich geprägten oder dezisionistischen Gesetzgebung als Rechtsquelle. Die konstruktive Aufgabe der Rechtswissenschaft, die in einer Erkenntnis der Vernünftigkeit des Rechts und ihrer Synthese zu „Rechtsinstituten" ist, ist Grundlage der späteren Begriffsjurisprudenz →Puchta.

Rechtstheoretische Hauptwerke: Vorlesungen über juristische Methodologie 1802–1842 (Hrsg. 1993). – Vom Beruf unserer Zeit für Gesetzgebung und Rechtswissenschaft. 1814. – System des heutigen römischen Rechts, 8 Bde. 1840–1849.
Weiterführende Literatur: Nörr: Savignys philosophische Lehrjahre. 1994. – Rückert: Idealismus, Jurisprudenz und Philosophie bei F. C. v. Savigny. 1984. – Jochum: Das Erbe F. C. v. Savignys. In: NJW 2004, S. 568 ff. – Huber: Savignys Lehre von der Auslegung der Gesetze in heutiger Sicht. In: JZ 2003, S. 1 ff. – Süchting: Geschichtlichkeit des Rechts bei Friedrich Carl von Savigny. In: Rechtstheorie 26 (1995), S. 365 ff. – Rückert: Savignys Einfluß auf die Jurisprudenz in Deutschland nach 1900. In: JuS 1991, S. 624 ff. – Coing: F. C. v. Savigny (1779–1861). In: JuS 1979, S. 86 ff.

Stahl, Friedrich Julius 1802–1861

Konservativer Rechtsphilosoph und Kirchenrechtler, der von Schelling beeinflusst, sowohl naturrechtskritisch als auch distanziert gegenüber dem objektiven Idealismus →Hegels, eine christliche Rechtsphilosophie entwickelt. Sie gründet auf die Vorstellung der Autorität eines persönlichen Gottes und zugleich auf einer organischen Entwicklung des historischen Rechts. In dezidierter Kritik der subjektivistischen Gesellschaftsvertragslehren verstand S. den Staat in einem institutionellen, außerrechtlichen Sinn als auf der Autorität ihres theologisch legitimierten Monarchen beruhende Anstalt mit ständischer Volksvertretung und Verfassungsbindung. Neben seinem politischen Einfluss blieb er für eine konservative Rechts- und Staatstheorie von Bedeutung.

Rechtsphilosophische Hauptwerke: (1.) Die Philosophie des Rechts nach geschichtlicher Ansicht. 1830–1837. – Die Philosophie des Rechts (2. Aufl. von (1.)) 1845–47. – Das monarchische Prinzip. 1845.
Weiterführende Literatur: Nabrings: Friedrich Julius Stahl. Rechtsphilosophie und Kirchenpolitik. 1988. – Wiegand: Über F. J. Stahl. 1981. – Hollerbach: Stahl. In: Staatslexikon der Görresgesellschaft, Bd. 5, Sp. 244 f. – Pahlmann, Bernhard (2017): Friedrich Julius Stahl (1802–1861). In: Kleinheyer, Gerd/Schröder, Jan (Hrsg.): Deutsche und Europäische Juristen aus neun Jahrhunderten. 6. Aufl. Wien u. a. 2017, S. 411 ff.

Stammler, Rudolf 1856–1938

Hauptanliegen des Juristen Stammler war die Erneuerung der Rechtsphilosophie auf der Grundlage des Marburger Neukantianismus. Seine Neubegründung der Rechtswissenschaft als von den Naturwissenschaften abzugrenzender „Zweckwissenschaft" ist sowohl gegen den herrschenden Gesetzespositivismus als auch gegen ein neuthomistisches Naturrecht oder den historischen Materialismus gerichtet. Zentral ist die Unterscheidung zwischen historischem Rechtsstoff in Gestalt des positiven Rechts und übergeschichtlicher Form. Max Weber hat diesen Ansatz einer ausführlichen und scharfen Kritik unterzogen, die Grundlage seiner eigenen Rechtssoziologie wurde.

Hauptwerke: Wirtschaft und Recht nach der materialistischen Geschichtsauffassung, Leipzig 1896, 5. Aufl. 1924. - Die Lehre vom richtigen Rechte, Berlin 1902, 2. Aufl. 1926. - Theorie der Rechtswissenschaft, Halle 1911, 2. Aufl. 1923. - Lehrbuch der Rechtsphilosophie, Berlin 1922, 3. Aufl. 1928.
Weiterführende Lektüre: Claudius Müller: Die Rechtsphilosophie des Marburger Neukantianismus. Tübingen 1994, S. 64 ff., 97 ff. u. 140 ff. – Schröder, Jan (2017): Rudolf Stammler (1856–1938). In: Kleinheyer, Gerd/Schröder, Jan (Hrsg.): Deutsche und Europäische Juristen aus neun Jahrhunderten. 6. Aufl. Wien u. a. 2017, S. 415 ff.

Thomas von Aquin 1224–1274

Auf der Grundlage der christlichen Theologie und in ständiger Auseinandersetzung mit der philosophischen Überlieferung, besonders mit →Aristoteles, bringt Thomas die scholastische Philosophie zu ihrer Vollendung in Gestalt einer umfassenden Welterklärung. Diese Welt ist zielgerichtet-vernünftig durch eine Gesetzeshierarchie geordnet: Die lex aeterna ist der göttliche Ordnungsplan in allem. Als lex naturalis erscheint sie im Menschen. Dieser gestaltet als soziales und Freiheitswesen das Gemeinwesen durch die lex humana, deren Geltung von der Ableitung aus dem Naturgesetz abhängt. Auch in sich sind diese Gesetzesformen hierarchisch geordnet. Das höchste Naturgesetz lautet: Das, wonach alle Menschen von Natur aus streben, ist gut und daher zu tun; das Böse ist zu meiden. Hiervon werden durch die Vernunft weitere Vorschriften abgeleitet. Das menschliche Gesetz fügt diesen aus dem Naturgesetz abgeleiteten Normen noch weitere Bestimmungen hinzu, die so oder anders sein können. Die lex divina ist schließlich das niedergeschriebene göttliche Gesetz. Inhaltlich ist das Gesetz Richtmaß menschlichen Handelns. Diese normierende Aufgabe kann aber nur das gerechte Gesetz übernehmen, das auf das Gemeinwohl gerichtet, von einem zuständigen und befugten Gesetzgeber erlassen, alle gleichbehandelt. Gerechtigkeit ist die austeilende des Staates gegenüber dem Einzelnen, der ausgleichenden der Einzelnen untereinander und der gesetzlichen im Verhältnis der Einzelnen zum Staat.

Rechtsphilosophische Hauptwerke: Summa theologiae (dt. Die deutsche Thomasausgabe, Bd. 13: Das Gesetz, und Bd. 18: Gesetz und Gerechtigkeit). – De regno (dt. Über die Herrschaft des Fürsten).
Weiterführende Literatur: Böckenförde: Geschichte der Rechts- und Staatsphilosophie, § 10. – Villey: Warum Thomas von Aquin heute? In: Rechtstheorie 19 (1988), S. 143 ff.; – Schlieffen, Katharina von; Nolting, Jenny (2018): Rechtsphilosophie. Grundlagen für das Jurastudium Paderborn, S. 113 ff.

Weber, Max 1864–1920

Von seiner Ausbildung her Jurist, entwickelt Weber, geprägt durch den Neukantianismus, eine Theorie der Gesellschaft, die als Rechtssoziologie Art und Umfang der Rationalität des Rechts in nicht-normativer Perspektive untersucht. Sie geht dabei von konkreten historischen Erscheinungen aus und verallgemeinert diese zu Idealtypen. So untersucht W. Formen des Rechts, aber auch die Tätigkeit der Juristen, deren Professionalisierung zur formalen Rationalität des Rechts beiträgt. Das Recht wird als die formale Struktur der Gesellschaft verstanden. Es kann irrational, aus Orakeln entsprungen und auf konkrete Sachverhalte bezogen oder rational, durch förmlichen Rechtsakt in Geltung gesetzt und in abstrakten Regeln gefasst und systematisiert sein. Diese formale Rationalität des Rechts ist jedoch durch Aufnahme von Werten und sozialstaatlichen Elementen einer „Materialisierung" ausgesetzt, die die Gefahr der Irrationalität in das Recht trägt. Mit seinem Ansatz schafft W. die Grundlage der modernen Rechtssoziologie.

Rechtstheoretisches Hauptwerk: Wirtschaft und Gesellschaft (darin: Rechtssoziologie). 1922.

Weiterführende Literatur: Uecker: Die Rationalisierung des Rechts. Max Webers Rechtssoziologie. 2005. – Breuer: Georg Jellinek und Max Weber. 1999. – Brugger: Menschenrechtsethos u. Verantwortungspolitik. M. Webers Beitrag zur Analyse und Begründung der Menschenrechte. 1980. – Raiser: Max Weber und die Rationalität des Rechts. In: JZ 2008, S. 853 ff. – Lübbe: Wie ist Legitimität durch Legalität möglich? In: ARSP 79 (1993), S. 80 ff. – Baurmann: Grundzüge der Rechtssoziologie Max Webers. In: JuS 1991, S. 97 ff.

Literaturverzeichnis

1. Kapitel: Einleitung

Hegel (Grundlinien): Grundlinien der Philosophie des Rechts. Werke Bd. 7. Frankfurt/Main 1985 (A=Anmerkungen, Z=Zusätze).
– (Enzyklopädie III, §): Enzyklopädie der philosophischen Wissenschaften im Grundrisse 1830. Dritter Teil. Die Philosophie des Geistes. Mit mündlichen Zusätzen. Werke, Bd. 10. Hrsg. v. E. Moldenhauer u. K. M. Michel. Frankfurt/Main 1986.
Gröschner, Rolf/ Dierksmeier, Claus/Henkel, Michael/Wiehart, Alexander: Rechts- und Staatsphilosophie – Ein dogmenphilosophischer Dialog. Berlin, Heidelberg, New York 2013.
Bormann, C. v./Franzen, W./Krapiec, A./Oeing-Hanhoff, L. (1972): Form und Materie (Stoff). In: Ritter, Joachim/Gründer, Karlfried/Gabriel, Gottfried (Hrsg.) Historisches Wörterbuch der Philosophie. Band 2. Basel 1972, Sp. 977–1030.

2. Kapitel: Der Begriff der Rechtsphilosophie

Adomeit, Klaus (1979): Was ist Recht? – Eine Einführung in die Rechtstheorie. In: JA 1979, 20–24.
Albert, Hans (1993): Rechtswissenschaft als Realwissenschaft. Das Recht als soziale Tatsache und die Aufgabe der Jurisprudenz. 1. Aufl. Baden-Baden: Nomos-Verl.-Ges (Würzburger Vorträge zur Rechtsphilosophie, Rechtstheorie und Rechtssoziologie, H. 15).
Alexy, Robert (2004): Menschenrechte ohne Metaphysik? In: DZPhil 52 (2004), S. 15–24.
Argyriadis-Kervegan, Caroula (2019): Stahl, Friedrich Julius. In: Mortimer Sellers und Stephan Kirste (Hg.): Encyclopedia of the Philosophy of Law and Social Philosophy, Bd. 39. Dordrecht, S. 1–6. DOI 10.1007/978–94–007–6730–0_650–1.
Aristoteles: Metaphysik. Zweiter Halbband: Bücher VII (Z) – XIV (N). Neubearbeitung der Übersetzung von Hermann Bonitz. Mit Einleitung und Kommentar hrsg. v. H. Seidl. 3. Aufl. Hamburg 1991.
Aristoteles (NE): Nikomachische Ethik. Auf der Grundlage der Übersetzung von Eugen Rolfes hrsg. v. G. Bien. 4. Aufl. Hamburg 1985.
Autorenkollektiv (1974): Marxistische Staats- und Rechtstheorie. Bd. I: Grundlegende Institute und Begriffe. Köln 1974.
Binder, Julius (1925): Philosophie des Rechts. Berlin.
Bix, Brian H. (2018): Hart, H.L.A. In: Mortimer Sellers und Stephan Kirste (Hg.): Encyclopedia of the Philosophy of Law and Social Philosophy, Bd. 52. Dordrecht, S. 1–4.
Brockmöller, Annette (1997): Die Entstehung der Rechtstheorie im 19. Jahrhundert in Deutschland. Baden-Baden (Studien zur Rechtsphilosophie und Rechtstheorie, 14).
Cappelen, Herman, Tamar Gendler, und John Hawthorne (Hrsg. 2016): The Oxford Handbook of Philosophical Methodology. Oxford; New York.
Descartes, Rene (Abhandlungen): Abhandlung über die Methode, richtig zu denken und Wahrheit in den Wissenschaften zu suchen. Hamburg.
Dickson, Julie (2017): Descriptive Legal Theory. In: Mortimer Sellers und Stephan Kirste (Hg.): Encyclopedia of the Philosophy of Law and Social Philosophy. Dordrecht, S. 1–6.
Dickson, Julie (2019): Zur Methodologie in der Rechtsphilosophie. In: Analytische Rechtsphilosophie. Hrsg. v. F. Koch, A. Mohseni u. D. P. Schweikard. Berlin 2019, S. 570–630.

Literaturverzeichnis

Dilthey, Wilhelm (Aufbau): Der Aufbau der geschichtlichen Welt in den Geisteswissenschaften. Frankfurt/Main 1981.

Dohna, Alexander Graf zu (1940): Kernprobleme der Rechtsphilosophie. Berlin-Wien 1940.

Dürig, Günther (1987): Dankrede am 65. Geburtstag. In: Jahrbuch des öffentlichen Rechts der Gegenwart. NF 36 (1987), S. 91–103.

Dworkin, Ronald (1986): Law's Empire. Cambridge.

Fassbaender, Bardo (2012): Optimismus und Skepsis im Völkerrechtsdenken der Gegenwart. – Zur Bedeutung von „Denkschulen" in der Völkerrechtswissenschaft. In: Die öffentliche Verwaltung 2012, S. 41–48.

Frank, Manfred (1986): Die Unhintergehbarkeit von Individualität. Frankfurt/Main.

– (2001): Selbstbewußtsein und Selbsterkenntnis oder über einige Schwierigkeiten bei der Reduktion von Subjektivität. In: Die Öffentlichkeit und die Vernunft der Öffentlichkeit. Festschr. f. J. Habermas. Hrsg. v. L. Wingert u. K. Günther. Frankfurt/Main 2001, S. 217–242.

Habermas, Jürgen (1988): Nachmetaphysisches Denken. Frankfurt/Main.

Hägerström, Axel (1929): Selbstdarstellung. In: Die Philosophie der Gegenwart in Selbstdarstellungen. Hrsg. v. R. Schmidt. Bd. 7, Leipzig 1929, S. 111–159.

Hart, Herbert Lionel Adolphous (1957): Analytical Jurisprudence in Midtwentieth Century. In: University of Pensilvania Law Review 105 (1957), S. 953–975.

Hegel, Georg Wilhelm Friedrich (Enzyklopädie I): Enzyklopädie der philosophischen Wissenschaften im Grundrisse 1830. Erster Teil. Die Wissenschaft der Logik. Mit mündlichen Zusätzen. Werke, Bd. 8 Hrsg. v. E. Moldenhauer u. K. M. Michel. Frankfurt/Main 1986.

– (Enzyklopädie III, §): Enzyklopädie der philosophischen Wissenschaften im Grundrisse 1830. Dritter Teil. Die Philosophie des Geistes. Mit mündlichen Zusätzen. Werke, Bd. 10. Hrsg. v. E. Moldenhauer u. K. M. Michel. Frankfurt/Main 1986.

– (Grundlinien): Grundlinien der Philosophie des Rechts – oder Naturrecht und Staatswissenschaften im Grundrisse. Werke Bd. 7. Frankfurt/Main 1985.

– (Rechtsphilosophie 1821/22): Die Philosophie des Rechts. Vorlesung von 1821/22. Frankfurt/Main.

Himma, Kenneth Einar (2015): Conceptual Jurisprudence: An Introduction to Conceptual Analysis and Methodology in Legal Theory. In: Revus 26 (2015), S. 83 ff.

Jovanovic, Miodrag (2019): The Nature of International Law. Cambridge.

Kant, Immanuel (MS): Die Metaphysik der Sitten. Erster Teil, metaphysische Anfangsgründe der Rechtslehre. Immanuel Kant Werkausgabe, Bd. VIII. Hrsg. v. W. Weischedel. Frankfurt/Main.

– (Aufklärung): Beantwortung der Frage: Was ist Aufklärung? In: Schriften zur Anthropologie, Geschichtsphilosophie, Politik und Pädagogik 1. Werkausgabe XI. Frankfurt/Main 1977.

– (Vernunft): Kritik der reinen Vernunft. Hrsg. v. W. Weischedel. Werkausgabe, Bd. III. Frankfurt/Main 1988.

– (Was heißt): Was heißt, sich im Denken Orientieren?. In: Schriften zur Metaphysik und Logik 1. Werkausgabe V. Frankfurt/Main 1978, S. 265–283.

Kaufmann, Arthur (1994): Grundprobleme der Rechtsphilosophie. München.

– (2004) Einführung in Rechtsphilosophie und Rechtstheorie der Gegenwart. 7., neu bearb. und erw. Aufl. (2004). Heidelberg.

– (1995): Die Radbruchsche Formel vom gesetzlichen Unrecht und vom übergesetzlichen Recht in der Diskussion um das im Namen der DDR begangene Unrecht. In: NJW 1995, S. 81–86.

Kirste, Stephan (2012): The genuine contribution of jurisprudence to an interdisciplinary discourse. Interdisciplinary Research in Jurisprudence and Constitutionalism. Hrsg. Stephan Kirste, A. van Aaken, M. Anderheiden, u. P. Policastro. ARSP-Beiheft 127. Stuttgart 2012, S. 47–58.

– (2015): Europäische Gerechtigkeit – 6 Thesen zu Art. 2 S. 2 EUV. In: Festschrift für Peter-Christian Müller-Graff. Baden-Baden 2015, S. 1011–1019.

– (2016): Voraussetzungen der Interdisziplinarität in den Rechtswissenschaften. In: Interdisziplinarität in den Rechtswissenschaften – Innen- und Außenperspektiven. Hrsg. v. Stephan Kirste. Berlin (Philosophie und Recht; Bd. 1) 2016, S. 35–87.

Luhmann, Niklas (1993): Recht der Gesellschaft. Frankfurt/Main.

Neumann, Ulfrid (1981): Neuere Schriften zur Rechtsphilosophie und Rechtstheorie. In: Philosophische Rundschau 28 (1981), S. 189–216.

Paulo, Norbert, und Jan Christoph Bublitz (Hrsg. 2020): Empirische Ethik: Grundlagentexte aus Psychologie und Philosophie. Originalausgabe. Berlin.

Pfordten, Dietmar von der (2004): Was ist und wozu Rechtsphilosophie? In: JZ 2004, S. 157–166.

– (2013): Rechtsphilosophie. Eine Einführung. München.

Popper, Karl (1989): Logik der Forschung. 9. Aufl. Tübingen 1989.

Pulte, Helmut (2004): Wissenschaftstheorie; Wissenschaftsphilosophie. In: Ritter, Joachim/Gründer, Karlfried/Gabriel, Gottfried (Hrsg.) Historisches Wörterbuch der Philosophie. Band 12. Basel 2004, Sp. 973–981.

Radbruch, Gustav (2011): Rechtsphilosophie. Hrsg. v. R. Dreier u. S. L. Paulson. 2. Aufl. Heidelberg.

Ross, Alf (1958): On Law and Justice. London.

Schlink, Bernhard (1994): Rechtsstaat und revolutionäre Gerechtigkeit. In: Neue Justiz 1994, S. 433–437.

Sieckmann, Jan (2006): Evangelisches Staatslexikon. Stuttgart 2006, Sp. 1904 f.

Stahl, Friedrich Julius: Die Philosophie des Rechts. Eine Auswahl nach der 5. Aufl. 1870. Tübingen.

Stammler, Rudolf (1928): Rechtsphilosophie. 3. Aufl. Berlin.

Vesting, Thomas (2007): Rechtstheorie. München.

Zimmermann, Reinhard (2005): Die Unidroit-Grundregeln der internationalen Handelsverträge 2004 in vergleichender Perspektive. In: ZEuP 2005, S. 264–290.

3. Kapitel: Theorie der Rechtswissenschaft

Aarnio, Aulis (1979): Denkweisen der Rechtswissenschaft. Wien.

Adomeit, Klaus (1972): Zivilrechtstheorie und Zivilrechtsdogmatik. In: Rechtstheorie als Grundlagenwissenschaft der Rechtswissenschaft. Jahrbuch für Rechtssoziologie und Rechtstheorie 2 (1972), S. 503 ff.

Albert, Hans (1972): Erkenntnis und Recht. In: Rechtstheorie als Grundlagenwissenschaft der Rechtswissenschaft. Jahrbuch für Rechtssoziologie und Rechtstheorie 2 (1972), S. 80 ff.

– (1991): Traktat über kritische Vernunft. 5., verb. und erw. Aufl. Tübingen.

Albrecht, Kristin (2020): Fiktionen im Recht. Baden-Baden.

Alexy, Robert (1991): Theorie der juristischen Argumentation. Frankfurt/Main.

– (1992): Begriff und Geltung des Rechts. Freiburg/München.

Literaturverzeichnis

Auer, Marietta (2014): Der privatrechtliche Diskurs der Moderne. Tübingen.
Augustin, Angela (2000): Das Volk der Europäischen Union. Berlin 2000.
Aristoteles (NE): Nikomachische Ethik. Auf der Grundlage der Übersetzung von Eugen Rolfes hrsg. v. G. Bien. 4. Aufl. Hamburg 1985.
Baratta, Alessandro (1980): Strafrechtsdomatik und und Kriminologie. Zur Vergangenheit und Zukunft des Modells einer gesamten Strafrechtswissenschaft. In: ZStW 92 (1980), 107–142.
Berka, Walter (2012): Verfassungsrecht. 4. Aufl. Wien – New York.
Berka, Walter/Binder, Christina/Kneihs, Benjamin (2019): Die Grundrechte. Grund- und Menschenrechte in Österreich. 2. Auflage Wien.
Bersier Ladavac, Nicoletta (2018): Jurisprudence as Normative Science. In: Mortimer Sellers und Stephan Kirste (Hg.): Encyclopedia of the Philosophy of Law and Social Philosophy, Bd. 3. Dordrecht, S. 1–6. DOI 10.1007/978-94-007-6730-0_330-1.
Bjarup, Jes (1985): Epistemology and Law according to Axel Hägerström. In: Scandinavian Studies in Law 29 (1985), S. 13–47.
Böckenförde, Ernst-Wolfgang (2011): Vom Ethods der Juristen. 2. Aufl. Baden-Baden.
Bogdandy, Armin von: Beobachtungen zur Wissenschaft vom Europarecht. In: Der Staat 40 (2001), S. 3–43.
Bolzano, Bernhard (1985): Wissenschaftslehre, Teil 1, §§ 1–45. Bolzano Gesamtausgabe, Stuttgart Bad-Cannstadt, Bd. 11.
Bretone, Mario (1992): Geschichte des Römischen Rechts. München.
Brugger, Winfried (1999/I): Menschenrechte im modernen Staat. In: ders.: Liberalismus, Pluralismus, Kommunitarismus. Studien zur Legitimation des Grundgesetzes. Baden-Baden 1999, S. 87–126.
– (1999) Gemeinwohl, Konkretisierung des Rechts und Auslegung der Gesetze. In: ders.: Liberalismus, Pluralismus, Kommunitarismus. Studien zur Legitimation des Grundgesetzes. Baden-Baden 1999, S. 44–73.
– (2008): Das anthropologische Kreuz der Entscheidung in Politik und Recht. 2. Aufl. Baden-Baden (Studien zur Rechtsphilosophie und Rechtstheorie 40).
Canaris, Claus-Wilhelm (1969): Systemdenken und Systembegriff in der Jurisprudenz entwickelt am Beispiel des deutschen Privatrechts. Berlin: Duncker u. Humblot (Schriften zur Rechtstheorie).
– (1983): Die Feststellung von Lücken im Gesetz. 2. Aufl. Berlin 1983.
– (1993): Funktion, Struktur und Falsifikation juristischer Theorien. In: JZ 1993, S. 377–391.
Die Vorsokratiker, hg. von Wilhelm Capelle, Stuttgart 1968, 386.
Cassirer, Ernst (1994): Das Erkenntnisproblem in der Philosophie und Wissenschaft der neueren Zeit. Bd. 1, 1922. Nachdr. Darmstadt 1994.
– (1994/III): Philosophie der symbolischen Formen. Dritter Teil: Phänomenologie der Erkenntnis. 2. Auf. 1954, Nachdr. Darmstadt 1994.
Dilthey, Wilhelm (1982): Über das Studium der Geschichte der Wissenschaften vom Menschen, der Gesellschaft und dem Staat (1875). In: ders.: Die geistige Welt: Einleitung in die Philosophie des Lebens: 1. Hälfte, Abhandlungen zur Grundlegung der Geisteswissenschaften. 7. Aufl. Göttingen 1982, S. 31 ff.
– (Aufbau): Der Aufbau der geschichtlichen Welt in den Geisteswissenschaften. Einleitung v. M. Riedel. 4. Aufl. Frankfurt/Main 1993.
Draht, Martin (1977): Rechts- und Staatslehre als Sozialwissenschaft. Berlin 1977.

Dreier, Ralf (1981a): Zum Selbstverständnis der Jurisprudenz als Wissenschaft. In: ders.: Recht – Moral – Ideologie. Frankfurt/Main 1981, S. 48–69.
– (1991): Rechtstheorie und Rechtsgeschichte. In: ders.: Recht – Staat – Vernunft. Studien zur Rechtstheorie 2. Frankfurt, 1991, S. 211 ff.
Ehrlich, Eugen (1988): Freie Rechtsfindung und Rechtswissenschaft. Wieder abgedr. in: Roellecke 1988, S. 126 ff. (134).
Engel, Christoph/Schön, Wolfgang (Hrsg., 2007): Das Proprium der Rechtswissenschaft. Tübingen.
Engel, Christoph (1998): Rechtswissenschaft als angewandte Sozialwissenschaft. Die Aufgabe der Rechtswissenschaft nach der Öffnung der Rechtsordnung für sozialwissenschaftliche Theorie. In: ders. (Hrsg.): Methodische Zugänge zu einem Recht der Gemeinschaftsgüter. Baden-Baden 1998, S. 11–40.
Felder, Ekkehard (2003): Juristische Textarbeit im Spiegel der Öffentlichkeit. Berlin – New York 2003.
Flavius, Gnaeus (= Hermann Kantorowicz): Der Kampf um die Rechtswissenschaft (1906). In: Thomas Würtenberger (Hrsg.): Hermann Kantorowicz Rechtswissenschaft und Soziologie. 1962, S. 13 ff.
Frankenberg, Günter (2006): Partisanen der Rechtskritik. Critical Legal Studies etc. In: Buckel, Sonja/Christensen, Ralf/Fischer-Lescano, Andreas (Hrsg.): Neue Theorien des Rechts. Stuttgart 2006.
Gadamer, Hans-Georg (1990): Wahrheit und Methode. Grundzüge einer philosophischen Hermeneutik. Tübingen 6. Aufl.
– (1978): Hermeneutik als theoretische und praktische Aufgabe (1978). In: ders. Hermeneutik II. Wahrheit und Methode. Gesammelte Werke Bd. 2. Tübingen 1993, S. 301–318.
Gräfrath, Bernd: Disziplin. In: Enzyklopädie Philosophie und Wissenschaftstheorie. Bd. 2. Hrsg. v. J. Mittelstraß. Stuttgart, 2005, S. 237–238.
Gröschner, Rolf (2001): Verhältnis zwischen Theorie und Praxis in einer dialogisch rekonstruierten Techne der Jurisprudenz. In: Rechtstheorie 32 (2001), S. 213–225.
– (2018): Der Streit als Vater aller Fälle. In: Juristenzeitung 2018, S. 737–745.
Gröschner / Dierksmeier /Henkel /Wiehart 2013 (s.o. 1. Kap.).
Guibourg, Ricardo A. (2017): Legal Science. In: Mortimer Sellers und Stephan Kirste (Hg.): Encyclopedia of the Philosophy of Law and Social Philosophy. Dordrecht, S. 1–5. DOI 10.1007/978–94–007–6730–0_338–1.
Habermas, Jürgen (1971): Vorbereitende Bemerkungen zu einer Theorie der kommunikativen Kompetenz. In: ders./Niklas Luhmann: Theorie der Gesellschaft oder Sozialtechnologie. Frankfurt/Main 1971, S. 101–141.
– (1973): Erkenntnis und Interesse. Frankfurt/Main.
Halperin, Jean Louis (2018): Private Law. In: Mortimer Sellers und Stephan Kirste (Hg.): Encyclopedia of the Philosophy of Law and Social Philosophy. Dordrecht, S. 1–4. DOI 10.1007/978–94–007–6730–0_341–2.
Haltern, Ulrich (2007): Europarecht. Dogmatik im Kontext. 2., neubearb. Aufl. Tübingen.
Heck, Philipp (1914): Gesetzesauslegung und Interessenjurisprudenz. In: AcP 112 (1914), S. 1–318.
Hegel, Georg Wilhelm Friedrich (Phänomenologie): Die Phänomenologie des Geistes. Frankfurt/Main 1980.
Henke, Wilhelm (1969): Sozialtechnologie und Rechtswissenschaft. In: Der Staat 8 (1969), S. 1–17.

Literaturverzeichnis

Henke, Wilhelm (1987): Alte Jurisprudenz und neue Wissenschaft. In: JZ 1987, S. 685–691.
Hillenkamp, Thomas (2005): Strafrecht ohne Willensfreiheit? Eine Antwort auf die Hirnforschung. In: JZ 2005, S. 313–320.
Hirsch, Günter (2007): Auf dem Weg zum Richterstaat? In: JZ 2007, S. 853–858.
Hoffmann-Riem, Wolfgang (2007): Zwischenschritte zur Modernisierung der Rechtswissenschaft. In: Juristenzeitung 2007, S. 645–652.
Hruschka, Joachim (1985): Kann und sollte die Strafrechtswissenschaft systematisch sein? In: JZ 1985, S. 1–10.
Husserl, Edmund (1992): Logische Untersuchungen. Hamburg 1992.
Jellinek, Georg (1959): Allgemeine Staatslehre. 3. Aufl. Darmstadt.
Jestaedt, Matthias (2006): Das mag in der Theorie richtig sein ... Vom Nutzen der Rechtstheorie für die Rechtspraxis, Tübingen.
– (2016): Interdisziplinarität in den Rechtswissenschaften – Innen- und Außenperspektiven. Hrsg. v. Stephan Kirste. Berlin (Philosophie und Recht; Bd. 1) 2016, S. 103–114.
Kant, Immanuel (Gemeinspruch): Über den Gemeinspruch: Das mag in der Theorie richtig sein, taugt aber nicht für die Praxis. In: Schriften zur Anthropologie, Geschichtsphilosophie, Politik und Pädagogik 1. Immanuel Kant Werkausgabe, Bd. XI. Hrsg. v. W. Weischedel. Frankfurt/Main 1977, S. 125–172.
– (KrV): Kritik der reinen Vernunft. Hrsg. v. W. Weischedel. Werkausgabe, Bd. III. Frankfurt/Main 1988.
Kantorowicz, Herrmann (Gnaeus Flavius, 1962): Der Kampf um die Rechtswissenschaft. Heidelberg.
Kelsen, Hans (1925): Allgemeine Staatslehre. Wien.
– (1960): Reine Rechtslehre. 2. Aufl. Wien.
Kirchmann, Julius Hermann von (1848): Die Wertlosigkeit der Jurisprudenz als Wissenschaft. Ein Vortrag (1848). Nachdr. Darmstadt 1973, S. 25.
Kirste, Stephan (2008): Die „Rose im Kreuze der Gegenwart" und das „anthropologische Kreuz der Entscheidung" – das Bild des Kreuzes bei Hegel und Brugger. In: Hans Joas/Matthias Jung (Hrsg.): Über das anthropologische Kreuz der Entscheidung. Baden-Baden (Studien zur Rechtsphilosophie und Rechtstheorie, Bd. 50) 2008, S. 67–94.
– (2015): Rechtswissenschaft als Kulturwissenschaft. In: Wert und Wahrheit in der Rechtswissenschaft. Hrsg. v. S. Kirste, A. Brockmöller und U. Neumann. Stuttgart (ARSP-Beiheft 145) 2015, S. 95–113.
– (2007): Ernst Cassirers Ansätze zu einer Theorie des Rechts als symbolische Form. In: Rechtswissenschaft als Kulturwissenschaft. Beiträge der Jahrestagung der Schweizerischen Vereinigung für Rechts- und Sozialphilosophie 2007. Hrsg. v. M. Senn u. D. Puskás. Stuttgart (ARSP-Beiheft 115) 2007, S. 177–189.
– Kirste (2016) s.o. unter 2.
– (2017): Literatur und Recht. In: Handbuch Rechtsphilosophie. Hrsg. v. E. Hilgendorf u. J. Joerden. Springer-Metzler 2017, S. 315–327.
– (2017a): Willensfreiheit, Kultur und Recht. In: Rechtsstaatliches Strafrecht. Festschr. für Ulfrid Neumann zum 70. Geburtstag. Hrsg. v. Frank Saliger u.a. Heidelberg 2017, S. 213–232.
– (2018): Automatisierung im Recht. Zum Unterschied zwischen rechtlicher und technischer Rationalität am Beispiel vollautomatisierter Selbstfahrsysteme. In: Automatisierung: Wechselwirkung mit Kunst, Wissenschaft und Gesellschaft. Hrsg. v. Chr. Spiel u. R. Neck. Wien-Köln-Weimar (Böhlau) 2018, S. 65–102.

– (2024): Rechtsdogmatik und Rechtspraxis – Freiheit und Bindung. In: Bezemek: Rechtsdogmatik (im Erscheinen 2024).
Klatt, Matthias (2004): Theorie der Wortlautgrenze. Baden-Baden 2004.
Kletečka, Andreas (2018): Grundriss des Bürgerlichen Rechts. Band I: Allgemeiner Teil, Sachenrecht, Familienrecht. Wien.
Kohler, Josef (1886): Über die Interpretation von Gesetzen. In: Zeitschrift für das Privat- und öffentliche Recht der Gegenwart (Grünhut's Zeitschrift) 13 (1886), S. 1–61.
Kraft, Julius (1930): Vorfragen der Rechtssoziologie. In: Zeitschrift für vergleichende Rechtswissenschaft 45 (1930), S. 1–78.
Krüper, Julian (Hrsg., 2011): Grundlagen des Rechts. Baden-Baden.
Kudlich, Hans/Christensen, Ralph: Wortlautgrenze: Spekulativ Oder Pragmatisch? In: ARSP 93 (2007), S. 128–142.
Langer, Winrich (1990): Strafrechtsdogmatik als Wissenschaft. In: Goltdammer's Archiv für Strafrecht 137 (1990), S. 435–466.
Larenz, Karl (1991): Methodenlehre der Rechtswissenschaft. 6. Aufl. Berlin, Heidelberg u. a.
Leferenz, Heinz (1981): Rückkehr zur Gesamten Strafrechtswissenschaft? In: Zeitschrift für die gesamte Strafrechtswissenschaft 93 (1981), S. 199–221.
Lenk, Klaus (1970): Von der Bedeutung der Rechtswissenschaft und der Sozialwissenschaften für Juristen. In: KJ 1970, S. 273–282.
Lichtenberg, Georg Christian (1994): Sudelbücher I. In: Schriften und Briefe, Bd. 1, Hrsg. v. W. Promies. München.
Luhmann, Niklas (1974): Rechtssystem und Rechtsdogmatik. Stuttgart; Berlin; Köln; Mainz.
– (1987): Rechtssoziologie. 3. Aufl. Opladen.
Möllers, Christoph (2012): § 3. Methoden. In: Hoffmann-Riem, Wolfgang; Voßkuhle, Andreas; Schmidt-Aßmann, Eberhard (Hg.) (2012): Grundlagen des Verwaltungsrechts: 1.- Methoden, Maßstäbe, Aufgaben, Organisation. München 2012, S. 123 ff.
Morlok, Martin (2001): Theorie/Praxis-Bruch in juristischer Methodenlehre und Soziologie. In: Rechtstheorie 32 (2001), S. 135–137.
Morlok, Martin/Kölbel, Ralf/Launhardt, Agnes (2000): Recht als soziale Praxis. Eine soziologische Perspektive in der Methodenlehre. In: Rechtstheorie 31 (2000), S. 15–46.
Mugdan, Benno (1979): Die gesamten Materialien zum Bürgerlichen Gesetzbuch für das Deutsche Reich, herausgegeben und bearbeitet. Bd. I, Berlin 1899 (Neudruck Aalen 1979).
Müller, Friedrich (1994): Strukturierende Rechtslehre. 2. Aufl. Berlin 1994.
Müller, Friedrich; Christensen, Ralph (2012): Juristische Methodik. Europarecht. 3. Aufl. Berlin.
– (2013): Juristische Methodik. Grundlagen, öffentliches Recht. 11., neu bearb. und stark erw. Aufl. Berlin.
Müller-Dietz, Heinz (1992): Die geistige Situation der deutschen Strafrechtswissenschaft nach 1945. In: Goltdammers Archiv 1992, S. 99–133.
Neumann, Ulfrid (1991): Moralphilosophie und Strafrechtsdogmatik. In: Rechts- und Sozialphilosophie in Deutschland heute. Stuttgart 1991 (ARSP, Beiheft 44), S. 248–259.
– (2004): Wahrheit im Recht. Zu Problematiken und Legitimität einer fragwürdigen Denkform. Baden-Baden.
– (2016): Wissenschaftstheorie der Rechtswissenschaft. In: Hassemer, Winfried; Neumann, Ulfrid; Saliger, Frank (Hg.) (2016): Einführung in die Rechtsphilosophie und Rechtstheorie der Gegenwart. 9. Auflage. Heidelberg 2016, S. 351 ff.

Otto, Harro (1969): Methode und System in der Rechtswissenschaft. In: ARSP 55 (1969), S. 493–520, S. 497 ff.

Pascal, Blaise: Gedanken

Paulo, Norbert (2016): The Confluence of Philosophy and Law in Applied Ethics. London.

– (2019): Paulo, Norbert. 2019. „Moral Consistency Reasoning Reconsidered". Ethical Theory and Moral Practice, Online first. https://doi.org/10.1007/s10677-019-10037-3.

Peirce, Charles S. (1878): How to make our ideas clear (1878). In: Collected Papers 5, ed. By Charles Harthorne und Paul Weiss. Cambridge/Maß. 1933.

Pernice, Ingolf (2007): Europarechtswissenschaft oder Staatsrechtslehre? Eigenarten und Eigenständigkeit der Europarechtslehre. In: Schulze-Fielitz (Hrsg.): Staatsrechtslehre als Wissenschaft. Hrsg. v. Helmuth Schulze-Fielitz. Berlin (Die Verwaltung, Bh. 7.), S. 225–252.

Potacs, Michael (2019): Rechtstheorie. 2. Aufl. Wien.

Privatrechtstheorie. Hrsg. v. S. Grundmann, H.-W. Micklitz u. M. Renner. Band 1 u. 2. Tübingen 2015.

Radbruch, Gustav (1980): Einführung in die Rechtswissenschaft. 13. durchgearb. Aufl. / besorgt von Konrad Zweigert. Stuttgart.

Radbruch, Gustav (2003) – s.o. 2.

Raisch, Peter (1995): Juristische Methoden. Vom antiken Rom bis zur Gegenwart. Heidelberg.

Reeves, Anthony R. (2017): Ronald Dworkin's Legal Philosophy. In: Mortimer Sellers und Stephan Kirste (Hg.): Encyclopedia of the Philosophy of Law and Social Philosophy, Bd. 6. Dordrecht, S. 1–6. DOI 10.1007/978-94-007-6730-0_2-1.

Reimer, Franz (2016): Juristische Methodenlehre. Baden-Baden.

Salutati, Coluccio (1990): Vom Vorrang der Jurisprudenz oder der Medizin. De nobilitate legum et medicinae. Lateinisch-deutsche Ausgabe übersetzt und kommentiert von P. M. Schenkel. München 1990.

Savigny, Friedrich Carl von (1840): System des heutigen römischen Rechts, Bd. 1 Berlin 1840.

Scalia, Antonin (1998): A Matter of Interpretation. Princeton 1998.

Schallmoser, Nina Marlene (2019): Zwischen Erweiterung und Zurückdrängung. Der OGH in Strafsachen zum Rechtsschutz durch Rechtsbehelfe und Rechtsmittel. In: Österreichisches Anwaltsblatt 2019/253, S. 612–618.

Schick, Robert (2011): Auslegung und Rechtsfortbildung. In: S. Griller u. H. P. Rill: Rechtstheorie. Rechtsbegriff – Dynamik – Auslegung. Wien-New York.

Schlink, Bernhard (2007): Abschied von der Dogmatik. Verfassungsrechtsprechung und Verfassungsrechtswissenschaft im Wandel. In: JZ 2007, S. 157 ff.

Schmoller, Kurt (1990): Zur Argumentation mit Maßstabfiguren. Am Beispiel des durchschnittlich rechtstreuen Schwachsinnigen. In: JBl 112 (1990), S. 631 ff. u. 706 ff.

Schröder, Jan (2016): Rechtswissenschaft in Diktaturen. München.

Schuppert, Gunnar Folke (2003): Staatswissenschaft. Baden-Baden 2003.

Schuppert-Pernice-Haltern (2005): Europawissenschaft. 1. Aufl. Baden-Baden.

Schurz, Gerhard: Einführung in die Wissenschaftstheorie. Darmstadt 2006.

Senn, Marcel (2013): Rechtswissenschaft und Juristenausbildung. Fünf kritische Beiträge zu Grundlagenfragen der Wissenschaft des Rechts nach Einführung der Bologna-Reform. Zürich/St. Gallen.

Shklar, Judith N. (1964): Legalism. Cambridge, Massachusetts.

Söllner, Alfred (1996): Einführung in die römische Rechtsgeschichte. 5. Aufl. München 1996.
Somek, Alexander (2006): Rechtliches Wissen. Frankfurt am Main: Suhrkamp.
Sprenger, Gerhard (2010): Recht als Kulturerscheinung. In: *ders.* Von der Wahrheit zum Wert. Gedanken zu Recht und Gerechtigkeit. Stuttgart 2010, 75 ff.
Vico, Giovanni Battista (Prinzipien): Prinzipien einer neuen Wissenschaft über die gemeinsame Natur der Völker (1744). Hamburg 1990.
Viehweg, Theodor (1974): Topik und Jurisprudenz (1. Aufl. 1954). 5. Aufl. München 1974, S. 95 ff.
Voßkuhle, Andreas (2001): Der ‚Dienstleistungsstaat'. Über Nutzen und Gefahren von Staatsbildern. In: Der Staat 40 (2001), S. 495 ff.
– (2012): § 1. Neue Verwaltungsrechtswissenschaft. In: Hoffmann-Riem, Wolfgang; Voßkuhle, Andreas; Schmidt-Aßmann, Eberhard (Hg.) (2012): Grundlagen des Verwaltungsrechts: 1.- Methoden, Maßstäbe, Aufgaben, Organisation. 2. Aufl. München 2012, S. 1 ff.
Weber, Max (1988): Die „Objektivität" sozialwissenschaftlicher und sozialpolitischer Erkenntnis. In: ders. Gesammelte Aufsätze zur Wissenschaftslehre. 7. Aufl. Tübingen 1988, S. 146–214.
Wiethölter, Rudolf (1986): Rechtswissenschaft. Frankfurt a.M. 1968.
Willensfreiheit und rechtliche Ordnung. Hrsg. v. E.-J. Lampe, M. Pauen u. G. Roth. Frankfurt/Main 2008.
Wissenschaftsrat (2012): Perspektiven der Rechtswissenschaft in Deutschland. Situation, Analysen, Empfehlungen. Hamburg, Drs. 2558–12, Hamburg 09 11 2012.
Wittgenstein, Ludwig (1960): Philosophische Untersuchungen. Frankfurt/Main.
Zanetti, Gianfrancesco (2019): Vico, Giambattista. In: Mortimer Sellers und Stephan Kirste (Hg.): Encyclopedia of the Philosophy of Law and Social Philosophy. Dordrecht, S. 1–4. DOI 10.1007/978–94–007–6730–0_465–1.
Zippelius, Reinhold (2006): Juristische Methodenlehre. 10., neu bearb. Aufl. München.
Zöllner, Wolfgang (1988): Zivilrechtswissenschaft und Zivilrecht im ausgehenden 20. Jahrhundert. In: AcP 188 (1988), S. 85–100.

4. Kapitel: Rechtstheorie

„Des Menschen Würde: (wieder)entdeckt oder erfunden im Humanismus der italienischen Renaissance?" Hrsg. v. R. Gröschner, S. Kirste, O. Lembcke. Tübingen (Politika 1) 2008.
Alexy, Robert (1991), s.o. 2.
– (1992): s.o. 3.
– (1995): Jürgen Habermas' Theorie des juristischen Diskurses. In: ders.: Recht, Vernunft, Diskurs. Studien zur Rechtsphilosophie. Frankfurt/Main.
– (2006): Theorie der Grundrechte. Frankfurt/Main.
Anderheiden/Huster/Kirste: Globalisierung als Problem von Gerechtigkeit und Steuerungsfähigkeit des Rechts. ARSP Beiheft 79 (2001).
Aristoteles (NE), s.o. 2.
Augustinus, Aurelius (Gottesstaat): Vom Gottesstaat [De civitate dei]. In zwei Bänden. Übertragen von Wilhelm Thimme. Eingeleitet und kommentiert von Carl Andresen. 3. Aufl. München 1991.
Austin, John (1832): The Province of Jurisprudence determined. London 1832.

Literaturverzeichnis

Vanden Auweele, Dennis (2019): Schopenhauer, Arthur. In: Mortimer Sellers und Stephan Kirste (Hg.): Encyclopedia of the Philosophy of Law and Social Philosophy. Dordrecht, S. 1–4. DOI 10.1007/978-94-007-6730-0_646-1.
Berka (2012) s.o. 3.
Bierling, Ernst Rudolf (1894): Juristische Prinzipienlehre I. 1894.
Bien, Günther (2010): Gerechtigkeit bei Aristoteles (V). In: Aristoteles, Nikomachische Ethik. Hrsg. v. O. Höffe. 3. Aufl. Berlin 2010, S. 135–164.
Bix, Brian H. (2017): Austin, John. In: Mortimer Sellers und Stephan Kirste (Hg.): Encyclopedia of the Philosophy of Law and Social Philosophy, Bd. 71. Dordrecht, S. 1–4.
Bjarup, Jes (2017): Scandinavian Realism. In: Mortimer Sellers und Stephan Kirste (Hg.): Encyclopedia of the Philosophy of Law and Social Philosophy, Bd. 26. Dordrecht, S. 1–6. DOI 10.1007/978-94-007-6730-0_28-1.
Bloch, Ernst (1985): Naturrecht und menschliche Würde. Frankfurt/Main 1985.
Böckenförde, Ernst-Wolfgang (1967): Rechtsauffassung im kommunistischen Staat. München.
– (1991a): Zur Kritik der Wertbegründung des Rechts. In: ders.: Recht – Staat – Freiheit. Frankfurt/Main 1991, S. 67 ff.
– (2006): Geschichte der Rechts- und Staatsphilosophie. Antike und Mittelalter. 2. Aufl. Tübingen.
– (1991b): Freiheit und Recht. Freiheit und Staat. In: ders.: Recht – Staat – Freiheit. Frankfurt/Main 1991, S. 42 ff.
Brugger, Winfried (1995): Würde gegen Würde – Examensklausur im öffentlichen Recht. In: Baden-Württembergische Verwaltungsblätter 1995, S. 414 f. u. 446 ff.
Dajović, Goran (2017): Rule of Recognition and Constitution. In: Mortimer Sellers und Stephan Kirste (Hg.): Encyclopedia of the Philosophy of Law and Social Philosophy, Bd. 100. Dordrecht, S. 1–7. DOI 10.1007/978-94-007-6730-0_378-1.
Die Fragmente der Vorsokratiker. Griechisch und Deutsch von Hermann Diels. Hrsg. v. W. Kranz. Bd. 1. 5. Aufl. Berlin 1934 (zit.: Diels/Kranz 1934).
Dilcher, Gerhard (1992): Gewohnheitsrecht und Rechtsgewohnheiten im Mittelalter. Berlin 1992.
Dilthey, Wilhelm (1990): Einleitungen in die Geisteswissenschaft. Ges. Schr., hg. B. Groethuysen 9. Aufl. 1990.
Dreier, Ralf (1986): Der Begriff des Rechts. In: NJW 1986, S. 890 ff.
– (1987): Naturrecht. In: Ergänzbares Lexikon des Rechts 26 v. 23. April 1987 2/370.
Duarte, David (2017): Alexy's Theory of Rules and Principles. In: Mortimer Sellers und Stephan Kirste (Hg.): Enc7yclopedia of the Philosophy of Law and Social Philosophy, Bd. 13. Dordrecht, S. 1–6. DOI 10.1007/978-94-007-6730-0_380-2.
Dworkin, Ronald
– (1984): Bürgerrechte ernstgenommen. Frankfurt/Main 1984.
– (1986): Law's Empire. Cambridge, Mass.
Etchemendy, Matthew X. (2017): American Realism – Development and Critique. In: Mortimer Sellers und Stephan Kirste (Hg.): Encyclopedia of the Philosophy of Law and Social Philosophy, Bd. 31. Dordrecht, S. 1–9. DOI 10.1007/978-94-007-6730-0_33 6-2.
Fijal, Andreas/Ellerbrock, Winfried (1988): Das Österreichische ABGB vom 1.6.1811 – ein Jubiläum besonderer Art. In: JuS 1988, S. 519–523.
Fikentscher, Wolfgang (2009): Law and Anthropology. Outlines, Issues, and Suggestions. München.

Geiger, Theodor (1964): Vorstudien zu einer Soziologie des Rechts. Neuwied 1964.
Goichbarg, Aleksandr Grigorevic (1972): Einige Bemerkungen über das Recht. In: Marxistische Rechtstheorie, hrsg. v. N. Reich. Frankfurt.
Gröschner, Rolf (1985): Theorie und Praxis der juristischen Argumentation. In: Juristenzeitung 1985, S. 171–174.
– (2018) s.o. 3.
Gröschner, Rolf/Kirste, Stephan/Lembcke, Oliver (2008): Des Menschen Würde: entdeckt und erfunden im Humanismus der italienischen Renaissance. Tübingen (Mohr Siebeck, Politika 1) 2008.
Gruter, Margaret (1993): Rechtsverhalten. Biologische Grundlagen mit Beispielen aus dem Familien und Umweltrecht. Köln.
Günther, Klaus (1989): Der Sinn für Angemessenheit. Frankfurt/Main.
Habermas, Jürgen (1994): Faktizität und Geltung. Beiträge zur Diskurstheorie des Rechts und des demokratischen Rechtsstaats. 4. Aufl. Darmstadt.
– (1996): Die Einbeziehung des Anderen. Studien zur politischen Theorie. Frankfurt am Main.
Hart, Herbert Lionel Adolphus (1953): Definition and Theory in Jurisprudence. An Inaugural Lecture. Oxford 1953.
– (1993): The Concept of Law. 2. Aufl. Oxford.
Hegel, Georg Wilhelm Friedrich (Vernunft): Die Vernunft in der Geschichte. Vorlesungen über die Philosophie der Weltgeschichte, Bd. 1. Hrsg. v. J. Hoffmeister. 5. Aufl. Hamburg 1955.
– (Grundlinien): Grundlinien der Philosophie des Rechts oder Naturrecht und Staatswissenschaft im Grundrisse : mit Hegels eigenhändigen Notizen u. d. mündl. Zusätzen. Frankfurt/Main (Hegel Werke; Bd. 7) 1986.
Himma, Kenneth Einar (2017): Law and Coercion. In: Mortimer Sellers und Stephan Kirste (Hg.): Encyclopedia of the Philosophy of Law and Social Philosophy, Bd. 29. Dordrecht, S. 1–5. DOI 10.1007/978-94-007-6730-0_229-1.
Hobbes, Thomas (1984): Leviathan. Oder Stoff, Form und Gewalt eines kirchlichen und bürgerlichen Staates. Frankfurt 1984.
Hoerster, Norbert (2013: Was ist Recht? Grundfragen der Rechtsphilosophie. 2. Aufl. München.
Holmes, Oliver Wendell Jr. (1897): The Path of the Law. Harvard Law Review (1897), S. 457 ff.
Horn, Rudolf (2004): Einführung in die Rechtswissenschaft und Rechtsphilosophie. 3. Aufl. Heidelberg.
Hume, David (1739/2013): Ein Traktat über die menschliche Natur. Hrsg. v.Horst D. Brandt. Hamburg.
Jagannathan, Dhananjay (2017): Aristotle's Legal and Social Philosophy. In: Mortimer Sellers und Stephan Kirste (Hg.): Encyclopedia of the Philosophy of Law and Social Philosophy. Dordrecht, S. 1–5.
Kant, Immanuel (KrV), s. o. 2.
– (MS), s. o. 1.
– (KpV): Kritik der praktischen Vernunft. Hrsg. v. W. Weischedel. Werkausgabe Bd. VII. Frankfurt/Main 1974, S. 123–302.
Kelsen (1960), s. o. 2.

Kirste, Stephan (1998): Die Zeitlichkeit des positiven Rechts und die Geschichtlichkeit des Rechtsbewußtseins. Berlin (Schriften zur Rechtstheorie; H. 183) 1998.
- (2008a): „Recht als Transformation". In: „Deutsche Rechtsphilosophie zu Beginn des 21. Jahrhunderts". Hrsg. v. W. Brugger, U. Neumann und S. Kirste. Frankfurt/Main 2008, S. 134–156.
- Die Zeit der Verfassung. In: Jahrbuch des öffentlichen Rechts der Gegenwart 56 (2008), S. 35–74.
- (2011) Rechtsidee und Elemente der Gerechtigkeit bei Gustav Radbruch. In: Rechts- und Staatsphilosophie des Relativismus. Pluralismus, Demokratie und Rechtsgeltung bei Gustav Radbruch. Hrsg. v. W. Pauly. Baden-Baden (Staatsverständnisse, Bd. 38) 2011, S. 57–83.
- (2015): Zur Bedeutung zivilgesellschaftlicher Akteure für die Debatte um Europäische Werte und Standards. In: Johannes W. Pichler (Hrsg.): Rechtswertestiftung und Rechtsbewahrung in Europa? Wien 2015, S. 125–142.
- (2015a): Natural Law in Germany in the 20th Century. In: Legal Philosophy in the 20th Century in Civil Law Countries: The Civil Law World, ed. by Francesco Viola. (Vol. XII, tome II of A Treatise of Legal Philosophy and General Jurisprudence, ed. by Enrico Pattaro) Springer 2015, S. 91–109.
- (2016): Rechtsbegriff und Rechtsgeltung. In: Geschichte, Gesellschaft, Geltung. XXIII. Deutscher Kongress für Philosophie 28. September – 2. Oktober 2014 an der Westfälischen Wilhelms-Universität Münster. Kolloquienbeiträge. Hrsg. v. M. Quante. Hamburg 2016, S. 659–682.
- (2017) Recht und Anthropologie. In: Handbuch Rechtsphilosophie. Hrsg. v. E. Hilgendorf u. J. Joerden. Springer-Metzler 2017, S. 302–315.
- (2018): Das Menschenrecht auf Demokratie. In: Die Philosophie der Republik. Hrsg. v. Pirmin Stekeler-Weithofer und Benno Zabel. Tübingen 2018, S. 463–493.
(2020): Zur Begründung subjektiver öffentlicher Rechte – Zugleich eine Kritik naturalistischer und etatistischer Ansätze. In: Hilgendorf, E. u. Zabel, B.: Die Idee subjektiver Rechte. Berlin 2020, S. 259- 293.
- (2021): The German Tradition of Legal Positivism. In: Cambridge Companion to Legal Positivism, ed. by P. Mindus and T. Spaak, Cambridge 2021, S. 105-132.
- (2020a): Das B-VG als Werteordnung – Zum Abschied vom Mythos einer wertneutralen Spielregelverfassung. In: ZöR 2020, S. 173-194.
(2023): Werte im Recht. In: Werteerziehung durch die Schule. Begriffe, Grundlagen, staatstheoretische Basis und institutionelle Ziele. Hrsg. v. K. Weilert. Tübingen 2023, S. 83-110.
Knapp, Andreas: Soziobiologie und Moraltheologie. Kritik der ethischen Folgerungen moderner Biologie. Weinheim 1989.
Koller, Peter (1997): Theorie des Rechts. Eine Einführung. 2. Aufl. Wien.
Kreuzbauer, Günther; Augeneder, Silvia (2004): Der juristische Streit. Recht zwischen Rhetorik, Argumentation und Dogmatik. Stuttgart, ARSP, Bh. 99.
Kuhlmann, Wolfgang (1985): Reflexive Letztbegründung. Freiburg/München.
Lampe, Ernst-Joachim (1987): Genetische Rechtstheorie. Recht, Evolution und Geschichte. Freiburg/München.
- (1999): Rechtsanthropologie. Entwicklung und Probleme. Berlin.
Lippold, Rainer (1988): Geltung, Wirksamkeit und Verbindlichkeit von Rechtsnormen. In: Rechtstheorie 1988, S. 463–489.

Lopes, Pedro Moniz (2017): Legal Norms as Hypothetical Imperatives. In: Mortimer Sellers und Stephan Kirste (Hg.): Encyclopedia of the Philosophy of Law and Social Philosophy, Bd. 71. Dordrecht, S. 1–8.
Luhmann, Niklas (1981): Die Evolution des Rechts. In: ders.: Die Ausdifferenzierung des Rechts. Frankfurt/Main 1981, S. 11–34.
– (1981a): Positivität des Rechts als Voraussetzung einer modernen Gesellschaft. In: ders.: Die Ausdifferenzierung des Rechts. Frankfurt/Main 1981, S. 113–153.
– (1993): Das Recht der Gesellschaft. Frankfurt/Main 1993.
Maihofer, Werner (1963): Was ist Recht? In: JuS 1963, S. 165–171.
Marx, Karl/Engels, Friedrich (Ideologie): Deutsche Ideologie. In: Karl Marx/Friedrich Engels: Werke Bd. 3. 9. Aufl. Berlin 1990, S. 9 ff.
– (Manifest): Manifest der kommunistischen Partei. In: Karl Marx/Friedrich Engels: Werke Bd. 4. 8. Aufl. Berlin 1977.
– (Ökonomie): Einleitung zur Kritik der politischen Ökonomie. In: Karl Marx/Friedrich Engels: Werke Bd. 13. 9. Aufl. Berlin 1975.
Mastronardi, Philippe (2003): Juristisches Denken. Eine Einführung /. 2., überarb. Aufl. Bern.
Meier, Christian (1980): Die Entstehung des Politischen bei den Griechen. Frankfurt/Main.
Moore, Gerald Edward (1903): Principia Ethica. Cambridge.
Paulo, Norbert (2015): Taking Dworkin Seriously. In: RphZ 2015, S. 117 ff.
Paulo/Bublitz (2020) s.o. u.2.
Pavčnik, Marijan (2017): Radbruch's Formula and the Concept of Law. In: Mortimer Sellers und Stephan Kirste (Hg.): Encyclopedia of the Philosophy of Law and Social Philosophy, Bd. 95. Dordrecht, S. 1–4. DOI 10.1007/978-94-007-6730-0_218-1.
Pfordten, Dietmar von der (2013) s.o. 1.
Post, Albert Hermann (1884): Die Grundlagen des Rechts und die Grundzüge seiner Entwicklungsgeschichte. Leitgedanken für den Aufbau einer allgemeinen Rechtswissenschaft auf soziologischer Basis. Oldenburg 1884.
Radbruch, Gustav (1947): Gesetzliches Unrecht und übergesetzliches Recht (1947). Wiederabgedr. In: Radbruch: Rechtsphilosophie, S. 211 ff.
Radbruch (2003), s.o. 2.
Reeves (2017), s.o. 2.
Rickert, Heinrich (1921): System der Philosophie: Allgemeine Grundlagen der Philosophie (1921), S. 122.
Rodriguez-Blanco, Veronica (2018): Authority of Law. In: Mortimer Sellers und Stephan Kirste (Hg.): Encyclopedia of the Philosophy of Law and Social Philosophy, Bd. 77. Dordrecht, S. 1–8. DOI 10.1007/978-94-007-6730-0_377-1.
Rousseau, Jean-Jacques (1983): Vom Gesellschaftsvertrag. Stuttgart.
Savigny, Friedrich Carl von (Beruf): Vom Beruf unserer Zeit für Gesetzgebung und Wissenschaft. Heidelberg 1814. Wieder abgedruckt in: Thibaut und Savigny, Ihre programmatischen Schriften. München 1973, S. 95 ff.
– (Zeitschrift): Zweck der Zeitschrift für geschichtliche Rechtswissenschaft. 1815. Abgedruckt in Rechtsphilosophie oder Rechtstheorie, Hrsg. von Gerd Roellecke. Darmstadt (WdF Bd. 644) 1988, S. 41–52.
– (System) System des heutigen römischen Rechts, Bd. 1 Berlin 1840.

Literaturverzeichnis

Schauer, Frederick F. (2015): The force of law. Cambridge, Mass.
- (2017): American Legal Realism. In: Mortimer Sellers und Stephan Kirste (Hg.): Encyclopedia of the Philosophy of Law and Social Philosophy, Bd. 240. Dordrecht, S. 1–9.

Scheler, Max (1966): Der Formalismus in der Ethik und die materiale Wertethik. 5. Aufl. Bern und München.

Schopenhauer, Arthur (Parerga): Parerga und Paralipomena. 1. u. 2. Band. Hrsg. v. Ludger Lütkehaus. Zürich 1988.

Schopenhauer, Arthur (Wille): Die Welt als Wille und Vorstellung. 1. u. 2. Band. Hrsg. v. Ludger Lütkehaus. Zürich 1988.

Seelmann, Kurt; Demko, Daniela (2019): Rechtsphilosophie. 7. Aufl. München.

Seitz, Karl Joseph: Biologie des geschichtlich positiven Rechtes im Kulturleben der Gegenwart. Leipzig 1906.

Shachar, Ayelet (2000): On Citizenship and Multicultural Vulnerability. In: Political Theory 28 (2000), S. 64–89.

Siedenburg, Philipp (2015): Die kommunikative Kraft der richterlichen Begründung. Baden-Baden.

Simonetta, Stefano (2019): Ockham William. In: Mortimer Sellers und Stephan Kirste (Hg.): Encyclopedia of the Philosophy of Law and Social Philosophy, Bd. 6. Dordrecht, S. 1–4. DOI 10.1007/978-94-007-6730-0_636–1.

Smend, Rudolf (1994): Verfassung und Verfassungsrecht (1928). In: ders., Staatsrechtliche Abhandlungen. 3. Aufl. Berlin.

Spaak, Torben (2017): Philosophy of Law of Karl Olivecrona. In: Mortimer Sellers und Stephan Kirste (Hg.): Encyclopedia of the Philosophy of Law and Social Philosophy, Bd. 21. Dordrecht, S. 1–8. DOI 10.1007/978-94-007-6730-0_65–2.

Summers, Robert S. (1994): Der formale Charakter des Rechts. In: ARSP 80 (1994), S. 66–82, S. 68.

Teubner, Gunther (1996): Globale Bukowina. In: Rechtshistorisches Journal 15 (1996), S. 255–290.

Thomas von Aquin (S. Th. II-II): Recht und Gerechtigkeit. Theologische Summe 2-2, Fragen 57–79. Bonn (Die deutsche Thomas-Ausgabe, Bd. 18, Utz, Arthur F.) 1987.

Thomas von Aquin (S. Th. I-II): Das Gesetz. Summa Theologica I – II, Qu. 90–105. Kommentiert von O. H. Pesch. Heidelberg – Graz – Wien – Köln (Die Deutsche Thomas – Ausgabe; Bd. 13) 1977.

Traunwieser, Silvia (2018): Menschenwürde im österreichischen Recht und in der Medizinethik. In: Kirste, Stephan/Gonzaga de Souza, Draiton/Sarlet, Ingo (2018): Menschenwürde im 21. Jahrhundert | Dignidade Humana no Século XXI. Baden-Baden (NOMOS, Schriften zum Portugiesischen und Lusophonen Recht, Bd. 10) 2018, S. 209-237.

Viehweg (1974), s. o. 2.

Viola, Francesco (2017): Aquinas (On Natural Law). In: Mortimer Sellers und Stephan Kirste (Hg.): Encyclopedia of the Philosophy of Law and Social Philosophy, Bd. 33. Dordrecht, S. 1–8. DOI 10.1007/978-94-007-6730-0_364–1.
- (2017a): Positive Law and Natural Law. In: Mortimer Sellers und Stephan Kirste (Hg.): Encyclopedia of the Philosophy of Law and Social Philosophy, Bd. 2. Dordrecht, S. 1–6. DOI 10.1007/978-94-007-6730-0_51–1.

Vonessen, Franz (1954/55): Der Rechtsbegriff und die Neubegründung der Ethik. In: ARSP 41 (1954/55), S. 372–398.

Weber, Max (1980): Wirtschaft und Gesellschaft. 5. Aufl. Tübingen.

Wellman, Carl (2017): Rights (General). In: Mortimer Sellers und Stephan Kirste (Hg.): Encyclopedia of the Philosophy of Law and Social Philosophy, Bd. 47. Dordrecht, S. 1–7. DOI 10.1007/978-94-007-6730-0_368-1.

Wesche, Steffen: Gegenseitigkeit und Recht – eine Studie zur Entstehung von Normen. Berlin 2001.

Wetzel, Manfred (1994): Fundamentalphilosophie als „reflexive Letztbegründung"? Zur Kritik des Ansatzes von Karl-Otto Apel und Wolfgang Kuhlmann. In: Wiener Jahrbuch für Philosophie 26 (1994), S. 117 ff.

Wyschinski, Andrej Januarjewitsch (1953): Sowjetische Beiträge zur Staats- und Rechtstheorie. Berlin 1953.

Zumbansen, Peer (2003): Lex mercatoria: Zum Geltungsanspruch transnationalen Rechts. In: RabelsZ 67 (2003), S. 637–682.

5. Kapitel: Rechtsethik

Alexy (1979), s.o. 4.

Altwicker, Tilman (2015): Rechtsperson im Positivismus. In: Kirste, S./Gröschner, R./Lembcke, O. (Hrsg.): Person und Rechtsperson. Tübingen (Mohr, Reihe Politika) 2015, S. 225–244.

Anderheiden, Michael (2002): Gemeinwohlförderung durch die Bereitstellung öffentlicher Güter. In: Gemeinwohl in Deutschland, Europa und der Welt. Hrsg. v. M. Anderheiden, W. Brugger und S. Kirste. Baden-Baden 2002, S. 391–450.

– (2006): Gemeinwohl in Republik und Union. Tübingen (Jus publicum, 152).

– (2001): „Leben" im Grundgesetz. In: KritV 2001, S. 353-381.

Anderheiden, Michael/Huster, Stefan/Kirste, Stephan (2001): Globalisierung als Problem von Gerechtigkeit und Steuerungsfähigkeit des Rechts. Stuttgart (ARSP-Beiheft 79).

Aristoteles (NE), s.o. 2.

– (Rhetorik): Rhetorik. Übersetzt, mit einer Bibliographie, Erläuterungen und einem Nachwort von Franz G. Sievecke. 4. Aufl. München 1993.

Arneson, Richard J. (1989): Equality and Equal Opportunity for Welfare. In: Philosophical Studies 56 (1989), S. 77–93.

Austin (Jurisprudence): s.o. 4.

Beauchamp, Tom L.; Childress, James F. (2013): Principles of biomedical ethics. Seventh edition. New York, Oxford.

Berka (2012) s.o. 3.

Berlin, Isaiah (1995): Freiheit. Vier Versuche. Frankfurt am Main.

Böckenförde, Ernst-Wolfgang (2006): Geschichte der Rechts- und Staatsphilosophie. 2. Aufl. Tübingen 2006.

Böckenförde, Ernst-Wolfgang/Enders, Christoph (1995): Freiheit IV-V. In: Staatslexikon der Görresgesellschaft. Freiburg 1995.

Brandhorst, Mario; Weber-Guskar, Eva (Hg.) (2017): Menschenwürde. Eine philosophische Debatte über Dimensionen ihrer Kontingenz. Berlin.

Brandom, Robert: Expressive Vernunft. 2. Aufl. Frankfurt/Main.

Brugger, Winfried (2002): Gemeinwohl als Integrationskonzept von Rechtssicherheit, Legitimität und Zweckmäßigkeit. In: Gemeinwohl in Deutschland, Europa und der Welt, S. 17–40.

Bryan, Alexander; Coffee, Alan M. S. J. (2019): Smith, Adam. In: Mortimer Sellers und Stephan Kirste (Hg.): Encyclopedia of the Philosophy of Law and Social Philosophy. Dordrecht, S. 1–6. DOI 10.1007/978-94-007-6730-0_457-1.

Literaturverzeichnis

Bydlinski, Franz (1988): Fundamentale Rechtsgrundsätze. Zur rechtsethischen Verfassung der Sozietät. Wien.

Calliess, Christian (2002): Gemeinwohl in der Europäischen Union – Über den Staaten- und Verfassungsverbund zum Gemeinwohlverbund. In: Gemeinwohl in Deutschland, Europa und der Welt, S. 173–214.

Cassirer, Ernst (2004): Vom Wesen und Werden des Naturrechts (1932). In: Aufsätze und kleine Schriften 1932–1935. Text und Anmerkungen bearbeitet von Ralf Becker. Hrsg. v. Cassirer, Ernst. Hamburg 2004, 203–227.

– (2005): Axel Hägerström. Eine Studie zur schwedischen Philosophie der Gegenwart. In: Gesammelte Werke, Bd. 21, S. 3–116.

Cicero, Marcus Tullius (de officiis): De officiis/Vom pflichtgemäßen Handeln. Übers., komm., u. hrsg. v. H. Gunermann. Stuttgart 2003

– (de legibus):

Coffee, Alan M. S. J. (2017): Nozick, Robert. In: Mortimer Sellers und Stephan Kirste (Hg.): Encyclopedia of the Philosophy of Law and Social Philosophy. Dordrecht, S. 1–5. DOI 10.1007/978-94-007-6730-0_194-2.

Cohen, Gerald A. (1989): On the Currency of Egalitarian Justice. In: Ethics 99 (1989), S. 906–944.

Diels, Hermann/Kranz, Walther (1934): Die Fragmente der Vorsokratiker. Bd. 1, Berlin 1934.

Dreier, Ralf (1991/1): Recht und Gerechtigkeit. In: ders.: Recht – Staat – Vernunft. Studien zur Rechtstheorie 2. Frankfurt/Main.

Dworkin, Ronald (2000): Sovereign Virtue. The Theory and Practice of Equality. Cambridge, Mass.

– (2002): Sovereign virtue. The theory and practice of equality. 4. print. Cambridge, Mass.

Eliasz, Katarzyna; Załuski, Wojciech (2017): Freedom. In: Mortimer Sellers und Stephan Kirste (Hg.): Encyclopedia of the Philosophy of Law and Social Philosophy, Bd. 71. Dordrecht, S. 1–7.

Endo, Chikako (2017): Social Rights and Welfare. In: Mortimer Sellers und Stephan Kirste (Hg.): Encyclopedia of the Philosophy of Law and Social Philosophy, Bd. 9. Dordrecht, S. 1–6. DOI 10.1007/978-94-007-6730-0_33-2.

Gemeinwohl in Deutschland, Europa und der Welt. Hrsg. v. M. Anderheiden, W. Brugger und S. Kirste. Baden-Baden 2002.

Gröschner/Dierksmeier/Henkel/Wiehart (2013) (s.o. 1. Kap.)

Gröschner, Rolf: (2005): Menschenwürde als Konstitutionsprinzip der Grundrechte. In: Anne Siegetsleitner und Nikolaus Knoepffler (Hrsg.): Menschenwürde im interkulturellen Dialog. Freiburg und München, S. 17–39.

Gröschner, Rolf/Kapust, Antje/Lembcke, Oliver (2013): Wörterbuch der Würde. Stuttgart 2013.

Gröschner, Rolf/Kirste, Stephan/Lembcke, Oliver (2022): Wege der Würde. Tübingen 2022

Habermas (1994), s. o. 3.

Häberle, Peter (1970): „Gemeinwohljudikatur" und Bundesverfassungsgericht. Öffentliche Interessen, Wohl der Allgemeinheit in der Rechtsprechung des BVerfG. In: AöR 95 (1970), S. 87–125 u. 260–298.

Hayek, Friedrich August von (1981): Die Illusion der sozialen Gerechtigkeit. München.

– (1996): Die Anmaßung von Wissen. Tübingen.

Hegel (Grundlinien): Grundlinien der Philosophie des Rechts. Werke Bd. 7. Frankfurt/ Main 1985.
– (Enzyklopädie), s. o. 1.
Heinig, Hans Michael (2006): Paternalismus und Sozialstaat. In: Paternalismus und Recht, Hrsg. v. M. Anderheiden, P. Bürkli, H. M. Heinig, S. Kirste, K. Seelmann. Tübingen 2006, S. 157–188.
Hillenkamp, Thomas (2015): Hirnforschung, Willensfreiheit und Strafrecht – Versuch einer Zwischenbilanz, ZStW 2015, 10–96
Hobbes, Thomas (Leviathan): Leviathan oder Stoff, Form und Gewalt eines kirchlichen und bürgerlichen Staates. Hrsg. u. eingeleitet v. I. Fetscher. Übers. v. W. Euchner. Frankfurt/Main 1984.
Hochhuth, Martin (2005): Die Bedeutung der Willensfreiheitsdebatte für das Recht. In: JZ 2005 745 ff.
Höffe, Otfried (2004): Gerechtigkeit. Eine philosophische Einführung.
Hoffmann, Klaus Friedrich (2002): Überlegungen zum Homo-Mensura-Satz des Protagoras. In: Die Sophistik. Hrsg. v. S. Kirste/K. Waechter/M. Walther: Stuttgart 2002, S. 16–31.
Hofmann, Hasso (1993): Die versprochene Menschenwürde. In: AöR 118 (1993), S. 353– 377.
Hollerbach, Alexander (1985): Rechtsethik. In: Staatslexikon der Görresgesellschaft. Bd. IV, Sp. 692–694.
Holzleithner, Elisabeth (2009): Gerechtigkeit. 1. Aufl. Wien.
Horn, Christoph (2003, Hg.): Philosophie der Gerechtigkeit. Texte von der Antike bis zur Gegenwart. Frankfurt/Main.
Huster, Stefan (2006): Freiheit. In: Evangelisches Staatslexikon. Hrsg. v. W. Heun u.a. Stuttgart 2006, Sp. 856 ff.
Hutcheson, Francis (Inquiry): An Inquiry into the Original of Our Ideas of Beauty and Virtue in Two Treatisis. Hrsg. v. W. Leidhold. Indianapolis 2004, Treat. II, III.
Ilea, Ramona (2017): Martha Nussbaum. In: Mortimer Sellers und Stephan Kirste (Hg.): Encyclopedia of the Philosophy of Law and Social Philosophy. Dordrecht, S. 1–7. DOI 10.1007/978–94–007–6730–0_44–1.
Jansen, Nils (1998): Die Struktur der Gerechtigkeit. 1. Aufl. Baden-Baden.
Jellinek, Georg (1905): System der subjektiven öffentlichen Rechte. 2. Aufl. Tübingen 1905.
Kamm, Frances Myrna (1989): Harming Some to Save Others. In: Philosophical Studies 57 (1989), S. 227–260.
Kamm, F. M.; Rakowski, Eric (2015): The Trolley Problem Mysteries: Oxford/New York.
Kant, Immanuel (Frieden): Zum ewigen Frieden. Ein philosophischer Entwurf. In: Immanuel Kant, Werkausgabe XI. Hrsg. v. W. Weischedel. Frankfurt/Main 1977, S. 191– 251.
– (MS): s.o. 1.
Kaufmann (1994), s. o. 1.
Kagan, Shelly (2016). What's Wrong with Speciesism? In: Journal of Applied Philosophy 33 (2016), S. 1–21.
Kelsen, Hans (1960), s.o.4.
– (1975): Was ist Gerechtigkeit. Wien.
Kersting, Wolfgang (2000): Theorien der sozialen Gerechtigkeit. Stuttgart.

Literaturverzeichnis

Kirste, Stephan (2001): „Dezentrierung, Überforderung und dialektische Konstruktion der Rechtsperson." In: Verfassung – Philosophie – Kirche. Festschrift für Alexander Hollerbach zum 70. Geburtstag. Hrsg. v. J. Bohnert, Chr. Gramm, U. Kindhäuser, J. Lege, A. Rinken u. G. Robbers. Berlin 2001, S. 319–361.
– (2002): Die Realisierung von Gemeinwohl durch verselbständigte Verwaltungseinheiten. In: Gemeinwohl in Deutschland, Europa und der Welt. Hrsg. v. M. Anderheiden, W. Brugger und S. Kirste. Baden-Baden 2002, S. 327–390.
– (2008): Der Beitrag des Rechts zum kulturellen Gedächtnis. In: ARSP 94 (2008), S. 47–69.
– (2010): Menschenwürde im internationalen Vergleich der Rechtsordnungen. In: Das Dogma der Unantastbarkeit. Eine Auseinandersetzung mit dem Absolutheitsanspruch der Würde. Hrsg. v. R. Gröschner u. O. W. Lemke. Tübingen 2010, S. 175–214.
– (2011): Harter und Weicher Rechtspaternalismus unter besonderer Berücksichtigung der Medizinethik. In: JZ 2011, S. 805 ff.
– (2013): Das Fundament der Menschenrechte. In: Der Staat 2013, S. 119–138.
– (2014): „Der Mensch ist das Maß der Dinge" – Dimensionen rechtlicher Gerechtigkeit. In: Gerechtigkeit – Vom Wert der Verhältnismäßigkeit. Hrsg. v. Clemens Sedmak. Darmstadt (Europäische Grundwerte, Hrsg. v. C. Sedmak) 2014, S. 7–34.
– (2015): Europäische Gerechtigkeit – 6 Thesen zu Art. 2 S. 2 EUV. In: Festschrift für Peter-Christian Müller-Graff. Baden-Baden 2015, S. 1011–1019.
– (2015a): Die beiden Seiten der Maske – Rechtstheorie und Rechtsethik der Rechtsperson. In: Kirste, S./Gröschner, R./Lembcke, O. (Hrsg.): Person und Rechtsperson. Tübingen (Mohr, Reihe Politika) 2015, S. 345–382.
– (2017): Literatur und Recht. In: Handbuch Rechtsphilosophie. Hrsg. v. E. Hilgendorf u. J. Joerden. Springer-Metzler 2017, S. 315–327.
– (2017a): Die Würde des Menschen als Recht auf Anerkennung der Rechtsperson. In: Menschenrechte. Begründung – Universalität – Genese. Hrsg. v. Kurt Seelmann. Berlin 2017, S. 41–68.
– (2017b): Vom Status Subjectionis zum Recht auf Rechtssubjektivität. Die Status-Lehre Georg Jellineks und der normative Individualismus. In: Normativer Individualismus. Hrsg. v. L. Kähler. Tübingen 2014, S. 177–203.
– (2017c): Willensfreiheit, Kultur und Recht. In: Rechtsstaatliches Strafrecht. Festschr. für Ulfrid Neumann zum 70. Geburtstag. Hrsg. v. Frank Saliger u.a. Heidelberg 2017, S. 213–232.
– (2018): s.o. 4.
– (2019): Populismus als Herausforderung für die konstitutionelle Demokratie. In: Zeitschrift für Praktische Philosophie 6 (2019), S. 141-170. https://doi.org/10.22613/zfpp/6.2.6.
– (2020): Zur Begründung subjektiver öffentlicher Rechte – Zugleich eine Kritik naturalistischer und etatistischer Ansätze. In: Hilgendorf, E. u. Zabel, B.: Die Idee subjektiver Rechte. Berlin 2020, S. 259- 293.
– (2021): Menschenwürde als subjektives Recht – Selbstverhältnis in Rechtsverhältnissen. In: Neumann, U./Tiedemann, P./Liu, S.: Menschenwürde ohne Metaphysik. Stuttgart 2021, S. 123-146.
– (2021a): Rechtliche Vergangenheitsbewältigung - ein Beitrag des Rechts zur Vergangenheitsgerechtigkeit in rechtsphilosophischer Perspektive. In: Jahrbuch des öffentlichen Rechts (JöR) 69 (2021), S. 1-36.

- (2022): Riskantes Handeln und die Freiheit zur Selbstschädigung: Paternalismus in der Krise. In: K. Günter/U. Volkmann: Freiheit oder Leben? Das Abwägungsproblem der Zukunft. Berlin 2022, S. 218-240.
- (2023): Fernweg: Würde im internationalen und supranationalen Recht. In: Wege der Würde. Hrsg. v. R. Gröschner/S. Kirste/O. Lembcke. Tübingen 2022, S. 161-190.
- (2023a): Humanism and Republicanism. In: Oxford Handbook on Republicanism (im Erscheinen)
- (2023b): Das Recht auf Leben als Recht auf Selbstbestimmung über das eigene Leben. In: Liberalität und Verantwortung. Festschr. f. J. Joerden zum 70. Geburtstag. Hrsg. v. E. Hilgendorf, G. Hochmayr u.a. Berlin 2023, S. 155-180.

Kirste, Stephan/Gonzaga de Souza, Draiton/Sarlet, Ingo (2018): Menschenwürde im 21. Jahrhundert | Dignidade Humana no Século XXI. Baden-Baden 2018.

Kirste, Stephan/Paulo, Norbert (Hrsg., 2020): Populism – Perspectives from Legal Philosophy. Stuttgart (ARSP-Beiheft 167) 2021.

Kirste, Stephan/ Sarlet, Ingo (2023): Das Recht auf ein menschenwürdiges Existenzminimum. Rechtsphilosophische Begründung und rechtsvergleichende Aspekte. In: Der Staat 62 (2023), S. 27-70.

Kocsis, Michael (2017): Walzer's Political Theory. In: Mortimer Sellers und Stephan Kirste (Hg.): Encyclopedia of the Philosophy of Law and Social Philosophy, Bd. 17. Dordrecht, S. 1-6. DOI 10.1007/978-94-007-6730-0_124-1.

Kohlrausch, Eduard (1910): Sollen und Können als Grundlage strafrechtlicher Zurechnung. In: Güterborg-Festgabe, Könisberg 1910, S. 3 ff.

Krebs, Angelika (2000): Gleichheit oder Gerechtigkeit. Texte der neuen Egalitarismuskritik. Frankfurt/Main.

Kreide, Regina (2001): Soziale Menschenrechte und Verpflichtungen. In: Anderheiden, Michael/Huster, Stefan/Kirste, Stephan (2001): Globalisierung als Problem von Gerechtigkeit und Steuerungsfähigkeit des Rechts. Stuttgart (ARSP-Beiheft 79), S. 121 ff.

Ladwig, Bernd (2002): Gemeinwohl und Eigensinn. Eine Auseinandersetzung mit Winfried Brugger und Peter Koller. In: Gemeinwohl in Deutschland, Europa und der Welt, S. 71-102.

Larenz, Karl (1935): Rechtsperson und subjektives Recht – Zur Wandlung der Rechtsgrundbegriffe. In: Grundfragen der neuen Rechtswissenschaft. Hrsg. v. K. Larenz. Berlin 1935, S. 225 ff.

Larenz, Karl (1979): Richtiges Recht. Grundzüge einer Rechtsethik. München.

Libet, Benjamin (2005): Mind time. Wie das Gehirn Bewusstsein produziert. Frankfurt 2005.

Locke, John (Abhandlung): Zwei Abhandlungen über die Regierung. 2. Aufl. Frankfurt am Main.

Luhmann, Niklas (1993), s.o.4.
- (1999): Grundrechte als Institution. Ein Beitrag zur politischen Soziologie. 4. Aufl. Berlin.

Maeda, Toshifumi (2019): Pufendorf, Samuel. In: Mortimer Sellers und Stephan Kirste (Hg.): Encyclopedia of the Philosophy of Law and Social Philosophy. Dordrecht, S. 1-4. DOI 10.1007/978-94-007-6730-0_451-1.

Manthe, Ulrich (1997): Beiträge zur Entwicklung des antiken Gerechtigkeitsbegriffs II: Stoische Würdigkeit und die Iuris praecepta Ulpians. In: ZRG RA 114 (1997), S. 1-26.

Marx, Karl (Gothaer): Zur Kritik des Gothaer Programms. In: MEW 19.

Mill, John Stuart (Utilitarismus): Utilitarismus. Stuttgart 2006.

Literaturverzeichnis

Montesquieu, Charles-Louis de Secondat, Baron de la Brède et de (1992): Vom Geist der Gesetze 1 u. 2. Übersetzt u. hrsgg. v. E. Forsthoff. 2. Aufl. Tübingen.

Nagel, Thomas (1991): Equality and partiality. Oxford u.a.

Neuhäuser, Christian (2018): Sen, Amartya. In: Mortimer Sellers und Stephan Kirste (Hg.): Encyclopedia of the Philosophy of Law and Social Philosophy, Bd. 6. Dordrecht, S. 1–4. DOI 10.1007/978-94-007-6730-0_197-1.

Nussbaum, Martha C. (1995): Poetic Justice. The Literary Imagination and Public Life. Boston.

Nozick, Robert (2006): Anarchie, Staat, Utopie. München.

Oeter, Stefan (2002): Gemeinwohl in der Völkerrechtsgemeinschaft. In: Gemeinwohl in Deutschland, Europa und der Welt. Hrsg. v. M. Anderheiden, W. Brugger und S. Kirste. Baden-Baden 2002, S. 215–244.

Perelman, Chaim (1967): Über die Gerechtigkeit. München.

– (1965): Über die Gerechtigkeit. 5 Vorlesungen. In: ARSP 51 (1965), S. 167–231.

von der Pfordten, Dietmar (2005): Rechtsethik. In: Nida-Rümelin, Julian (2005): Angewandte Ethik. die Bereichsethiken und ihre theoretische Fundierung – ein Handbuch. 2. Aufl. Stuttgart.

– (2003): Tierwürde nach Analogie der Menschenwürde. In: Tiere beschreiben. Hrsg. v. A. Brenner. Rieden/Allgäu 2003, S. 105–123.

– (2011): Rechtsethik. 2. Aufl. München.

– (2013) s.o. 1.

– (2016): Menschenwürde. München.

von der Pfordten, D. u. Ph. Gisbertz-Astolfi, Ph. (Hrsg., 2021): Menschenwürde. Zur Frage ihrer Unverfügbarkeit, Tübingen 2022.

Platon: (Politeia). Der Staat. Übersetzt und erläutert von Otto Apelt. Hamburg (Sämtliche Dialoge, Bd. V. Nachdr.) 1993.

– Protagoras. In: Sämtliche Dialoge, Bd. 1. Vorw. u. Einl. V. O. Appelt. Hamburg 1993, S. 1–147.

– Theätet. Sämtliche Dialoge, Bd. 1. Vorw. u. Einl. IV. O. Appelt. Hamburg 1993.

Pogge, Thomas (1992): Cosmopolitanism and Sovereignty. In: Ethics 103 (1992), S. 48–75.

Radbruch (2003), s.o. 1.

Rawls, John (1979): Eine Theorie der Gerechtigkeit. Frankfurt/Main.

Rawls, John (2011): Das Recht der Völker. Berlin.

Reeves, Anthony (2017a): Ronald Dworkin's Theory of Equality. In: Mortimer Sellers und Stephan Kirste (Hg.): Encyclopedia of the Philosophy of Law and Social Philosophy, Bd. 109. Dordrecht, S. 1–5. DOI 10.1007/978-94-007-6730-0_3-1.

Reidy, David A. (2017): Rawls, John. In: Mortimer Sellers und Stephan Kirste (Hg.): Encyclopedia of the Philosophy of Law and Social Philosophy. Dordrecht, S. 1–40. DOI 10.1007/978-94-007-6730-0_237-1.

Rosenberg, Alfred (1922): Das Parteiprogramm: Wesen, Grundsätze und Ziele der NSDAP. München 1922.

Rousseau (Gesellschaftsvertrag), s. o. 3.

Sattler, Martin (2002): Der Mythos des Protagoras. In: Die Sophistik. Hrsg. v. S. Kirste/K. Waechter/M. Walther: Stuttgart 2002, S. 32–40.

Savigny, Friedrich Carl von (1840/II): System des heutigen Römischen Rechts. Bd. 2 Berlin 1840.

Seelmann (2004), s. o. 4.

Singer, Wolf (2003): Ein neues Menschenbild? Gespräche über Hirnforschung. Frankfurt am Main.
Smaw, Eric (2017): Berlin, Isaiah – Negative and Positive Liberty. In: Mortimer Sellers und Stephan Kirste (Hg.): Encyclopedia of the Philosophy of Law and Social Philosophy. Dordrecht, S. 1–5. DOI 10.1007/978-94-007-6730-0_240-1.
Stark, Christian (1995): Menschenwürde. In: Staatslexikon der Görresgesellschaft Bd. 3. Freiburg/Basel 1995, Sp. 1118–1121.
Stolleis, Michael (1974): Gemeinwohlformeln im nationalsozialistischen Recht. Baden-Baden.
Thomas von Aquin (S. Th. II-II): s.o. 4.
Thomson, Judith Jarvis (1985): *The Trolley Problem*. In: Yale Law Journal 1985, S. 1395 ff.
Tiedemann, Paul (2007): Menschenwürde als Rechtsbegriff. Eine philosophische Klärung. Berlin.
– (2008): Was ist Menschenwürde? Darmstadt.
Toqueville, Alexis de: Über die Demokratie in Amerika. Stuttgart 1985.
Traunwieser, Silvia (2018): Die Rolle der Menschenwürde im österreichischen Recht und im Bereich der Medizinethik. In: Kirste, Stephan/Gonzaga de Souza, Draiton/Sarlet, Ingo (2018): Menschenwürde im 21. Jahrhundert | Dignidade Humana no Século XXI. Baden-Baden 2018, S. 199 ff.
Tschentscher, Axel (2000): Prozedurale Theorien der Gerechtigkeit. Rationales Entscheiden, Diskursethik und prozedurales Recht /. 1. Aufl. Baden-Baden.
Unruh, Peter (2002): Die Gleichheit des Menschen bei Antiphon dem Sophisten. In: Die Sophistik. Hrsg. v. S. Kirste/K. Waechter/M. Walther: Stuttgart 2002, S. 59 ff.
Waechter, Kay (2002): Thrasymachos und Kallikles – Interpretationen zur sophistischen Rechtsphilosophie. In: Die Sophistik. Hrsg. v. S. Kirste/K. Waechter/M. Walther: Stuttgart 2002, S. 104–132.
Walther, Manfred (2002): Wider den Legalismus in der Ethik (Antiphon). In: Die Sophistik. Hrsg. v. S. Kirste/K. Waechter/M. Walther: Stuttgart 2002, S. 41–59.
Walzer, Michael (2006): Sphären der Gerechtigkeit. Würzburg.
Welzel, Hans (1951): Zum Notstandsproblem. In: Zeitschrift für Strafrechtswissenschaft (ZStW), S. 47 ff.
Willensfreiheit und rechtliche Ordnung. Hrsg. v. E.-J. Lampe, M. Pauen u. G. Roth. Frankfurt/Main 2008.
Wittreck, Fabian (2003): Menschenwürde und Folterverbot, Die Öffentliche Verwaltung 2003, S. 873 ff.

6. Steckbriefe

Bloch, Ernst (1977): Naturrecht und menschliche Würde. Frankfurt.
Böckenförde, Ernst-Wolfgang (2002): Geschichte der Rechts- und Staatsphilosophie. Antike und Mittelalter. Tübingen.
Gröschner/Dierksmeier/Henkel/Wiehart (2013), s. o. 1. Kap.
Handbook of the History of the Philosophy of Law and Social Philosophy, Hrsg. v. Gianfrancesco Zanetti, Mortimer Sellers, Stephan Kirste. Springer Heidelberg 2022
– Vol. 1: From Plato to Rousseau
– Vol. 2: From Kant to Nietzsche
– Vol. 3: From Ross to Dworkin and beyond
Herget, James E. (1990): American Jurisprudence, 1870-1970. A history. Houston Tex.
Hilgendorf, Erik/Joerden, Jan C. (2021): Handbuch Rechtsphilosophie. 2. Aufl. Stuttgart 2021.

Kaufmann, Matthias (1996): Rechtsphilosophie. Freiburg-München.
Kleinheyer, Gerd/Schröder, Jan (2017): Deutsche und Europäische Juristen aus neun Jahrhunderten. Eine biographische Einführung in die Geschichte der Rechtswissenschaft. 6. Aufl. Tübingen 2017 (auch online verfügbar innerhalb der Universität).
Kreuzbauer, Hanna (2018): Ideengeschichte der Rechtsphilosophie. Wien.
Lobban, Michael (2007): A History of the Philosophy of Law in the Common Law 1600-1900. Dordrecht.
Marcic, René (1971): Geschichte der Rechtsphilosophie. Freiburg.
Von Schlieffen, Katharina (2018): Rechtsphilosophie. Grundlagen für das Studium.
Senn, Marcel (2017): Rechts- und Gesellschaftsphilosophie. Historische Fundamente der europäischen, nordamerikanischen, indischen sowie chinesischen Rechtsphilosophie. Eine Einführung mit Quellenmaterialien. Mit einem Gastbeitrag zum «Sinomarxismus» von Prof. Dr. phil. und Dr. iur. Harro von Senger. Zürich/St. Gallen 2017.
Verdroß, Alfred (1963): Abendländische Rechtsphilosophie. Wien.
Welzel, Hans (1990): Naturrecht und materiale Gerechtigkeit, in: Jurisprudenz in Einzeldarstellungen. Göttingen.
Wieacker, Franz (1967): Privatrechtsgeschichte der Neuzeit: unter besonderer Berücksichtigung der deutschen Entwicklung. 2. Aufl. Göttingen.
Wolf, Erik (1963): Große Rechtsdenker der deutschen Geistesgeschichte. 4. Aufl. Tübingen.

Personenverzeichnis

A

Aarnio, Aulis Arvi 45, 225
Albert, Hans 26, 39, 225
Albrecht, Wilhelm Eduard 198
Alexy, Robert 26, 43, 53, 123, 140, 144, 151, 225
Alkidamas 171
Antiphon 171
Aquin, Thomas von 97, 151, 174, 218
Aristoteles 23, 34, 58, 96, 105, 139, 157, 173, 205, 210, 215, 226, 239, 245
Augustinus, Aurelius 122
Austin, John 119, 155, 176
Austin, John Langshaw 229

B

Bentham, Jeremy 179, 218, 226, 237
Bergbohm, Karl Magnus 121
Bierling, Ernst-Rudolf 113
Binder, Julius 21
Bloch, Ernst 117, 226
Böckenförde, Ernst-Wolfgang 98, 99, 227
Bolzano, Bernhard 41
Brugger, Winfried 81

C

Cassirer, Ernst 41, 48, 86, 165, 227
Chalkedon, Phaleas von 171
Cicero, Marcus Tullius 215
Cohen, Gerald A. 211
Cohen, Hermann 165

D

Descartes, René 23, 63
Dietmar von der Pfordten 164
Dilthey, Wilhelm 36, 46, 48, 102
Dreier, Ralf 159, 169
Dürig, Günther 23
Durkheim, Emil 228
Dworkin, Ronald 19, 93, 144, 211, 228

E

Ehrlich, Eugen 49, 58, 150, 228, 233

Engel, Christoph 49
Engels, Friedrich 117, 237
Engisch, Karl 228

F

Forster, Valentin Wilhelm 64

G

Gadamer, Hans-Georg 39, 49
Gaius 84
Geiger, Theodor 149
Georg Jellinek 221
Gerber, Carl Friedrich von 54
Glaukon 172
Goichbarg, Aleksander Grigorjevitsch 118
Gröschner, Rolf 34, 38, 194
Günther, Klaus 125

H

Häberle, Peter 216
Habermas, Jürgen 45, 123, 124, 189, 229
Hägerström, Axel 28, 37, 113, 242
Hart, Herbert Lionel Adolphus 26, 143, 144, 229
Hartmann, Nicolai 58, 98, 99
Hayek, Friedrich August Wilhelm von 185
Heck, Philipp 69, 230
Hegel, Georg Wilhelm Friedrich 16, 21, 36, 81, 105, 106, 157, 203, 205, 208, 227, 230
Heidegger, Martin 229
Heller, Hermann 230
Henke, Wilhelm 34, 38
Heraklit 95, 106
Hesse, Konrad 103
Hippodamos 171
Hobbes, Thomas 105, 119, 175, 177, 178, 189, 209, 231, 240
Hoerster, Norbert 113, 150
Holmes, Oliver Wendell 114
Hruschka, Joachim 59
Hugo, Gustav 158
Hume, David 130, 226

Husserl, Edmund 41
Hutcheson, Francis 179, 226

J

Jellinek, Georg 232
Jhering, Rudolf von 58, 230, 232

K

Kallikles 172
Kant, Immanuel 17, 19, 22, 35, 43, 53, 89, 103, 131, 176, 178, 189, 195, 197, 203, 230, 233
Kantorowicz, Hermann 66, 67
Kantorowicz, Herman Ulrich 233
Kaufmann, Arthur 211, 234
Kelsen, Hans 34, 43, 50, 99, 121, 128, 140, 145, 148, 150, 160, 168, 188, 234
Kirchhof, Paul 219
Kirchmann, Julius Hermann von 35, 36
Kohler, Josef 70, 73

L

Laband, Paul 54
Larenz, Karl 50, 199, 230
Lask, Emil 48, 99
Libet, Benjamin 203
Lichtenberg, Georg Christoph 42
Litt, Theodor 102
Locke, John 209, 235
Luhmann, Niklas 26, 49, 95, 107, 188, 236
Lykophron 171

M

Macchiavelli, Niccolo 44
Martini, Karl Anton von 57
Marx, Karl 117, 236
Max Weber 244
Merkl, Adolf 145
Mill, John Stuart 179, 237
Montaigne, Michel Eyquem de 37
Montesquieu, Charles-Louis de Secondat, Baron de la Brède et de 66, 209, 237
Moore, George Edward 121, 130
Müller, Friedrich 63, 73, 80, 238

N

Nagel, Thomas 184
Natorp, Paul 165
Neumann, Ulfrid 20
Nozick, Robert 185

O

Ockham, Wilhelm von 119
Olivecrona, Karl 113, 242

P

Pascal, Blaise 37
Peirce, Charles S. 45
Perelman, Chaim 187, 242
Pfordten, Dietmar von der 89
Pico della Mirandola, Giovanni 98, 194, 195, 238
Platon 170, 172, 239
Pogge, Thomas 192
Popper, Karl Raimund 22, 26, 86
Post, Albert Hermann 116
Protagoras 163, 170, 171, 178
Puchta, Georg Friedrich 58, 232, 239
Pufendorf, Samuel 193, 197, 240

R

Radbruch, Gustav 48, 63, 70, 99, 101, 102, 152, 234, 240
Rawls, John 180, 181, 189, 192, 241
Rickert, Heinrich 48, 150
Ross, Alf 25, 242
Rousseau, Jean-Jacques 105, 106, 204, 205, 209, 212, 243

S

Salutati, Coluccio 36
Savigny, Friedrich Carl von 58, 65, 80, 117, 155, 197, 232, 239, 243
Scalia, Antonin 72
Scheler, Max 98, 99
Schmitt, Carl 122, 227
Schopenhauer, Arthur 107, 228
Scotus, Johannes Duns 119
Seelmann, Kurt 193
Sellers, Mortimer 9

Sen, Amartya 191
Shachar, Ayelet 156
Shklar, Judith 91
Sieyès, Abbé 122
Smend, Rudolf 102
Smith, Adam 205
Sokrates 22
Stahl, Friedrich Julius 27, 244
Stammler, Rudolf 18, 165, 244
Stein, Lorenz von 54
Stuchka, Pyotr Ivanovich 118

T

Thomas von Aquin 245
Thrasymachos 172, 210
Tocqueville, Alexis de 214

U

Ulpian 35, 169, 178

V

Vico, Giambattista 36, 46, 98
Viehweg, Theodor 58

W

Walzer, Michael 186
Weber, Max 112, 228, 236, 245
Welzel, Hans 230
Wilhelm Dilthey 24
Windscheid, Bernhard 58
Wittgenstein, Ludwig 26, 74, 229
Wyschinski, Andrei Januarjewitsch 117, 118

Z

Zeiller, Franz von 57

Sachverzeichnis

A

ABGB 57
Abstraktion 14, 92
Allgemeines Preußisches Landrecht 65
Allgemeine Staatslehre 54
Analogie 70, 84
Analogieverbot 68
Anerkennung 113–115, 194
Anspruch auf Richtigkeit 91, 92, 94, 123, 152
Anthropologisches Kreuz der Entscheidung 81
Anwendungsvorrang 76
Argumentation 52, 123
Argumentationstheorie 187
audiatur et altera pars 190
Aufklärung 22, 31, 157
Ausbildung 62
Auslegung 63, 65–69, 76
Auslegung, objektive 69, 72
Auslegung, subjektive 69, 71, 78
Automatisiertes Fahren 180
Autonomie 119
Autorität 119

B

Befehl 119
Begriff 36
Beobachterperspektive 90
Billigkeit 172, 174, 192
Brauch 111, 147

C

Celsus, Publius Iuventius 78
Critical Legal Studies 48

D

Deduktion 86
Demokratie 70, 106, 190, 202, 206, 221, 243
Denken 22–24, 32, 40, 41, 46, 223
Determinismus 203
Differenzprinzip 181
Diskurs 123, 124, 189
Diskurs, rationaler 43
Diskurstheorie 189
Dogma 51
Dred Scott v. Sandford 71, 199
Drohung 112
Durchsetzung 112, 115
Durchsetzungsnormen 142

E

Egalitarismus 184, 213
Einzelinteresse 217
Embryo 195
Emotivismus 37
Entführungsfall, Frankfurter 202
Erfahrung 35, 36, 40, 41
Erkenntnis 34, 35, 41, 46, 63
Erlaubnis 133, 137
Erwartungen 108
Ethos 62
europarechtskonforme Auslegung 77
Europarechtswissenschaft 56
Evolution 116
Existenzminimum 201

F

Falsifikation 86
Federalist Papers 38
Fehlschluss, naturalistischer 121
Fiktion 67
Folter 133, 202
Form 13–15, 129, 165
Formale Rechtsbegriffe 96, 98
Freiheit 32, 103–105, 108, 130, 139, 169, 172, 176, 179, 181, 182, 184–186, 189, 190, 194, 197, 200, 203, 204, 207, 223, 241
Freiheit, negative 204, 206
Freiheit, objektive 205, 206
Freiheit, positive 205, 206
Freiheit, rechtliche 197
Freiheit, subjektive 204–206, 218
Freiheitsfähigkeit 197
Freirechtsschule 58

G

Gebot 133, 135, 137

Sachverzeichnis

Geisteswissenschaft 48
Geltung 121, 139, 148, 157, 160, 161, 194
Geltung, juristische 149, 161
Geltung, moralische 149, 151, 152, 161
Geltung, soziale 149, 150, 161
Gemeinwohl 97, 164, 169, 170, 175, 215–218, 220, 223
Gerechtigkeit 16, 27, 97, 98, 100, 101, 108, 129, 158, 163, 166, 171, 172, 175, 181, 182, 186–188, 190, 200, 208, 216, 222, 223, 231, 239, 245
Gerechtigkeit, ausgleichende 173, 175, 177, 208
Gerechtigkeit, austeilende 173, 175, 177, 179, 208
Gerechtigkeit, Generationengerechtigkeit 221
Gerechtigkeit, Geschlechtergerechtigkeit 191
Gerechtigkeit, globale 191
Gerechtigkeit, Grundsätze 181
Gerechtigkeit, internationale 191
Gerechtigkeit, materiale 166
Gerechtigkeit, poetische 167
Gerechtigkeit, politische 187
Gerechtigkeit, prozedurale 166
Gerechtigkeit, rechtliche 166, 168, 176, 177
Gerechtigkeit, soziale 191
Gerechtigkeit, Strafgerechtigkeit 191
Gerechtigkeit, Verfahrensgerechtigkeit 182, 189
Gerechtigkeit, Verteilungsgerechtigkeit 180, 181, 183, 186
Gerechtigkeit, Vertragsgerechtigkeit 191
Gerechtigkeit, wiedervergeltende 173
Gerechtigkeitsbegriff, materialer 173
Gerechtigkeitsgefühl 179
Gerechtigkeitstheorien 168–170
Gerichte 115
Gesellschaftsvertrag 177, 235
Gesetz 97, 212
Gesetzesgerechtigkeit 175
Gesetzespositivismus 121
Gesetzgeberperspektive 90
Gewaltenteilung 70, 83, 235, 238
Gewohnheit 154, 156, 161
Gewohnheitsrecht 120, 154, 155, 157, 161, 243

Gleichheit 52, 75, 77, 156, 169, 171–173, 178–182, 184, 187, 190, 200, 208, 211, 212, 214, 242, 243
Gleichheit, arithmetische 210
Gleichheit, Chancengleichheit 185
Gleichheit, proportionale 211
Gleichheit, Ressourcengleichheit 183, 228
Grundlagenfächer 60
Grundnorm 122
Grundrechte 190, 200, 203, 204, 220

H

Handlung 133, 134, 139
Historische Auslegung 77
Historischen Materialismus 117

I

Ich 211
Ideologie 117, 118
Imperativentheorie 119, 120
Induktion 85
Innovation 29, 31
Interdisziplinarität 31, 33, 55, 58–60
Interessenjurisprudenz 69
Interpretation 64, 68
Interpretativismus 94
Interpretivists 71

K

Kommunitarismus 186
Kompetenz 141
Konditionalprogramm 144
Konsequentialismus 179, 180
Kontextuelle Auslegung 79
Konvention 111
Kreuz 81
Kritik 30
Kulturwissenschaft 48, 100

L

Legaldefinition 74
Legitimation 190
Letztbegründung 140
lex aeterna 97
lex humana 97

lex mercatoria 120, 121
lex naturalis 97
lex posterior derogat legi priori 76
lex specialis derogat legi generali 77
lex sportiva 120
lex superior derogat legi inferiori 76
Libet'schen Experimente 203
Lücken 83
Luftsicherheitsgesetz 202

M

Macht 114
Materiale Rechtsbegriffe 96, 98
Materie 13, 14, 129
Mathematik 165
Mauerschützenprozesse 92
Maximin-Regel 181
Medizinethik 201
Menschenrechte 168, 202
Menschenwürde 23, 132, 164, 169, 170, 172, 178–182, 185–187, 190–192, 194–196, 198–200, 202, 208, 211, 214, 218, 238
Menschenwürde, Entwurfsvermögen 194, 197
Menschenwürde, Gottebenbildlichkeit 194
Menschenwürde, Selbstzwecklichkeit 195
Menschenwürde, Würde 192, 196, 197
Metaphysik 28
Methode 42, 50, 62, 64
Methodik 238
Minimalstaat 186
Moral 27, 111, 115, 125, 148, 158, 159, 161, 163, 165
Mythos des Protagoras 171, 178

N

Nationalsozialismus 199
naturalistischer Fehlschluss 130
Naturrecht 90, 148, 157–161, 163, 165, 169, 240, 245
Naturrecht, voluntaristisches 158
Naturwissenschaft 35, 36
Naturwissenschaften 99
Naturzustand 171, 176, 209, 231
negative Freiheit 103, 106
nemo iudex in causa sua 190

Neukantianismus 227, 234, 241, 244, 245
Nicht-Recht 97, 101, 241
Nichtraucherschutz 207
Norm 39, 121, 130, 139
Normativismus 121
Normativität 121, 122
Normenhierarchie 72
Normwissenschaft 50

O

öffentliches Recht 54, 177
ökonomischen Analyse des Rechts 80
Originalists 71

P

Paradoxon der multikulturellen Verwundbarkeit 156
Paternalismus 185, 202, 207, 237
Person 197
Person, juristische 198
Person, natürliche 198
Pflichten 138
Philosophie 20, 21, 31
positive Freiheit 104, 105
Positivismus 28, 54, 90, 160
Positivität 154, 157, 161
Prävention 178
Primärregeln 143, 144
Prinzipien 93, 95, 140, 144, 228
Prinzipienargument 94, 153
Privatautonomie 57
Privatrecht 177
Privatrechtswissenschaft 57

R

Radbruchsche Formel 92, 101
Recchtsdogmatik 50
Recht 161, 163, 223
Recht, absolutes 138
Recht, positives 154
Recht, reflexives 147
Recht, reflexive Struktur 112
Recht, relatives 138
Recht, subjektives 138
Rechte 138
Rechte, subjektive 203, 206

Rechtsbegriff 16, 26, 89, 91, 92, 111, 128, 161
Rechtsbegriff, autonom-genetischer 119
Rechtsbegriff, evolutionärer 116
Rechtsbegriff, freiheitstheoretischer 103
Rechtsbegriff, funktionaler 107
Rechtsbegriff, geisteswissenschaftlicher 102
Rechtsbegriff, genetischer 116, 123
Rechtsbegriff, gerechtigkeitstheoretischer 97
Rechtsbegriff, geschichtlicher 117
Rechtsbegriff, institutioneller 114
Rechtsbegriff, materialer 96
Rechtsbegriff, negativer 106
Rechtsbegriff, werttheoretischer 98, 99
Rechtsbegriff, wirksamkeitsorientierter 111
Rechtsbewusstsein 102, 118
Rechtsdogmatik 19, 52, 53, 62
Rechtserkenntnisquelle 51
Rechtserzeugungsnorm 141
Rechtsethik 27, 28, 163, 164, 166, 223
Rechtsethik, deskriptive 165
Rechtsethik, normative 165
Rechtsfolge 132
Rechtsfortbildung 81
Rechtsgefühl 22, 113
Rechtsgeschichte 29
Rechtsgewohnheit 154, 155
Rechtsidee 100, 101
Rechtsnorm 132, 141
Rechtsordnung 43, 76, 145, 147, 161
Rechtsordnung, formale 145
Rechtsordnung, materiale 146
Rechtsperson 197–200, 203, 206, 213
Rechtsphilosophie 15, 17, 163
Rechtspluralismus 120, 161
Rechtspraxis 19, 34, 38–40, 45, 53, 61, 63–65, 87, 91, 92, 114, 163
Rechtspsychologie 60
Rechtssicherheit 27, 100, 143
Rechtssoziologie 29, 60, 245
Rechtsstaat 190
Rechtsstaatsprinzip 220
Rechtssubjekt 197, 200, 213
Rechtstheorie 15, 25, 26, 89, 90, 164, 223
Rechtsvergleichung 31
Rechtsverhältnis 198, 199

Rechtsverweigerungsverbot 82
Rechtswissenschaft 20, 25, 32, 33, 47, 61, 64, 91, 92, 99, 163, 223
Recht und Moral 27
Reflexivität 25, 32, 42, 62, 128, 143, 147, 203, 220, 223
Regeln 144, 228
Relativismus 100
Rhetorik 95

S

Sanktion 111
Sanktionen 142
Schleier des Nichtwissens 180
Scholastik 227
Sein-Sollen-Unterscheidung 122
Sekundärregeln 143, 144
Selbstbestimmung 105, 186, 190, 204
Selbstbewusstsein 24
Selbstverwaltung 202, 221
Setzung 119, 120
Sitte 111, 147
Sklaverei 71, 171, 174, 199
Sollen 130, 131, 139
Sonderfallthese 124
Sophisten 157, 170, 171
Sozialstaatsprinzip 222
Sozialwissenschaft 49
Soziologie 49
Sprache 72–74, 93
Staat 121, 198
Staatsrechtslehre 54, 55
Status 201
Status, activus 202, 207, 214, 221
Status, negativus 201, 206, 213, 220
Status, positivus 201, 206, 213, 221
Status, subjectionis 200, 206
Strafgerechtigkeit 167, 178
Strafrechtswissenschaft 59
Straftheorie 178
Streit 34, 38, 95
Strukturierende Rechtslehre 80
Stufenbau der Rechtsordnung 145
System 46, 51, 58, 59, 76
Systematische Auslegung 75

T

Tatbestand 132

Teilnehmerperspektive 90
Teleologische Auslegung 78
Terrorismus 180
Theorie 39–42, 44
Theorie der Rechtswissenschaft 15
Ticking Bomb-Fälle 202
Tiere 198
Tierwürde 194
Todesstrafe 178
Topik 58
Tradition 147
Transformation 90, 105, 129, 161, 163, 165, 178, 204
Trennungsthese 28, 152
Trolley-Problem 179
Tun 134, 135, 139

U

Unabhängigkeit, richterliche 190
Unrecht 97, 101, 106, 107, 164, 241
Unrechtserfahrung 41, 107
Unterlassen 134, 135, 139
Urzustand 180
Utilitarismus 179–181, 218, 226

V

Verbindlichkeit 153, 161
Verbindungsthese 27, 151
Verbot 133, 135, 137
Verfahren 38
verfassunggebende Gewalt 122
Verfassunggebung 182, 190
verfassungskonforme Auslegung 76

Verhalten 134
Vernunft 195
Vernunftrecht 240
Verpflichtung, hypothetische 131, 139
Verpflichtung, kategorische 131
Verwaltungsrechtswissenschaft 55
Völkerrecht 56, 67

W

Wahrheit 42–44, 51
Wahrheitsbegriff 44–46
Wandel 70
Weichenstellerfall 179
Wert 129
Werte 98, 99, 102, 103, 139, 140
Wertordnung 99, 146
Wertrelativismus 187
Wertungen 37
Willensfreiheit 48, 60, 203
Wirksamkeit 142, 150
Wirksamkeitschance 122, 128
Wissen 40, 42, 53, 62
Wissenschaft 34, 35, 40–42
Wissenschaft, Naturwissenschaft 36
Wissenschaftstheorie 25, 40
Wortlaut 66, 72
Würde 193

Z

Zeit 116
Zukunft 221
Zwang 104, 111, 112, 115, 122, 128, 142
Zwergenweitwurf 201, 207